東洋汽船と映画

松浦　章　著
笹川　慶子

関西大学出版部

【本書は関西大学研究成果出版補助金規程による刊行】

S. ASANO
PRESIDENT OF THE TOYO KISEN KAISHA

ONE OF THE FLEET OF STEAMERS (OVER 6000 TONS EACH) ON WHICH VOYAGERS BY THE TOYO KISEN KAISHA CROSS THE PACIFIC

パンフレット"TOYOKISEN-KAISHA"(後掲、197-208頁による)

パンフレット「歐米へは」（後掲、211-212頁による）

『散り行く花』Broken Blossoms 1919年ユナイテッド・アーティスツ社製作、1922年4月2日有楽座封切公開、リリアン・ギッシュと共演したリチャード・バーセルメス（写真協力 公益財団法人川喜多記念映画文化財団）

『アマチュア倶楽部』1920年11月19日有楽座封切公開、原作・谷崎潤一郎、脚色・谷崎潤一郎、監督・栗原トーマス喜三郎（写真協力　公益財団法人川喜多記念映画文化財団）

『蛇性の婬』1921年9月6日有楽座封切公開、原作・上田秋成、脚色・谷崎潤一郎、監督・栗原トーマス喜三郎（写真協力　公益財団法人川喜多記念映画文化財団）

目次

東洋汽船と映画

口絵
序文

第1部　東洋汽船の活動　　　　　　　　　　　　松浦　章

第1章　淺野總一郎をめぐって ································· 5
第2章　淺野回漕店から東洋汽船会社へ ······················ 23
第3章　東洋汽船とサンフランシスコ航路 ···················· 61
第4章　東洋汽船会社の南米航路 ······························ 91
第5章　東洋汽船会社と台湾烏龍茶のアメリカ輸出 ········· 111
第6章　東洋汽船会社汽船の上海寄港 ························ 133
第7章　日本における輸入映画と汽船 ························ 147
第8章　谷崎潤一郎と大正活映 ································ 165
附　章　ベンジャミン・ブロツキーの研究者岡田正子氏訪問記 ········ 191
図版　1903年　TOYO KISEN　英文パンフレット ········ 195
図版　1920年代前半　「歐米へは」 ························ 209

第2部　東洋汽船の映画事業──映画産業と近代アジア

笹川慶子

第1章　大正活映の興亡と大正末期の日本映画産業 ········· 215
第2章　東洋汽船の映画事業参入と近代日本 ················ 259
　　　　──東洋フィルム会社の創設

第3章　20世紀初頭の世界流通変動と
　　　　アメリカ映画のアジア市場開拓 ……………………… 291

第4章　ベンジャミン・ブロツキーの軌跡 ………………… 329
　　　　――アメリカと中国、日本の映画交渉史

第5章　ベンジャミン・ブロツキーの製作した２つの紀行映画 …… 353

　第1節　『経過中国』*A Trip Through China*（1912-1915年製作）…… 354

　第2節　『ビューティフル・ジャパン』*Beautiful Japan*
　　　　　　　　　　　　　　　　　　　（1917-1918年製作）…… 380

　付表　大正活映直営・浅草千代田館の上映記録 ……………… 409

　写真　大正活映関係写真及び封切映画写真 …………………… 419

結語 ……………………………………………………………………… 429

索引 ……………………………………………………………………… 431

Summary of *Toyo Kisen and Movies* ……………………………… 441

序　文

　本書の出版の契機は、2014年5月に上海の復旦大学において開催された東アジア文化交渉学会に始まる。その会議で松浦が東アジアにおける汽船航運に関連する報告を行った際に、笹川慶子女史が来られ、関連する質問を幾つかされた。主旨は近代アジアにおける映画史を研究されている笹川女史が、製品としての映画がどのように輸送されたかという問題であった。

　その問題提起に興味を持ったことが、本書執筆の契機となって、笹川氏とベンジャミン・ブロツキーの研究者岡田正子氏を訪問して、ご教示を仰ぎ、また淺野總一郎に関係する史蹟等がある横濱への共同調査を行うなどして本書がまとまった次第である。

　汽船航運の歴史に興味がある松浦と、映画史の専門家である笹川女史とでは専門を異にするため、本書では主として第1部は東洋汽船会社の活動に関する問題を松浦が執筆し、第2部の東洋汽船会社の映画事業に関する問題については笹川女史が執筆する形態でまとめたが、最終稿は両者で相互に確認した。

　本書は第1部「東洋汽船の活動」では、第1章　淺野總一郎をめぐって、第2章　淺野回漕店から東洋汽船会社へ、第3章　東洋汽船会社とサンフランシスコ航路、第4章　東洋汽船会社の南米航路、第5章　東洋汽船会社と台湾烏龍茶のアメリカ輸出、第6章　東洋汽船会社汽船の上海寄港、第7章　日本における輸入映画と汽船、第8章　谷崎潤一郎と大正活映、附章　ベンジャミン・ブロツキーの研究者岡田正子氏訪問記、図版　ToyoKisen-Kaisha英文パンフレット、図版「歐米へは」から構成し、主として東洋汽船会社の航運活動に関する問題を取り扱ったが、最後には映画に関する問題について述べた。

第2部「東洋汽船の映画事業―映画産業と近代アジア」は笹川慶子女史が執筆し、第1章　大正活映の興亡と大正末期の日本映画産業、第2章　東洋汽船の映画事業参入と近代日本――東洋フィルム会社の創設、第3章　20世紀初頭の世界流通変動とアメリカ映画のアジア市場開拓、第4章　ベンジャミン・ブロツキーの軌跡――アメリカと中国、日本の映画交渉史、第5章　ベンジャミン・ブロツキーの製作した2つの紀行映画、第1節『経過中国』*A Trip Through China*（1912-1915年製作）、第2節『ビューティフル・ジャパン』*Beautiful Japan*（1917-1918年製作）、付表　大正活映直営・浅草千代田館の上映記録、写真　大正活映関係写真及び封切映画写真からなり、主として東洋汽船会社と映画事業との関係について考察した論考から構成されたものである。

　上記のように、本書はこれまでの汽船会社の社史にも映画史の分野でも看過されてきた映画輸送に関連する問題提起から執筆したもので、諸専門家の御批正を希う次第である。

2016年9月

　　　　　　　　　　　　　　　　　　　　　　　　　　松　浦　　章

第1部 東洋汽船の活動

第1章　淺野總一郎をめぐって

1　緒言

　幕末維新からの変動期にかけて徒手空拳型ではあったが巨富を作り上げた政商の一人とされる淺野總一郎（1848-1930）[1]は、さまざまな分野の事業を創業し、その事業集団は後には淺野財閥と呼称されるようになるが、その淺野財閥の中枢であった「淺野同族会社は大正七年設立された。セメント、石炭、海運、電力、埋立、造船、鉄鋼というように発展をとげた淺野財閥の諸事業は、いずれも所有株式を通じて同族会社に支配されるにいたったのである」[2]とされる。この同族が強固であったがために、資本の弱体性により近代的産業に展開できなかったと言われている[3]。しかし淺野總一郎一代で巨万の富を形成したことは事実である。その証左の一端は、彼の墓地がある横濱の総持寺にも見ることができよう。

　淺野總一郎の墓地は横濱の総持寺にある（上図、総持寺の墓園、左下の一区画（中央

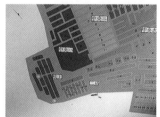

---

1) 楫西光速『政商から財閥へ』グリーンベルト・シリーズ36、筑摩書房、1964年4月、7-8頁（234頁）。
2) 同上、147頁。
3) 同上、147頁。

ハ）を占めている）。総持寺の墓園の敷地の南西の一角に大きな敷地を占める淺野家の墓園の中に淺野總一郎夫妻の石塔がある。彼の銅像は、同じく横濱の淺野学園の銅像山に、横濱の海を見下ろすように設置されている。銅像は大正15年（1926）5月18日に建立されたが、昭和18年（1943）5月3日にアジア太平洋戦争のために供出され、昭和53年（1978）11月23日に再建されたものである。

　この淺野總一郎に関して記されたものを参考に彼の事業の一端を述べてみたい。

2　淺野總一郎の事業

　淺野總一郎についてはさまざまな事業を行ったことで知られているが、その詳細については諸説ある。そこで、横濱にある淺野学園内の銅像山に見られる淺野總一郎の銅像の背面にある「淺野總一郎翁関係事業」（昭和33年12月調）によって列記したい。なお漢数字はアラビア数字に改めた。

セメント事業
　　淺野セメント株式会社　　明治16年4月創立
　　　　　　　　　　　　　　（日本セメント株式会社に改名）

第1章　淺野總一郎をめぐって

　東亞セメント株式会社　　　明治41年1月創立
　　　　　　　　　　　　　（淺野セメント株式会社に併合）
　淺野スレート株式会社　　　大正4年2月創立
　第一セメント株式会社　　　（旧淺野セメント株式会社川崎工場）
　会津礦業株式会社　　　　　大正9年6月創立
　日本石膏株式会社　　　　　明治45年3月創立
　　　　　　　　　　　　　（会津礦業株式会社に併合）
　日本カーリット株式会社　　大正9年7月創立
　旭コンクリート工業株式会社　大正12年11月創立
　大阪石綿工業株式会社　　　大正14年8月創立
　　　　　　　　　　　　　（淺野スレート株式会社に併合）
　日本ヒューム管株式会社　　大正14年10月創立
製鉄、造船事業
　淺野合資會社製鉄所　　　　大正6年9月創立
　　　　　　　　　　　　　（現在　日本鋼管株式会社鶴見製鉄所）
　日本銑鉄株式会社　　　　　大正6年9月創立
　　　　　　　　　　　　　（旧小倉製鋼株式会社に併合）
　株式会社大島製鋼所　　　　大正6年11月創立
　　　　　　　　　　　　　（日曹製鋼株式会社に併合）
　中央製鉄株式会社　　　　　大正6年11月創立　（解散）
　小倉製鋼株式会社　　　　　大正7年12月創立
　　　　　　　　　　　　　（住友金属工業株式会社に併合）
　日本鋳造株式会社　　　　　大正9年9月創立
　東京シャリング株式会社　　大正15年9月創立
　　　　　　　　　　　　　（現在東都製鋼株式会社及び東京シャリング
　　　　　　　　　　　　　株式会社）
　株式会社淺野造船所　　　　大正5年4月創立
　　　　　　　　　　　　　（現在　日本鋼管株式会社鶴見造船所）

第 1 部　東洋汽船の活動

　　株式会社淺野造船所船渠部　　大正12年 4 月創立
　　　　　　　　　　　　　　　（現在　日本鋼管株式会社淺野船渠）

海運、陸運事業
　　東洋汽船株式会社　　　　　明治29年 6 月創立
　　日之出汽船株式会社　　　　大正 8 年 7 月創立
　　国際汽船株式会社　　　　　大正 8 年 7 月創立
　　　　　　　　　　　　　　（大阪商船株式会社に併合）
　　関東運輸株式会社　　　　　大正 9 年 7 月創立
　　青梅電氣鉄道株式会社　　　明治26年12月創立　（国有鉄道に譲渡）
　　小倉鉄道株式会社　　　　　明治40年 6 月創立　（国有鉄道に譲渡）
　　南部鉄道株式会社　　　　　大正10年 3 月創立　（国有鉄道に譲渡）
　　鶴見臨港鉄道株式会社　　　大正13年 7 月創立　（国有鉄道に譲渡）
　　留萌鉄道株式会社　　　　　昭和 3 年 6 月創立　（国有鉄道に譲渡）
　　三岐鉄道株式会社　　　　　昭和 3 年 9 月創立

埋築地所事業
　　鶴見埋築株式会社　　　　　大正 3 年 3 月創立
　　　　　　　　　　　　　　（東京湾埋立株式会社に併合、更に東亞港湾
　　　　　　　　　　　　　　工業株式会社に改名）
　　京浜運河株式会社　　　　　大正 6 年 9 月創立
　　　　　　　　　　　　　　（旧東京湾埋立株式会社に併合）
　　台湾地所建物株式会社　　　明治43年 6 月創立　（解散）

石油事業
　　宝田石油株式会社　　　　　明治35年 6 月創立
　　　　　　　　　　　　　　（旧日本石油株式会社に併合）
　　南北石油株式会社　　　　　明治38年創立　（旧宝田石油株式会社に併合）
　　東西石油株式会社　　　　　明治39年 8 月創立
　　　　　　　　　　　　　　（旧南北石油株式会社に併合）

第1章　淺野總一郎をめぐって

鑛業事業
　磐城炭鑛株式会社　　　　明治36年創立　（現在　常磐炭礦株式会社）
　茨城採炭株式会社　　　　明治34年9月創立
　　　　　　　　　　　　　（旧磐城炭礦株式会社に併合）
　石狩石炭株式会社　　　　明治39年4月創立
　　　　　　　　　　　　　（北海道炭礦汽船株式会社に譲渡）
　大日本鑛業株式会社　　　大正4年11月創立
　日支炭礦汽船株式会社　　大正6年11月創立　（解散）
　朝鮮鉄山株式会社　　　　大正6年10月創立　（解散）
　淺野雨龍炭礦株式会社　　昭和4年9月創立
　　　　　　　　　　　　　（古河鉱業株式会社に譲渡）

貿易事業
　淺野物産株式会社　　　　大正7年4月創立

電氣事業
　沖電氣株式会社　　　　　大正元年8月創立
　庄川水力電氣株式会社　　大正8年9月創立
　　　　　　　　　　　　　（関西電力株式会社に譲渡）
　関東水力電氣株式会社　　大正8年10月創立
　　　　　　　　　　　　　（東京電力株式会社に譲渡）

文化事業
　淺野綜合中学校　　　　　大正9年1月創立　（淺野学園に改名）

銀行業
　株式会社日本昼夜銀行　　大正5年5月創立　（旧安田銀行に併合）

其他の事業
　東京瓦斯株式会社　　　　明治18年10月創立
　大日本人造肥料株式会社　明治20年2月創立
　　　　　　　　　　　　　（日産化学工業株式会社に改名）
　東京製鋼株式会社　　　　明治20年3月創立

第1部　東洋汽船の活動

札幌麦酒株式会社	明治21年創立	（日本麦酒株式会社に改名）
株式会社帝国ホテル	明治23年6月創立	
淺野石扰工業株式会社	明治38年9月創立	（解散）
神奈川コークス株式会社	大正8年4月創立	
	（東京瓦斯株式会社に併合）	
鶴見木工株式会社	大正9年8月創立	（解散）
伏木板紙株式会社	大正12年9月創立	
	（中越パルプ株式会社に併合）	

松本素暢書

　以上が、淺野總一郎が創立した事業である。セメント事業が淺野セメント株式会社に始まり10社、製鉄・造船事業が9社、海運、陸運事業が10社、埋築地所事業が3社、石油事業が3社、鑛業事業が7社、貿易事業が1社、電気事業が3社、文化事業が1校、銀行業が1行、その他の事業が9社と、まさに日本の近代産業における事業が57件に及んでいることが知られるであろう。
　しかしこの表に見られない事業も多々あったと思われる。その実例が尼崎築港株式会社である。昭和4年（1929）3月16日に創立している。取締役社長は淺野總一郎であった。
　　初代社長浅野総一郎は、鶴見川崎埋立事業に続いて、関西地方への進出を企図し、尼崎に近代的臨海工業地帯造成の計画を立てた。この計画は、尼崎全面の海面六十余万坪を埋立て、埋立地全面に防波堤を築造し、港内は水深九メートルまで浚渫し、一万トン級船舶が接岸できる工場用地を造成し、あわせて公共の商工業港を建設しようとする画期的なものであった。
　　浅野は有志十一名と連名で、大正十五年二月二十三日付「尼崎市並びに大庄村及び鳴尾村地先公有水埋立願」を兵庫県に申請した。続いて、同年十月十八日には、県の内示をうけて「公有水面埋立設計変更願」を

第 1 章　淺野總一郎をめぐって

提出した[4]。

とあるように、淺野總一郎が尼崎築港株式会社の創立に関与したことは明かである。その他にも本書の後編で述べる映画事業である。淺野總一郎が後援した証拠として、東洋フィルムが製作した"美しき日本"に、淺野總一郎の映像が残されていることからも明かであろう。

水野勇『海事史上の指導者たち』[5]に、日本海事史に関与した人物104名の評伝が掲げられている。江戸時代の沿岸航路開拓者として河村瑞賢[6]、幕末の海運業者の銭屋吾兵衛[7]、日本海運史上における最高指導者として岩崎彌太郎[8]などと並んで淺野總一郎[9]の名が見える。そこでは、

　　明治、大正時代の実業家、東洋汽船創立者。……總一郎が海運に関係したのは共同運輸時代からで、当時品川彌二郎、益田孝らの反三菱一派に加わり活躍したが、これが合併して郵船となるや、自貨自船主義を標榜し淺野回漕店を興した、淺野回漕店まず独逸船古船二隻を手に入れ、北海道への屯田兵輸送で郵船と対抗、更に伏木港での米積込を始め郵船の独占地番を脅す、かくて郵船の圧迫に対峙し広海二三郎、馬場道久等の社外船主を糾合、二十七年日本海運業同盟を結成した、これ船主協会の濫觴である。しかるに二十九年航海、造船両奨励法制定されるや總一郎率先中古船を売却し回漕店を解散、外航汽船会社設立に着手した、東洋汽船これである。渋澤榮一、安田善次郎、大倉喜八郎、岩出惣兵衛、田中新造、沖三郎兵衛、白井喜兵衛、森村市左衛門らが有力後援者であつた。二十九年七月会社成立するや太平洋横断航路の創始のため總一郎自

---

4) 尼崎築港株式会社編『尼崎築港70年史』尼崎築港株式会社、1999年3月、37頁（全357頁）。
5) 水野勇『海事史上の指導者たち』日刊海事通信社、1954年7月、174頁。
6) 同上、62-68頁。
7) 同上、110-112頁。
8) 同上、29-34頁。
9) 同上、13-16頁。

第1部　東洋汽船の活動

ら渡米紐育に於て当時米国鉄道及び船舶業界の重鎮たるシー・ピー・ハンチングトンと会見して、航路開設彼我提携に関する協議を遂げ、更に英国に赴き使用船三隻（日本丸、亞米利加丸、香港丸）の建造を注文し翌年四月帰朝した。この結果東洋汽船は香港、ホノルル、桑港を通航する桑港線を開始した。これ実にわが海運史上特筆すべき事項である。總一郎は更に東洋と南米諸国との貿易関係の重要なるに着眼し三十四年及び三十七年南米に人を派遣して各地実情を調査せしめたる末、英国船「グレンファーグ」を傭船して三十八年南米航路を開始した。南米西岸線の創始である。かくて郵商両社と共にわが国三大海運会社と称せられた東洋汽船は、順調な発展をみるかにみえたが、總一郎の積極策は常に会社の収支計算を超越したため、経営難による合併の議が第一次世界大戦起るに先だち一部人士間に唱道せられたが、大戦と共に一時その声を潜めたるところ、戦後海運不況に際し極度の経営難に陥り加えて安田善次郎の物故から蹉跌を生じ、遂に十四年以来渋澤榮一、井上準之助、郷誠之助の三氏起ちて日本郵船との合併を慫慂斡旋に力めた結果、十五年二大航路と船舶を郵船に売却するの合議成立し爾後貨物船経営による傭船主義をとり、貸船による純船主となった。この他日之出汽船相談役たりしことあり。更にこの間大正五年株式会社横浜造船所を創立したが翌六年淺野造船所と改める等造船業にも意欲を示した。昭和五年八十三才の高齢を以て欧州に赴きベルリンで発病、帰朝後歿した。[10]

と評せられるが、淺野總一郎の海運業における最大の業績が、東洋汽船を設立して日本からのサンフランシスコ航路と南米航路を開削したことであった。

3　淺野總一郎の評伝

淺野總一郎の郷里の偉人を記した「氷見の先賢」編集委員会による『氷見

10）水野勇『海事史上の指導者たち』13-16頁。

第 1 章　淺野總一郎をめぐって

の先賢』第一集[11]に「事業の権化」として淺野總一郎の評伝が見られ、冒頭に「記念碑」として、

> 薮田児童公園のほぼ中央に、郷土氷見の地が生んだ偉大な事業王淺野総一郎の碑が、青々とした海と、雲間に浮き出た立山連峰を望んで建っている。
>
> 総一郎の一生は、まさに波乱万丈の名にふさわしいものであった。失敗に次ぐ失敗、成功に次ぐ成功、七転八起、男の大きな夢を胸に抱いて、たぎるような情熱を終始事業に注ぎこんだ。世の中に偉大な事業家は多いが、彼ほど変化に富んだ生涯を過ごした人は数少ないであろう。[12]

とする文章で、「大きな望み」、「失敗に次ぐ失敗」、「天下の事業王」、「陰の協力者」、「総一郎の信条」[13]について述べられている。

　淺野總一郎と息子の淺野良三による伝記『淺野總一郎』がある。大正12年（1923）6月に初版を発行以来、大正14年（1925）1月に改訂版が出版され、昭和14年（1939）4月には改訂9版にもなる『淺野總一郎』である。全8章と「片鱗蒐録」、「淺野總一郎年譜」から構成されている[14]。本書で述べる東洋汽船会社に関しては同書の第八章「汽船會社」（一）～（三）において述べられている[15]。

　先の「淺野總一郎翁関係事業」の最初の事業として名のあがる淺野セメント株式会社の社史[16]があるが、その中で、第二章創業時代、第一節初代社長の生立として淺野總一郎の事蹟が述べられている。

11）「氷見の先賢」編集委員会編『氷見の先賢』第一集、氷見市教育委員会、1976年1月、全196頁。
12）同上、98頁。
13）同上、98-107頁。
14）淺野總一郎・淺野良三『淺野總一郎』淺野文庫、1939年4月、改訂9版、全615、「片鱗蒐録」全106、「淺野總一郎年譜」全16頁。
15）同上、455-506頁。
16）和田壽次郎編輯『淺野セメント沿革史』淺野セメント株式會社、1940年12月、全593頁。

第 1 部　東洋汽船の活動

> 初代社長は嘉永元年三月十日富山縣氷見郡藪田村の村醫淺野泰順の長子として呱々の聲を擧げ幼名を泰治郎と稱へた。六歳にして叔母の縁先氷見の町醫宮崎南禎の養子となり、養家の業を繼ぐべく嚴格な教育を受けたが、彼は一介の町醫として終ることをいさぎよしとせず、機會あらば商人として世に起ち度い希望に燃えてゐた。遂に十四歳にして養家を去り實家に歸つた。實父泰順は既に彼が七歳の秋に病死し、後を繼いだ姉夫婦も亦相次いで世を去つてゐたので、實家に戻つてからは自ら陣頭に立つて縮帷子の製造販賣に、或は氷見針の行商に、或は稲扱の販賣に從事し、父亡き後の家計を助けるとともに年來の希望であつた商人としての經驗を着々積んで行つたのである。然るに慶應二年の春となつて再び縁あつて彼は同郡大野村の豪農鎌中惣右衛門の婿養子となり名も養父惣右衛門の惣を取つて惣一郎と改められた。[17]

とあるように、嘉永元年（1848）の誕生から慶應二年（1866）に鎌中家の養子になるまでが述べられている。その後、淺野總一郎は大野村で産物会社を開き農家の副業品である蓆の販売を開始したが、明治維新に際会し事業が破綻し、明治5年（1872）に郷里を出て、東京に赴き、裸一貫からさまざまな仕事をし、明治7年（1874）に石炭販売を専業とする事業を起こし、石炭を納めていた王子製紙に勤めていた渋澤榮一に見出され、その後の事業の礎を興すこととなった。そして横濱の瓦斯局が廃棄したコークスに着目し、セメント事業に着目する契機となった。その後、淺野が炭砿、石油、船舶、製鉄、造船、埋立、電力などの事業を展開していくが、セメント事業の成功に依拠するものであった[18]。

淺野總一郎により創業された淺野セメントが、日本の敗戦によりGHQの財閥解体指令によって、新社名を日本セメント株式会社として、昭和22年

17）同上、97頁。
18）同上、98-100頁。

第1章　淺野總一郎をめぐって

(1947) 5月1日より営業を開始した[19]。その日本セメント会社の100年史には、「創業者　浅野総一郎小伝」[20]が収録されている。1．生い立ち、2．郷里出奔、石炭商として成功、3．廃物利用、世の中に利用できないものはない、4．セメント事業の経営、5．セメント業以外の事業進出、6．晩年から校正され、当然ながらセメント事業に関する記述が中心的ではあるが、5．セメント業以外の事業進出では、ガス事業、釜石鉱山払下げ計画の失敗、石炭・石油事業、海運事業、造船・製鉄事業、埋立て事業の6項目が見られる[21]。とりわけ海運事業には、

> 総一郎は、自分の取り扱っている貨物も年ごとに増えていることから、いよいよ自分で船会社をもたなければならないと決意して、明治19年7月、渋沢栄一を訪ねて相談した。[22]

とあるように、これからまもなくの淺野回漕部が設立され、淺野總一郎は海運事業に進出し、明治29年（1896）には東洋汽船を設立し、サンフランシスコ航路開設の経緯を記している[23]。

明治期の一論調を左右した雑誌『實業之日本』第1巻第7号、明治30年（1897）12月15日発行に掲載された「金傑月旦」の欄に見える岳淵生の「淺野總一郎を論す」に、淺野總一郎の評伝が見られる。

> 身を北越寒村刀圭の家に承けても刀圭を事とせず、少壮京濱の間に落魄し、おでん屋となり、氷屋となり、竹の皮屋となり、薪炭屋となり、石油屋となり、三十年の年月と共に漸次其頭角を現し來り、遂に今日の淺野總一郎となりたるを観察し來れば、彼れが幸運の寵児以外に、一種異鱗の人物たるを見出さずんばあらず。

---

19) 日本セメント社史編纂委員会編『百年史　日本セメント株式会社』日本セメント株式会社、1983年11月、120頁（全883頁）。
20) 同上、255-290頁。
21) 同上、275-289頁。
22) 同上、280頁。
23) 同上、282-283頁。

第 1 部　東洋汽船の活動

其人の來歷は能く其人の性格を語る。今彼れが明治初年よりの略歷を考ふるに、流離日既に久しふして僅に薪炭商を橫濱に營むや、數年にして其立身の第一開展場たる橫濱瓦斯局の「コールタル」油塊の廢物利用を發見し、時人の之を冷却するにも拘はらず、自ら進んで之が拂下を請求し、分析製造に次ぐ販路の困難を以てしたりと雖も、遂に官民の間に一大利源を開くに及び、尋瓦斯製造より生ずる石灰の燒塊に注目し、之をし「セメント」製造所に使用するの途を發いて、茲に巨多の利を得、政府管轄の「セメント」製造所をして、今日の淺野セメント會社たらしめ、明治十九年に及んで回漕業に着手し、明治二十六年に至て魯國產出の石油販賣業を開始し、而して日淸の事件終るや、彼れは戰勝國民の光譽を其双肩に擔ふて、東洋汽船會社の設立を歐米各國の間に紹介するに至れり。

年月よりすれば三十年は決して永しといふべからず。然れども彼れが其半生より拓き出したる自家の富、地位、勢力に就て點檢し來れば、彼れは強ち一攫千金の暴富に醉狂し、波瀾起伏、忽にして天上、忽にして地下、其狀恰も榮塞常なき相場師的商業の足痕を有せず、其成すや頗る順序的秩序的、一列を得るまでは必らず一列を得べき方法と手段とに熱意し、決して一列以外の天地に向つて其計圖を放たざるは、彼の溪流の水が石潭に一湛するに止るまでは決して下塹に向つて放流せさるが如し、其薪炭屋より「コールタル」の遺利を博し、「コールタル」よりして「セメント」製造の大基礎を作り、以て回漕業、以て石油販賣、以て太平洋上爭衡の衝路に當る一大汽船會社の創立に至るまで、寸を得て始めて尺に進み、尺を得て始めて丈を量るの方針、步度晰然として、彼が生涯を一貫せるを見る。故に其來歷嘗て甚だ華やかならざりしと雖も而も事業の蹉蹉、失敗なく、着々成功の幸運に乘じ來る所以のもの、蓋し彼が浮華虛聲を避け、急速速成を避け、目前手下の姑息的經營を避け以て、遠大を期する愼思あるに由る。

彼は事業の上に頗る秩序主義を持すると共に、亦た先天的の勤勉家なり。

第1章　淺野總一郎をめぐって

其れおでんや時代、水屋時代は言はずもかな、其薪炭屋を營むに當り、其勤勉精悍なること幾んど同業者をして手を歛むるに至らしめたる底の事あり。竹の皮を賣買に於て彼れが成功せる第一義は、其の身を衆目に挺んで、房總地方に奔走し、人の似て艱とし難とする處をも避けざるに在つて存す。今や彼の一身は社會上に於ける一勢力なれば萬務蝟集所謂夙起更寢の境遇にあれども、其日の事は其日を以て處理するの精神を持し、未だ嘗て一瑣事の故を以て明日あるを言はず。聞く其室の楣間に「來福運從勉強」の六字を掲げ事あれば、則ち子女に示して誡と爲すと、蓋し勉強は其秩序主義に伴ふ一翼たるなり。

凡そ秩序主義や勤勉主義や以て富を成すに足ると雖も、未だ以て事業家たるの資格に對しては闕如する所なくんばあらず、何となれば此種の性格の人は動もすれば少心、怯懦、保守の傾向を有し、寸を得れば寸を守るを知つて尺に進むあるを知らず。唯だ其守地を喪失せられんことを恐る。然れども彼は亦た一の美性を有す。其細心秩序を重んずるは過去の爲めに非して將來に伸びんか爲めなり。愼思勉強主義を嚴行しつつあるは、徒に齷齪を勤むるにあらずして、寸歩尺進の爲めなり。夫れ既に將來を思ふを以て小心の如くにして極めて覇氣豪膽なり。愼沈の如くにして極めて機敏俊逸なり。其三十年の生涯が前二者を説明するが如く、亦後二者を表示して餘りあるを見るに非ずや。

故に事を創むるに先ち苦心焦慮、經營慘憺容易に脚を揚げずと雖も、一端機を觀、意を決して着手すれば、敏手怪腕、潑指として事に衝り、規畫縱橫、意を盡し心を馳せ、成功を期せずんば息まず、蓋し細事を成さゞるものは亦た大事を成すに足らずとは千古の名言にして、彼の房總の村家に竹皮を買集むる所の總一郎は依然たる今日の總一郎也。

彼れが東濱船會社を創立するに當り、締約を歐米各港の間に結ぶや、到る所彼を擁して歡迎の歌を奏せり。是れ畢竟東洋新興の日本に對する讃仰の意を移して、彼れの一身に呈すしたるまでにて、固より左程まで彼れの偉なるに由らずといへとも、當時に於ける彼れの態度は、戰勝國民

が將に創立せんとする東洋滊船會社の社長として、決して恥かしくはあらざりき。其應對折衝、緩嚴宜を失せず、尤も強剛に尤も謙讓に、尤も敏慧に尤も好和に幾んど一歲に垂んとする間、列強諸國に太平洋上に於ける今後の日本國民を吹噓したるもの決して鮮少にあらず。固より機敏氣膽の存するなくんば能はさる所なり。

之を要するに彼れは最も強健なる頭腦を有せり。何となれば彼れ素より千金の家に生れたるに非ず。飄然として郷を出でたる一笠一杖生のみ。京濱の間に落魄せし零丁のみ。亦た素より官府閥門の間に經歷夤緣を有したるに非ず。亦た素より鉅富豪族の門に寄生したるに非ず。唯た自己の兩脚を以て自己の草鞋を穿ち、自己の兩腕を以て自己の進むべき道路を拓き、未だ嘗て官人金家の援引に依れ事の端緒を開かざりき。所謂其一代身上なるものは彼れが略歷の外說明するものなく、乃ち獨力拓成也、彼れの來歷、志想、事業、意氣以て人意を强ふするに足る。

然れとも彼れや此數言の褒辭に依つて自ら喜ぶべきに非ず、何となれば此は其長所に就て言ひ、其商業家として事業家として且つ成功家として正當なる長所を有する彼を揭げたるのみ、而して彼れが商界の一俊物として天下に稱せらるる所以も亦此等の英華が其傳唱えを受くるに由る。豈に余輩の誇言ならんや、而も其短處欠點に至つては須らく人評に任すの雅量なかるべからざると同時に、彼れも亦た自から反省するの要あり。人の彼れを貶評する其一を擧ぐれば、彼れは自利の念强くして情誼に薄く、公共に冷に、後進を養ふの精神に乏しく一言以て之を盡せば、高尚の嗜好を解せざる俗物也と。此語若し彼れに利ならざる者より傳ふる流說ならば固より論外なり。然れとも若し一點の眞理其れ中にありとせば、彼れが一方に於て成功する自家の地位勢力は、又一方に於て品位品性の爲に抹殺せられざるを得ず。

然れとも言ふものあり曰く、彼れは人評の如く熱情なき質にあらず、公共的精神に乏しきものに非ず、二千五百圓の帝國海防費金の獻納を始め道路修繕、學校建築、震災地變、貧民救助等に捐金寄與したるもの少な

第 1 章　淺野總一郎をめぐって

からず、其横濱平沼町の地所數反歩を軍事鐵道線路用として大本營へ献納せしが如きは、豈に公に篤きものに非ずやと。
　由來、理想とか品性とか情誼とか後進透掖とかいふ文字は利を争ふ商業界には極めて廉價の墨痕なり。故に學者儒林は之を斥けて俗界逐塵の徒となし、彼等自身も亦之を怪しまず。然れども是れ誤れる信條なり。牙籌の業決して俗ならさると共に高尚なる嗜好の無用なる理なし。況んや總一郎の如きは富は則ち富なりといへども、未だ以て岩崎・三井に及はさる遠く、信は則ち天下を繋ぐに足るといへども、未だ以て渋澤・富田に比するべくもあらず。其一言一動忽ち經營社會の盛衰嚮背を左右するの點に於ては猶ほ多くの里程を進まさるべからずして、要するに目今の地位は蓋し第二流と言はさるべからず。此時に當り彼れの品性品位共に渋澤・富田の一輩より下る數等を説くものあるは寧ろ彼れの爲めには好劑には非らさる乎。
　然れとも彼れは既に社會より認識せられ、且つ今や將來に向て認識せられつつあり。其伯は慥かに彼れの在外中の動作に徹底して商界未來の一雄物たるを認識したりといへば、強ち品性の高下に依つて全般の評價を下すべきに非ず。況んや俗物の文字は未だ遽かに彼れを洞破し得たりとするべからさるに於てをや。
　兎に角萬事に於て成功したる有爲の手腕は、今や漸くにして對外的事業の上に委せられんとす。蓋し「コールタル」や「セメント」の成業は畢竟淺野一家の事として見るも可なれども、若夫れ東洋汽船會社の前途は最早や彼れ一家の榮辱禍福に關せずして、既に我國の興廢に係繋す。彼れの前途決して輕しと謂ふべからず。[24]

　このように、淺野總一郎については様々な評伝が書かれている。ちなみに最近蒐集したその成果をここに紹介したい。

---

[24]『實業之日本』第 1 巻第 7 号、明治30年（1897）12月15日発行に掲載された「金傑月旦」欄、岳淵生「淺野總一郎を論す」36-39（352-355）頁。

第 1 部　東洋汽船の活動

　北村惣吉『淺野總一郎傳』（千倉書房、1930年12月、全315頁）は、著書が淺野總一郎の秘書であった人物である。序では淺野總一郎の言葉を引用して、
　　運は寝て待てとは嘘だ、運は水の上を流れてゐる。命懸けで飛び込んでつかむ度胸と、つかんだ運を育てる努力がなければ、運は我身に宿らぬ。[25]
との言句を掲げ、淺野總一郎のその後の人生を淡々と述べ、東洋汽船会社の成立の契機として、「明治十年の西南戦争に岩崎彌太郎氏が、無茶苦茶に御用船で儲けたのに憤慨し、ボロ船買つて對抗します。後年の東洋汽船は斯うした動機から生れます」[26] など、興味深い事実を述べている。

　新田純子『その男、はかりしれず　日本の近代をつくった男　淺野總一郎伝』（サンマーク出版、2000年11月、全295頁）は、四部構成で、第一部「水の時代」、第二部「地の時代」、第三部「火の時代」、第四部「海の時代」からなり、第三部第六章では「東洋汽船の夢」として東洋汽船成立の事情を述べている。

　渡邉恵一『浅野セメントの物流史　近代日本の産業発展と輸送』（立教大学出版会、2005年3月、全266、索引6頁）は、淺野總一郎が創業した淺野セメントの経営史を中心とした成果で、産業史、交通史の視点から淺野セメントを中心に近代日本の産業と輸送問題を中心課題としたものである。

　出町譲『九転十起　事業の鬼・淺野總一郎』（幻冬舎、2013年11月25日、全398頁）は、序章の「貿易立国への夢」に始まり、第四章の「海運業界の風雲児」として淺野が執念を燃やした外国航路について述べ、エピローグの「「幻の財閥」今いずこ」まで述べられ、最後には「「浅野総一郎」のスピリットをもう一度、思い出したい」（396頁）で結ばれている。

---

25) 北村惣吉『淺野總一郎傳』千倉書房、1930年12月、1頁。
26) 同上、4頁。

第1章　淺野總一郎をめぐって

4　小結

　淺野總一郎その人と、その事業に関して、以上に述べた他にもさまざまな記録が残されている。少年の時期より、多くの資本もなく創意工夫によって、新しい事業を創業し、晩年には淺野財閥と呼称されるような蓄財を形成したことは事実である。その事業の特徴は、日本の他の財閥と呼称された事業家とは相違する多岐にわたる特徴ある事業を開拓したことであった。

　とりわけ本書で述べる東洋汽船会社のような海運業まで触手を伸ばした事業家は、岩崎弥太郎が創業した三菱会社の他は皆無と言っても過言ではないであろう。

　日本の資本主義の父とも呼称される渋澤榮一の知遇を得たとは言え、淺野總一郎の先見性と創意工夫と努力にはたぐいまれなものがあったことは確かと言えるであろう。

　そこで本章の第2章から第6章にわたって淺野總一郎が力を注いだ東洋汽船会社について述べたい。

第2章　淺野回漕店から東洋汽船会社へ

1　緒言

　大正2年（1913）の帝国議会の第31議会で取り上げられた重要問題に、日本の海運会社に関する航路補助金の拠出の問題があった。

　その問題を報道した『報知新聞』大正2年（1913）10月25日付の「航路補助問題の研究」によれば、「来るべき三十一議会の重大問題として波瀾ある可く期待さるるは実に航路補助問題也」として、日本政府の航路補助金問題を取り上げている。そこで巨額の補助金を日本政府の命令航路として受けていたのは日本郵船、大阪商船、東洋汽船、日清汽船、南洋郵船組の5社で、1,189万余円の補助金を受けていた[1]。

　その補助金を受けている金額も「問題の五航路」として掲げられている。

> 国民憲政政務調査局の最近調査に依れば現在日本郵船の所有船舶八十三隻、三十五万九千七百九十一噸、目下建造中の五隻四万九千四百噸。大阪商船所有船舶百六隻十六万八千九百十四噸、目下新造中のもの四隻一万一千三百噸。東洋汽船所有船舶八隻七千七十九万余円を算し、更に日清汽船に八十万円、南洋郵船組に三十万円の補助を与え居れり。[2]

とあるように、日本郵船会社は所有船舶83隻、359,791噸、建造中の5隻49,400噸。大阪商船が所有船106隻168,914噸、建造中の4隻11,300噸、東洋

---

1) 『報知新聞』大正2年（1913）10月25日付の「航路補助問題の研究」、「両政整理と補助　現在政府より命令航路として補助の恩典に浴しつつある会社は日本郵船株式会社、大阪商船株式会社、東洋汽船株式会社、日清汽船株式会社及び南洋郵船組の五社なりとす、而して此五社に与うる今年の航路補助金は実に一千百八十九万余円の巨額に達し居れり」とある。神戸大学新聞文庫のデータベースによる。

2) 『報知新聞』大正2年（1913）10月25日付の「航路補助問題の研究」の「問題の五航路」

第1部　東洋汽船の活動

汽船が所有船8隻71,878頓であり、この3社が大会社として見られ、大正2年（1913）度に1,079余万円の補助金が拠出されることになっていた。

この3大会社の補助金による運航路線について、同紙には「三十一議会に於て問題となるは大正三年十二年満期となる日本郵船の欧洲航路アントリーブ線、北米航路シャトル船、大阪商船の北米航路タコマ線、東洋汽船の北米航路桑港線及び同社の南米航路西岸線なりとす」[3]とあるように、20世紀初期の日本の海運力は日本政府の大きな支援がその発展を支えていたことは確かである。

日本郵船、大阪商船に次ぐ3大会社の一つであった東洋汽船会社の創業者が淺野總一郎である。淺野は様々な分野の事業を興起し、創業したが、その中に近代の明治日本の代表的な一産業であった汽船による海運業があり、アジアを代表する産業として成長して行った。その海運会社の一翼を担った東洋汽船会社の創立に至る過程を次に述べてみたい[4]。

2　淺野回漕店の創業

淺野總一郎は嘉永元年（1848）に富山縣氷見郡に生まれ、明治4年（1871）に東京に出て、明治6年（1873）に横浜で薪炭商に従事し、明治7年（1874）

---

[3] 同上。
[4] 東洋汽船会社の歴史に関しては、次の成果がある。
　佐々木誠治『日本海運業の近代化』（海文堂、1961年4月、全431頁）第4章「淺野海運業史─新興の近代船主の成長例─」（336-369頁）において、淺野總一郎の伝記を主に依拠して、日本の近代船主の事例として考察されている。
　中野秀雄編『東洋汽船六十四年の歩み』（中野秀雄、1964年6月、全486頁）は、東洋汽船会社の唯一の専著と言えるもので、参考に値するが、企業の事蹟の側面が中心で、本論文で取り上げられた視点からは述べられていない。
　片山邦雄『近代日本海運とアジア』（御茶の水書房、1996年3月、全326頁）がアジアとの関連で、東洋汽船会社の活動に触れている。
　三浦昭男『北太平洋敵船客船史』（出版共同社、1994年9月、全248頁）が、東洋汽船会社のサンフランシスコ航路に関して、船舶の専門家の視点から述べられている。

第 2 章　淺野回漕店から東洋汽船会社へ

には石炭商を專業としている。淺野總一郎は、さまざまな苦労を重ね、最初に大きく成功した事業がセメント会社であった。その過程で経営上の問題点として「自分の使う石炭とセメントだけは、せめて自分の船で運びたい。高い運賃は、時に産業を破壊します」[5]と渋澤榮一との会話で述べている。

こうして淺野回漕店の名で、明治19年（1886）11月に東京で開店[6]した。同店の所有船は次のものであった。

> 最初に手に入れたのは、獨逸人所有の古船『ベロナ』號であつた。『ベロナ』號は積載量千貳百頓船、四萬圓の古船であつた。横須賀の船渠に廻航して、船底の検査をして貰つた。『ベロナ』號を日の出丸と改名した。次いで金澤丸、鶴丸、萬國丸等數隻の汽船を購入し、運賃は精々安く、顧客に對しては、飽く迄懇切叮嚀を旨とした、此時の資力は十四萬圓であつた。[7]

淺野回漕店の船舶は、ドイツの古船の積載量1,200頓を購入して「日の出丸」と改名し、その他に金澤丸、鶴丸、萬國丸などがあった。

その後、明治19年（1886）11月に資本金20万円により淺野回漕店を設立して、ロシアからドイツ船の1,138總噸のベロナ号を購入して日の出丸と改名し創業を開始する。その後に、408噸の鶴丸、1,236噸の金澤丸、2,336噸の萬國丸を購入して4隻を用いて海運業を展開する[8]。

淺野回漕店が実際に海運業を開始したのは翌年の明治20年（1887）5月のことであろう。それは次に掲げる新聞の広告記事からわかる。

『讀賣新聞』明治20年（1887）5月25日付の広告に次のようにある。

> 回漕店開業廣告
> 今般弊店に於て濱船（原名ペロナ號七千石積）を買求日の出丸と改稱し、同船を以て回漕營業相始め運賃等精々低廉に相働き貨物取扱一切

5）淺野總一郎・淺野良三、前掲書、441頁。
6）同上、442頁。
7）同上、442頁。
8）中野秀雄編『東洋汽船六十四年の歩み』中野秀雄、1964年6月、7-8頁。

第1部　東洋汽船の活動

> 深切叮嚀を旨とし勉強可仕候間、多少に不拘御集荷の程奉希候、且各地船主諸君の御委托に應じ濱船帆走船の取扱をも兼ね業可仕、尤運賃勘定等、聊遅滞等なく都て實直の取扱可仕候間、右御委托を希上候段併て廣告仕候也。
> 　五月　東京小網町二丁目九番地　　淺野回漕店
> 　　　　右代理店横濱元濱町二丁目　平野回漕店
> 濱船　日の出丸　六月一日午十二時石濱函館より小樽行　横濱出帆
> 　但積入荷物海上保険御望の御方は海上保険會社へ御申込可被成候也。[9]

とある。同月27日付の『大阪朝日新聞』5月27日付の広告は次のようである。

回漕店開業廣告

> 今般弊店ニ於テ濱船（原名ペロナ號七千石積）ヲ買求日の出丸ト改稱シ、同船ヲ以回漕營業相始運賃等低廉ニ相働貨物取扱一切深切叮嚀ヲ旨トシテ勉強可仕候間、多少ニ不拘御出荷ノ程奉希候、且各地船主諸君ノ御委托ニ應ジ濱船帆走船ノ取扱ヲモ兼業可仕候、最モ運賃勘定等、聊遅滞等ナク都テ實直ノ取扱可仕候間、右御委托ノ儀ヲ希上候、此段併セテ廣告仕候也。
> 　五月　東京小網町二丁目九番地　　淺野回漕店
> 　　　　右代理店横濱元濱町二丁目　平野回漕店
> 濱船　日の出丸　六月一日正午十二時石濱函館小樽へ向ケ横濱出帆
> 　但積入荷物海上保険御望ノ御方ハ海上保険會社へ御申込可被成候。[10]

とある。『讀賣新聞』は漢字とひらがな交じり文で、『大阪朝日新聞』は漢字とカタカナ文での広告の相違があるものの全文はほぼ同じである。

　すなわち淺野回漕店は明治20年（1887）6月1日に横浜から宮城県石巻に近い女川町の石浜に寄港し、北海道の函館、小樽に向かう海運業を開始した

---

[9] 『讀賣新聞』第3710号、明治20年（1887）5月25日。読賣新聞社のデーターベースによる。
[10] 『大阪朝日新聞』第2483号、明治20年（1887）5月27日。朝日新聞社のデーターベースによる。

のである。ついで『讀賣新聞』明治20年（1887）6月15日付の広告に、再び日の出丸の出港広告が見られる。

　　汽船出帆廣告
　　　日の出丸　石濱　小樽行　　六月廿七日貨物積切
　　　　　　　　　　　　　　　　六月廿九日横濱出帆
　　　東京小網町二丁目　　淺野回漕店
　　　横濱元濱町二丁目　　平野回漕店[11]

とあり、6月29日に横浜から石浜を経由して小樽への航運案内である。

『讀賣新聞』明治20年（1887）7月10日付の広告にも日の出丸の出港広告が見られる。

　　汽船出帆廣告
　　　日の出丸　小樽行　　七月十四日貨物積切
　　　　　　　　　　　　　同　十五日品川出帆
　　　東京小網町貳丁目　　淺野回漕店[12]

とあり、日の出丸の出港地が品川になっている。ついで『讀賣新聞』明治20年（1887）8月17日付の広告に日の出丸の出港広告が見られる。

　　汽船出帆廣告
　　　日の出丸　小樽行　　八月二十日貨物積切
　　　　　　　　　　　　　同　二十一日品川出帆
　　　東京小網町貳丁目　　淺野回漕店[13]

この時の日の出丸の出港地は品川であった。

淺野回漕店は、京浜地区から北海道だけではなく、神戸・大阪へも汽船を運航させている。『讀賣新聞』明治20年（1887）8月30日付の広告に、

　　出帆廣告

---

[11]　『讀賣新聞』第3737号、明治20年（1887）6月25日。
[12]　同上　第3750号、明治20年（1887）7月10日。
[13]　同上　第3782号、明治20年（1887）8月17日。

第1部　東洋汽船の活動

　　　　　濱船鶴丸　兵庫神戸　大坂行　　九月一日　貨物　積切
　　　　　　　　　　　　　　　　　　　　同　二日　后四時横濱出帆
　　　　本　店　　東京小網町二丁目　　淺野回漕店
　　　　代理店　　横濱元濱町二丁目　　平野回漕店[14]

とあるように、鶴丸を使って横浜から兵庫、神戸、大阪へと貨物運送を始めている。

　9月になると、『讀賣新聞』明治20年（1887）9月10日付の広告に、日の出丸と鶴丸両船の出港広告が見られる。

　　　　濱船出帆廣告
　　　　日の出丸　石濱函館小樽行　　九月十三日貨物積切
　　　　　　　　　　　　　　　　　　同　十四日后四時横濱出帆
　　　　東京小網町二丁目　　　　　　淺野回漕店
　　　　右代理店横濱元濱町二丁目　　平野回漕店
　　　　濱船出帆廣告
　　　　濱船鶴丸　兵庫神戸大坂行　　九月九日　貨物積切
　　　　　　　　　　　　　　　　　　同十日　后四時横濱出帆
　　　　東京小網町二丁目　　　　　　淺野回漕店
　　　　右代理店横濱元濱町二丁目　　平野回漕店[15]

　9月10日に横浜から西に兵庫、神戸、大阪に鶴丸が、9月14日に日の出丸が北海道へ航行していたことになる。

　『讀賣新聞』明治20年（1887）9月25日付の広告にも鶴丸の出港広告が見られる。

　　　　出帆廣告
　　　　濱船鶴丸　石濱　山田行　　　九月廿五日　貨物積切
　　　　　　　　　　　　　　　　　　同廿六日　后四時横濱出帆

---

14) 同上　第3793号、明治20年（1887）8月30日。
15) 同上　第3803号、明治20年（1887）9月10日。

第2章　淺野回漕店から東洋汽船会社へ

　　　東京小網町二丁目　　　　　　淺野回漕店
　　　右代理店横濱元濱町二丁目　　平野回漕店[16]

　鶴丸が横浜から西ではなく、宮城の石浜（宮城県牡鹿郡女川町）に航行している。
『讀賣新聞』明治20年（1887）10月4日付の広告に2隻の広告が見える。
　　　濱船出帆廣告
　　　鶴丸　　大坂神戸兵庫行　　　十月五日　貨物積切
　　　　　　　　　　　　　　　　　同　六日　午后四時横濱出帆
　　　日の出丸　石濱函館小樽行　　十月六日　貨物積切
　　　　　　　　　　　　　　　　　同　七日　午后四時横濱出帆
　　　東京小網町二丁目　　　　　　淺野回漕店
　　　右代理店横濱元濱町二丁目　　平野回漕店[17]

　これらの出港広告から日の出丸と鶴丸の運航形態を見てみたい。

　日の出丸は、横浜か品川かの相違があるものの、明治20年（1887）6月1日から29日後の29日、6月29日から17日後の7月15日、7月15日から37日後の8月21日に、8月21日から25日後の9月14日に、9月14日から22日後の10月6日に横濱・品川から北海道へ出港した。横濱・品川から宮城県の石浜に寄港して函館・小樽への往復の航海に最短17日、最高37日を要したことになる。17-37日の相違は、航海日数よりおそらく積載貨物の集荷までの時間の差と見ることができよう。早く集荷して積載できれば次の航海までの期間が短かったであろうが、集荷に時間がかかれば次回の航海はさらに遅れると言う不定期な輸送形態であったとみることが出来よう。

　これに対して鶴丸は9月2日と9月10日に横浜を出港したことから、横濱と阪神間では往復に8-9日と、横濱・北海道よりはるかに短期間での運行が行われていたことがわかる。

16）同上　第3815号、明治20年（1887）9月25日。
17）同上　第3822号、明治20年（1887）10月4日。

第 1 部　東洋汽船の活動

　明治21年（1888）になると金澤丸の出船広告が見られる。『大阪朝日新聞』明治21年（1888）1月24日付の広告に、

　　●淺野回漕店　兵庫出帆廣告
　　汽船金澤丸　伏木行一月廿五日荷物取切、同廿九日后二時發
　　　　大坂南堀江水分橋南詰　　　荷扱所　　　　木谷回漕店
　　　　兵庫宮内町　　　　　　　　同　　　　　　片野回漕店[18]

とあり、淺野回漕店の金澤丸が兵庫港から富山県の伏木港に1月29日出港する予定であった。ついで『大阪朝日新聞』明治21年（1888）4月1日付の広告には、金澤丸が兵庫から東京方面に航行している。

　　東京小網町二丁目淺野回漕店　兵庫出帆
　　汽船金澤丸　横濱東京行　四月一日貨物取切、同三日午后二時出帆
　　　　　右扱所　兵庫宮内町　　　　　　　　片野喜助
　　　　　荷　扱　大坂南堀江水分橋　　　　　木谷市良兵衛
　　　　　同　　　大坂北安治川一丁目　　　　廻運社[19]

　金澤丸が兵庫から横濱に向けて4月3日の午後2時に出港する予定であった。

　『大阪朝日新聞』明治21年（1888）1月24日付の広告には、兵庫港と神戸港からの出港広告が併記されている。

　　東京小網町二丁目淺野回漕店　汽船兵庫出帆
　　汽船金澤丸　横濱東京行　五月四日后二時出帆
　　　　　右扱所　兵庫宮内町　　　　　　　　片野喜助
　　　　　荷　扱　大坂南堀江水分橋　　　　　木谷市良兵衛
　　　　　同　　　大坂北安治川一丁目　　　　廻運社
　　●東京淺野回漕店汽船金澤丸　神戸出港横濱東京行
　　　　五月四日午後四出帆

---

18)『大阪朝日新聞』第2677号、明治21年（1888）1月24日。
19) 同上　第2713号、明治21年（1888）4月1日。

第2章　淺野回漕店から東洋汽船会社へ

　　　神戸海岸通五丁目　　　　　　　　　田　中　組
　　　大阪水分橋南詰　　　　　　　　　　木谷市郎兵衛[20]

この広告から大阪は安治川河口の廻運社、神戸は海岸通の田中組が代理店を行っていたことがわかる。

『大阪朝日新聞』明治21年（1888）6月7日の広告には、

　　汽船鶴丸　横濱東京行　六月十一日兵庫出帆
　　　東京小網町貳丁目　　淺野回漕店
　　　扱所　兵庫宮内町　　片野喜介[21]

とあり、兵庫は宮内町の片野喜助（介）が取扱所であった。

　淺野回漕店が大きく事業を展開していったのには、政府との関係があった。淺野總一郎の伝記に次のようにある。

　　ベロナ號を購つて間もない某日のこと、北海道の永山屯田兵長官の麹町の宿所相模屋から、輸送上の件につけい即刻出頭せよといふ達示が來た。番頭の尾城満友が、店主代理として出頭すると、『淺野が、ベロナ號を買つたそうだが、屯田兵二千許りの輸送を引受けて貰ひたい。』といふ突然の御用であつた。[22]

北海道の永山屯田兵長官とは、永山武四郎である。永山の叙任の記録に、

　　明治四年陸軍大尉ニ出仕以來歷階シテ、遂ニ陸軍中将ニ陞進シ、其間開拓使諸官ヲ兼任シ、廿一年六月北海道廳長官ニ兼任セラレ、終始一身ヲ北海道事業ニ委シ軍事及開發ニ盡瘁シタルノ功績最モ顯著ナリ。[23]

とあることから、淺野回漕店が呼び出しを受けたのは明治21年（1888）6月以降の永山武四郎が北海道長官に就任して以降のことと思われる。

　永山の要請は淺野回漕店の汽船で、屯田兵2,000余名を堺から小樽まで輸送

---

20) 同上　第2757号、明治21年（1888）5月1日。
21) 同上　第2789号、明治21年（1888）6月7日。
22) 淺野總一郎・淺野良三、前掲書、442-443頁。
23) 「陸軍中将男爵永山武四郎特旨叙位ノ件」、叙00165100（所蔵館：国立公文書館）、アジア歴史資料センター、レファレンスコード：A10110148600　3葉（全14葉）

第1部　東洋汽船の活動

することであった。永山は日本郵船会社に輸送を廉価で依頼したが断られ、新たな海運会社としてまもない淺野回漕店を知り依頼したのであった。その後、淺野總一郎のことを気に入った永山が、屯田兵の輸送を淺野回漕店に依頼している[24]。

この直前にも淺野回漕店の船舶について海軍が調査している記録が残されている。

> 発付二月十七日　二十一年二月十七日　按、書面ノ趣認許ス。二十一年二月十七日、普一二二五　二月十七日、艦政第四三五号、河村大尉外一名、横浜出張為致度上申、海運課僚海軍大尉河村弘貞、同属員海軍船匠師菊地万吉　右ハ淺野回漕店所有之汽船鶴丸横浜入港候旨同店ヨリ届出候ニ付、該船実地調査トシテ、明十八日横浜出張為致度候条、御允可相成度、此段上申候也。[25]

とあり、淺野回漕店の鶴丸が海軍から船舶検査を受けた。ついで、

> 発付二月二十一日　二十一年二月二十一日　按、書面ノ趣認許ス。二十一年二月二十一日、普一三三四、二月二十一日、艦政第四六八号、河村大尉外一名、横浜出張為致度上申。海運課僚海軍大尉河村弘貞、同属員海軍船匠師菊地万吉、右ハ淺野回漕店所有之汽船金澤丸入港之旨、同店ヨリ届出候ニ付、該船実地調査トシテ、明二十二日横浜出張為致度候条御允可相成度、此段上申候也。[26]

とあるように、金澤丸も船舶検査を受けいる。

淺野回漕店の発展には強敵が存在した。それが日本郵船会社である。当時

---

24) 淺野總一郎・淺野良三、前掲書、444頁。
25) 「明治21年2月17日　河村大尉外1名横浜出張の件」海軍省－公文雑輯-M21-10-54（所蔵館：防衛省防衛研究所）、アジア歴史資料センター、レファレンスコード：C10124398000。
26) 「明治21年2月21日　河村大尉外1名横浜出張為致度の件外」海軍省－公文雑輯-M21-10-54（所蔵館：防衛省防衛研究所）、アジア歴史資料センター、レファレンスコード：C10124399100。

第 2 章　淺野回漕店から東洋汽船会社へ

のことを淺野總一郎が回想している。

> 當時郵船では越中の米百石を百三十圓の運賃で送つてゐたが、越中は私の故郷であるからその好意で私は百石六十錢で引受けた。國の人達は知事を始めとして皆が大變喜んでくれた。所が郵船はここでも又私の運賃よりも安い値段で競争をして來た。かくして郵船の横暴をためるたに常に刺激を與へて來たが、郵船會社は自ら悟る所なく徒に私の方を壓迫して來るので、私は廣海仁三郎、馬場道久氏等を語らひ社外船をきう合して海運業同盟會を組織し協力して郵船會社に對抗した。丁度これが明治十七年から二十七年にわたつたが、この間私が委員長となつて海運業同盟會を操縦し、日本郵船と海運同盟の商戦がたけなはなるの時、日清戦争は開かれた。[27]

明治19年（1886）11月に開業した淺野回漕店の前にはすでに巨大海運会社であった大阪商船会社と日本郵船会社があった。とりわけ東京を拠点とする日本郵船会社にとって、新興の淺野回漕店は目の敵となって運賃面での競争が激しく展開されたようである。淺野回漕店の輸送運賃は、開業広告にも「運賃勘定等、聊遅滞等なく都て實直の取扱可仕候間」とする一貫した方針であったため、巨大会社に淺野總一郎はさまざまな方法をもって抵抗していた。

淺野が言う海運業同盟會であるが、『大阪朝日新聞』大正 8 年（1919） 5 月30日付の記事に、巨大会社である日本郵船会社、大阪商船会社を社船と言うのに対してそれ以外の会社を社外船と呼ばれていた。その社外船を結集する動きがあった。

日本船主同盟会

今日日本の社外船主の数は百数十人の多きに達している。等しく日本の航運界に寄与しているものであるが時に利害の衝突し無益の競争を惹起して相互の協調を欠き鷸蚌の争漁夫の利となる事も珍らしくない。此に

---

[27]『東京朝日新聞』第15192号、昭和 3 年（1928） 8 月26日付「その頃を語る【三十九】海運界に乗出して　兩會社設立前後の波亂　淺野總一郎翁」による。

第 1 部　東洋汽船の活動

　　於て同業者相団結して営業上に関する利害得失を攻究し弊害を矯正し以て相互の利益を増進する事を目的として設立せられたのが日本船主同盟会であって明治二十七年創立せられた日本海運業同盟会はその前身である。
　　日本海運業同盟会は浅野総一郎、緒明菊三郎、広海仁三郎、浜中初三郎、岸本五兵衛、岡崎藤吉等数氏の東西船主代表者が組合設立の必要を感じて大阪市中之島の銀水楼に会し我国船舶業者の団体組織に関して協議したのが始めであって大要左記の事項を定款に規定した
　　一、一定の船積送状を使用すること
　　二、海運業者の利害損失に関する事を研究すること
　　三、同盟会員の紛議を仲裁すること
　　四、扱店に関すること
　　五、海員に関すること
　　六、会員は其資格を以て営業を行うことを得ず。[28]

とあるように、明治27年（1894）に、淺野總一郎等を中心に「日本海運業同盟會」が組織されたのである。これが、先に淺野總一郎が述べていた海運業同盟會である。

　このような状況下で、淺野總一郎が企図していたものが、「内航より外航へ轉回すべく、淺野回漕店を閉鎖して、外航の汽船會社經營を胸中に秘めた」[29]ように、日本からの海外航路を運航する会社の設立であった。

　そして淺野總一郎は、淺野回漕店を創業した明治19年（1882）から10年が経過した明治29年（1896）に東洋汽船会社を設立する。

---

28)『大阪朝日新聞』大正 8 年（1919） 5 月30日付の「刮目すべき社外船の活動　洋々たる其の前途！」による。
29) 淺野總一郎・淺野良三、前掲書、456頁。

3　東洋汽船の創業

　日清戦争に際して淺野回漕店は所有船の全てを御用船として政府に提供し、戦争後には土佐汽船会社に所有船を全て売却している[30]。

　淺野總一郎は、渋澤榮一、安田善治郎等の財界人に対してニューヨーク航路など海外航路の構想を呼びかける。

　この海外航路を運航する会社の計画が、『東京朝日新聞』明治29年（1896）4月19日の「東洋汽船會社の航路」として掲載されている。

　　京濱間の豪商等が此程、其筋へ發起認可を申請したる東洋汽船會社の設
　　立目論見中に掲げし航路と船舶配附は左の如しと
　　當會社船舶の出する航路及び其配附は左の如し
　　　第一　日本諸港、露國バトーム、英國倫敦を經由し獨國漢堡港間
　　　　總噸數五千噸乃至六千噸、速力凡十二ノットの汽船四艘
　　　第二　日本諸港、亞米利加合衆國紐育及費府港間
　　　　總噸數五千噸乃至六千噸、速力凡十二ノットの汽船四艘
　　　右二線路共中間諸要港は便宜寄港するものとす。[31]

と掲げられたように、日本からヨーロッパとアメリカ合衆国を目指す航路の開削であったと見られていた。

　その後の曲折を経て、明治29年（1896）6月4日付にて農商務省より東洋汽船株式会社の設立が許可されたのである[32]。英国において造船した日本丸、亞米利加丸、香港丸の3隻をもって、第一船の日本丸は明治31年（1898）12月15日に香港発サンフランシスコ航路の定期航路に就航し、第二船の亞米利加丸は明治32年（1899）1月15日に、第三船の香港丸が同年1月15日にいずれも香港からサンフランシスコへの定期航路に就航した。三船は同型の鋼鉄汽船で長さ412フィート、幅50.6フィート、深さ32フィート、総噸数が6,000

---

30)　中野秀雄編、前掲書、10頁。
31)　『東京朝日新聞』第3419号、明治29年（1896）4月19日付、雑報。
32)　中野秀雄編、前掲書、11-15頁。

級で速力が最高17.5海里で、船客が一等106名、二等14名、三等313名を搭載できた[33]。

ハワイの新聞である"The Hawaiian Gasette" November 10, 1899[34]にPacific Mail Steamship Co.(PMSS)とOccidental & Oriental Stemship Co.(O.&O.)と並んでToyo Kisen Kaishaすなわち東洋汽船会社の出港日が表記されている。ハワイのホノルルから日本や中国行きとして12月2日の日本丸、12月28日の亞米利加丸、明治33年（1900）になると1月23日の香港丸、2月16日の日本丸、3月14日の亞米利加丸そしてホノルルからのサンフランシスコ行きとしては11月10日の日本丸、12月5日の亞米利加丸、12月30日の香港丸、明治33年（1900）になると1月23日の日本丸、2月17日の亞米利加丸、3月16日の香港丸が見られる[35]。

ついで"The Hawaiian Gasette", December 8, 1899にも同様な出港広告が見られる。明治32年（1899）12月から明治33年（1900）3月までの同様な広告であった。PMSSとO.&O.の2社と比較しても隻数には大差が無い。アメリカの2社に東洋汽船が1社で挑んでいた状況がこの出港広告から見て取ることが出来るであろう。

『神戸又新日報』第5985号、明治36年（1903）2月18日付の「日本の海運業（十二）」によれば、

> 歐米各國の航海獎勵法は號を逐うて列記し來りたるが、更に我國の獎勵法を掲載せんか、獎勵法の適用を受くるは帝國と外國との間、又は外國諸港の間に於て貨物旅客の運搬に使用せらるる帝國船籍登録の内國船舶にして總噸數一千噸以上、一時間十浬以上の最強速力を有し、遞信大臣の定むる造船規定に合格したる鐵製又は鋼製の滊船に限り、而して其船舶は可成内地造船所い於ける製造を獎勵せん爲に帝國船籍に登録の製造後五ヶ年を經過したる外國製造の船舶には、之を下附せず、又老朽船を

---

33) 同上、35-37頁。
34) "The Hawaiian Gasette"は"19th Century U.S. Newspapers"のデータベースに依った。
35) 本編第3章参照。

第 2 章　淺野回漕店から東洋汽船会社へ

　　排斥せん爲め製造後十五年を經過したる内國製造の船舶にも亦之を下附
　　せざると爲なり。³⁶⁾

とあるように、日本政府は自国の海運業とくに外国航路を運航する汽船会社の活動を支援するために航海奨励法を施行して補助金を拠出したのである。
　その金額について、

　　奬勵金支給の方法は、總噸數一噸數、航海浬數一千海里に付二十五錢を
　　支給し、總噸數五百噸を増す毎に其百分の十、最強速力一時間一海里を
　　増す毎に其百分の二を増給し、總噸數六千五百噸以上、又は最強速力一
　　時間十八海里以上の船舶に對しては總噸數六千噸又は最強速力一時間十
　　七海里の船舶に對する割合にて支給し、而して製造後五年を經過せざる
　　船舶に對しては全額を支給し、五年を經過したる船舶に對しては一年毎
　　に其百分の五を遞減する制なるが、以上は内國製造の船舶に限り、外國
　　製造の船舶は其半額を支給せらるる勘定なり。³⁷⁾

と、総噸数1,000噸以上、毎時10海里以上の汽船でしかも日本国内の製造船を中心に補助金を優先支給する方法が取られたのである。さらに、

　　以上は航海奬勵法適用の範圍内なるが、此法律以外に特別助成金なるも
　　のを日本郵船會社及び東洋滊船會社に下賜して歐米航路を助成し、船齡
　　五年未滿の率に依りて十年間同額を支給し居れり、是によりて二會社の
　　年に下賜せらるる金額は歐洲線二百六十七萬四千圓、シアトル線六十五
　　萬四千圓、桑港線百一萬四千圓なり。³⁸⁾

とあるように、東洋汽船会社はサンフランシスコ航路の定期運航に対して1,014,000円の航海奨励法の特別助成金を受けていたのである。

　日本丸、亞米利加丸、香港丸の 3 隻は明治37-38年（1904-1905）の日露戦争下において日本政府の御用船となって仮装巡洋艦として軍務についてい

---

36)　『神戸又新日報』第5985号、明治36年（1903） 2 月18日付の「日本の海運業（十二）」
　　神戸市文書館所蔵の『神戸又新日報』影印版によった。
37)　同上。
38)　同上。

第1部　東洋汽船の活動

る[39]。日露戦争後において東洋汽船会社は、

> 戰後太平洋海運ノ異常ナル發展ニ伴ヒ同社ハ總噸一萬三千噸、廿一海里ノ新船三隻、即チ天洋丸（明治四十一年五月竣工）、地洋丸（同年十一月竣工）、春洋丸（四十四年二月竣工）ヲ建造シ、舊船ト交替本航路ニ就航セシメ、遠洋航路補助法（明治四十二年二月制定）ノ保護ヲ受クルニ至レリ。[40]

とあるように、明治41年（1908）に13,000総噸数級の天洋丸、地洋丸が、明治44年（1911）に春洋丸を造船して香港・サンフランシスコへの定期航路に就航させたのである。このうちの地洋丸は大正5年（1916）に香港において座礁沈没している[41]。

第一次世界大戦が勃発すると太平洋汽船会社（PMSS）が香港・サンフランシスコ航路を廃止すると、同社の使用船のこれや丸、さいべりや丸、波斯丸の3隻を買収し、さらに大正10年（1921）に日本政府からドイツ賠償船キャップフイニスター号の運航委託を受けると大洋丸と命名して、天洋丸、春洋丸、これや丸、さいべりや丸、大洋丸の5隻によって香港・サンフランシスコ航路を運航するのである[42]。

東洋汽船会社の創業期の状況を淺野總一郎の次男良三が次のように記している。

> その年の十月、新艤装の日本丸が來た。東洋汽船第一回の航海が開始された。翌三十一年春四月、第二番船香港丸が來た。越えて三十二年八月亞米利加丸が竣成して、美々しい容姿を、第三番船として橫濱埠頭に浮べた。東洋汽船は、全員非常な緊張味を帶び、活動は正に頂點に達した。十二節（ノット）六千五百噸の巨船主義は、時代の能く理解を購ひ、一割又は一割二分の好配當は、四圓五十錢の株價を驚愕せしめた。恰も、移民熱旺盛

---

39) 日本郵船会社貨物課編『我社各航路ノ沿革』日本郵船会社貨物課、1932年9月、539頁。
40) 同上、539頁。
41) 同上、539-540頁。
42) 同上、540頁。

の時を受けて、日本丸、香港丸、亞米利加丸の三船は、出帆毎に、毎回四百人なり五百人なりの移民を、絶えずホノルルに送った。七年間、連續して好配を續けたので、曩に總一郎を無謀呼ばはりした株主も、今は總一郎の手腕に信頼して、一言半語の苦情を口にする者は無い。會社は順風を孕んだ船の滑るが如く、向上の一路をひた走るのであつた。[43]

香港・横濱から太平洋を横断しホノルル経由によりサンフランシスコに至る東洋汽船の北太平洋航路は順調に運営されていた。この航路は東洋汽船の独占では無かった。すでに先行するアメリカの汽船会社が存在したのである。香港の新聞 "The China Mail", No. 11, 566, April 4, 1900, p.2 に、

The Toyo Kisen Kaisha, whose steamers ran in co-operation with the P. M., and O. and O. companies' vessels, has declared a dividend of five per cent, for half year.[44]

東洋汽船会社が、競合する航路を運航していたPMすなわちPacific Mail Steamship Co. と O.&O. 会社すなわち Occidental and Oriental Steamship Co. の汽船と、半年間に5パーセントの配当金を宣言していると報道されている。

東洋汽船がアジアからサンフランシスコ航路を目指す以前に慶応3年（1867）にPMが、明治21年（1888）からO.&O.がこの航路を運航していたのであった[45]。この2会社に対抗しなければならなかったのである。

東洋汽船が明治36年（1903）に顧客に配布した英文冊子（本書197-208頁参照）が残されている。

 Toyo Kisen Kaisha
  Head Office: Yokohama, Japan
  Cable Address "TOYOASANO"
  Beach OfficeS: 421 Market Street, San Francisco

---

43) 淺野總一郎・淺野良三、前掲書、489-490頁。
44) 香港公共圖書館の「多媒體資訊系統」によった。
45) 松浦章『北太平洋航路案内のアーカイヴズ』関西大学アジア文化研究センター、2015年5月。

Bund, Yokohama

Hong Kong

Company's Fleet: "Nippon Maru" "America Maru" "Hong Kong Maru"

Of the magnificent ocean liners in the service of the Toyo Kisen Kaisha, the "Nippon Maru" and "Hong Kong Maru" were built by Sir James Laing, at Sunderland, while the "America Maru" was constructed by Swan and Hunter, Limited, at Wall-send-on Tyne. The skillful and thorough supervision their building received is due to Messrs, Flannery, Baggalley & Johnson, locally of Liverpool and London, but known the world over. The critical eyes of both the Japanese government and the British Board of Trade have stamped approval upon their admission to the highest class of ocean-going carriers.

In these modern sister ships no want is neglected and wishes are anticipated. The cabins are situated on the upper and bridge decks. They are artistically furnished, and have perfect ventilation, heating and electric lighting and arrangements.

The dining room is a beautifully decorated apartment, entered by a broad, handsome staircase.

The social parlor and library are on the bridge deck, the latter filled with well-chosen books, while escritoires and stationery are at the service of the passengers.

The ladies' boudoir adjoins the library. Aft the cabins on the bridge deck is the smoking room, equipped with easy chairs.

Every provision is made to safeguard against accidents. The water-tight compartments are independent of each other, and if any should permit the ingress of water, the safety of the vessel would still

第 2 章　淺野回漕店から東洋汽船会社へ

be assured by the others. The cellular double bottom is an important adjunct of safety. The provisions against fire are so thorough and efficient that a conflagration of any moment need not be counted among the possibilities.

Safety apparats—lifeboats, rafts and life preservers are here in abundance, and the crews are trained to meet every emergency.

The steamers are 400 feet long, 50 feet in breadth, with a depth of 32 1/2 feet from the upper deck, and a gross tonnage of 6000 tons.

The propelling mechanism is in every way modern, and in this day of scientific progress, that is saying much. The model twin screws are set in motion by powerful sets of triple expansion engines, a set to each screw. Steam is supplied by one single and four double boilers, with auxiliary boiler in reserve. The five active boilers are capable of developing, through the engines, 7500 horse-power. The engines of the "Nippon Maru" and the "Hong Kong Maru" are to be credited to George Clark of Sunderland; those of the "American Maru" to the Wallsend Slipway and Engineering Company.

The large, well-furnished and numerous bathrooms and lavatories, scrupulously cared for, afford ample accommodation for all cabin passengers.

41

第 1 部　東洋汽船の活動

　東洋汽船の「日本丸」と「香港丸」、「アメリカ丸」は壮大な海のライナーとして、イングランド東北部のサンダーランドの有名な造船所を経営した、サー・ジェームズ・ラングによって建設されたことや、3 隻の姉妹船の船内設備の充実さを強調している。それらは芸術的な内装で、完璧な換気、暖房、電気照明など、ダイニングルームは広く奇麗な階段など内装の優れた点を誇示している。船内にはパーラー、図書室などもあり、乗船婦人への配慮も示され、喫煙室は別室に設けられていた。

　この 3 汽船は、上甲板から 32 1/2 フィートの深さ、および 6,000 トンの総トン数で、50 フィート幅で、400 フィートの長さを有していおり、当時としては最新の機能を有し、7,500 馬力の航運力を有する汽船であったことを詳しく記している。東洋汽船会社の最盛期の案内書といえるであろう。

　次に東洋汽船会社の経営状況について述べたい。

　東洋汽船会社の「東洋汽船株式會社　営業報告書、損益計算書、貸借対照表、財産目録、準備金及利益金、配当ニ關スル議案」が明治34年（1901）上半期から明治40年（1907）上半期までのものにより、各季の純利益の推移をグラフにしてみたのが次のものである。

　この純利益の推移表から見る限り、確かに創業当初の東洋汽船は好調に利益を上げていたことが知られる。

表1　1901-1907年東洋汽船各季純利益表

西暦	決算季	時期	當季純利益（圓）
1901年	第五期上半季	明治34上	268,196.309
1902年	第六期上半季	明治35上	333,293.330
1903年	第七期上半季	明治36上	336,988.284
1903年	第七期下半季	明治36下	202,657.775
1904年	第14回	明治37下	185,038.346
1905年	第15回	明治38上	210,687.956
1906年	第17回	明治39上	70,165.736
1906年	第18回	明治39下	220,340.092
1907年	第19回	明治40上	93,644.485

第 2 章　淺野回漕店から東洋汽船会社へ

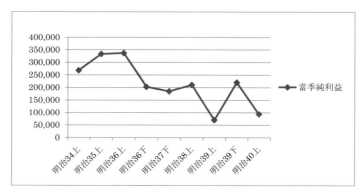

図 1　東洋汽船会社1901-1907年當季純利益推移

表 2　1901-1913年東洋汽船営業記録に見る保有船一覧

季・回	期間	発行年	社長	船舶				
第5上半季	明治34年1-6月	1901 0630	淺野總一郎					
第6上半季	明治35年1-6月	1902 0630						
第7上半季	明治36年1-6月	1903 0630		ろひら丸	ろせった丸			
第7下半季	明治36年7-12月	1903 1231						
第14回	明治37年7-12月	1904 1231						
第15回	明治38年1-6月	1905 0630		日本丸 亞米利加丸 香港丸			満洲丸	グレンファーグ
第17回	明治39年1-6月	1906 0630						
第18回	明治39年7-12月	1907 0305			楠保丸 笠戸丸			
第19回	明治40年1-6月	1907 0630						
第24回	明治42年7-12月	1909 1231			天洋丸 地洋丸 武洋丸			
第31回	大正2年1-6月	1913 0630				春洋丸 紀洋丸 安洋丸		

第 1 部　東洋汽船の活動

　それでは管見の東洋汽船会社の「東洋汽船株式會社　營業報告書、損益計算書、貸借対照表、財産目録、準備金及利益金、配当ニ關スル議案」から、各季の営業状況を具体的に見てみたい。

　第 5 期上半季、明治34年（1901） 1 月から同年 6 月の「營業報告」第一業務の概況には次のように述べられている。

> 抑モ當會社ハ創業以來鋭意船内ノ設備ヲ整頓シ、旅客ノ待遇ヲ鄭重ニシ以テ客船トシテ社船ノ特色ヲ發揮センコトヲ期シタリ。而シテ其效果近來漸ク相顯ハレ、各地ヨリ社船ニ便乘スル上等客ハ船毎ニ益多キヲ加へ、殊ニ社船ノ名聲ハ漸ク此航路最良ノ顧客タル支那人間ニ浸潤シ、當上半季ニ於ケル其客數ハ多年支那人間ニ好評ヲ博シツツアル。他會社ノ船舶ト殆ント軒輊ナキニ至レリ。[46]

　東洋汽船が運航していた航路について同書、第三、船舶及航海に、
　　當半季當會社香港桑港線船舶ノ航海度數及航走浬數左ノ如シ。[47]
とあり、日本丸と亞米利加丸と香港丸 3 隻を保有して横濱、香港、桑港（サンフランシスコ）を結ぶ航路を運航していた。

　この香港・横濱・桑港航路の最大の顧客は中国人であったことがわかる。香港から桑港に向かう中国人移民が大いなる割合を占めていた。

　他方貨物について同書には次のものがあった。

> 貨物ニ就テ之ヲ云ヘバ、當上半季ノ初メニ方リ、米國ニ於ケル棉花業者ガ數回本邦行棉花ノ積荷ヲ突然中止シタルト、近來東洋米國間ヲ航行スル船舶ノ數、頓ニ増加シタル等ノ爲メ、當上半季ノ貨物運搬高ハ、昨年上半季ニ比シ少シク其數量ヲ減ジ、又一方ニ於テハ、毎年米國ヨリ大量ニ東洋ニ輸出セラルル麥粉ガ他線ト競爭ノ結果、本年 2 月以來、其運賃率ヲ低落スルノ止ムヲ得ザルニ至リ、此等ノ原因相綜合シテ、當上半季

46）第五期上半季、自明治34年 1 月至同年 6 月「東洋汽船株式會社　營業報告書、損益計算書、貸借対照表、財産目録、準備金及利益金、配当ニ關スル議案」、1901年 9 月13日、 3 頁。
47）同上、 7 頁。

第 2 章　淺野回漕店から東洋汽船会社へ

　　ニ於ケル貨物營業ニ多少ノ影響ヲ及ボセリ。然レドモ社船ニ對スル一般
　　荷主ノ信用漸次相加ハルノ形跡アルハ、亦蔽フベカラザルノ事實ニシテ、
　　當會社將來ノ營業上最モ喜ブベキ現象トス。[48]

　この当時の香港・横濱・桑港航路の最大の貨物量は、アメリカ産の棉花が占めていたようである。それに次ぐのが、やはりアメリカ産の「麥粉」すなわち小麦粉であった。
　さらに、同書には上記の航路と関係深いアメリカにおける鉄道会社の再編成の事情が記されている。

　　昨年下半季ノ末頃ヨリ、北米大陸ニ於ケル鐵道聯合ノ議、米國有力者間
　　ニ起リ、爾來着々聯合ノ實ヲ擧ゲ、今ヤ米國數十ノ鐵道會社ハ相合シテ、
　　五六ノ大會社トナルニ至レリ、抑モ此大計劃ノ趣旨タル、先ツ此等系統
　　ヲ異ニセル鐵道會社ヲ一團ノ下ニ集メ、其管理ヲ統一シ、其財計ヲ共通
　　シ、以テ北米大陸ニ於ケル運輸ノ利益ヲ壟斷セントスルニ在リト云フ。
　　然ルニ近時社會ノ形成ハ太平洋ニ於ケル諸汽船會社ヲシテ競テ大船新造
　　ノ計畫ヲ立テシムルノ氣運ニ向ヒ、現ニ太平洋郵船會社ノ新造ニ着手セ
　　ル一萬噸餘ノ巨舶二艘ハ、明年上半季ノ初メニ於テ此航路ニ廻航セント
　　ス。是レ當會社亦大船ヲ新造シテ、永ク鼎立ノ計ヲ將來ニ策セザルベカ
　　ラザル所以ナリ。[49]

　アメリカ合衆国では多くの鉄道会社が並立していた。それを5,6社に統合することが話題になっていた。これと関連して、太平洋航路を運航する汽船会社に関してとくに太平洋郵船会社すなわちPacific Mail Steamship Co.が、その太平洋航路に10,000噸級の巨船を投入すると言う、東洋汽船会社にとっては看過できない状況が見られることになったのである。事実、Pacific Mail Steamship Co.は11,300噸の巨大船Korea号と Siberia号を投入し1902年から

---

48) 同上、3-4頁。
49) 同上、5頁。

第 1 部　東洋汽船の活動

運航している[50]。東洋汽船の香港・横濱・桑港航路に就航していた 3 隻、日本丸が6,162.70総噸数、亜米利加丸が6,307.24総噸数、香港丸が6,159.17総噸数[51]であったから、Pacific Mail Steamship Co.の 1 万噸級の汽船の投入は、東洋汽船会社にとって大いなる脅威であった。

第 6 期上半季、明治35年（1902） 1 月から同年 6 月の「営業報告」第一業務の概況には次のように見られる。

　　貨物ノ運送ニ於テハ之ヲ前季ニ比スレハ、無慮六千參百八拾貳頓ヲ減少スルニ至レリ。其重モナルモノハ、米國ヨリノ輸入貨物ニシテ、其減少ノ原因種々アル可シト雖トモ、最モ顯著ナルモノハ、本年（1902）四五月ノ頃米國東部諸州ニ於テ水害ノ爲メ、連絡鐵道ノ破損シタルモノ多ク、爲メニ内地ヨリノ出荷一時中絶シタルコト及ヒ東洋ニ於テ銀貨下落ノ爲メ、一般ノ不景氣ヲ來タシ、米國ヨリ商品ノ購入ヲヒ控ヘタルカ爲メ麥粉ノ如キ重ナル貨物ニ迄、至大ノ影響ヲ及ホシタル事等ナルヘシ、東洋ヨリノ輸出貨物ハ一時多少運賃低落シタリト雖トモ當会社ハ幸ニ大ナル影響ヲ蒙ラス。又前季ニ比シテ著シク積載頓數ヲ減少シタルハ、布哇行下等客多カリシ爲メ貨物積載容積ヲ乗客用ニ轉用シタルカ爲メニ外ナラス。

　　貨物ノ不振ニ反シ、乗客ニ付テハ、當會社創業以來ノ盛況ヲ呈シ、上下ヲ通シテ頗ル好成績ヲ得タリ。但シ當航路ニ取リテ最モ有利ノ業務タル支那人下等客ノ運搬ハ米國ニ於テ支那人排斥法カ議會ヲ通過シタルカ爲メト、又其政府ニ於テ同國通過ノ支那人ニ對シ苛酷ナル制限ヲ加ヘタルトヲ以テ、香港ヨリノ支那人カ其渡航ヲ躊躇シタル等ノ爲メ支那人ノ往復ハ當航路一般前季ニ比シ尠カラサル減少ヲ來セリ。然レトモ當會社ハ前季ニ引續キ依然「ホノルヽ」移住ノ日本人客多數ヲ搭載シタルヲ以テ、

---

50) Robert J. Chandler, Stephen J. Potash, "Gold, Silk, Pioneers & Mail; The Story of the Pacific Mail Steamship Company, San Francisco, 2007, p. 38.
51) 第五期上半季、自明治34年 1 月至同年 6 月「東洋汽船株式會社　營業報告書、損益計算書、貸借対照表、財産目録、準備金及利益金、配当ニ關スル議案」7 頁（全16頁）。

第 2 章　淺野回漕店から東洋汽船会社へ

　下等客數全躰ヲ通算スルトキハ、前期支那人ノ減少ヲ差引キ更ニ貳千參百餘名ヲ増加スルニ至レリ。[52]

　明治35年（1902）1－6月の営業成績は、貨物輸送が、アメリカ国内の水害等とアジアにおける銀貨下落等の事情によって、アメリカからアジアに搬出される物流量が減少していた。しかし乗客輸送においては、見るべきものがあった。香港からアメリカ合衆国に向かう中国人客が、アメリカ合衆国の中国人移民の制限に関する法令の施行や、アメリカ合衆国を通過する中国人にも厳しい規制があり、香港からアメリカ合衆国に向かう乗客数が激減したが、これに対して、日本からハワイ移民のためにホノルルへ赴く船客が多数にのぼったため、船客運賃収入の増加が見られたのであった。

　『神戸又新日報』第5942号、明治36年（1903）1月3日付の汽船の出港広告から見れば、東洋汽船の出港状況は次のようである。

表3　1903年1－2月横濱・神戸出港の東洋汽船会社汽船表

号数	発行年月日	出港月日	船名	出港地	目的地
5942	19030103	109	日本丸	横濱	香港
5942	19030103	110	日本丸	神戸	香港
5942	19030103	108	香港丸	神戸	サンフランシスコ
5942	19030103	110	香港丸	横濱	サンフランシスコ
5942	19030103	131	亜米利加丸	横濱	香港
5942	19030103	201	亜米利加丸	神戸	香港

　この当時の東洋汽船会社の代表的な大型船、日本丸、香港丸、亞米利加丸の3隻について、日本丸が横濱から神戸を経由して香港に、香港丸が神戸から横濱を経てサンフランシスコへ、亜米利加丸が横濱から神戸を経て香港へ

---

52) 第六期上半季、自明治35年1月至同年6月「東洋汽船株式會社　營業報告書、損益計算書、貸借対照表、財産目録、準備金及利益金、配当ニ關スル議案」、1902年9月13日、3－4頁（全20頁）。

第1部　東洋汽船の活動

と順調に運航されていた一端を見ることができよう。

　第7期、明治36年（1903）1-6月は、貨物輸送において不況であった。その原因について次のようにある。

> 當半季ノ始ニ當リ、前半季ニ引續キ「ダラー」汽船會社ガ格外ノ低廉ナル運賃ヲ以テ當航路主要ノ貨物タル麥粉凡ソ八千頓餘ヲ奪ヒ去リタルト、墨銀低落ノ餘響ヲ蒙リ、南清及海峡殖民地地方ニ於テ米國商品ニ對スル購買力未ダ充分恢復セザリシコトト、日露開戦ノ風説盛ンナリシ爲メ、商品ノ活動甚ダ緩慢ナリシコトト、二三月ノ頃米國中部諸州ニ於テ未曾有ノ大洪水アリシ爲メ、此ノ地方ヨリ汽車接續ノ出荷充分ナラザリシコト等ニシテ、之ニ加フルニ本年四月以降、支那商船會社ノ設立ニヨリ本航路ニ於ケル貨物ノ競争ヲ促シタルコトハ、前記諸種ノ原因ニ加ヘテ當季間ノ營業ニ否運ヲ來ス基トアンリタリ。[53]

　貨物輸送に関して、新しい競争者となるアメリカのダラー汽船（Dollar Steamship Lines）の登場である。スコットランド生まれのRobert Dollarが創業し、1902年にArab号を使ってアジアとの航運を開始している[54]。このダラー汽船による廉価輸送に大きな打撃を受けたのである。さらにアジアにおける銀貨の下落も、アジアからのアメリカ合衆国の物産に対する購買力の低下などの要因により、貨物輸送量が激減していたのであった。

　これに対して船客輸送はどのようであったかは同書に次のようにある。

> 船客ノ業務ハ其成績又甚シク満足スルニ足ラズト雖ドモ概括シテ、之ヲ考フレバ其結果良好ナルガ如シ、上等客及日本ヨリノ米大陸行下等客ハ前期ニ比シテ大ニ其數ヲ増加シ、其他ハ一般ニ多少ノ減少ヲ來タセリ。

---

53) 第七期上半季、自明治36年1月至同年6月「東洋汽船株式會社　營業報告書、損益計算書、貸借対照表、財産目録、準備金及利益金、配当ニ關スル議案」、1903年9月5日、3-4頁（全16頁）。

54) E. Mowbray Tate, *"Transpacific Stem; The Story of Steam Navigation from the Pacific Coast of North America to the Far East and the Antipodes, 1867-1941*, USA, 1986, p.259.

第２章　淺野回漕店から東洋汽船会社へ

　　上等客ノ増加ハ當會社ノ最モカヲ盡セシ處ニシテ、良好快速ノ大汽船ヲ
　　有スル他會社ノ間ニ介在シ、此ノ如キ結果ヲ得タルコトハ、吾人ノ最モ
　　喜ブ處ナリ。支那人下等客ノ減少ハ米國ニ於ケル支那人排斥法勵行ノ結
　　果ニシテ「ホノルヽ」行日本人ノ減少ハ我ガ外務省ノ調令及本年三月發
　　布ノ米國移民法ノ影響ナリ。[55]

　乗客輸送も必ずしも好況ではなかった。アメリカ合衆国の移民法の成立により、香港からの中国移民者の搭乗率も減少し、また日本からのハワイ移民者も減少していた。そのなかで好調であったのが、他社に対して遜色の無い上等客へのサービスによる搭乗率の増加であったこととされている。

　このような営業状況で、東洋汽船会社が努力して高利益をあげたのは次の点であった。

　　當季營業ノ結果ニ於テ特ニ注意ヲ要スルハ、經常費ノ莫大ナル節約ニア
　　リ、就中著シキモノヲ石炭及消耗品トヲス。開業以來當會社ハ鋭意力ヲ
　　此費目ノ節約ニ注ギ、一方ニ於テハ船舶ニ於ケル消費高ノ減少ヲ講シ、
　　他方ニ於テハ價格ノ低減ヲ計リタル結果、年々此費目ノ減少ヲ來シ、當
　　期ニ至リテハ前季ニ比シ無慮八萬圓ヲ減少シタリ、……[56]

　経費の削減を企図し、汽船の燃料費である石炭や消耗品の節約に努力し、前季より80,000円もの削減に成功したことが、營業成績の悪化を補正した。この期間の利益金が336,988.248円[57]の約24％に達している。

　先に示した図１の中で利益金が最も少なかった第17回、明治39年（1906）１-６月の営業成績をみてみることにする。

　　……當會社ノ營業ハ種々ノ原因ノ爲メ開業以來未曾有ノ不成績ヲ示タル
　　コトヲ茲ニ株主諸君ニ報告スルノ已ムヲ得サルニ至リタルハ當會社ノ

55）第七期上半季、自明治36年１月至同年６月「東洋汽船株式會社　營業報告書、損益計算書、貸借対照表、財産目録、準備金及利益金、配当ニ關スル議案」４頁。
56）同上、４頁。
57）同上、15頁。

第 1 部　東洋汽船の活動

　　　最モ遺憾トスル所ナリ。[58]

　東洋汽船会社にとって創業以来の不成績であった。その原因は、日露戦争に徴用された汽船が「御用船解除」となったが、そのために定期的な運行が行われなかったことによる航海度数の減少、アメリカの移民船検査法の勵行により、船舶の設備の改善費が加算され、さらに1906年4月18日に発生した桑港の震災[59]によって貿易貨物量が激減したこと、清国における排米運動によりアメリカから中国への輸出貨物量の減少、桑港での埠頭で働く労働者争議による積載貨物の減少など、さらに新設した南米航路の営業損失などの理由[60]で、不況の決算となったのである。

　新設した南米航路の状況については次のようにある。

　　　南米航路ノ創始　南米航路ハ當會社ノ鋭意經營スル所ニシテ、又望ミ此新航路ノ將來ニ囑スル處ナレドモ、事尚創始ニ在リ、且競争線トノ協定未タ成ラサルカ故ニ開航以來相應ノ貨客ヲ得タルニ係ハラス、結局當營業期間ニ在リテハ此航路ニ於テ多少ノ損失ヲ醸セリ。[61]

　南米航路は、明治38年（1905）12月より、香港を起点に、門司（補炭地）、神戸・横浜を経由してホノルル、マンサニーヨ（メキシコ）、サリナクルス（メキシコ）、カイヤオ（ペルー）、イキケ（チリ）バルバライソ、コロネル（補炭地）を2箇月に1回の航海による運航を開始したのであった[62]。

　第19回、明治40年（1907）1-6月の営業報告には、さまざまな困難を漸次克服されつつある状況が見られる。その営業報告書には次のように述べられている。

---

58) 第拾七回、自明治39年（1906）1月至同年6月「東洋汽船株式會社　營業報告書、損益計算書、貸借対照表、財産目録、準備金及利益金、配當ニ關スル議案」、1906年9月5日、4頁（全18頁）。
59) 中野秀雄編、前掲書、85頁。
60) 同上、3-5頁。
61) 同上、5頁。
62) 同上、81-82頁。

第 2 章　淺野回漕店から東洋汽船会社へ

　香港桑港線ニ於テハ貨客共ニ相應ノ収入アリ。殊ニ上等客ニ就テハ前數季ニ比シテ著シク増加シ、下等客ハ例ノ布哇ヨリノ轉航禁止ノ結果、多少其數ヲ減ジタレドモ、其成績決シテ悪シカラズ、貨物ノ運搬ハ戰役前ノ好況ニ及ハザレドモ昨年ニ比シテハ多少ノ増加ヲ認メタリ。而シテ桑港ノ震災後久シク輸出入共ニ大陸貨物多シシテ沿岸貨物少ナキノ傾キアリシガ、當季ニ及ンデ稍ヤ舊時ノ状態ニ復シ有利ナル沿岸貨物ノ増加スルニ至リタルハ喜ブ可キ現象ト考フ。
　南米航路ハ南清ヨリノ輸出貨物非常ノ激増ヲ來シ、毎船満載ノ有様ナレドモ復航貨物少ナキト、日清移民ノ移動捗々シカラザル爲メ、未タ収支相償フニ至ラズ。且ツ本航路ニ使用ノ目的ヲ以テ政府ヨリ借受ケタル楠保丸ハ其目的ニ適セザルヲ認メ爾來空シク、之ヲ繋留スルガ故ニ政府ニ向ツテ頻リニ之ヲ返納セントスルドモ、未タ其目的ヲ達スルニ至ラザルヲ以、當季ニ於テ損失ヲ増加スルノ已ムヲ得ザルニ至レリ。[63]

　香港桑港線の一般客の乗客数は減少していたが、上等客の増加により客運には一定の成果があった。さらに1906年のサンフランシスコ震災で落ち込んでいた貨物輸送も漸次回復の傾向にあった。新設の南米航路には中国南部から南米への貨物数量は激増していたが、南米からアジアへの貨物輸送には見るべきものが少なく、客運にも顕著な状況が見られなかった。
　その後の東洋汽船の経営に関して、『報知新聞』大正 2 年（1913）10月25日付の「航路補助問題の研究」として次のようにある。

　　東洋汽船の補助は三百万円を超ゆ
　　　次は東洋汽船の桑港線なりとす。航路は東廻りは横濱より布哇を経て桑港に往復し、西廻りは横浜香港間を往復するものにして、一万三千噸以上一万四千噸以下の船舶三隻を用い毎四周一回以上一ケ年十五航海を為

---

[63] 第拾九回、自明治40年（1907） 1 月至同年 6 月「東洋汽船株式會社　營業報告書、損益計算書、貸借対照表、財産目録、準備金及利益金、配当ニ關スル議案」、1907年 9 月 5 日、3 - 4 頁（全17頁）。

第1部　東洋汽船の活動

すべしとあり。会社は此線に対し現在天洋丸（一三、四五九）、地洋丸（一三、四四一）、春洋丸（一三、三八四）、の三隻を就航せしむるのみならず、同航路開始と共に就航せしめたる日本丸（六、一七八）、香港丸（六、一八三）、の二隻をも参加せしめつつあり。此補助額百六十五万円を越え居れば、一航海十一万一隻当り五十万円の巨額なる補助を受け居る勘定也。補助金は郵船の三百十六万円に亜ぐの巨額なれども、就航せしめある汽船は何れも一万噸を超えて他会社に類を見ざる巨船なると共に、之が設備亦極めて完全なれば各般の費用は固より極めて多かるべし。加うるに同航路は日米間の交通幹線にして米国に於ける汽船会社も亦全力を尽しつつある処なれば、国際の権衡上東洋汽船をして安全の地位に置くの必要はあり。然れども可愛い児には旅をさせよや、徒らに飽食暖衣乳母日傘にて成長するが如きは海国男児の面目を傷くるもの也。かるが故に各政党に於に最も嘱目せるは東洋汽船の補助額なり。此場合に於て東洋汽船たるもの、最も大なる決心と覚悟とを要す。宜ろしく自己の財産状態を明白にし、収支計算を公開して以て最も誠実なる態度を示すべき也。徒らに姑息手段に流れ秘密主義を頑守するに至らば却って禍は意外の辺に生ぜずとも計る可からず。誠実を以て訴えなば、血路は何れの方面にても之を求むるを得る也。思え、今より十五年の昔、日本に於ける最太の商船なりと誇りたる六千余噸の日本丸、香港丸は、今や全く前世紀の船の如く扱われ老朽として遇せられ居るに非ずや。科学の進歩と船齢の増加とは常に反比例をなすもの、此間に於ける会社の苦痛は察せざる可からざる也。次は南米航路の七十二万余円也、規定によれば横浜コロ子ル間を総噸数五千噸以上、九千三百噸の汽船三隻を以て毎二ケ月一回一年間六航海を為すべしとあり。故に一航海十二万円、一船当り二十七万円なれば決して少しと云う可からず。現在の航路は紀洋丸（九、二八七）、武洋丸（四、二三八）、安洋丸（六三三三）を使用しつつあり。南米と日本の関係は近時益々密接の度を加え居れば、南米航路の発展は年を追うて切実を加え来るものなれば、本航路の如きは最も周密なる調

第 2 章　淺野回漕店から東洋汽船会社へ

査に依って補助金を査定するの要あり。三割減五割減の如き空論の為めに、実際を等閑視するが如きは将来の海運業の為め最も悲しむべき結果を生ずるものなれば、当局者たるものは最も注目するの要あり。又当事會社たるものも其事情を展開して訴うるの要あり。日本移民の南米発展は目下の輿論として最も重大なる問題なれば、移民政策の大方針に伴いては、本航路の如きは益々保護発展を要するものと云うべし。若し其請求補助が不定の巨額ならば、宜ろしく社外船をしで割込ましむるも面白からずや。南洋と南米との発展は日本の新らしき国是とも云うべきものなれば、宜ろしく遠大の抱負を以て之に望むべきもの也。[64]

　この記事によれば、東洋汽船に対する日本政府の桑港航路の補助金が165万円を越え、南米航路に関しても72万余円を政府から受けていた。この補助金に対する批判が提起されたのであった。経営の効率化や透明性が問われたのである。

　『神戸又新日報』第9843号、大正2年（1913）12月6日付の汽船の出港広告から見れば、東洋汽船の出港状況は次のようである。

表4　1913年12月横濱・神戸出港の東洋汽船会社汽船表

号数	発行年月日	出港月日	船名	出港地	寄港地	目的地
9843	19131206	1208	香港丸	神戸　午後2時	横濱 ホノルル	サンフランシスコ
9843	19131206	1210		横濱　午後3時	ホノルル	
9843	19131206	1208	地洋丸	横濱　午前10時	長崎 上海	香港
9843	19131206	1209		神戸　午後10時		

　1913年初期の東洋汽船会社の運航は、横濱から神戸、長崎、上海を経由して香港に到たり、また香港から上海、長崎、神戸、横浜を経てホノルルに寄港し、さらにサンフランシスコに到着するとする航路が運航されていた。

64）『報知新聞』大正2年（1913）10月25日付の「航路補助問題の研究」

第1部　東洋汽船の活動

『神戸又新日報』第12039号、大正8年（1919）12月11日付に東洋汽船の出港広告が見られる。

表5　1919年12月横浜・神戸・長崎出港の東洋汽船会社汽船表

号数	発行年月日	出港月日	船名	出港地	寄港地	目的地
12039	19191211	1211	日本丸	横濱	ホノルル	サンフランシスコ
12039	19191211	1213	これや丸	横濱	ホノルル	サンフランシスコ
12039	19191211	1224	天洋丸	長崎	ホノルル	サンフランシスコ
12039	19191211	1226	天洋丸	神戸	ホノルル	サンフランシスコ
12039	19191211	1229	天洋丸	横濱	ホノルル	サンフランシスコ
12039	19191211	12月中旬	イースタンマーチャント（貨物船）	神戸		サンフランシスコ
12039	19191211	1224	春洋丸	横濱	マニラ	香港
12039	19191211	1227	春洋丸	神戸	マニラ	香港
12039	19191211	1229	春洋丸	長崎	マニラ	香港
12039	19191211	1216	紀洋丸	横濱		香港
12039	19191211	1221	紀洋丸	神戸		香港
12039	19191211	1224	紀洋丸	門司		香港

　大正8年（1919）には、東洋汽船会社は天洋丸、春洋丸、紀洋丸が加わり、香港・長崎・神戸・横浜・ホノルル・サンフランシスコと言う基幹の航路にさらにマニラへの枝線が運行されていた。
　次に『神戸又新日報』の大正4年（1915）から大正8年（1919）までの1月の東洋汽船の出港月日について掲げてみたい。

表6-1　1915年1月東洋汽船出港月日

号数	発行年月日	出港月日	船名	出港地		寄港地	目的地
10235	19150102	107	天洋丸	横濱	午前10時	長崎 マニラ	香港
10235	19150102	108	天洋丸	神戸	午後10時	長崎 マニラ	香港
10235	19150102	112	地洋丸	神戸	午後4時	ホノルル	サンフランシスコ
10235	19150102	116	地洋丸	横濱	午後3時	ホノルル	サンフランシスコ

第 2 章　淺野回漕店から東洋汽船会社へ

表 6 - 2　1916 年 1 月東洋汽船出港月日

号数	発行年月日	出港月日	船名	出港地		寄港地	目的地
10599	19160101	105	春洋丸	神戸	午後3時	ホノルル	サンフランシスコ
10599	19160101	108		横濱	午後3時		
10599	19160101	106	地洋丸	横濱	午前10時	長崎 上海	香港
10599	19160101	107		神戸	午前10時		
10599	19160101	120	波斯丸	横濱	午前10時	長崎 上海	香港
10599	19160101	121		神戸	午後10時		
10599	19160101	127	大洋丸	横濱	午前10時	長崎 マニラ	香港
10599	19160101	128		神戸	午後10時		
10599	19160101	117	紀洋丸	神戸	午後3時	横濱、ホノルル、ヒロ、桑港、ロサンジェルス、パナマ	南米
10599	19160101	121		横濱	午後3時	ホノルル、ヒロ、桑港、ロサンジェルス、パナマ	
10599	19160101	123	關東丸（臨時貨物船）			ホノルル	サンフランシスコ

表 6 - 3　1917 年 1 月東洋汽船出港月日

号数	発行年月日	出港月日	船名	出港地		寄港地	目的地
10965	19170101	109	日本丸	長崎			サンフランシスコ
10965	19170101	111		神戸	（午後）		
10965	19170101	115		横濱	（午後）		
10965	19170101	121	春洋丸	長崎	（午後）		サンフランシスコ
10965	19170101	123		神戸	（午後）		
10965	19170101	127		横濱	（午後）		
10965	19170101	116	紀洋丸	門司	（午前）	桑港	南米
10965	19170101	118		神戸	（午後）		
10965	19170101	123		横濱	（午後）		
10965	19170101	108	ペルシヤ丸	横濱	（午前）		香港
10965	19170101	109		神戸	（午後）		
10965	19170101	111		長崎	（午後）		
10965	19170101	122	これや丸	横濱	（午前）		香港
10965	19170101	123		神戸	（午後）		
10965	19170101	125		長崎	（午後）		

第1部　東洋汽船の活動

表6-4　1918年1月東洋汽船出港月日

号数	発行年月日	出港月日	船名	出港地	寄港地	目的地
11330	19180101	109	サイベリヤ丸	長崎	ホノルル	サンフランシスコ
11330	19180101	111		神戸		
11330	19180101	114		横濱		
11330	19180101	124	大洋丸	長崎	ホノルル	サンフランシスコ
11330	19180101	126		神戸		
11330	19180101	129		横濱		
11330	19180101	117	紀洋丸	神戸（正午）	布哇、桑港	南米
11330	19180101	124		横濱		
11330	19180101	103	天洋丸	神戸	マニラ	香港
11330	19180101	105		長崎		
11330	19180101	107	日本丸	横濱		香港
11330	19180101	109		神戸		
11330	19180101	111		長崎		
11330	19180101	117	春洋丸	横濱	マニラ	香港
11330	19180101	120		神戸		
11330	19180101	122		長崎		
11330	19180101	123	喜久丸（臨時貨物船）	神戸		サンフランシスコ
11330	19180101	104		横濱		
11330	19180101	109	神洋丸（臨時貨物船）	横濱		サンフランシスコ
11330	19180101	113		神戸		
11330	19180101	1月上旬	日洋丸（臨時貨物船）	神戸		サンフランシスコ

第 2 章　淺野回漕店から東洋汽船会社へ

表 6 - 5　1919 年 1 月東洋汽船出港月日

号数	発行年月日	出港月日	船名	出港地	寄港地	目的地
11695	19190101	102	これや丸	横濱	マニラ	香港
11695	19190101	104	これや丸	神戸	マニラ	香港
11695	19190101	106	これや丸	長崎	マニラ	香港
11695	19190101	112	さいべりや丸	神戸	マニラ	香港
11695	19190101	114	さいべりや丸	長崎	マニラ	香港
11695	19190101	124	天洋丸	横濱	マニラ	香港
11695	19190101	127	天洋丸	神戸	マニラ	香港
11695	19190101	129	天洋丸	長崎	マニラ	香港
11695	19190101		安洋丸	神戸	直行	香港
11695	19190101	201	さいべりや丸	長崎	ホノルル	サンフランシスコ
11695	19190101	203	さいべりや丸	神戸	ホノルル	サンフランシスコ
11695	19190101	206	さいべりや丸	横濱	ホノルル	サンフランシスコ
11695	19190101	115	紀洋丸	門司	ホノルル ヒロ 桑港	南米
11695	19190101	118	紀洋丸	神戸	ホノルル ヒロ 桑港	南米
11695	19190101	123	紀洋丸	横濱	ホノルル ヒロ 桑港	南米
11695	19190101	110	神通丸（臨時貨物船）	神戸		サンフランシスコ

『神戸又新日報』第 12645 号、大正 10 年（1921 年）8 月 8 日付の「太平洋を八日間と十九時間で横斷の新記録、英米氣船會社の速力競争」の記事に、当時の太平洋横断時間が知られる。

　　最近東洋航路特に太平洋を横斷する航路に於て、日英米三國汽船の間に猛烈なる速力競争が演ぜられ、船客の争奪が盛んであるが、殊に英米両國汽船、即ち加奈陀太平洋汽船及米國船舶院系のアドミラルラインに、太平洋郵船三會社汽船の速力競争が最も烈しく、互に太平洋横斷の新記録を作ろうと苦心して居るが、加奈陀太平洋汽船のビクトリヤ號は八日間二十一時間で到着し、同エム、エシャ號は八日間二十一時間四十二分太平洋を横斷したので記録を破ったが、更に七月三十日横浜出帆目下太平洋上を航海中のルシャ號は一時間十九哩六十五の最新速力にて走りつ

第 1 部　東洋汽船の活動

つあるから此速力が続いたら八日間十九時間二十分でビクトリヤに到着する見込みだと、六日ホノルル經由同船長から横濱支店へ電報が到着したが、恐らく是れが東洋航路の始まって以来の新記録で、米國船舶院のゴールデンステート號級の九日乃至十日間と五六時間で太平洋を横斷した記録は到底匹敵すべくもなく、更に我東洋汽船では春洋・太洋・天洋等の十二日乃至十三日に較べて我が汽船は、速力の點では到底英米の敵でなく、目下内外各汽船業者から非常な注目を惹いて居る（横浜）。

　北太平洋航路の汽船各社の速力競争が激化していた、太平洋郵船汽船すなわちPacific Mail Steamship Co.とカナダ太平洋鉄道汽船会社[65]が最速船を投入し、太平洋の渡航時間を競っていた。カナダ太平洋鉄道汽船のビクトリア号が 8 日と19時間で、さらに「ルシャ號」すなわちエンプレス・オブ・ロシア号[66]は 8 日と18時間余りで横断するなどの進展を見せたのに対して、東洋汽船の春洋丸、大洋丸、天洋丸は12日から13日と遅れをとっていたのである。

　第一次世界大戦後の不況は東洋汽船会社にとっても避けられないもので、それ以降、経営が困難となり、第二東洋汽船会社を設立して香港サンフランシスコ線、南米西岸線の営業権と使用船を日本郵船会社に委譲し、大正15年（1926） 5 月15日に日本郵船会社に合併されることとなった[67]。

4　小結

　1867年にアメリカのPacific Mail Steamship Co.が、1874年に創設された

65）松浦章『北太平洋航路案内のアーカイヴズ—船舶データベースの一端』関西大学アジア文化研究センター、2015年 6 月、 7 -45頁。
66）「ルシャ號」とあるが、カナダ太平洋鉄道汽船会社の「エンプレス・オブ・ロシア」号のことであろう。松浦章『北太平洋航路案内のアーカイヴズ—船舶データベースの一端』、38頁。
67）日本郵船会社貨物課編『我社各航路ノ沿革』、540頁。

第2章　淺野回漕店から東洋汽船会社へ

　アメリカのOccidental and Oriental Steamship Co. (O. & O.)[68]がサンフランシスコから横濱経由の香港航路を、そして1883年になるとカナダのCanadian Pacific Railway Steamship Servicesがカナダのバンクーバーから横濱経由の香港航路を開設するなどに対抗して、東洋汽船会社は、明治31年（1898）12月より香港・横濱・サンフランシスコ（桑港）線を開航した。すでに日本郵船会社がアメリカ合衆国の北東部への航路を開設していたが、巨大港市であるサンフランシスコへの日本汽船の定期航路の寄港が見られなかった時代において大きな快挙であった。これは淺野總一郎が創業した淺野回漕店の開業の明治19年（1886）から数えて12年後のことである。

　国内航路から海外航路の開削を企図した淺野總一郎の夢が実現したのである。しかも香港桑港線には、それまでの日本の汽船会社にはほとんど見られなかった大型の総噸数6,000噸級の3隻、日本丸、亞米利加丸、香港丸を投入し、アメリカ、カナダの他社に比較しても決して劣らない大型船の運航で順調に経営を展開した。

　さらにアメリカのPacific Mail Steamship Co.やカナダのカナディアン・パシフィック会社の1万噸級の大型汽船に対抗するために、淺野總一郎は13,000噸級の巨大汽船の建造を三菱長崎造船所に発注している。そして明治41年（1908）年4月に天洋丸が、同年11月に地洋丸が竣工し、明治44年（1911）8月には春洋丸と3隻の姉妹船が完成し、外国客船を凌駕する。この3隻を建造するまでの三菱長崎造船所は、最大総トン数7,463噸の丹後丸が最大[69]であったから、この巨大汽船を同造船所に発注した「淺野社長の英断にいまさらながら感服せざるをえない」[70]とされるように淺野總一郎のサンフランシスコ航路にかける意気込みはなみなみならぬものがあった。

---

68) Rene De La Pedraja, "*A Historical Dictionary of the U.S. Merchant Marine and Shipping Industry; Since the Introduction of Steam.*" London, 1944, p.450.
69) 三菱造船所株式会社編『創業百年の長崎造船所』三菱造船所株式会社、1957年10月、165-166頁。
70) 同上、166頁。

第 1 部　東洋汽船の活動

　東洋汽船会社の運航実績の主なものは、香港からアメリカへの中国人移民の渡航に、日本からハワイへの移民者の渡航に大きな実績をあげていた。さらに物流としてアメリカ合衆国からアジアへの棉花、小麦粉などの物資の流通に貢献したと言えるであろう。

第3章　東洋汽船とサンフランシスコ航路

1　緒言

　日本は日清戦争に勝利すると、これまでの汽船航路の拡大を企図する。その基軸となったのが、欧州航路と米国航路そして豪州航路である[1]。その結果、日本郵船会社は明治29年（1896）3月より横濱、神戸、下関を経て香港、コロンボ、ボンベイなどに寄港してロンドン、アントワープへの欧州航路に汽船6隻を用いて毎月1回の定期航路を開設した[2]。ついで同年8月よりシアトル・香港間の定期航路をハワイ、横濱、神戸、下関に寄港する形態で、3隻の汽船を使用して毎月1回の定期運航であった[3]。さらに豪州航路は同年10月より3隻の汽船を使い横濱・メルボルン間を毎月1回の定期運航を開始した[4]。

　しかし日本郵船会社が太平洋航路に進出する以前においてすでに米国の汽船会社が定期航路を運航していた。それは太平洋郵船会社すなわちPacific Mail Steamship Co. とオー・オー汽船会社すなわちOccidental and Oriental Steamship Co.（O. & O.）とがあった。

　Pacific Mail Steamship Company（PMSS）は、1848年4月にニューヨークの商人組織によりニューヨーク州の許可を得た合資会社として設立された。同社はアメリカ政府の許可のもとにパナマ地峡とカリフォルニアとの間の輸送に従事し、さらにカリフォルニアの農業製品をアメリカ東部に輸送を行った。しかしまもなく1849年からのカリフォルニアのゴールド・ラッシュによ

---

1) 日本郵船株式會社編『日本郵船株式會社五十年史』日本郵船株式會社、1935年12月、135-136頁。
2) 同上、137-143頁。
3) 同上、143-149頁。
4) 同上、150-151頁。

第 1 部　東洋汽船の活動

りカリフォルニアの都市サンフランシスコの発展に大いに寄与した。PMSSは、アジアへも関心を持ち、開国まもない日本の横濱に寄港して香港に至る航路を開拓し、さらにサンフランシスコから日本を経由して上海に至る航路を開設した[5]。このことによって上海からPMSSの汽船で新大陸アメリカに渡航する道が開けたのである。

　明治の岩倉使節団が渡米した際に利用したのは、『特命全権大使米歐回覧実記』米国部、明治4年（1871）11月12日、西暦1871年12月14日の条に見られるように、横濱から搭乗した太平會社飛脚船「アメリカ」号、すなわち1867年に北太平洋航路の定期航路を開いたPacific Mail Steamship Co.のSteamer America 号であった。Pacific Mail Steamship Co. は1866年に、America、China、Great Republic、Japan 号の4隻、いずれも360フィート（約110m）を越える木造蒸気船で、America 号は363フィート、4,450噸であった[6]。

　PMSSについで太平洋の定期航路を開いたのはアメリカのOccidental and Oriental Steamship Co. (O. & O.) である。同社は1874年に創設され1893年まで運航したである[7]。O. & O. 汽船会社は、1872年当時Belgic 号、Oceanic 号、Gaelio 号の3隻の2,000～3,000噸級の汽船を使い、往航はサンフランシスコ（桑港）から横濱に寄港して香港に到り、復航は香港から横濱に寄港して桑港に戻る航路を運航していた。桑港から横濱まで20-23日の、香港から横濱までは8-10日の日数で運航していたことが確認できる。

　O. & O. 汽船会社より早く太平洋航路を開いたPacific Mail Steamship

---

5) John Haskell Kemble, "A Hundred Years of the Pacific Mail," *American Neptune* 10, 1950, p. 131（pp. 123-143）.

6) Robert J. Chandler, Ph. D., Stephen J. Potash, "Gold, Silk, Pioneers & Mail, The Story of the Pacific Mail Steamship Company, Pacific Maritime History Series, No. 6, Friends of the San Francisco Maritime Museum Library, San Francisco, 2007, p. 33.

7) Rene De La Pedraja, "*A Historical Dictionary of the U.S. Merchant Marine and Shipping Industry; Since the Introduction of Steam.*" London, 1944, p. 450.

第 3 章　東洋汽船とサンフランシスコ航路

Co. は、桑港から日本に寄港してアジアへ赴く唯一の航路を運航した[8]。その後、日本の汽船による定期航路が開かれるのは明治29年（1896）のことである。日本郵船会社が、アメリカ北西部のワシントン州にあるシアトルと結び、シアトルからグレート・ノーザン鉄道によりニューヨークに到る航路を開くのである。日本郵船のシアトル線の開航であった。汽船3隻を使って毎月1回、香港とシアトルを出港し、途中下関、神戸、横濱、ハワイ（6月から9月までは寄港を除く）する航路であった。明治29年（1896）8月1日に三池丸が神戸を出港し、8月31日にシアトルに到着し大歓迎を受けた[9]。明治33年（1900）1月から明治42年（1909）12月に至る10箇年間にわたり特定航路として助成金の交付を受けている[10]。

　この太平洋航路における定期航路の運航状況について、日本郵船会社が太平洋航路を開削する以前は次のようであった。

　　當社（日本郵船会社）が本航路（米国定期航路）を開く以前夙に日・米間の航海を營みしものは、米國のオー・オー汽船會社及び太平洋郵船會社の二社にして、孰れも桑港を起點として日本及び東洋の要港間を往復したり。明治八年中右兩社は、三菱會社と横濱上海線を争ひしも遂に之より撤退したるは、既に説けるが如し。

　　當社は夙に桑港線に着眼し、明治二十一、二年の交オー・オー汽船會社が其業務を廃止せんとするを聞知し、之を譲受けんと試みたれども機熟せずして止みたり。[11]

日本郵船会社が太平洋航路に進出する以前において定期航路を運航していたのは太平洋郵船会社すなわちPMSS会社とO. & O. 汽船会社であった。

　ついで太平洋航路に定期航路を開いたのはカナダのCanadian Pacific Mail

---

8) 日本郵船株式會社編『日本郵船株式會社五十年史』日本郵船株式會社、1935年12月、143-144頁。
9) 同上、145-146頁。
10) 同上、147頁。
11) 同上、143-144頁。

第1部　東洋汽船の活動

Steamship Co.、略称 C. & P. M. SS Co であった。同社は1887年5月27日に Abyssinia 号、英国籍汽船、2,300噸、船長 A. Marshall の船は、香港を5月18日に、神戸を5月26日に出港し、積荷は Mail and General. で、乗客は香港から神戸からも搭乗していた。この Abyssinia 号は5月31日にバンクーバーに向けて出港している。これ以降 C. & P. M. SS Co の定期便が横濱に入港してくることになった。

このように日本郵船会社が香港と日本寄港のシアトル線を開設する1896年以前にアメリカ1867年の PMSS、1872年の O. & O. の2社とカナダの1887年の C&PMSS の1社の合計3社の北太平洋航路が存在したのであった。

しかも日本郵船会社はサンフランシスコへの直行便を運航することは出来なかった。それを最初に開いた日本の汽船会社は東洋汽船会社であった。

2　東洋汽船の創業

淺野總一郎は嘉永元年（1848）に富山縣氷見郡に生まれ、明治4年（1871）に東京に出て、明治6年（1873）に横浜で薪炭商に従事し、明治7年（1874）には石炭商を専業としている。淺野總一郎は、安価な貨物輸送を企図して淺野回漕店を明治19年（1886）11月に資本金20万円により開店[12]し、ロシアからドイツ船の1,138總噸のベロナ号を購入して日之出丸と改名し創業を開始する。その後に、408噸の鶴丸、1,236噸の金澤丸、2,336噸の萬國丸を購入して4隻を用いて海運業を展開する[13]。

『讀賣新聞』明治20年（1887）10月4日付の出港広告[14]に見る日の出丸と鶴丸の運航形態を見て見ると、日之出丸は、横浜か品川かの相違があるものの、6月1日から29日後の29日、6月29日から17日後の7月15日、7月15日から

12）淺野總一郎・淺野良三、前掲書、442頁。
13）中野秀雄編、前掲書、7-8頁。
14）『讀賣新聞』第3822号、明治20年（1887）10月4日。

第 3 章　東洋汽船とサンフランシスコ航路

37日後の 8 月21日に、8 月21日から25日後の 9 月14日に、9 月14日から22日後の10月 6 日に横濱・品川から北海道へ出港した。横濱・品川から宮城県の石浜に寄港して函館・小樽への往復の航海に最短17日、最高37日を要して居たことになる。17-37日の相違は、航海日数よりおそらく積載貨物の集荷までの時間の差と見ることができよう。早く集荷でき積載できれば次の航海までの期間が短かったであろうが、集荷に時間がかかれば次回の航海はさらに遅れると言う不定期な輸送形態であったとみることが出来よう。その後、日清戦争に際して淺野回漕店は所有船の全てを御用船として政府に提供し、戦争後には土佐汽船会社に所有船を全て売却している[15]。

　明治29年（1896） 6 月 4 日付にて農商務省より東洋汽船株式会社の設立が許可されたのである[16]。英国において造船した日本丸、亞米利加丸、香港丸の 3 隻をもって、第一船の日本丸は明治31年（1898）12月15日に香港発サンフランシスコ航路の定期航路に就航し、第二船の亞米利加丸は明治32年（1899） 1 月15日に、第三船の香港丸が同年 1 月15日にいずれも香港からサンフランシスコへの定期航路に就航した。3 船は同型の鋼鉄汽船で長さ412フィート、幅50.6フィート、深さ32フィート、総噸数が6,000級で速力が最高17.5海里で、船客が一等106名、二等14名、三等313名を搭載できた[17]。

　ハワイの新聞である "The Hawaiian Gasette" November 10, 1899[18] に Pacific Mail Steamship Co. と Occidental & Oriental Stemship Co. と並んで **Toyo Kisen Kaisha** すなわち東洋汽船会社の出港日が表記されている。ハワイのホノルルから日本や中国行きとして12月 2 日の日本丸、12月28日の亜米利加丸、1900年になると 1 月23日の香港丸、 2 月16日の日本丸、 3 月14日の亜米利加丸そしてホノルルからのサンフランシスコ行きとしては11月10日の日本丸、12月 5 日の亜米利加丸、12月30日の香港丸、1900年になると 1 月23

15）中野秀雄編、前掲書、10頁。
16）中野秀雄編、前掲書、11-15頁。
17）中野秀雄編、前掲書、35-37頁。
18）"The Hawaiian Gasette" は "19th Century U.S. Newspapers" のデータベースによった。

第1部　東洋汽船の活動

日の日本丸、2月17日の亜米利加丸、3月16日の香港丸が見られる。

ついで"The Hawaiian Gasette", December 8, 1899にも同様な出港広告が見られる。1899年12月から1900年3月までの同様な広告であった。PMSSとO.&O.の2社と比較しても隻数には大差が無い。アメリカの2社に東洋汽船会社が一社で挑んでいた状況がこの出港広告から見て取ることが出来るであろう。

香港の新聞 "The China Mail", No. 11,566, April 4, 1900, p.2 に、

The Toyo Kisen Kaisha, whose steamers ran in co-operation with the P. M., and O. and O. companies' vessels, has declared a dividend of five per cent, for half year.[19]

とあり、東洋汽船会社が、競合する航路を運航していたPMすなわちPacific Mail Steamship Co. とO.&O. 会社すなわちOccidental and Oriental Steamship Co. の汽船と、半年間に5パーセントの配当金を宣言していると報道されている。

---

19) 香港公共圖書館の「多媒體資訊系統」によった。

3　東洋汽船とサンフランシスコ航路

　日本の汽船会社が太平洋航路への定期航路を開削するのは、日本郵船会社の「シヤトル線」が最初である。明治29年（1896）8月のことである。初期には「米国航路」と呼称されてはいたが、アメリカ合衆国の北西部のシアトルへの航路であった。日本郵船会社はシアトルでグレート・ノーザン鉄道と締結してニューヨークへの道を開き、3隻の汽船で毎月1回の定期運航を開始した[20]。

　日本郵船会社の米国航路、すなわち日本タコマ航路の開設に対して、サンフランシスコの新聞である"*San Francisco Chronicle*" Apr 25, 1895に'NEW ORIENTAL LINE:PLANS OF A JAPANESE STEAMER COMPANY'と題する記事を掲載している。

　　Vessels to Run Either to the Sound or Southern California. Special Dispatch to the Chronicle.

　　Tacoma (Wsh.), April 24.—News has been received here that the Nippon Yusen Kaisha, the Japan Mail Steamship Company, intends to establish a line of steamships to the United States, probably this summer. The company is backed by the Japanese Government and heavily subsidized. It could, therefore, do a paying business where other companies would lose, pending the development of a permanent business.

　　A year ago the company had under consideration the establishment of a line to this country. It was an the point of dispatching the first steamer when the difficulty with China first arose. Then it became necessary to press all the available steamers into the naval service for use as cruisers and transports. Now that the war is over, the company will have a number of idle steamers on had

---

20）日本郵船株式會社編、前掲書、143-146頁。

and is consequently looking for available routes.

The Japanese officials are anxious to obtain new national dignity by enlarging their nation's commerce and have decided, so letters received here state, that the trade with the United States offers the most promising field for business, particularly as the development of Japan and china is expected to greatly increase traffic and travel between the United States and the Orient during the next few years.

The business men of Tacoma and other Sound cities are desirous that Puget sound shall be the terminus of the line, and it is likely that some action will be taken to secure it. The Japanese officials are reported to have said that the boats are reported to have said that the boats would run either to Southern California or the Northwest, as San Francisco already lines two lines. Some think that Tacoma will be made the terminus, as the Government has recently established a consulate hero for the North Pacific Coast and will soon appoint a Consul.

The Northern Pacific Steamship Company has more business than it can handle, and next month will add a fourth steamer to the line. So much freight is being offered here that the Sikh, the company's largest steamer, which sailed today, could carry but 20 per cent of the flour ready for shipment.

The Nippon Yusen Kaisha now runs steamers from Yokohama to Hongkong, ports in the Japanese Empire. Its vessels are said to be as complete in their appointments and equipments as any now crossing the Pacific.[21]

---

21) "San Francisco Chronicle" Apr 25, 1895, p.7. 'NEW ORIENTAL LINE: PLANS OF A JAPANESE STEAMER COMPANY'.

第3章 東洋汽船とサンフランシスコ航路

　日本郵船会社がアメリカの北西部のワシントン州のタコマへの航路を開いたことは、アメリカとしても注目すべきことであった。

　その後、大阪商船会社が、明治31年（1898）の東洋汽船会社のサンフランシスコ航路に次いで、明治42年（1909）7月に香港タコマ線、後のピューゼットサウンド線を開始する[22]。しかし、サンフランシスコへの航路は東洋汽船会社だけであった。

　東洋汽船のサンフランシスコ航路がどのように開始されたかの経緯について、『第一期　自明治二十九年六月至明治三十年九月　東洋滊船株式會社　事業報告書　計算書　貸借對照表　財産目録』[23] に掲載された「事業報告書」の「資本金額及株數」には、

>　當會社ハ初メ紐育、及「バトーム」二航路ヲ開クノ目的ヲ以テ資本金五百万圓株數拾万個ト定メタリシガ、爾後更ニ太平洋上ニ一航路ヲ開クノ要アルヲ認メ、明治二十九年六月十七日臨時總會ヲ東京市神田區美土代町三丁目青年會舘ニ開キ航路ヲ増加スルタメ資本金ニ貳百五拾万圓ヲ加ヘ總額ヲ七百五拾万圓株數拾五万個ト爲スコト、從テ定款第五條ヲ修正スルコトヲ決議シ、右決議ノ事項ヲ農商務、逓信両省ヘ届ケ出デ、同年八月廿一日其認可ヲ得タリ。……[24]

とあるように、東洋汽船は海外航路として日本からニューヨーク、バトームへの2航路の開設を企図していた。しかし太平洋航路の必要性に鑑み、資本金を増額して太平洋航路の開航を実行することになる。

　同書の「航路撰定及造船註文」[25] には、航路選定に至った経緯が詳しいた

---

22) 神田外茂夫編『大阪商船株式會社五十年史』大阪商船株式會社、1934年6月、303-305頁。
23) 東洋滊船株式會社『第一期　自明治二十九年六月至明治三十年九月　東洋滊船株式會社　事業報告書　計算書　貸借對照表　財産目録』東洋滊船株式會社、明治30年（1897）12月、全13頁。神戸大学経済経営研究所所蔵。
24) 同上、2頁。
25) 同上、4-5頁。

第 1 部　東洋汽船の活動

め、次に引用したい。

　　當會社航路ノ撰定ト滊船製造註文ノ爲メ取締役一名ヲ海外ニ派遣スルコ
　トニ決シ、取締役社長淺野總一郎氏其任ニ當リ、明治二十九年七月九日
　社員二名ヲ隨ヘ、海外渡航ノ途ニ上レリ。初メ英領加拿太ナル「バンク
　バー」ニ到リ南下シテ、北米合衆國太平洋沿岸諸港ヲ巡視シ、當會社豫
　定航路ノ終点トナスベキモノヲ調査シタルニ、其港灣ノ良好ナル、交通
　機關ノ整備セル、貨物集散ノ盛ナル、桑港ニ若クモノ莫シ、而シテ同港
　ニハ太平洋滊船會社及太西東滊船會社ナルモノアリテ東洋ニ至ルノ航權
　ヲ占有スルノミナラズ、太平洋滊船會社ハ彼ノ有名ナル南太平洋鐵道會
　社ノ大鐵路ヲ掌握シテ海陸運輸ノ利ヲ支配セリ。依テ同社ニ向ヒテ聯合
　營業ノ申込ヲ爲シ、數回交渉ノ末、其契約ノ大要ヲ定メタリ。是ニ於テ
　太平洋航路ヲ以テ當會社ノ第一航路トシ、之ニ充ツベキ滊船三隻ヲ製造
　スルコトトセリ。[26]

東洋汽船が太平洋航路を選定するにあたり、社長の淺野總一郎が2名の社員を随行して北アメリカの西沿海の諸港を視察した結果、サンフランシスコが陸上交通の整備、貨物の集散に最適の地であることを知ったのであった。

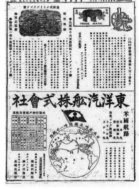

---

26) 同上、4頁。

第3章　東洋汽船とサンフランシスコ航路

そして陸上交通の要である南太平洋鉄道会社と交渉し、契約を締結して日本とサンフランシスコを結ぶ航路を同社の第一航路と決定したのであった。

明治36年（1903）11月3日付の『讀賣新聞』第9479号、59頁の紙面の半分を利用して東洋汽船会社が広告を掲載している。

この広告では東洋汽船会社の社旗を上に描き「日本、布哇、米國間唯一の航路」として地球の太平洋を中心に南北アメリカ大陸、アジア大陸に隣接する日本とを結ぶ航路をハワイのホノルル布哇を経由していることを示す図があり、「米國域神戸横濱出帆表」として香港丸、日本丸、亜米利加丸の運航日程が神戸と横濱から乗船日がわかるようになっている。

また同年に東洋汽船が発行した航路案内には、当時の太平洋航路の路線が描かれている。

横濱からサンフランシスコに直航する航路とハワイのホノルルに寄港してサンフランシスコへ赴く航路が見られる。これが東洋汽船にとっての基幹航路であった。

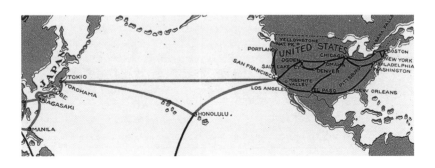

このサンフランシスコ航路を航行していた6,000総噸級汽船の写真も同航路案内に掲載されている。船名は見られないが、日本丸、亜米利加丸、香港丸も同様な汽船であった。

第 1 部　東洋汽船の活動

創業者淺野總一郎も 'S.ASANO PRESIDENT OF TOYO KISEN KAISHA' として肖像写真が見られる。

　この第一航路に就航する汽船が必要となり、同「事業報告書」には、

> 同年九月淺野社長ハ英國ニ渡航シ、當會社濱船ノ設計ヲ同國貳拾貳ケ所ノ大造船所ニ示シ、受負入札書ヲ帝國領事館ヘ向ケ差出ダスベキコト通知シ置キ、航路ノ實況ヲ視察スルタメ歐洲大陸諸國ヲ巡歷シ、再ビ英國ニ出デ受負入札書ヲ調査シタルニ、就中［サンダーレンド］ナル［ゼームス、レーニング］造船所及［ニューカッスル、オン、タイン］ナル［スワン、ハンター］會社ハ資力確實、技摘秀逸且ツ比較的廉價ニテ應ジタルヲ以テ乃チ前ニ二隻ヲ註文スルコトトシ、右造船者ト仕樣書ヲ議シタルニ、我社船ノ設計タル優等ノ客船タルニ於テ遺憾無ク、且英國商務院規定及［ロイド］規則一等船ニ合格セシムルハ勿論、右ニ規定ヨリ更ニ嚴肅ナル我政府ノ造船規定ニ照シテ、寸毫モ缺ク所ナキヲ期シタルモノナルヲ以テ、仕樣書細目數百ケ條ニ亘リ、三十年二月下旬ニ至リ漸ク之ヲ議了スルヲ得タリ。乃チ同二月二十三日［ゼームス、レーニング］造船所ト同二十五日［スワン。ハンター］會社ト造船本契約ニ調印セリ。[27]

とあり、明治29年（1896）9月に淺野總一郎がイギリスに渡り、22箇所の造

---

27) 同上、5頁。

第3章　東洋汽船とサンフランシスコ航路

船所を視察して、各造船所に入札の協力を依頼し、イギリスに在る日本領事館へ入札書の提出を要請した。その結果、ゼームス・レーニング造船所に2隻をスワン・ハンター会社に1隻を註文したのである。

造船を依頼した汽船は次のような船式であった。同「事業報告書」に、
　　右ノ滊船三隻ハ各同形ノ鋼製滊船ニシテ、長サ四百拾貳呎、幅五拾呎六吋、深サ參拾貳呎六吋、總噸數凡六千噸、實馬力七千五百、速力十七海里、全部二重底ニシテ、推進器貳個ヲ有ス。滊機滊鑵ハ最モ新式完整ノモノヲ備フ。客室ハ上等六十四、中等四十、下等室ハ千人ヲ容レテ餘アリ。船内總て電燈ヲ点ズ。郵便物及貴重品貯蔵室ノ堅牢精緻ナル、船客ノ待遇ニ關スル設備ノ周到ナル優ニ大客船タルノ体裁ヲ完備セルモノナリ。[28]

とある。東洋汽船がイギリスの造船所に発注した3隻の汽船は、長さ412フィート、約125.6m、総トン数が約6,000噸、速力が17ノットの巨船であった。

完成した汽船は次の船名が付けられた。同書に、
　　［ゼームス・レーニング］造船所製造ノ第一號船ヲ日本丸、同第二號船ヲ香港丸、［スワン、ハンター］会社製造船ヲ亜米利加丸ト命名シタリ。日本丸及亜米利加丸ハ三十年三月龍骨ヲ据付ケ、九月船体組立ヲ了リ。……[29]

とあるように、ゼームス・レーニング造船所が製造した第一船が日本丸と、同第二船が香港丸と、スワン・ハンター会社の製造船が亜米利加丸と命名されたのであった。

これら日本丸、香港丸、亜米利加丸が竣工後に太平洋航路に就航することになる。『讀賣新聞』第7668号、明治31年（1898）11月17日付の「東洋滊船會社三滊船の初航海」には、東洋汽船会社のサンフランシスコ航路開始を次のように報じている。

28）同上、5-6頁。
29）同上、6頁。

第1部　東洋汽船の活動

>　日本丸は本月廿八日、亜米利加丸は來月廿八日、香港丸は明年一月廿八日孰れも横浜を出帆し香港へ直行し、又た桑港へ向ての出帆期日は日本丸は來月廿七日、亜米利加丸明年一月廿五日、香港丸同二月十八日、孰れも布哇を經て同地へ向ふ事に確定せる由。[30]

とある。日本丸、亜米利加丸、香港丸の3隻が横濱から香港に向かい、香港から横濱に戻り、ついで横濱からハワイに向けて航行しサンフランシスコに到着する航路によるほぼ毎月一回の定期運航が開始されたのである。

『讀賣新聞』第7705号、明治31年（1898）12月24日付の「東洋滊船株式會社滊船出帆」によれば、

日本丸	桑港行（布哇經由）	12月27日	正午
亜米利加丸	香港直行	12月31日	正午
香港丸	同	32年1月28日	

船客運賃（横濱より）

	上等	中等	下等
桑港迄	350圓	235圓	52圓
布哇迄	260圓	175圓	50圓
香港迄	75圓	50圓	15圓

>　荷客取扱に關する詳細は當社支店横濱四番舘へ御承合被成下度候
>　　　明治31年12月[31]

とあるように、日本丸、亜米利加丸、香港丸の3隻が毎月の27-31日頃に横濱から香港あるいホノルルを経由してサンフランシスコへ航行していた。その運賃は横濱からサンフランシスコまで上等が350円、中等が235円、下等が52円であった。

　この頃の『讀賣新聞』第7737号、明治32年（1899）1月25日に、

---

30)　『讀賣新聞』第7668号、1898年11月17日、2頁。
31)　同上 第7705号、1898年12月24日、6頁。日付と金額の数字は漢数字をアラビア数字に改めた。

第 3 章　東洋汽船とサンフランシスコ航路

　　亜米利加丸の初航海と移民の出發　東洋汽船會社の新造船なる亜米利加
　　丸は明廿六日横濱出帆、米國に初航海の途に就く筈なるが、同船にて
　　熊本移民會社の募集に係る布哇移民五百七十名は出發せり。
　また、『讀賣新聞』第7763号、明治32年（1899）2月20日に、
　　布哇移民の出發　昨日正午米國に向け横濱を出帆せし東洋汽船會社の香
　　港丸にて熊本廣島両移民會社の募集に係る布哇出稼人三百名出發せり。
　　米國に向輸出せし生糸　昨日正午米國行香港丸にて輸出せし生糸は合計
　　六百二十俵なり。

とあり、亜米利加丸、香港丸がハワイへの熊本、広島からの移民の人々を乗
船させていた。
　明治32年（1899）下半期の営業状況に関して、『第三回後半季　自明治三十
二年七月至明治三十二年十二月　東洋汽船株式會社　營業報告書　損益計算
書　貸借對照表　財産目録　準備金及利益金　配當に關スル議案』[32]の營業
報告書の業務ノ概況によれば、

　　米國、東洋ノ貿易ハ近時著ク膨張シ、從來太平洋上ニ浮ヘル船舶ヲシテ
　　漸ク運搬力ノ不足ヲ訴ヘシメントス。當會社開業以來、桑、香、起終両
　　點ヨリ貨物ハ毎船必ズ之ヲ満載シテ、尚ホ剰リアル所以ノモノト職トシ
　　テ、之ニ由ラズンバアラズ。殊ニ當期後半ニ於ル荷客營業ノ如キハ實ニ
　　非常ノ好況ヲ呈シタルモノト謂フヘシ。[33]

と記されているように、アメリカとアジアとの間の物流が増大し、船舶の不
足が認識されるようになってきた。そのような時期に、東洋汽船がサンフラ
ンシスコと香港とを起点とする航路を運航することで、同書の貨物輸送と旅
客輸送においても好況が見られていた。

---

[32] 東洋汽船株式會社『第一期　自明治二十九年六月至明治三十年九月　東洋汽船株式
　　會社　事業報告書　計算書　貸借對照表　財産目録』東洋汽船株式會社、明治30年
　　（1897）12月、全13頁。神戸大学経済経営研究所所蔵。
[33] 同上、3頁。

75

第 1 部　東洋汽船の活動

　それでは、明治32年（1899）年 1 -12月の一年間に日本丸、亜米利加丸そして香港丸がどれほどの航海を行ったかを、同社の営業記録から見られる。

1899年東洋汽船の航海度数表[34]

船名	横濱発度数	香港発度数	桑港発度数	航海海里数
日本丸	10回	5回	4回	69,461
亜米利加丸	11回	6回	5回	77,855
香港丸	9回	7回	3.5回	61,361
合　計	30回	18回	12.5回	208,677

　東洋汽船にとってサンフランシスコ航路を運航する上で最大の難問が経済問題であった。多額の経費の捻出であるが、日本政府からの補助金も重要な財源であった。東洋滊船株式會社『第三回前半期　自明治三十一年十月至明治三十二年六月　東洋滊船株式會社　事業報告書　損益計算書　貸借對照表　財産目録　利益金分配案』の事業報告書、第二「航路ノ特定補助」において、

　　當會社ノ米國航路ハ本邦ヲ中心トシテ東亞及米大陸ヲ連絡スル最要ノ航路ナレハ國家カ之ヲ特定航路トシテ一定ノ補助金ヲ下附スルコトノ極メテ必要ナルヲ認メ、昨年九月之ヲ遞信大臣ニ出願シ、爾來成効ニ努メタルノ結果、遞信大臣ヨリ本月十日附ヲ以テ命令書ヲ下附セラレ、國家ニ對シ此重任ヲ荷フノ光榮ヲ得タリ。該命令書ニ據レハ、明年一月ヨリ向十ケ年間、毎年百〇壹万參千八百八拾圓以内ノ補助金ヲ受ケ得ルコトニシテ、當會社航路ノ基礎ハ彌々鞏固ヲ加ヘタリト謂フヘシ。然レトモ一

---

[34] 東洋滊船株式會社『第三回前半期　自明治三十一年十月至明治三十二年六月　東洋滊船株式會社　事業報告書　損益計算書　貸借對照表　財産目録　利益金分配案』東洋滊船株式會社、明治32年（1899）7 月31日、9（全16）頁。神戸大学経済経営研究所所蔵。
　東洋滊船株式會社『第三回後半季　自明治三十二年七月至明治三十二年十二月　東洋滊船株式會社　事業報告書　損益計算書　貸借對照表　財産目録　準備金及配當ニ關スル議案』東洋滊船株式會社、明治33年（1900）3 月14日、7（全14）頁。神戸大学経済経営研究所所蔵。この二書の当該箇所を合算した。

第 3 章　東洋汽船とサンフランシスコ航路

　　方ニ於テ是ニ伴フタル重大ノ責任アルヲ以テ當會社ハ將來ニ於テ充分ノ
　　覺悟ト愼重ノ用意トヲ以テ其事ニ當リ飽クマテ國家ノ囑望ニ酬ユルコト
　　ヲ期セサルヘカラス。[35]

と見られるように、東洋汽船会社は明治33年（1900）1月より10年間にわた
り、毎年11,013.880円の航路補助金を政府から下付されることになったので
あった。明治33年6月30日付の損益計算書を見ると、収入の欄には、

　　貨　物　運　賃　　　　550,609.815円
　　船　客　運　賃　　　　461,620.160円
　　船　内　雜　収　入　　　　8,776.090円
　　政　府　補　助　金　　500,593.584円
　　雜　　　　　益　　　　 17,923.318円
　　合　　　　　計　　　1,539,522.967円[36]

とある。明治33年1-6月の前半期のみではあるが、全収入の内、貨物運賃が
約35.8％、旅客運賃が約30％、政府補助金が約32.5％を占めていたことがわ
かる。このことからも明らかなように、政府補助金の占める割合は極めて大
きかったことが知られる。明治33年7-12月の下半期は収入の1,602,723.906
円に対して、政府補助金は508,344.150円[37]と約31.2％を占めていた。

　『東京時事新報』明治44年（1911）11月18日付の「支那茶通関影響　本邦茶
に及ぼす影響大ならず　気遣うべきは来年度の新茶に在り」の記事の「通関

---

35) 東洋濵船株式會社『第三回前半期　自明治三十一年十月至明治三十二年六月　東洋
　　濵船株式會社　事業報告書　損益計算書　貸借對照表　財産目録　利益金分配案』
　　東洋濵船株式會社、明治32年（1899）7月31日、7頁。神戸大学経済経営研究所所蔵。
36) 東洋汽船株式會社『第四期上半季　自明治三十三年一月至同年六月　東洋汽船株式
　　會社　營業報告書　損益計算書　貸借對照表　財産目録　準備金及利益金配當ニ關
　　スル案』東洋汽船株式會社、明治33年（1900）6月30日、13（全17）頁。神戸大学経
　　済経営研究所所蔵。
37) 東洋汽船株式會社『第四期下半季　自明治三十三年七月至同年十二月　東洋汽船株
　　式會社　營業報告書　損益計算書　貸借對照表　財産目録　準備金及利益金配當ニ
　　關スル案』東洋汽船株式會社、明治33年（1900）12月31日、12（全17）頁、神戸大学
　　経済経営研究所所蔵。

第 1 部　東洋汽船の活動

と輸出増加」において、東洋汽船の春洋丸が、上海で中国茶葉を積載した記事が見られる。

> 米国に於ける製茶着色料検定方式の一定されし以来、実際に於て着色品と認むべき清国緑茶も近来続々市俄古、桑港等の税関に於て通関せらるる事は、十一日附紐育帝国領事よりの報告により明かなるが、是より先き清国緑茶にして米国税関が着色茶たるの嫌疑の下に抑留したりし其数量は、約千箱五六万斤に達したりしが、此等抑留茶は右着色料検定方針の一変以来悉く通関したる勘定なれは、爾来清国茶の需要の増加は自然の勢にして、前記帝国領事の報告にも見ゆるが如く、清国に対し注文を発するものの増加するは素より其処にして、現に十四日横浜を発せる春洋丸は上海にて千余箱を積み取りたる程にして、一時米国税関の着色品の入国を絶対に拒絶せん態度なりしが為めに、前年度に比して八百万封度方も輸出減退を来せる清国緑茶は、今後米国市場に対し潮の押寄するが如く輸入を増加するに至るべきなり。

と見られるように、中国がアメリカへ輸出した茶葉が着色されていたことが問題となった。そのためアメリカは中国茶葉の輸入を禁止したのであった[38]。しかし、この記事から東洋汽船会社の春洋丸は、横浜から出港し、上海に寄港して中国茶葉1,000余箱を搭載してアメリカへ輸送することになっていたことがわかる。本書第1部第5、6章参照。

春洋丸は、東洋汽船会社の新造第3船として、三菱長崎造船所で建造され明治44年（1911）8月15日に竣工し、総トン数13,382噸であって、石炭を燃料としていた[39]。この東洋汽船会社の汽船春洋丸が中国産品のアメリカへの輸

---

38) 趙思倩「19世紀後期における浙江平水茶葉の海外輸出」『東アジア文化交渉研究』第8号、2015年3月、341-357頁。
　　趙思倩「清代後期の浙江平水茶葉輸出とアメリカの粗悪不正茶輸入禁止条例」『文化交渉　東アジア文化研究科院生論集』第4号、関西大学大学院東アジア文化研究科、2015年2月、197-217頁。
39) 中野秀雄編、前掲書、123-124頁。

第3章　東洋汽船とサンフランシスコ航路

出に関与していたことがわかる。この明治44年（1911）頃の東洋汽船のサンフランシスコ航路における貨物では、茶葉の品質問題や、花莚の品質劣悪によりアメリカにおいて評価を落としていたが、生糸の輸出は盛況であったようである[40]。

　この時期の東洋汽船会社の航運事業は、香港・横濱・サンフランシスコの航路のみであるから、東洋汽船にとって政府補助金は経営の1/3を占める重要な財源であったことは確かであった。

　東洋汽船1911年8月の航路案内によれば、サンフランシスコ航路と並んで南米航路の案内が見られる。サンフランシスコ航路では、1頁において長崎三菱造船所で1908年に竣工した天洋丸、13,454総噸、20.36ノットの甲板の写真が見られる。東洋汽船の当時の最高のデモンストレーションであったろう。

---

40) 同上、125頁。

第 1 部　東洋汽船の活動

　天洋丸と同タイプの汽船春洋丸と横濱港新桟橋を描いた絵葉書（下図参照）も残されている。

　『報知新聞』大正 2 年（1913）10月25日付の「航路補助問題の研究」によれば、次のようにある。

　　次は東洋汽船の桑港線なりとす。航路は東廻りは横浜より布哇を経て桑港に往復し、西廻りは横浜香港間を往復するものにして、13,000噸以上14,000噸以下の船舶 3 隻を用い、毎 4 周 1 回以上 1 ケ年15航海を為すべしとあり。会社は此線に対し現在天洋丸（13,459）、地洋丸（13,441）、春洋丸（13,384）、の 3 隻を就航せしむるのみならず、同航路開始と共に就航せしめたる日本丸（6,178）、香港丸（6,183）、の 2 隻をも参加せしめつつあり。此補助額165万円を越え居れば、一航海11万、一隻当り50万円の巨額なる補助を受け居る勘定也。補助金は郵船の316万円に亜ぐの巨額なれども、就航せしめある汽船は何れも10,000万噸を超えて他会社に類を見ざる巨船なると共に之が設備亦極めて完全なれば各般の費用は固より極めて多かるべし。加うるに同航路は日米間の交通幹線にして米国に於ける汽船会社も亦全力を尽しつつある処なれば国際の権衡上東洋汽船をして安全の地位に置くの必要はあり。然れども可愛い児には旅をさせよや、徒らに飽食暖衣乳母日傘にて成長するが如きは海国男児の面目を傷くるもの也。かるが故に各政党に於に最も嘱目せるは東洋汽船の補助額なり。……今より15年の昔、日本に於ける最大の商船なりと誇りたる6,000余噸の日本丸、香港丸は、今や全く前世紀の船の如く扱われ老朽として遇せられ居るに非ずや。科学の進歩と船齢の増加とは常に反比例

第 3 章　東洋汽船とサンフランシスコ航路

をなすもの、此間に於ける会社の苦痛は察せざる可からざる也。
……

米国の汽船会社との競合する中で、東洋汽船会社は「3,000噸以上14,000噸以下の船舶3隻を用い、毎4周1回以上1ケ年15航海を」運航するには多額の経費が必要で、「天洋丸（13,459）、地洋丸（13,441）、春洋丸（13,384）、の3隻を就航せしむるのみならず、同航路開始と共に就航せしめたる日本丸（6,178）、香港丸（6,183）、の2隻をも参加せしめつつあり。此補助額165万円を越え居れば、一航海11万、一隻当り50万円の巨額なる補助を受け居る勘定也。補助金は郵船の316万円に亜ぐの巨額」となり、日本郵船会社に次ぐ巨額の補助金の下附を受ける状況であった。

1901年に就航した'これや丸'に関する写真（上、下図参照）が残されている。東洋汽船が1916年に購入し、1926年に日本郵船会社に譲渡されるまでの10年間にわたり、サンフランシスコ航路の花形汽船であった。これや丸は11,810総トンで、その船内設備も充実していた。

第一次世界大戦後にドイツからの戦勝代償船として、日本政府が4隻の船舶の交付を受けて、その中の最大のカツプフィニステル号、14,458総噸数が、

81

第1部　東洋汽船の活動

　大正10年（1921）3月に大蔵省管轄から東洋汽船会社に譲渡され、長崎の三菱造船所で太平洋航路に必要な客船として改造され、船名を大洋丸と改名された。大洋丸は同年5月14日に長崎を出港し、上海に到り、マニラを経由して香港に入港し、香港でアメリカ向けの貨物や旅客を搭載して、香港からサンフランシスコに向けて航行した[41]。

　この大洋丸を使って日本からアメリカを経由してヨーロッパへ赴く航路案内「歐米へは」（東洋汽船株式會社、刊行年不明、横42.9x縦20.1cm、両面4折）が知られる。

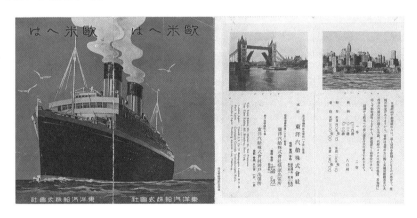

これに掲載された地図が下のものである。

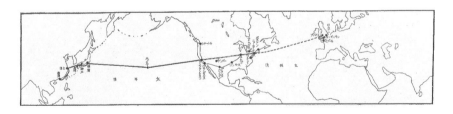

この地図から明らかなように香港・上海・長崎・神戸・横濱・ホノルル・

---

41) 中野秀雄編、前掲書、187-190頁。

第 3 章　東洋汽船とサンフランシスコ航路

サンフランシスコと東洋汽船の船舶で「弊社船も外國船も横濱桑港間を十五日間で航海致して居ります」[42]と、横濱から15日間で太平洋を横断して、サンフランシスコに到着し、アメリカの大陸横断鉄道でニューヨークに到り、ニューヨークから大西洋横断船でロンドンまで「横濱を出帆して、富士の嶺を名残りに東に向つてから、僅に廿七日目には倫敦塔の見物も出来、翌日は早や佛蘭西の「シエルブール」港に着きます」[43]と唱われているように横濱から27日目にはロンドンへ到着することが可能であった。スエズ運河経由の西回りでは50数日を必要[44]としていたのであった。

4　東洋汽船と映画

東洋汽船のサンフランシスコ航路の運賃収入として日本からだけではなく、次の新聞記事に見られるように、春洋丸など東洋汽船会社の汽船が中国産品のアメリカ輸出に関与していた。

先に触れたように『東京時事新報』明治44年（1911）11月18日付の「支那茶通関影響　本邦茶に及ぼす影響大ならず　気遣うべきは来年度の新茶に在り」の記事の「通関と輸出増加」において、東洋汽船の春洋丸が、上海で中国茶葉を積載していた。「上海に於て千余箱を積み取りたる程にして」と、春洋丸は、横浜から上海に寄港し、中国茶葉1,000余箱を搭載してアメリカへ輸送する予定であったように、東洋汽船会社の汽船春洋丸などが中国産品のアメリカ輸出に関与していた。

このような貨物以外に輸送したものとして映画などもあったようである。

『国民新聞』大正3年（1914）9月20日付の「三十年の努力が豊饒丁抹を生む　世界第一の耕作地も昔はひどい荒蕪地だった　フォート博士近く来朝」の記事に、

42）東洋汽船株式會社編「歐米へは」（東洋汽船株式會社、刊行年不明）裏面4折目。
43）同上、裏面2折目。
44）同上、裏面1折目。

第1部　東洋汽船の活動

> 農村問題解決の使命を帯びて近く来朝すべきフォート博士の乗った汽船天洋丸は愈々本月二十九日朝横浜入港の予定で直に入京東京府商工奨励館に於て十月一日より三日間丁抹の農村発達に関する最近の状況及び其他一般農村問題に就き初講演をなす筈で其の説明の為め活動写真の映画や幻燈の写真等を沢山持参する由だから……[45]

と見られるように、東洋汽船の天洋丸がアメリカから訪日する農村問題に詳しいフォート博士とともに同博士が持参する「活動写真の映画や幻燈の写真等」を搭載していたことが知られる。

『東京朝日新聞』第14771号、昭和2年（1927）7月1日付の「週間映画」欄の中曽根丈衛の「輸入映畫の選択」として次の論説が見られる。

> 四五年前までは、外國の會社で日本に支社を置くものはユニヴァサル唯一軒であつて外國映畫を取扱つてゐた日活、松竹、大活、その他の配給會社は自由に欧米の映畫を選択輸入することが出来、随つて営業も極く容易であつた。

> 所がその後、パラマウントを始め、ユナイテッド・アーティスツ、フォックス、ファースト・ナショナル等が相次いで日本に支社や設けローヤルティー（権利金）を拂ふ必要のない自社製作の映畫をどしどしていきょうするやうになつたために、日本の外國映畫は配給者は選択の範囲が狭められ加ふるに外國支社と競争しなければならない立場になつて、営業上非常な困難に陥つて了つた。

> そこで當然考へなければならない事は、今後如何なる映畫を輸入してこれら外國映畫會社の支社に対抗してゆくべきかといふことであり、その結果次のやうな案が持だされることになる。

> （一）いまだ日本に支社を持たない製作會社を物色し、その會社の一ヶ年の製作映畫の全部を契約輸入すること。

> （二）獨立製作會社の作品中より興行價値、藝術價値のある映畫を選擇

---

45) 神戸大学新聞文庫データベースによる。

して一種づつ輸入すること。

（一）に屬する會社は、メトロ・ゴールドウキン、ワーナー・ブラザース、ビー・ディー・シー、エフ・ビー・オー、コロンビア等で皆それぞれ日本配給者の手で契約され各常備館に上映されてゐる。

（二）に屬するものは主に歐洲物に多く、米國映畫にはほとんど絶無といつてもいい位である。

私の貧しい經驗はメトロ・ゴールドウキンの一九二四─五年度四十六種、ワーナー・ブラザーズの一九二五─六年度四十二種の輸入配給をした。これ等は事業としては失敗した方である。なぜ失敗したかといふと、毎月四種づつ引取らなけらばならないために資金をばく大に要すること、良いのも悪いのも全部引受けなければならぬこと、系統から見て外國支社即ち米國會社の支社と同種類でしかも原價のかかつてゐないそれ等支社の映畫と競爭せねばならぬこと等が主なる失敗の原因であつたと思ふ。

以上の失敗から私共は第二の方法にまで進んで行つた。所が第一の方法よりもつと困難な事にぶつかつた。つまり輸入の出來る可能性のある映畫が甚だ少くかつ選擇範圍が狹められたのである。

私共は映畫を事業として成功させたいと思ふと同時に多數の貢獻をしたいといふことを常に考へる。故に一映畫を選擇するに當つては、興行價値と同時に藝術價値を念頭に置く。一つの作品が完成されたことが外國新聞又は雜誌によつて發表される。製作會社はどこか、監督はたれか、主演俳優はたれか、批評家の説はどうか、日本の檢閱は如何、外國支社の映畫と對比してどうか。そこでいち早く權利金の交渉に移る。かくして輸入された映畫が到着して始めて試寫を見るまでは随分周到な考察と判斷とを要する。

映畫の輸入は思へば一種の冒険であつて、多年經驗を有する者でもまれには失敗することもある。だが素ばらしい傑作を輸入して世間から好評を得た時にはいひ知れない愉快を感じる。兎に角、近代的な興

第 1 部　東洋汽船の活動

　　　味ある仕事である。[46]
　この論説からも明らかなように、1920年代以降においてアメリカ映画の最大の製作地となるハリウッドは、1910年代にロサンジェルス市に含まれ、400マイルほど離れたサンフランシスコは、アジア航路の港であり、映画のアジアへの供給地として最適であったと言える。
　東洋汽船もハリウッド映画を輸送していたと考えられる。その根拠として映画を上映していた映画館の例から考えてみたい。
　明治44年（1911）から大正12年（1923）9月1日の関東大震災まで開館していた横濱のオデヲン座が上映した記録が、明治44年12月25日より大正12年8月31日まで知られる[47]。開館から大正4年（1915）ころまではイタリア、ドイツ映画が多くを占めている[48]が、大正4年以降になるとアメリカ映画が増加していくことがわかる[49]。
　ちなみに大正2年（1913）と大正4年（1915）のオデヲン座に上映された製作国別をまとめれば、次頁の図表のようになる。大正2年にはイタリア映画が他を圧倒していたが、大正4年になるとアメリカ映画がイタリア映画の3倍近くも上映されている。それ以降はアメリカ映画が大成を占める時代となったと言える。
　このような時期に映画事業に関与したのが、東洋汽船でその第二代社長の淺野良三であった[50]。東洋汽船の天洋丸、地洋丸、春洋丸の「前記三客船では、外人乗客のために、ニューヨーク封切りのフィルムを購入し船内でサー

---

46)『東京朝日新聞』第14771号、昭和2年（1927）7月1日、10頁。
47) 丸岡澄夫編『封切館　オデヲン座資料集　1911-1923』映画資料研究会、2004年6月、239-325頁。
48) 同上、239-265頁。
49) 同上、265-325頁。
50) 金指英一「東洋汽船と大正活映」、フイルム・ライブラリー協議会『日本映画史素稿8　資料　帰山教正とトーマス栗原の業跡―天活（国活）と大活の動向―』フイルム・ライブラリー協議会、1973年4月、60-61頁。

第3章　東洋汽船とサンフランシスコ航路

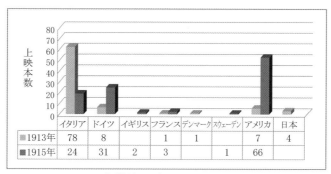

1913、1915年横濱オデヲン座上映製作国別本数

ビスとして映写はしていたのである。何れも最新作を選んでいた」[51]と言われるように、東洋汽船と映画とは深い関係があった。

東洋汽船会社が監督ベンジャミン・ブロッキーに製作させた映画"BEAUTIFUL JAPAN"[52]大正8年（1919）年の冒頭の画面にはT.F.K.すなわち東洋フィルム会社を示すイニシャルが示されている。淺野家が好んだ扇子の中に記されたことはこの映画が東洋フィルム会社（第2部第2章参照）の製作である重要な根拠[53]であるが、この映画の中には淺野總一郎も登場している。

'The Asano Ship-yards at Yokohama. A scene of great activity.' の解説に続いて造船所から進水する汽船とそれを見守る多くの人々とともに、淺野總一郎が登場しているのが見られる。このことから東洋汽船の創始者淺野總一郎は東洋フィルム会社とともに映画事業にも触手を伸ばしていたことが知られる。

---

51) 金指英一、同上、60頁。
52) 現在知られる"BEAUTIFUL JAPAN"は、アメリカのスミソニアン自然史博物館人類学アーカイブス蔵のものである。本論文もその一部を参考に利用させて頂いた。参考書として「映画『Beautiful Japan』の世界」、東京都江戸東京博物館編『Beautiful Japan 美しき日本　大正昭和の旅展』東京都江戸東京博物館、2005年8月、20-24（全197）頁がある。
53) 岡田正子、岡田夫妻の教示による。

第 1 部　東洋汽船の活動

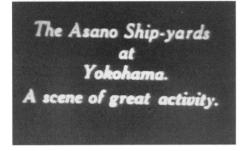

　東洋フィルム会社はさらに大正活動会社と発展していく。大正時代の中期に外国映画の輸入と日本映画の製作をおこなったのが「大正活映株式会社」であった[54]。

　大正活映は大正9年（1920）4月20日に設立され、その2ヶ月後に松竹蒲田映画が創設されている。この大正活映の経営母体が東洋汽船で、世界に日本を宣伝しようとして映画事業を開始したとされる。そのため映画監督としてアメリカの映画俳優であったトーマス・栗原喜三郎を監督に招聘して事業を開始した[55]。

　大正活映は映画の撮影だけではなく、映画の輸入も行っていた。大正10年

---

54) 金指英一「東洋汽船と大正活映」、60頁。
55) 『毎日新聞』東京夕刊、1993年4月20日、「[この日この時] 1920/4/20「大活」創立される」、7頁。本書第2部第1、2章参照。

第3章　東洋汽船とサンフランシスコ航路

（1921）2月16日付の『東京朝日新聞』第12457号の「映画界」に「羊飼の乙女（全六巻）、提供大正活映、制作ルイス、ピー、マイヤー社、發賣ファースト、ナショナル社、主演アニタ、ステュワート嬢」とある。この発売元はハリウッドのパナマウントと並ぶ映画配給会社であったから、東洋汽船が輸送した映画であったことは確かであろう。大正活映はハリウッドのメトロ社の映画なども上映していることから、大正活映が提供し上映されたアメリカ映画の多くが東洋汽船でサンフランシスコから横濱に運ばれた映画フイルムで
あったことが歴然であろう。そのことを裏付ける記事が『讀賣新聞』第17377号、大正14年（1925）7月29日付の「大正活映が返り咲き　常設館も經營」の記事に見られる。

> 大正活映株式會社は先年創立以來、本邦に於ける最も新しい興業方針を主眼として本邦映畫製作と同時に初めてファストナショナル、メトロ、ゴールドキン等各會社の優秀映畫を本邦へ紹介して頗る貢献する處あつたが、其後都合に依り松竹キネマへ併合して専ら外國映畫輸入の事務を引受けてゐたところ、今度同社との契約期間も満了したので、それを機會として再起復活する事となり、新たに陣容地盤を鞏固にする處あり。金指英一氏が營業主、任角間啓二氏が顧問となり、在來の海外映畫輸入事務と共に常設館の經營に任じ新宿武蔵野館を本城として芝園館をその姉妹館として其他市内數館を直營し主として今回東京へその支社を設けたファーストナショナルの映画を上映して九月から活動を開始するといふ。[56]

大正活映が松竹キネマと協商するのは大正11年（1922）9月1日以降であ

56）『讀賣新聞』第17377号、大正14年（1925）7月29日、5頁。

第 1 部　東洋汽船の活動

る。松竹の業務は「専ら營業に關する一切の業務並に日本映畫の製作に大正活映の役割は「大正は主として西洋映畫の輸入を擔當し」[57)]との業務を担った。

　大正活映の事業の一端に外国の「優秀映畫」を日本へ輸入し紹介する業務があったことは確かである。その外国映画の多くが、東洋汽船会社が定期航路を運航しているサンフランシスコに近いハリウッド製作の映画であったことから東洋汽船が輸送したことは想像に難くないであろう。

5　小結

　サンフランシスコ航路を開削した東洋汽船会社であったが、大正14年（1925）4月にアメリカのダラー汽船が14,000総噸、19ノットの優秀貨客船プレジデント型汽船5隻を購入し、サンフランシスコ航路の経営権を Pacific Mail Steamship Co から譲渡され、PMSS に替わってサンフランシスコ航路を運航することとなると大きな打撃を受けた[58)]。このような状況から東洋汽船は大正14年（1925）上半期には1,991,360円、同下半期に2,829,058円もの損失金を計上し、株主には無配となったのである[59)]。そして第二東洋汽船株式会社を設立し、日本郵船会社と合併し、東洋汽船のサンフランシスコ航路を維持してきた天洋丸等が日本郵船会社に、大正15年（1926）3月から6月にかけて引き渡されたのであった[60)]。その後の第二東洋汽船会社は、全ての定期航路を日本郵船会社に譲渡し、残餘の汽船を用いて貨物や石油輸送に専念する会社となったのであった[61)]。

---

57) 同上　第17377号、大正11年（1922）8月15日、3頁。
58) Robert Dollar, *Memoirs of Robert Dollar*, Second Edition, Combining Volumes 3 and 4, October, 1928, p.163（pp.1-251）.
　　中野秀雄編『東洋汽船六十四年の歩み』中野秀雄、1964年6月、219（全486）頁。
　　三浦昭男『北太平洋定期脚船史』出版協同社、1994年9月、148-154頁。
59) 中野秀雄編、前掲書、220頁。
60) 同上、223-224頁。
61) 同上、225頁。

第4章　東洋汽船会社の南米航路

1　緒言

昭和9年（1934）の『第67回帝国議会説明参考資料』上巻に収録された「中南米在留邦人概況」によれば、

中南米在留邦人数ハ昭和八年十月一日現在ニ於テ十九万ヲ超ヘ、内伯国最モ多数ヲ占メ約十六万ニ達シ、秘露国二万一千、墨国五千四百、亜国ナル資財ヲ携ヘ渡航セルモノニシテ、主トシテ農耕ニ従事シ、小商業及漁業ニ従事スルモノ亦尠カラス。本邦ヨリ直接伯国ニ渡航セル移民（三等船客）数ハ昭和九年十一月迄二十六万四千人余ニ達シ、従テ現在在留邦人数ハ二十万人ヲ超コル見込ナル処、其ノ九割迄ハ同国聖州ニ在留シ、然カモ大部分ハ都会地ヲ離レ、遠ク内奥地ニ入植シ其ノ多数ハ珈琲栽培ニ従事シ、（自作、及珈琲園労働）米、棉、馬鈴薯等ノ耕作ニ従事スル者亦漸ク多キヲ加ヘツツアリ。[1]

とあるように、昭和10年（1935）10月1日現在において日本人の南米大陸への移民数は19万人を越えていた。第一位のブラジル国へは157,476人、第二位のペルー国が21,281人、第三位がアルゼンチン国で5,224人となり、合計191,946名[2]であった。これを比率で示せば、ブラジル国が82.0％、ペルー国が11.1％、アルゼンチン国が2.7％となり、この3カ国で95.8％になる。これらの人がどのように太平洋を渡って移民となったのであろうか。ブラジル国への「渡航セル移民」は三等船客として渡航し、ペルーへは「入國數ハ昭和

---

1) 外務省外交史料館『第六十七回帝国議会説明参考資料（上巻）』、レファレンスコード：B13081366900、全6葉。
2) 同上、5-6葉。

第1部　東洋汽船の活動

五年迄ハ毎年一千名ヲ突破セル」[3]とあるように、ほとんどの人々が汽船に搭乗して海を渡ったことは確かである。

　日本からアメリカへの移民が明治41年（1908）の「日米紳士協定」により労働移民が制限され、新たな渡航先として注目されたのが南米大陸であった[4]。それより少し前に東洋汽船会社が、横濱からサンフランシスコへの航路に次いで着目していたのが南米大陸への航路であった[5]。明治30年（1897）に淺野總一郎により設立された東洋汽船会社は、アメリカの汽船会社であるPacific Mail Steamship Co. と Ocidental & Oreiental Steamship Co. によるサンフランシスコ・横浜・香港航路を独占していた状況に挑み、日本初の香港・横浜・サンフランシスコ航路を開削する。その後さらに東洋汽船会社は日本からの南米航路も開いた。

　そこで本章では、南米航路を開設し日本人の南米大陸への渡航を容易にした東洋汽船会社の南米航路について述べたい。

2　東洋汽船会社の北米航路の開削

　東洋汽船会社は、サンフランシスコ航路を開くために大型汽船を購入している。『讀賣新聞』第7034号、明治30年（1897）2月20日付の記事に、

　　東洋滊船會社の購入滊船　東洋滊船會社社長淺野總一郎氏は曩に英國の造船會社に三艘の滊船を注文したる由なるが、其構造を聞くに三艘共乗客室向きの構成にして、各長さ四百二十呎、巾五十呎あり。排水力は十五節を有し、登簿噸數は五千噸なり。右三艘の内、二艘はサー・ゼームス・レーイング・サンダーレンド會社にて受負ひ、他の一艘はシー・エス・スワン・ハンター・ウルヲルセンド會社にて受負ひ、機關師、造營

3）同上、3葉。
4）「南米移民」、旅の文化研究所編『旅と観光の年表』河出書房新社、2011年11月、237（506、索引30）頁。
5）中野秀雄編、前掲書、81（全488）頁。

第4章　東洋汽船会社の南米航路

師等はフランネリー・バクガーレイ會社より周旋して船内を造營し、價格は九萬磅より十一萬五千磅の間なるが、淺野氏は既に九萬磅を拂込みたりと。[6]

と見られるように、淺野總一郎は、登簿噸數5,000噸、長さ420feet、約128mで、15knot、即ち1時間に海上を27.78km進むことのできる3隻の大型船をイギリスの汽船会社に発注していたのであった。その船価は3隻で115,000£にもなった。

このようにイギリスから購入した汽船等を運航して北太平洋航路が開始される。『讀賣新聞』第7668号、明治31年（1898）11月17日付の「東洋汽船株式會社汽船出帆廣告」に次のように見られる。広告中の漢数字をアラビア数字に改めた。

當會社太平洋航路に使用の爲め、豫て英國へ新造注文致置候姉妹船3隻、此度竣工致候に付、來る12月より左の日割を以て横濱出帆致候。
　　日本丸　　　　香港直航　11月28日　桑港行（布哇經由）　　12月27日
　　亞米利加丸　　香港直航　12月28日　桑港行（布哇經由）　32年1月25日
　　香港丸　　　　香港直航　 1月28日　桑港行（布哇經由）　　 2月18日
右3隻は各同形の双螺旋鋼製凛船にして總頓數6,000噸、速力17海里、全部二重底、上等客室定員91名、中等24名、下等1,000名、別に特別上等室、婦人室を設く。各室の構造装飾完備を極む。其他食堂、喫煙室、貴重品室、食料品貯藏室等總て旅客の安全と快楽に資する設備は當會社が最も注意したる所に有之候。運賃其他、取扱の儀は當會社及桑港線共同支店横濱四番館へ御承合被下度候也。
　　　　　東京市日本橋區北新堀町18番地
　　明治31年11月　東洋汽船株式會社[7]

この横濱出港の広告から、東洋汽船会社の3隻とは、總頓數6,000噸であっ

---

[6]　『讀賣新聞』第7034号、明治30年（1897）2月20日、5頁。
[7]　同上 第7668号、明治31年（1898）11月17日、5頁。

た日本丸、亞米利加丸、香港丸であった。横濱、サンフランシスコ、香港と出港地・停泊地に因む船名であった。

東洋汽船会社の1901年の『第五期上半季　自明治三十四年一月至同年六月　東洋汽船株式會社　營業報告　損益計算書　貸借對照表　財産目録　準備金及利益金　配當ニ關スル議案』に、上記３隻の汽船の詳細が知られる。

　　日本丸、總頓數6,162.70噸、登簿噸數3,437.04噸、公稱馬力569、最強速力17.53浬。

　　亞米利加丸、總頓數6,307.24噸、登簿噸數3,460.00噸、公稱馬力569、最強速力17.70浬。

　　香港丸、總頓數6,159.17噸、登簿噸數3,437.36噸、公稱馬力568、最強速力17.11浬[8]

とあることからも、日本丸、亞米利加丸、香港丸の３隻は、総頓数6,000噸級のほぼ同規模の汽船であったことが確認できる。

ついで12月には運賃表が広告に掲載されている。『讀賣新聞』第7705号、明治31年（1898）12月24日付の「東洋汽船株式會社汽船出帆」には、

　　日本丸　　　桑港行（布哇經由）　　　　12月27日正午
　　亜米利加丸　香港直行　　　　　　　　　12月31日正午
　　香港丸　　　同　　　　　　　　　　　　32年１月28日

船客運賃　（横濱より）			
	上等	中等	下等
桑港迄	350圓	235圓	52圓
布哇迄	260圓	175圓	50圓
香港迄	75圓	50圓	15圓

　　荷客取扱に關する詳細は當社支店横濱四番舘へ御承合被成下度候

---

8) 東洋汽船株式會社編『第五期上半季　自明治三十四年一月至同年六月　東洋汽船株式會社　營業報告　損益計算書　貸借對照表　財産目録　準備金及利益金　配當ニ關スル議案』東洋汽船株式會社、明治34年６月30日、7頁。引用中の漢数字をアラビア数字に改めた。

第 4 章　東洋汽船会社の南米航路

明治31年12月[9]

このようにして東洋汽船会社はサンフランシスコ航路を開設したのである。

東洋汽船の北太平洋航路の定期運航は、香港・横濱・サンフランシスコであったが、明治37年（1904）8月には上海への寄港が増えている。『讀賣新聞』第9771号、明治37年（1904）8月21日付の記事に、以下のように見られる。

> 亞米利加丸の上海香港行　東洋汽船會社の亞米利加丸は來る24日正午横濱を出帆し、神戸・長崎を經て上海・香港に航行する由。[10]

とあるように、横濱から香港へ直行していたのが、神戸や長崎に寄港し、さらに上海を経由して香港に赴く運航に変更されている。

東洋汽船会社は、このサンフランシスコ航路についで南太平洋航路として南米航路を開いている。

3　東洋汽船会社の南米航路

明治38年（1905）になると東洋汽船会社は南米航路を開削する。『讀賣新聞』第10183号、明治38年（1905）10月9日付の「南米航船確定」に、

> 東洋汽船會社にては兼て計畫中なりし南米航船として英國汽船グレンフワルグ號（3,647噸）を雇入れ來る12月10日横濱出帆、神戸、門司を經て香港に至り、夫れより秘露國カリアオに直航、更らに智利國イキックに轉じ、再びカリアオ寄港、順路歸來の筈なるが、其往復日數は4ケ月を要する豫定なるを以て次航は來春2月下旬なるべしと。[11]

とあるように、南米航路の運航を企図していた。その航路は横濱から神戸そして門司を経由して香港に至り、香港から南太平洋を横断してペルーのカリ

---

9)　『讀賣新聞』第7705号、明治31年（1898）12月24日、6頁。
10)　同上　第9771号、明治37年（1904）8月21日、6頁。
11)　同上　第10183号、明治38年（1905）10月9日、2頁。引用中の漢数字はアラビア数字に改めた以下同じ。

第1部　東洋汽船の活動

アオに至り、さらにチリのイキックに寄港して再びカリアオに戻って、カリアオから帰国する往復4ヶ月に及ぶ航海となる航路であった。

　この東洋汽船会社の南米航路を後に継承した日本郵船会社が、東洋汽船会社の南米航路の沿革を次のように記録している。

　　東洋汽船會社ハ東洋諸港及南米西岸諸港間ノ將來有望ナルニ着岸シ、明治三十四年及三十七年兩度ニ亘リ、人ヲ派シテ調査研究ヲ遂ゲタル結果、愈々其有望ナルヲ確認シ、左記備船ヲ以テ航路ヲ開始セリ。

　　　第一船、明治三十八年十二月英國船「グレンファーグ」號
　　　　　　　　　　　　　　　　　　　　　　　　（二航海就航）
　　　第二船、同　三十九年七月海軍省委託船笠戸丸　（四航海就航）
　　　第三船、同　四十年英國船「カザリンパーク」號（三航海就㠶）

　　其後鋭意改善ニ努メ漸ィ定期航路トシテノ條件ヲ具備スルニ至リシカバ、明治四十二年始メテ政府ノ命令航路ニ指定セラレ、當時北米航路桑港線ニ配船中ナリシ亞米利加丸（六,〇七〇噸）香港丸（五,九二四噸）ヲ引抜キ滿洲丸ト共ニ三隻ヲ以テ二ヶ月一回年六航海定期ヲ踐行ス、當時ニ於ケル往復航定寄港地左ノ如シ。

　　　往航　神戸―横濱―ホノルル―桑港―ロサンゼルス―マンザニヨ（又ハサリナクルス）―バルボア―カイヤオ―ビスコ―モエンド―アリカ―イキケ―バルパライソ―コロネル
　　　復航　右同斷、但シ智利硝石摘取ノ場合アントフアガスタ、ビメヨエンス等ヘ臨時寄港ス。

　　爾來本航路荷客移動狀態順調ニ進展セルヲ以テ一層ノ充實ヲ期スル爲メ、左記新船ヲ以テ第三次就航船入替ヲ斷行セリ。

　　　明治四十四年新造　紀洋丸（九,〇四九噸　速力一四浬）
　　　大正　二　年　同　安洋丸（九,二五六噸　速力一五浬）
　　　同　　　　年　同　靜洋丸（六,五五〇噸　速力一四浬）

　　大正四年世界大戰ノ勃発ト共ニ海運界ハ異常ノ好況ヲ呈シ、各船會社ハ之ニ眩惑セラレテ爭ツテ航路擴張ト新造船建造ヲ企テ同社モ亦其例ニ漏

第4章　東洋汽船会社の南米航路

レズ、左ノ通リ續々新造船ヲ建造シ、第四次就航船入替ヘヲ行フト共ニ就航船四隻、年八航海定期ニ擴張シ、航路ヲ香港迄デ延長セリ。

　　大正　十　年新造　樂洋丸（九,四一八噸　速力一五浬九三）
　　同　　　同　　　銀洋丸（八,六一三噸　速力一四浬四七）
　　大正　十三　年　同　　墨洋丸（八,六一八噸　速力一四浬）
　　　（安洋丸据置、紀洋丸及靜洋丸撤退ス）

然ルニ大戰數年ヲ出デズシテ、財界ハ世界的不況ニ襲ハレ各種ノ事業極度ノ不振ニ陷レル折柄、東洋汽船會社モ亦其主要航路タル桑港航路不振ニヨリ經營難ニ陷リ、桑港線並ニ本航路共新船建造ノ必要ニ迫ラレナガラ資力ナク策ノ施スベキモノナカリシガ、時ノ遞信大臣安達謙藏氏ヲ始メ財界有力者居中斡旋ニヨリ右二航路ノ經營ヲ擧ゲテ吾社（日本郵船会社）ニ譲渡ニ決シ、此二航路ノ爲ニ便宜第二東洋汽船會社ヲ設立シ、同社吾社トノ間ニ合併ノ手續ヲ了シ、大正十五年五月十四日桑港航路ト共ニ吾社ノ經營ニ歸スルニ至レリ。[12]

　日本郵船会社は、後に東洋汽船の南米航路を引き継いだ関係からか、日本郵船の上記の記録には、東洋汽船の南米航路の沿革が詳しく知られる。

　第一船となった英国船「グレンファーグ」号であるが、3,647総噸でカナダ太平洋鉄道会社[13]が東洋航路に使用していた汽船を傭船したものであった[14]。南米航路の運航の目的は、往航には香港からペルーへの中国人移民を、貨物には米や雑貨を搭載し、復航には肥料用のチリ硝石や砂糖そして綿などが、さらには日本からペルーへの砂糖農場の労働者の移民などが想定されていた[15]。

---

12) 日本郵船株式會社貨物課編『我社各航路ノ沿革』日本郵船株式會社貨物課、1932年9月、361-363頁。本書は社外秘として出版されたものである。そのため競業会社の足跡が詳細に記録されている。
13) 松浦章『北太平洋航路案内のアーカイヴズ―船舶データベースの一端―』関西大学アジア文化研究センター、2015年6月、25-45（全328）頁。
14) 中野秀雄編、前掲書、81頁。
15) 同上、82頁。

第1部　東洋汽船の活動

　東洋汽船会社の『第拾七回　自明治三十九年一月至同年六月　東洋汽船株式會社　營業報告　損益計算書　貸借對照表　財産目録　配當金積立金ニ關スル議案』の「營業報告書、第一業務ノ概況」の第六として南米航路の記述が見られる。それによれば、

> 南米航路ノ創始　南米航路ハ當會社ノ鋭意經營スル所ニシテ、又望ヲ此新航路ノ將來ニ嘱スル處ナレドモ、事尚創始ニ在リ且競争線トノ協定未タ成ラサルカ故ニ開航以來相應ノ貨客ヲ得タルニ係ハラス、結局當營業期間ニ在テハ此航路ニ於テ多少ノ損失ヲ醸セリ。[16]

とある。南米航路を開始するが、さまざまな困難があり、運航は順調ではなかった。南米航路に利用したのは、先の記事に見られる雇傭船であった。同営業報告には、

> 南米線　雇入船グレンファーグ、總頓數3,647.00噸、登簿噸數2,350.00噸、公稱馬力445、最強速力11.50浬[17]

とあるように、雇傭船グレンファーグ1隻による運航であり、船舶能力では北太平洋航路の3隻に較べると劣っていた。

　実際の運航は1年近く遅れることになる。『讀賣新聞』第10488号、明治39年(1906) 8月22日付の「東洋汽船の南米初航海」によると次のようにある。

> 豫て計畫中なりし東洋汽船會社の南米航路は初航として笠戸丸、來29日横濱を出帆する由、同船は登簿噸數5,600噸、船長は英人ヒルマー氏なり。[18]

とあるように、新たなる笠戸丸が投入されることになる。東洋汽船の記録では笠戸丸は明治39年(1906)下半期から南米航路に導入され、総噸数6,167.45噸、登簿噸數3,823.82頓であった[19]。

---

16)　東洋汽船株式會社編『第拾七回　自明治三十九年一月至同年六月　東洋汽船株式會社　營業報告　損益計算書　貸借對照表　財産目録　配當金積立金ニ關スル議案』東洋汽船株式會社、明治39年6月30日、5頁。
17)　同上、8頁。
18)　『讀賣新聞』第10488号、明治39年(1906) 8月22日、2頁。
19)　東洋汽船株式會社編『第拾八回　自明治三十九年七月至同年十二月　東洋汽船株式

第 4 章　東洋汽船会社の南米航路

　東洋汽船会社の1906年の『第拾八回　自明治三十九年七月至同年十二月　東洋汽船株式會社　營業報告　損益計算書　貸借對照表　財産目録　配當金積立金ニ關スル議案』の「營業報告書、第一業務ノ概況」に、南米航路の記述が見られる。

　　南米線ハ當期ニ於テ政府ニ属スル船舶ノ委托使用ヲ許サレタルモノヲ用ヒ、從來ノ船舶ニ加ヘ二隻ヲ以テ約二ヶ月間一回ノ出帆ヲ爲シタリ。本航路ハ他日ノ發展ヲ期シ、之ヲ創始シタルモノニシテ、當初或ル程度迄ノ損失ヲ忍ハサル可カラサルコトハ豫期シタル處ナレトモ、貨客ノ増加ハ案外ニ速カニシテ早晩収支相償フニ至ル可キカ如シ、然レトモ本航路ヲシテ充分ノ發達ヲ遂ケシムル爲メニハ奬勵法ニ合格スルノ船舶ヲ使用スルカ或ハ幾分國家ノ補助ヲ仰クニアラサレハ、速カニ其目的ヲ達スルコトハ困難ナルベシ。[20]

　東洋汽船は南米航路を2ヶ月に1回の運航のために汽船グレンファーグ号の他に1隻を増便した。それが先の笠戸丸である。同書によれば、

　　笠戸丸、總噸數6,167.45噸、登簿噸數3,823.82噸、公稱馬力322、最強11.70海里[21]

と、総噸数では日本丸と香港丸と同規模であったが、最強速力では劣っていた。

　東洋汽船会社の1907年の『第拾九回　自明治四十年一月至同年六月　東洋汽船株式會社　營業報告　損益計算書　貸借對照表　財産目録　配當金積立金ニ關スル議案』の「營業報告書、第一業務ノ概況」では、南米航路の運航事情が次のようにある。

　　南米航路ハ南清ヨリノ輸出貨物非常ノ激増ヲ來タシ、毎船満載ノ有様ナレトモ、復航貨物少ナキト、日清移民ノ移動捗々シカラザル爲メ、未タ

　　會社　營業報告　損益計算書　貸借對照表　財産目録　配當金積立金ニ關スル議案』東洋汽船株式會社、明治40年3月、7頁。
20)　同上、3-4頁。
21)　同上、7頁。

第 1 部　東洋汽船の活動

　収支相償フニ至ラズ。[22)]

　南米航路の運航は、中国華南沿海部から南米への貨物量が増加してはいたが、乗客において見るべき成果が見られなかったのであった。この明治40年（1907）1月から6月の期間は笠戸丸1隻で南米航路が運航されていた[23)]。

　明治38年（1905）11月初版、明治39年12月再版、明治40年3月三版、明治42年3月四版の東洋汽船株式會社の『南米定期航路　南米渡航案内』[24)]が知られる。目次は次のようである。

　　緒言
　　第一編
　　（一）　南米航路開始と其以前の交通
　　（二）　南米各地上陸に關する手續
　　（三）　言語
　　（四）　氣候及衣服調度
　　（五）　貨幣
　　（六）　「ホテル」費用、下宿費、車馬代及艀費
　　（七）　勞働賃金
　　（八）　南米太平洋岸より大西洋岸に到る海陸の聯絡
　　（九）　南米向日本商品
　　第二編
　　（一）　秘露
　　（二）　智利
　　（三）　亞爾然丁
　　（四）　伯剌西爾

---

22)　同上、3頁。
23)　同上、第三「船舶及航海」7頁。
24)　東洋汽船株式會社編『南米定期航路　南米渡航案内』東洋汽船株式會社、明治38年11月初版、明治39年12月再版、明治40年3月三版、明治42年3月四版の縦15.2、横10.8cmの掌中版、1-108頁、附録「西班牙語單語及短話」1-15頁からなっている。

第4章　東洋汽船会社の南米航路

　　（五）　墨西哥
　　附録
　　　西班牙語單語及短期話
　以上の内容であり、緒言では「南米大陸は南半球に位し土地廣漠夙に無盡蔵の寶蔵と稱せらる」[25]と記述を初め、南アメリカの市場としての重要性を指摘している。ついで第一編（一）の「南米航路開始と其以前の交通」において次のようにある。

　　東洋と南米大陸との間は鵬程萬里、相隔つるに太平洋の海波を以てし、從來香港より南米秘露國「カイヤオ」港へ向け、毎年數回帆船の交通ありし外、定期航路の開設は屢々支那人に依て計畫せられたりと雖も何れも僅かに一、二回にして廢航せり。去れば今日迄東洋より南米に赴かんと欲する者は必ず先づ途を北米に取り、更に南下して南米に入るの不便を忍ばざる可からず、而して此不便に伴ふて其旅程も頗る時日を要し、到底我南米航路開始の暁に比すべくもあらず。試に之れを例證せん。
　　從來横濱より南米に赴かんとせば、先づ横濱より桑港行の濱船に搭乗し、桑港にて太平洋郵船會社の濱船に轉乗して秘露及智利に赴くか（之を第一旅程とす）、又は桑港より鐵道にて北米大陸を横斷して紐育に至り、紐育より濱船に乗じて「コロン」港に到り、之れより濱車にて「パナマ」港に出で、之れより更に南米行の濱船にて秘露及智利に赴くか（之を第二旅程とす）、二者其一に出でざるべからず而して、此二種の旅程に要する日數凡そ左の如し。
　　　第一旅程
　　　横濱、桑港間凡そ18日　　桑港船待ち凡そ１週間
　　　桑港「パナマ」間凡そ23日　「パナマ」船待ち凡そ１週間
　　　「パナマ」、「カイヤオ」（秘露）間凡そ10日

25）東洋汽船株式會社編『南米定期航路　南米渡航案内』東洋汽船株式會社、明治42年３月四版、３頁。

第 1 部　東洋汽船の活動

　　　合計65日
　　第二旅程
　横濱、桑港凡そ18日　　　桑港、紐育間凡そ 5 日
　紐育船待ち凡そ 1 週間　　紐育、「コロン」間凡そ 8 日
　「コロン」、「パナマ」間凡そ半日　「パナマ」船待ち凡そ 1 週間
　「パナマ」、「カイヤオ」間凡そ10日
　　　合計55日半

之を今回、當會社の南米航路が横濱出帆より墨西哥諸港を經由し、「カイヤオ」港着まで航程僅か32、3 日に過ぎざるに比せば、顯著の短縮と言はざる可らず。且つ其荷客運賃の點に於ても當會社の南米航路は之を前述の第一旅程及び第二旅程に比例し、殆んど半額、若くは半額以上の低廉を示しつつあるに於てをや、去すれば當會社の南米航路が墨西哥及び南米渡航者若くは、商品輸送者に向つて供與する利益の多大なるは世上既に定評ある所なり。[26]

　東洋汽船の南米航路が運航されるまで、日本から南米ペルー、チリに渡航するには、横濱からサンフランシスコ行の汽船に搭乗して、サンフランシスコにおいて太平洋郵船会社の汽船に乗り換えペルーやチリに赴く航程であり、横濱サンフランシスコ間に約18日間、サンフランシスコでの乗り換えに約 1 週間、サンフランシスコからパナマへは23日間、パナマでの乗り換えに約 1 週間を要し、パナマからペルーまでは約10日間が必要で、合計65日間の旅程がかかったのである。

　別のルートとして、サンフランシスコからは北米大陸横断鉄道でニューヨークに出て、ニューヨークからは汽船でコロン港に赴き、コロン港から汽車でパナマ港に至り、パナマ港で南米行きの汽船に乗り換え、南米行の汽船に搭乗してペルーや智利に赴く方法があった。この方法では、横濱サンフランシスコ間に約18日、サンフランシスコからニューヨークへ 5 日、ニューヨー

---

26) 同上、1 - 3 頁。

第4章　東洋汽船会社の南米航路

クでの船待ちに1週間、ニューヨーク港からコロン港へ8日間、コロン港とパナマ港の間の汽車がおよそ半日、パナマ港での船待ちに1週間、パナマ港からペルーのカイヤオ港へは10日と合計55日半が必要であった。

　いずれの旅程を取るにしても、横濱からペルーまでおよそ2ヶ月の旅程であった。これに対して東洋汽船会社の南米航路の定期運航によれば、横濱から出港してメキシコの諸港に寄港して、ペルーのカイヤオ港へ到着する航程は「僅か32、3日」とあるように、ほぼ1ヶ月の旅程となったのである。この結果、「顯著の短縮」となり「荷客運賃の點に於ても當會社の南米航路は之を前述の第一旅程及び第二旅程に比例し、殆んど半額、若くは半額以上の低廉」と言うように旅客運賃、貨物運賃において大幅な減額となった航路の開通であった。

　東洋汽船株式會社編の1909年の『第貳拾四回　自明治四十二年七月至同年十二月　東洋汽船株式會社　営業報告書　損益計算書　貸借對照表　財産目録　欠損金處分ニ關スル議案』の營業報告書、第一業務ノ概況に見る南米線において、

　　本線ハ昨年四月ノ開始ニ係リシヲ以テ前期ニ於テハ僅ニ二回ノ出帆ヲ爲シタルニ過ギザリシガ當季ハ航海度數ヲ増加シタルヲ以テ前季ニ比スレバ遙ニ多額ノ収入ヲ得タリ。

　　本航路ハ支那及南米諸港間ニ於テ漸次獨占ノ傾向ヲ來タシツツアルヲ以テ貨物ノ運搬ノ如キ從來競争ノ態度ヲ取リツツアリシ、支那人モ漸ク社船ニヨラントスルニ至リ、且ツ又日本ヨリハ南米市場ニ對シ各種ノ新シキ商品ヲ供給スルノ道開ケツツアルヲ以テ將來大ニ有望ナリトス。又復航我國ニ對スル智利硝石ノ輸入ハ一ニ本航路ニヨルノ有様ニシテ、殊ニ昨年末ヨリ墨國及布哇諸島ヘノ硝石運搬ヲモ引受ケノ端緒ヲ得タルヲ以テ屢々満船ノ盛況ヲ呈スルニ至レリ。

　　本航路ノ乗客ハ最初我國ヨリノ移民ヲ主眼トシタレトモ使用船ノ優等ナルタメ一二等船客モ暫時増加ノ傾向ヲ呈シ殊ニ南米沿岸ノ一二等客ヲ多ク収容シ得タルガ如キ、概シテ豫期以上ノ成績ヲ舉ゲタルハ悦ブベキ事

103

第 1 部　東洋汽船の活動

　　實ナルトス。[27)]

とあり、南米線に就航していた汽船は亞米利加丸、香港丸、満洲丸の 3 隻で、亜米利加丸は6,176.24総噸数、香港丸が6,176.11総噸数、満洲丸が5,248.58総噸数であった[28)]。南米航路は香港にも寄港していたため「支那人モ漸ク社船ニヨラントスルニ至リ」とあるように中国大陸から南米への中国人移民の乗客も東洋汽船の南米航路を利用するようになっていたのであった。

東洋汽船株式會社編の1913年の『第參拾壹回　自大正二年一月一日至同年六月三十日　東洋汽船株式會社　営業報告書　損益計算書　貸借對照表　財産目録　利益處分案』の営業報告書、第一業務ノ概況における南米航路西岸線には次のようにある。

　　當航路ニ於テハ輸出入貨物共ニ好況ヲ呈シ、殊ニ輸出貨物ニ於テ漸次種類及数量ヲ確實ニ増加シ來リタルハ喜フヘシ。輸入貨物ノ重要品タル硝石ハ常ニ數ケ月ニ渉リテ満船ノ豫約ヲ見ルノ盛況ニアリ。

　　乗客業務ハ大體ニ於テ例年ト大差ナキモ當航路ノ主眼タル南米行移民ノ次第ニ増加シツツアルハ注目ス可キ處トス。[29)]

この大正 2 年（1913）前期の南米航路西岸線に就航していたのは紀洋丸、武洋丸、香港丸、安洋丸の 4 隻で、紀洋丸は9,287.09総噸数、武洋丸が5,238.15総噸数、安洋丸は9,533.81総噸数であった[30)]。

国立公文書館の『昭和財政史資料第 6 巻第64冊』の「命令航路南米西岸線船客概況報告」によれば、大正15年（1926）4 月 1 日から大正15年 9 月31日までの 6 ヶ月の日本汽船の南米への旅客数が知られる。

---

27) 東洋汽船株式會社編『第貳拾四回　自明治四十二年七月至同年十二月　東洋汽船株式會社　営業報告書　損益計算書　貸借對照表　財産目録　欠損金處分ニ關スル議案』東洋汽船株式會社、明治43年 3 月、4 - 5 （全19）頁。

28) 同上、8 -10頁。

29) 東洋汽船株式會社編『第參拾壹回　自大正二年一月一日至同年六月三十日　東洋汽船株式會社　営業報告書　損益計算書　貸借對照表　財産目録　利益處分案』東洋汽船株式會社、大正 2 年 9 月 5 日、4 頁（全18頁）。

30) 同上、7 - 8 頁。

第 4 章　東洋汽船会社の南米航路

　命令航路南米西岸線船客概況報告　第四十一期後半期度（自大正十五年四月一日至大正十五年九月三十一日）
　本航路前年同期ハ東洋汽船株式會社ノ経営下ニアリシ為メ、今期トノ比較ヲナス事不能ノ次第ナリ。
　而シテ通シ船客数ハ九一〇人四分ノ三ニシテ、総乗船客数一、二〇三人ノ七割五分七厘ニ相当ス。
　総乗船客数左ノ通り。
　　　合計一二〇三人、内訳　一等船客数　九三人
　　　　　　　　　　　　　　二等船客数　一六八人　二分ノ一
　　　　　　　　　　　　　　三等船客数　九四一人　二分ノ一[31]

　大正15年（1926）4月から9月末日までに日本から南米大陸へ渡航した人は910人3/4であった。3/4は子供数を示しているものと思われる。
　大正15年1月末に、東洋汽船会社の継承会社である第二東洋汽船会社と日本郵船会社との合併が成立し、東洋汽船会社のサンフランシスコ航路と南米航路が日本郵船会社に譲渡され、南米航路の運営が日本郵船会社による運営となった時期が、同年の5月である[32]から、上記の船客数は東洋汽船会社から日本郵船会社の移行期のものと言える。
　日本郵船会社が東洋汽船会社の南米西岸航路を引き継ぐとともに、同航路に就航していた汽船も引き継いでいる。その汽船は銀洋丸、安洋丸、墨洋丸、樂洋丸の4隻であった[33]。
　これら4隻は銀洋丸の旅客定員が466名、安洋丸が636名、墨洋丸が462名、樂洋丸が683名と、これらの平均旅客数は約574名で一航海に460名か600名ほどの人々が搭乗していたことになる。先の大正15年4-9月の6ヶ月で1,203名であったことから2-3航海の運航によって運ばれていたことがわかる。

---

31) 国立公文書舘蔵、『昭和財政史資料第6号第64冊』、レファレンスコード：A09050539200、第1（全5）葉。
32) 中野秀雄編、前掲書、221-223頁。
33) 日本郵船株式会社貨物課編、前掲書、363頁。

第1部　東洋汽船の活動

1916当時の南米西岸航路就航船名[34]

船名	総噸数	船客定員 一等	船客定員 二等	船客定員 三等	合計
銀洋丸	8,600	40	38	388	466
安洋丸	9,257	40	50	546	636
墨洋丸	8,603	40	42	380	462
樂洋丸	9,419	46	51	586	683

東洋汽船会社の南米航路時代もほぼ同様であったと思われる。

おそらく東洋汽船会社の時代において毎年2,000名近い海外移民を運んでいたと考えられるであろう。東洋汽船会社が明治38年（1905）年に南米航路を開削して、日本郵船会社に移譲された大正15年（1926）年までの20年間に、40,000人近い人々を日本から南米大陸へ運送したと見ることができるであろう。

さらに日本と南アメリカとの貿易額の推移を見てみたい。

1901-1926年日本の南アメリカとの輸出入額表[35]　（単位：千円）

西暦	日本暦	輸出	輸入	西暦	日本暦	輸出	輸入
1901	明治34	5	0	1914	大正3	510	2,626
1902	明治35	2	―	1915	大正4	1,545	3,127
1903	明治36	12	18	1916	大正5	2,994	6,745
1904	明治37	5	2	1917	大正6	7,587	14,485
1905	明治38	10	4	1918	大正7	36,893	20,877
1906	明治39	50	52	1919	大正8	20,830	18,183
1907	明治40	218	843	1920	大正9	39,097	32,111
1908	明治41	127	631	1921	大正10	4,496	5,102
1909	明治42	128	1,621	1922	大正11	10,358	7,575
1910	明治43	272	1,926	1923	大正12	11,568	10,027
1911	明治44	353	2,681	1924	大正13	18,056	8,535
1912	大正1	1,766	1,863	1925	大正14	17,705	8,412
1913	大正2	1,672	2,781	1926	昭和1	16,831	11,944

34）中野秀雄編、前掲書、448-449頁。
35）大里勝馬編『明治以降　本邦主要経済統計』日本銀行統計局、1966年7月、294-295（全616）頁。

第4章　東洋汽船会社の南米航路

1901-1926年日本の南アメリカとの輸出入額推移（単位：千円）

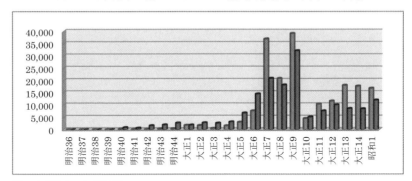

（注　左が輸出、右が輸入）

　日本と南アメリカ大陸との貿易輸出入額の推移を明治34年（1901）から東洋汽船が南米航路を第二東洋汽船を通じて日本郵船に譲渡した大正15年すなわち昭和元年（1926）までの期間を見るに、東洋汽船が南米航路を開始する明治38年（1905）までは貿易額は輸出、輸入額とも千円台で推移していたが、東洋汽船が南米航路を開始すると10万円台に上昇し、大正年間に入ると100万円台になり大正7年（1918）になると大正10年（1921）を除き1,000万円台に急上昇している。
　このような貿易額の増大は東洋汽船会社の南米への定期航路の開設と深い関係があることは明かであろう。

4　小結

　東洋汽船会社の南米航路は物流にどのように貢献したかであるが、外務省外交史料館の大正4年（1915）1月15日付にて東洋汽船会社の横濱出張所森本鋠太郎より外務次官 松井慶四郎へ提出された「智利硝石販路拡張方ニ関スル件」によれば次のよう見られる。
　大正四年一月　智利硝石敗路拡張方ニ関スル件

第 1 部　東洋汽船の活動

外務次官　松井慶四郎殿

　　　　　　　　　東岸汽船株式会社　横濱出張所長　森本鋠太郎

拝啓　愈々御隆昌ノ段奉、慶賀候。陳者……大略深貴意置候通リ智利國ヨリ硝酸曹達（ナイトレート、オズ、ソーダ）ラ日本ニ輸入スルニ付日本駐在同国公使ハ頗ル熱心ニテ同国政府ヲシテ日本ニ同当ノ直輸入ヲ経営セシメタキ希望ヲ以テ契弊社トー ヶ年約五万屯ノ輸送契約ラ締法シタキ旨申出有之候事ハ昨日開陳仕候通ニ御座候。而シテ同公使ハ日本政府ガ該品ノ輸入ヲ歓迎スル旨ノ言明ヲ得レバ直チニ同国政府ヲ動カシ之ガ実行ヲナサシムルベシト頗ル熱心ニ主張居在候次第ニ御座候。之レ独リ弊社ノ利益ノミニ止マラズ延ヒテハ日本ニ於ける同品ノ價格ヲ潤節スルコトヲ得、従テ需要者は従來ヨリ低廉ノ品物ヲ求ムルコトヲ得ベキ利益有之候事ハ申ス迄モ無之儀ニ付、何卒此際、貴官ニ於テモ之ガ実行ニ付キ盡力被成下度御願上候。[36]

東洋汽船会社がチリから年間50,000噸の輸入を企図し、それの許可を外務省に求めたものである。この申請に添えられた「南米智利國ヨリ日本ヘノ硝石輸入噸数累年統計」には、

明治39年	5,037屯
明治40年	4,138屯
明治41年	3,860屯
明治42年	4,175屯
明治43年	16,664屯
明治44年	25,229屯
明治45年	21,173屯
大正元年	
大正2年	27,248屯
大正3年	21,129屯

36）外務省外交史料館、レファレンスコード：B10073738000。第2（全13）葉。

第4章　東洋汽船会社の南米航路

合　計　　128,653屯[37]

最近七年間肥料鉱物輸入額表　（單位斤）

	燐鉱石	硫酸安母尼謨	智利硝石	智利國ヨリ
				東洋汽船會社調査
四十一年	200,221,200	110,627,601	9,297,396	(5,836,320)
四十二年	118,442,000	77,003,342	9,728,234	(6,312,600)
四十三年	280,384,500	115,606,276	22,943,226	(251,196,968)
四十四年	383,788,500	123,737,096	44,439,541	(35,122,248)
大正元年	474,541,200	140,998,601	30,027,332	(32,013,576)
大正二年	552,146,100	185,866,326	42,498,884	(41,198,976)
大正三年	470,000,000	167,000,000		(31,947,048)

智利硝石ハ智利國以外ノ國ヨリモ些少ノ輸入アリ

本表ハ大蔵省主税局調査ニ拠ル。東洋汽船會社調査ノ屯数ヲ短屯ト見做シテ斤数ニ換算シ之レヲ比較スル頗ル相違スル所アリ暫ク併セ掲グ。[38]

この申請書からも明らかなように東洋汽船会社が南米航路を使ってチリの硝石を輸入していたことは確かであろう。硝石に含まれる窒素を肥料として利用するためのものであった。

窒素はリン酸、カリウムとともに肥料の三要素とされ、植物の葉を大きく成長させるために必要で葉肥とも呼ばれ、農業生産に有効なものであった。

日本では明治後期より安価で速効性のある化学肥料が注目され[39]、日本の化学肥料が勃興し始めるのが19世紀末であり[40]、東洋汽船会社が南米から輸入したチリ硝石はかなり日本での需要度の高い時期であったと思われる。

---

37) 同上、第3葉。
38) 同上、第4葉。
39) 守田志郎「化学肥料」、国史大辞典編集委員会編『国史大辞典』第3巻、吉川弘文館、1983年2月、142頁。
40) 大塩武「肥料工業」、国史大辞典編集委員会編『国史大辞典』第11巻、吉川弘文館、1990年9月、1080-1081頁。

第5章　東洋汽船会社と台湾烏龍茶のアメリカ輸出

1　緒言

20世紀初期のアジアからの世界航路の状況について、『臺灣日日新報』第4343号、明治45（1912）年7月3日付に、保木海事官講話として「海上交通（五）」が掲載され、その中に太平洋航路について次の記事が掲載されている。

次は太平洋航路であります。此航路は亞細亞と亞米利加とを連絡するところの航路であります。其線路は會社に依て種々に分かれて居ります。今此主なるもを三擧て見ますれば、香港より上海、長崎、神戸、横濱を經てバンクーバーに至る航路は、加奈陀鐵道會社がエンプレスオブインヂヤ、エンプレスオブチヤイナ、エンプレスオブヂヤパン及びモンヲーグル等6,000噸級の汽船を走らせて居ります。香港より上海、長崎、神戸、横濱、布哇を經て桑港に至る航路は、太平洋郵船汽船會社及び東洋汽船會社がマンチュリヤ、モンゴリヤ、サイベリヤ、コレア、チャイナ等7,000噸乃至13,000噸級の汽船を航行さして居ります。香港より上海、長崎、神戸、横濱を經てシヤートルに至る航路には大北鐵道會社がミネソダを使用して居ります。此ミネソダは太

111

第 1 部　東洋汽船の活動

> 平洋航路の汽船中の最大のものでありまして20,718噸を有し、昨年の調では世界で第11番目に位して居ります。本船には毎年1回紅茶の輸出期に基隆に寄港します。故に諸君の内には既に御覧になつた方もありませうやう。本年も寄港するであらうと思ひます。故未だ御覧にならぬ方には一覧の値があらうと思ひます。尚は此航路には右の外、日本郵船會社のサンフランシスコ線、南米線、大阪商船會社のタコマ線等があります。[1]

アジアからアメリカ大陸への航路を運航していたのは、カナダ汽船会社が香港から上海・長崎・神戸・横濱を経由してカナダのバンクバーへ、太平洋郵船汽船会社ことパシフィック・メール汽船会社と東洋汽船会社が、香港・上海・長崎・横濱・布哇を経由するサンフランシスコ（桑港）への航路を運航していた。この内、日本の汽船会社が東洋汽船会社であった[2]。

この日本の東洋汽船会社について、さらに『臺灣日日新報』第4346号、明治45年（1912）7月6日付に「海上交通（七）」として保木海事官の講話に次のように見られる。

> 次は東洋汽船會社であります。同社は明治29年の創立で、現在5,000噸乃至13,000噸級の汽船7隻を有して居ります。其の航路は第一が横濱香港線でありまして、13,000噸、速力20海里の日本最大最速船なる天洋、地洋、春洋の3隻及び6,000噸級の日本丸の4隻を以て香港、上海、長崎、神戸、横濱、ホノルル、桑港間を航行せしめて居ります。横濱香港間は13間に、横濱桑港間は17日間に到着致します。第二は南米線であります。之は6,000噸乃至9,000噸級の紀洋、武洋、香港丸の3隻を以て横濱、ホノルル、マンサニヨサリナクスル、カイヤオ、イキケ、バルバライソ間を走らせて居ります。片道の航海に60日を費やします。乗船賃は一等が500圓、二等が300圓、三等160圓であります。[3]

---

1) 『臺灣日日新報』第4343号、明治45年7月3日、3頁。
2) 松浦章『北太平洋航路案内のアーカイヴズ―船舶データベースの一端―』関西大学アジア文化研究センター、2015年6月、4-84頁。
3) 『臺灣日日新報』第4346号、明治45年7月6日、3頁。

第5章　東洋汽船会社と台湾烏龍茶のアメリカ輸出

　保木の講話に、東洋汽船会社が、明治29年（1896）に創立したとあるが、東洋汽船会社が桑港への定期航路を開始するようになるのは明治31年（1898）11月以降であり、保木が講和した明治45年（1912）当時において、東洋汽船会社はアジアとサンフランシスコを結ぶ航路と、南アメリカを結ぶ航路を運航していた。この東洋汽船会社の汽船が台湾から烏龍茶をアメリカに向けて輸出していたことが知られる。

　そこで本章では東洋汽船会社の汽船による基隆寄港と台湾産烏龍茶のアメリカ輸出への問題について述べたい。

2　台湾産烏龍茶の汽船による海外搬出

　台湾の烏龍茶は、19世紀後半以降において海外への重要な輸出品の一であったことは既に明らかにされている[4]。

　とりわけ1880年代において台湾の茶葉とりわけ烏龍茶がどのように世界で注目されていたのであろうか。それに関して"China. Imperial Maritime Customs, Tamsui. Decennial Report, 1882-91." に次の記述が見られる。

> In the commerce of Tamsui the factor of prime importance in the Export trade, and particularly exports of Tea. During the 10 years the value of the Export trade exceeded that of import trade by over 50 per cent, and to Exports (of which the total uncorrected value in the 10 years 1882-91 was HK, Tls 29, 713764) Tea contributed 94 per cent.; Camphor, 1 1/2 per cent; Coal, 2 per cent. Other Exports were insignificant in number, amount, and value. Tamsui, though now exporting about 135,000 piculs of Tea in the year, has no independent standing in the Tea market. On the one hand, while the Tea is produced here (Tamsui edport was in 1891 nearly six times

---

4）林満紅『茶・糖・樟脳業與臺灣之社會經濟變遷（1860～1895）』聯經出版、1997年4月。

the Amoy original export), the Tea merchants have their head offices in Amoy, and the market is made there; and, on the other, Formosa Oolong is not drunk unmixed, but is used for blending with other Teas, Chinese or Japanese. Of the total export, it is estimated that 90 per cent. goes to America, 7 per cent. to Great Britain, and 3 per cent., of superior quality, to the Straits Settlements. [5)]

　1882-91年の時期の台湾に関する報告は、淡水と台南の2箇所である。この10年間の台湾淡水の報告において、淡水の貿易の特長は以下のようである。

　淡水の商業輸出貿易における最重要は特に茶の輸出であった。10年の間に輸出貿易の値は、輸入貿易のそれを50パーセント以上も上回っていた。とりわけ茶の輸出額は全体の94パーセントを超えていた（10年すなわち1882年から1891年の総末補正値はHK海關兩29,713764 Tls.であった）。樟脳が1.5パーセント、石炭が2パーセントであり、その他の輸出は数量および貿易額も重要ではなかった。淡水における今年の茶の輸出額は約135,000 piculsに達しているが、茶市場に独自の地位を持っていない。お茶はここで生産されているが、茶商人は厦門（アモイ）に各自の本拠というべきオフィスを持っている。（淡水の輸出は、厦門の独自の輸出額の1891年のほぼ6倍であった）。そして、さらに他の茶、中国や日本とブレンドされて台湾烏龍茶は混合されて飲まれていない。総輸出の内、優秀品がアメリカへ90パーセント、英国に7パーセントと、そして海峡植民地に3パーセントと推定されている。

　これからも知られるように、淡水から台湾産の烏龍茶が海外に輸出されていたが、淡水から中国大陸の厦門へ運ばれ欧米に輸出されていたことがわかる。その内90％がアメリカに、7％が英国に輸出されていた。

---

5)　"*China. Imperial Maritime Customs, Tamsui. Decennial Report,* 1882-91." p.437.
　劉輝主編『中國舊海關稀見文獻全編　五十年各埠海關報告1882〜1931（二）』中國海関出版社、2009年」9月、67頁　全14冊。

第5章　東洋汽船会社と台湾烏龍茶のアメリカ輸出

　しかしこれらの台湾茶葉がどのように台湾から海外へ搬出されたかは詳しく記されていない。台湾の港湾が整備され大型の汽船が台湾に寄港するのは19世紀末のことであった。

　『讀賣新聞』第3975号、明治21年（1888）4月11日付の「台灣の茶業」に、台灣の茶は曾て米國人の嗜好に適せしを以ツて往年淡水港の開けしより以來、同島の製茶夥しく米國に輸出せる事となりたり。然るに元來淡水港は灣内水淺くして大船の出入叶はざる港なれば該港よりの輸出茶は悉く之を小蒸汽船に搭じ一旦廈門に送り、同港より米國に向け出船する都合なり。去れば此台灣茶の爲めに廈門の商人は莫大なる利益を得て同港は年増し繁昌に趣くの景状なりしに、台灣知事劉銘傳は吾が管下の損耗を以て廈門の昌盛を致すを喜ばず。因て新たに鶏籠港を修築し、台灣の茶商業を悉皆此一港に集め以て直輸出を計らんとて茲に大工事を起す事に決定せり。而して此工事の第一着たる鶏籠港の濬渫を爲し以て大船の碇泊場を設け、夫より内地の各茶葉へ鐵道を布き電線を架し、其他道路開鑿等一時に着手せんとの企てにて現に數名の官吏を派し、已に濬渫の檢査を了りて諸埠頭の増築に取掛りたり。但し鶏籠港は有名なる石炭の産地なれば、右工事に就て蒸用石炭を得るには甚だ便利なるばし。併し余輩が推測に因れば台灣知事の今回の計畫は必然廈門人の喜ばざこと、スチンガ岬の岩礁多きこと、台灣府南方海岸の突出せる等の難事あれば、其成功を見るは恐らく容易の事にあらざるばしと、以上支那メールに見えたり。[6]

と見られるように、1888年光緒十四当時、台湾からアメリカに輸出される茶葉は、淡水港の吃水が浅いため大型船の出入は困難であった。そこで、台湾茶葉のほとんどが小型汽船で廈門に運ばれ、アメリカに向けて輸出されていたため、廈門の茶商に莫大な利益が入っていたのであった。しかし鶏籠港こと基隆港の築港計画は遅遅として進まず、築港の具体化は日本の台湾統治以

---

6)『讀賣新聞』第3975号、明治21年（1888）4月11日、3頁。

第１部　東洋汽船の活動

降になるのである。そして基隆港築港後は、台湾茶葉を求めて多くの外国船が渡来した。

東洋汽船会社は、サンフランシスコ航路を開くために大型汽船を購入している。『讀賣新聞』第7034号、明治30年（1897）２月20日付の記事に、

> 東洋滊船會社の購入滊船　東洋滊船會社社長淺野總一郎氏は曩に英國の造船會社に三艘の滊船を注文したる由なるが、其構造を聞くに三艘共乗客室向きの構成にして、各長さ四百二十呎、巾五十呎あり。排水力は十五節を有し、登簿噸數は五千噸なり。右三艘の内、二艘はサー・ゼームス・レーイング・サンダーレンド會社にて受負ひ、他の一艘はシー・エス・スワン・ハンター・ウルヲルセンド會社にて受負ひ、機關師、造營師等はフランネリー・バクガーレイ會社より周旋して船内を造營し、價格は九萬磅より十一萬五千磅の間なるが、淺野氏は既に九萬磅を拂込みたりと。[7]

と見られるように、淺野總一郎は、登簿噸數5,000噸、長さ420feet、約128mで、15knot、即ち１時間に海上を27.78km進むことのできる３隻の大型船をイギリスの汽船会社に発注していたのであった。その船価は３隻で115,000£にもなった。

このようにイギリスから購入した汽船等を運航して北太平洋航路が開始される。『讀賣新聞』第7668号、明治31年（1898）11月17日付の「東洋汽船株式會社汽船出帆廣告」に次のように見られる。広告中の漢数字をアラビア数字に改めた。

> 當會社太平洋航路に使用の爲め、豫て英國へ新造注文致置候姉妹船３隻、此度竣工致候に付、來る12月より左の日割を以て横濱出帆致候。
>
> 　　日本丸　　　香港直航　11月28日　　桑港行（布哇經由）　　　12月27日
> 　　亞米利加丸　香港直航　12月28日　　桑港行（布哇經由）32年１月25日
> 　　香港丸　　　香港直航　　１月28日　　桑港行（布哇經由）　　　２月18日

---

7)　同上　第7034号、明治30年（1897）２月20日、5頁。

第5章　東洋汽船会社と台湾烏龍茶のアメリカ輸出

　　右3隻は各同形の双螺旋鋼製濱船にして總頓數6,000噸、速力17海里、全部二重底、上等客室定員91名、中等24名、下等1,000名、別に特別上等室、婦人室を設く。各室の構造装飾完備を極む。其他食堂、喫煙室、貴重品室、食料品貯蔵室等總て旅客の安全と快楽に資する設備は當會社が最も注意したる所に有之候。運賃其他、取扱の儀は當會社及桑港線共同支店橫濱四番館へ御承合被下度候也。
　　　　東京市日本橋區北新堀町18番地
　　明治31年11月　東洋汽船株式會社[8)]

この橫濱出港の広告から、東洋汽船会社の3隻とは、總頓數6,000噸であった日本丸、亞米利加丸、香港丸であった。橫濱、サンフランシスコ、香港と出港地・停泊地に因む船名であった。

『臺灣日日新報』第332号、明治32年（1899）6月11日付の雑報欄の「本年の製茶運賃」によれば、

　　例年新茶の時期となれば外國各濱船とも同盟して運賃を引き上げ高き時は、米金2銭5厘の事さへありしが、本年は日本郵船會社、東洋濱船會社等が欧米航路を開始したるため外國濱船は例年の同盟を爲す譯に行かす、本年最初は1斤1銭2厘5毛なりしが、其呉漸々下落し1銭となり9厘となり8厘となり、目今にては7厘5毛迄引下げられんとする形成にて、昨年と比すれば實に3分1弱なり。而して廈門米國間の運賃は目今の處1斤1銭2厘5毛位なれば、基隆或は淡水より都合よく輸出さるるを得は内地廻りとなす方利益なりと云。[9)]

と見られるように、台湾の新茶が製造された時期になると多くの外国船が来航するようになり、それらの汽船によって海外へと搬出されていったのである。

明治36年（1903）11月3日付の『讀賣新聞』第9479号に掲載された東洋汽

---

8)　同上　第7668号、明治31年（1898）11月17日、5頁。
9)　『臺灣日日新報』第332号、明治32年6月11日、2頁。

第 1 部　東洋汽船の活動

船の広告に見られるように、この時期の東洋汽船会社の航路はアメリカのサンフランシスコからハワイを経て横濱、神戸、長崎、香港、マニラなどを結ぶ航路を運航していた。しかし台湾へは寄港していない。

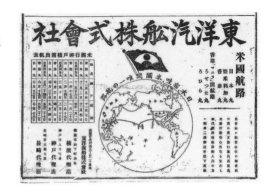

3　東洋汽船会社と台湾烏龍茶のアメリカ輸出

　東洋汽船の汽船が台湾へ初めて来港したのが『臺灣日日新報』第3239号、明治42年（1909）2月19日付の「初茶船寄港豫定」によると次の汽船であった。

> 太平洋定期航路船たる東洋汽船會社の天洋丸は昨夏水卸を竣へて香港より歐洲に向ふの途、本島に寄港せることは人の知るところなるが、其姉妹船にて今般新造せられたる地洋丸は矢張り同じく水卸を了すると共に來る4月22日香港を出帆し、初茶船として同24日基隆に寄港すべし。又郵船會社の初茶船は同27日に寄港の豫定なれど、其の何船を出すやは未だ決定し居らずといふ。[10]

　東洋汽船会社の天洋丸が香港から台湾に寄港して烏龍茶を積載していったようである。「欧州に向かふ」とあるがアメリカであったろう。ついで地洋丸が基隆に寄港して、同様に烏龍茶を積載して行く予定であった。東洋汽船会社の営業記録によれば、天洋丸は総噸数が、13,454.10噸、最高速力が20.6海

10）同上　第3239号、明治42年2月19日、3頁。

第 5 章　東洋汽船会社と台湾烏龍茶のアメリカ輸出

里、地洋丸は総噸数13,426.18噸、最高速力が20.63噸とほぼ同様な汽船であった[11]。

ついで『臺灣日日新報』第3283号、明治42年（1909）4月13日、3頁「初茶船寄港豫定」には、地洋丸が入港しない記事が見られる。

> 本年の初茶船として基隆に寄港すべきは來22日香港出帆の東洋汽船會社の新造船地洋丸の豫定なりしも、既報の如く本年は茶期大に遅れたるを以て同船は寄港せぬこととなりたれば、5月25日に基隆に寄港すべき商船會社の加賀丸は其第一著の初茶船となるべし。次に加奈陀汽船會社の初茶船アジア號は昨年は5月28日に寄港せしも、本年は矢張り少しく遅れ6月6日頃寄港の豫定なり。其他郵船會社の土佐丸は6月8日に寄港すべし、兎に角6月一杯は烏龍茶の輸出初めにして眞に大に積出さるるは7、8の兩月とす。今左にパシックメールの茶積船として基隆に寄港すべき船名及び日割を示すべし。
>
> | 船　名 | 月　日 | 船　名 | 月　日 |
> |---|---|---|---|
> | アジア號 | 6月6日 | コレア號 | 6月13日 |
> | コレア號 | 7月1日 | シベリア號 | 7月19日 |
> | マンチュリア號 | 8月1日 | アジア號 | 8月19日 |
> | 天洋丸 | 9月5日 | コレア號 | 9月13日 |
>
> 右は何れも相當の頓數を有する汽船のみにて殊にアジア號は8,000噸、コレア號は1萬噸以上なり。[12]

明治42年（1909）の台湾の茶季が遅滞したため、地洋丸が入港しなかったが9月5日に天洋丸が入港する予定になっていた。その外にカナダ汽船会社やパシフィック・メールの汽船も入港して基隆からアメリカへ烏龍茶を積載することになっていた。

---

11) 東洋汽船株式会社『第弐拾参回　自明治四十二年一月至同年六月　東洋汽船株式會社　營業報告書　損益計算書　貸借對照表　財産目録　缺損金處分ニ關スル議案』東洋汽船株式會社、明治四十二年（1909）九月十三日、7（1-18）頁。
12)『臺灣日日新報』第3283号、明治42年4月13日、3頁。

第 1 部　東洋汽船の活動

　『臺灣日日新報』第3319号、明治42年（1909）5月25日、3頁の「二番茶船地洋丸」によると次のようにある。
　　天洋丸の姉妹船として建造されたる東洋汽船會社の所有船地洋丸は、總噸數13,500噸水卸し後、直ちに香港・米國間パシクメールの航路に就き、一昨日初めて烏龍茶積取の爲め基隆に寄港せり。扱店は大稲埕德記洋行なるが、荷主茶商の人氣は非常に良好を以て迎へられ、初茶船出版後、未だ出廻り茶充分ならざりしも各洋行が同船積込の間に会はさんと買集めて荷造りを急ぎたるより輸出茶專門の二番船としては、意外の積取高に上り、昨日午後出帆迄に吸集したる烏龍茶約750噸なりしと云ふ。[13]

　明治42年（1909）5月23日になると地洋丸が入港して、烏龍茶積載の二番船として、アメリカ向けの烏龍茶を積載した。東洋汽船会社の二番船ではあったが、24日の出港時点で750噸の烏龍茶を積載していたことが知られる。
　明治42年（1909）5月当時の台湾の海外貿易に関して『臺灣日日新報』第3324号、明治42年5月30日、3頁、「海運の近況」に次の記事が見られる。
　　本島の海運界は内地移出入品、夏枯れの閑散期に入りたると砂糖の出切となれると、米の端境ひ季なるにとて、内地間の航路は閑散を示し、臨時船の數漸次減少し定期船の船腹間にては香港内地間の日本船砂糖・米の積取りの爲め寄港し來るもの杜絶し、製茶輸出外國船之れに代り毎週入港豫定1,2隻を下らざるは本島海運界特殊の現象にして、東洋汽船會社、加奈太汽船會社、亜米利加太平洋汽船會社、日本郵船の太平洋航路等のメール相属きて寄港するの外、香港を起点として太平洋沿岸に随時船貨の積取りを爲す臨時船の入港するもの益々加はらんとする模様なり。左れば本島内地間の船貨最も減少する昨今は、此の對外航路に増し出入船噸數格別の異状なく、今後新移出米の出廻り増加する6月下旬に入りて、内外航路船の出入は其噸數非常の激増を計上せしむるなるべし。[14]

---

[13]　同上　第3319号、明治42年5月25日、3頁。
[14]　同上　第3324号、明治42年5月30日、3頁。

第5章　東洋汽船会社と台湾烏龍茶のアメリカ輸出

　明治42年（1909）当時の夏期は、とくに日本本土への貨物の移出が減少傾向であったが、しかし製茶を台湾から海外に搬出する外国船等多く来港し、加えて東洋汽船会社や日本郵船会社の北アメリカへの汽船も加わり、台湾から北アメリカへの烏龍茶の搬出量が多く、台湾の海外貿易量の指数を高めていた。

　『臺灣日日新報』第3576号、明治43年（1910）4月1日、2頁、「本年の茶船」に次のように見られる。

　　本年の茶期に於ける船繰は果して如何、其の一番船は5月10日頃なるべし。目下各會社の配船模様を聞くに大阪商船會社は櫻、笠戸、臺南外一隻の4船を以て毎月2返り8隻の力を用うべく、東洋汽船會社は天洋、地洋の2隻を2返り計4隻の力を用ゐ、郵船會社は未定なるが、此の外にメール船として加奈陀太平洋汽船會社、大北鐵道汽船會社、パシヒック汽船會社等昨年に劣らざる配船をなすべく基隆埠頭に山の如き巨船を見るも蓋し遠きにあらざるべし。今左に昨42年中の内外茶船々繰表を示めせば、

	日本船	メール船	計
内地線	10	—	10
太平洋線	14	24	38
蘇士線	—	11	11
合　計	24	35	59

　　即ち昨年中の本島茶船は59隻を使用したるが、今前3年のもの比較するに年々増加の趨勢にあり。試みに其の船数を擧げんか39年に35隻、40年に43隻、41年46隻を數ふ。然に太平洋航路に據るものは基隆紐育間の運賃1噸約21圓を要するに蘇士航路に據るものは同じ基隆紐育間1噸の運賃約16圓なりと云へば、蘇士線は太平洋線に比し1噸に付約5圓方低廉なり。而かも當業者間に太平洋航路の喜はるる所以のものは、太平洋線は20日間位にして着荷するも、蘇士線は1箇月間位を費すを以て金利商機等の關係より成るべく太平洋線の據らんとし、1箇年を通じての船數

は毎年蘇士線よりも太平洋線の方、多數を示し居れり。而して1噸は30斤入大箱14箇に相當すと云ふ。[15]

　台湾茶のアメリカへの輸出は、大阪商船会社の4隻で毎月2回、合計8隻で、東洋汽船会社は天洋丸と地洋丸の2隻を2回使って計4隻で、日本郵船会社は未定であったが、それに加わっていた。さらに加奈陀太平洋汽船會社、大北鐵道汽船會社、パシフィック・メール汽船会社の汽船で烏龍茶が海外搬出されたのであった。

　『臺灣日日新報』第3854号、明治44年（1911）2月14日、5頁、「東洋汽船と本島茶」に、

　　東洋汽船會社にては、本年より太平洋に獨立航路を開始し、茶期に於て基隆に寄港し、本島茶を南米に輸出すべく議相決し、其結果臺北基隆に代理店を設置する必要あり。目下人選に付調査中なりと傳ふ。[16]

とあるように、明治44年（1911）には、東洋汽船会社は台湾茶葉を基隆から南米に搬出することを計画していた。

　『臺灣日日新報』第3916号、明治44年（1911）4月19日、5頁、「茶積船寄港期」には、

　　本年5月以降、烏龍茶積出のため基隆に寄港する汽船中各洋行の取扱に係る船名竝に發著日は未だ確定せざるも大阪商船會社の分は此程已に決定したり。其船名竝に發著日は即ち左の如し。

　　　▲大阪商船會社の分

入港月日	船名	入港月日	船名
5.18	タコマ丸	6.1	パナマ丸
6.13	シアトル丸	6.29	メキシコ丸
7.14	シカゴ丸	7.27	カナダ丸
8.11	タコマ丸	8.24	パナマ丸

---

15) 同上　第3576号、明治43年4月1日、2頁。
16) 同上　第3854号、明治44年2月14日、5頁。

第 5 章　東洋汽船会社と台湾烏龍茶のアメリカ輸出

9.8	シアトル丸	9.18	メキシコ丸
10.5	シカゴ丸		

▲日本郵船會社の分

入港月日	船名	入港月日	船名
5.25	阿波丸	6.22	因幡丸
7.20	丹波丸	8.17	阿波丸
9.14	因幡丸		

　右の汽船は孰れも寄港の當日直に出帆する豫定はり。又日本郵船會社の寄港船は僅かに５回に過ぎざるも同會社にては別に臨時船を寄港せしむることあるべく、東洋汽船會社にても亦臨時船を寄港せしむることあるべし。[17]

と、大阪商船や日本郵船会社の汽船も基隆から烏龍茶を海外搬出する予定が決まっていた。

　『臺灣日日新報』第4616号、大正２年（1913）４月12日、１頁、「茶積取船船繰」によれば、台湾から茶葉を搬出する汽船の予定がわかる。

　輸出烏龍茶期近寄りたるより日本郵船及東洋汽船竝にパシフイックメールは何れも基隆寄港の船繰を決定發表せり。其の入港船及び豫定期日左の如し。

	船名	會社別
５月８日	サイベリヤ號	パシフイツクメール
同22日	マンチユリヤ號	同上
同日	静岡丸	日本郵船
同26日	地洋丸	**東洋汽船**
６月５日	丹波丸	日本郵船
同12日	モンゴリヤ號	パシフィツクメール
同26日	天洋丸	**東洋汽船**

17）同上　第3916号、明治44年４月19日、５頁。

第1部　東洋汽船の活動

7月17日	春洋丸	**東洋汽船**
同19日	阿波丸	日本郵船
8月3日	佐渡丸	同上
同7日	マンチュリア號	パシフィックメール
同14日	地洋丸	**東洋汽船**
同17日	横濱丸	日本郵船
同28日	モンゴリヤ號	パシフィックメール
同31日	因幡丸	日本郵船
9月11日	天洋丸	**東洋汽船**
同14日	静岡丸	日本郵船
同25日	コリヤ號	パシフィックメール
同28日	丹波丸	日本郵船
10月11日	阿波丸	同上
同25日	佐渡丸	同上

　右の外、大阪商船會社及び加奈太太平洋汽船會社の定期基隆寄港日取りも近く發表する筈なるが、パシフィックメールの本期一番船として決定せるサイベリヤ號は茶の出廻り遅延により休航となり、マンチュリア號及び郵船の静岡丸を以て見本新茶の初輸出船として差立らるべしと。[18]

　大正2年（1913）になると、基隆港から烏龍茶を海外とりわけアメリカに搬出する各社の予定が、事前に知られるようになる。東洋汽船は5月26日の地洋丸、6月26日の天洋丸、7月17日の春洋丸、8月14日の地洋丸、9月11日の天洋丸と5隻の入港が予定されていた。先の天洋丸、地洋丸についで新たに春洋丸が加わっている。東洋汽船会社は、明治44年（1911）7月から12月の半期に、

　　北米航路桑港航路ハ當季ノ半ニ於テ春洋丸ノ開航ト共ニ、天洋丸型三隻

---

18) 同上　第4616号、大正2年4月12日、1頁。

第5章　東洋汽船会社と台湾烏龍茶のアメリカ輸出

> 及日本丸型一隻ヲ以営業スルコトトナレリ。[19)]

とあるように、春洋丸がサンフランシスコ航路に参入した。春洋丸は総噸数13,377.89噸、最高速力20.23海里[20)]であり、天洋丸、地洋丸と同型船であった。

> 長崎ニ於テ建造中ノ春洋丸ハ、八月十五日三菱造船所ヨリ引渡ヲ受ケ、同月二十二日神戸ニ廻航シ、直ニ営業準備ニ着手シ、四日市・清水ヲ經テ、同月三十一日横濱ヲ發シテ、定期航海ニ着手シタリ、同船ハ天洋丸及地洋丸ノ二船ト共ニ旅客間ノ好評ヲ博シ、良好ノ業務ヲ營ミツツアリ。[21)]

長崎の三菱造船所で造船され春洋丸は、明治44年（1911）8月15日に東洋汽船へ引き渡され、神戸に回航されて、横濱よりアメリカに初航海を開始した。13,000噸級として天洋丸と地洋丸と同型の優秀船として評価されていた。

『臺灣日日新報』第6095号、大正6年（1917）6月17日、2頁、「製茶船腹豫定」には次のようにある。

> 米國輸出製茶船腹豫定噸數に就き其後聞く處に依れば定期船に於て郵船3,700噸、商船4,000噸、東洋汽船1,400噸内外の見當なれば合計約9,000噸は確實に得べく此外運賃の如何に依りては臨時船として上記3社より得べき豫定船腹郵商船各5,000噸、東洋汽船2,000噸計12,000噸あり。此等定期臨時兩船腹を合すれば約21,000噸を得る計算なり。而して此の外に今茶期の初より6月末迄に上記3社船に依り輸出するもの約4,000噸あるを以て總計25,000噸の船腹は本島製茶の爲めに提供せらるることなり。船腹缺乏の今日に在りては好都合に運び居るものなりと。因に昨紙記載

---

19) 東洋汽船株式会社『第弐拾八回　自明治四十年七月一日至同年十二月三十一日　東洋汽船株式會社　營業報告書　損益計算書　貸借對照表　財産目録　利益金處分案』東洋汽船株式會社、明治四十五年（1912）三月十三日、3（1-19）頁。
20) 同上、9頁。
21) 同上、5-6頁。

第1部　東洋汽船の活動

　の6月以後6,000噸とせしは基隆積取の数量にて誤聞なれば訂正す。[22)]
　大正6年（1917）の台湾の茶期において東洋汽船会社は、12,000噸の茶を海外に搬出する予定であった。
　『臺灣日日新報』第6095号、大正11年（1922）4月25日、2頁、のコラム欄「無絃琴」に、

> ▲臺灣名産の烏龍茶も愈々5月上旬から市場に出廻り中旬から輸出を開始される段取りとなり、外人茶商なども來月初めまでには全部揃ふこととなつて居る▲本年の烏龍茶の産額は頗る増産の豫想で尠くも35,000噸を下るまいと云ふ見込みである。▲さて此の積取船はと云へば東洋汽船、郵商船、米國汽船など何れも10,000噸以上の巨船が來て米國に持つて行くのだが▲假りに1隻で500噸宛を摘取るとしても1萬噸級の汽船が70隻基隆に入港せねば積取れない勘定となつて居る▲而も之が5月から10月まで半箇年間に入港するのであつて船の入港する毎に焚料炭や水や其他の物資を購入するから、烏龍茶のお蔭で石炭屋が儲り基隆市街が潤うことになる。何しろ結構なことだ。[23)]

とあるように、大正11年（1922）当時において台湾の茶期とりわけ5-10月にかえて外国船の10,000級の巨船の入港により、烏龍茶が海外に搬出されると同時に、台湾の石炭も燃料として「焚料炭」として利用されていた。
　『臺灣日日新報』第6913号、大正11年（1922）6月11日、2頁の「米船が積取つて行く　臺灣の烏龍茶　茶の商権を日本人が奪回せぬ内は仕方がない」に、

> 近頃──と云つても3月末のことであるが内臺間の定期船以外に日本郵船、東洋汽船などの米國航路船が續々茶積取してやつて來る。殊に最近は内地の大汽船會社の積荷の有無に拘らず一種のポリシイから□□すると云ふことさへ傳へられてゐるが、更に此頃は米國の太平洋航路船が□□入港してゐるが、是は何を積んで行くか云ふと何の船も船も皆我臺南

---

22)　『臺灣日日新報』第6913号、大正6年6月17日、2頁。
23)　同上　第6095号、大正11年4月25日、2頁。

126

第5章　東洋汽船会社と台湾烏龍茶のアメリカ輸出

の烏龍茶を積んで行く、尤も之には大稲埕の茶輸出の外商が米國汽船の代理店を兼てゐるので萬事都合がよいから米國船に積むのだと云ふことである。右に就て通信局の浮木海軍課長を訪ふと『イヤ斯う定期船意義に續々世界航路の汽船が入港つて來ると云ふことは我が臺灣に取つて非常に好いことである。1隻船が入ればそれだけ臺灣外の人に此臺灣が新しい眼を以て見られ、そしてそれが今まで臺灣を知らない内地なり外國の人々に何かしら紹介の種になるのであるから諸手を擧げて□□するところである。之と云ふのは近年來海運界が非常な□れ方で今まで少し位の荷揃なら積まないなどと威張つていた會社も此頃では極く僅かの荷物でも客でも積むやうになつたからである。唯遺憾なのは我が臺灣茶が外國船の手でドシドシ運ばれると云ふことである。此原因の最も大なるものは我臺灣烏龍茶の商權が殆ど全部米國輸出商人の手に握られてゐるからである。日本で出來る支那が全然外國人の手で買賣されそしてそれが外國船が輸出されると云ふことは非常に残念なことである。然し之は窮感するところの茶の商權を外人の手から奪取しなければ如何とも仕方のないことである。而も外國輸出商を自前の船にすると種々非常な便宜を蒙るからででであろうが、兎に角心□□ことである』云々。[24)]（□：不明文字）とあり、台湾の烏龍茶を海外に搬出する汽船の多くが米国などの外国船が占有していた状況は、この頃でも大きくは変わっていなかったようである。

『臺灣日日新報』第7960号、大正11年（1922）7月26日、2頁「無絃琴」に、先日基隆に入港した東洋汽船天洋丸は碇泊10時間で基隆から烏龍茶450噸、臺灣米330噸、雑貨50噸、焚料炭400噸、乗客90余名を摘取つて出帆したが、海野一等運轉士は、語つて曰く▲「基隆に寄港して焚料炭400噸を積取れば長崎で積取るより1噸4圓安く當るから1,600圓丈け浮くことなる。當船が基隆に寄港するに要する費用は約1,600圓であるから積荷があつた丈利得になる▲今回は貨客を合せて8,000圓程の運賃を得た。兎に

---

24) 同上　第6913号、大正11年6月11日、2頁。

第1部　東洋汽船の活動

> 角基隆は安い石炭があるから積荷の有無に拘はらず寄港して損のない港である▲だから海運界が不況になればなるほど風來船が頻繁に寄港するであらうが、基隆としては海外との取引に對して□すべき好機である」[25]
> （□：不明文字）

とあるように、大正11年（1922）7月に基隆に入港した東洋汽船会社の天洋丸は、450噸の烏龍茶と同時に焚料炭を基隆で400噸も積載していた。長崎で積載するより安価であった。

『臺灣日日新報』第8170号、大正12年（1923）2月21日、7頁「東洋汽船再來　内地行客貨を取扱ふ」には、以下のようにある。

> 東洋汽船は3月より再び臺灣航路を開始すべく3月6日ペルシヤ丸、同10日天洋丸が基隆に寄港するそうであるが、ペルシヤ丸は門司直航、天洋丸は上海經由長崎に向ふもので兩船は基隆よりの客貨を取扱ふさうだが、代理店は山下汽船である。尚ほ4月より烏龍茶の輸出開始さるべく基隆港は此等の内外大型汽船の寄港で賑ふだろうと豫測されてゐる。[26]

ここに見られる「ペルシヤ丸」であるが、これは波斯丸として東洋汽船会社が、太平洋航路から撤退するパシフィック・メール汽船の保有船であったものをパーシヤ汽船会社が持船としていたものを大正4年（1915）年7月に90,000ドルで購入している。同船は1881年建造の古船であった。これを香港で修繕を施していた[27]。総噸数4,381噸、最高速力15海里であった[28]。

『臺灣日日新報』第8692号、大正13年（1924）7月27日、3頁「大洋丸に烏龍茶」に、東洋汽船会社の大洋丸の名が見られる。

> 26日基隆入港東洋汽船大洋丸は山下汽船を代理店として烏龍茶500噸、6,500箱を26日夜間荷役を爲し、翌27日午前6時基隆出帆の豫定であるが、仕出人は臺灣茶商公會其他で、今回の仕向地は東海岸即ち紐育シカ

---

25) 同上　第7960号、大正11年7月26日、2頁。
26) 同上　第8170号、大正12年2月21日、7頁。
27) 中野秀雄編、前掲書、143、448頁。
28) 同上、448頁。

第5章　東洋汽船会社と台湾烏龍茶のアメリカ輸出

ゴ華盛頓其他である。[29]

　大正13年（1924）7月26日に入港した大洋丸は烏龍茶500噸、6,500箱を搭載して基隆を出港してサンフランシスコ航路に就航し、その積荷は大陸横断鉄道によって、ニューヨークやシカゴそしてワシントンへ運ばれて行く予定であったことがわかる。

　『臺灣日日新報』第8744号、大正13年（1924）9月4日付の「春洋丸6日出帆」には、春洋丸が登場する。

　　山下汽船を代理店とする東洋汽船春洋丸（2萬噸）は、6日正午基隆出帆豫定であったが、紐育行積取烏龍茶が増加し、11,000噸餘の荷役であるので、正午出帆豫定を同日午後4時に變更した。因に同船は上海を經由し同地1日滞在の爲め内地歸還學生等の申込み200名以上に上つてゐると。[30]

　大正13年（1924）9月には、基隆からニューヨークに向けて烏龍茶が春洋丸によって11,000噸余が積載され搬出される予定であったが、同船は基隆から上海に帰港して日本に寄ってサンフランシスコ航路に就航するものであった。

　『臺灣日日新報』第8744号、大正13年（1924）9月17日付の「東洋汽船積荷米國行烏龍茶積取」によれば、さいべりや丸の名が見える。

　　山下汽船を代理店とする東洋汽船さいべりや丸（2萬噸）は來る21日午前5時基隆入港、同日午後5時出帆の豫定であるが、同船は上海・長崎・神戸・横濱を經てホノルル・桑港に向ふ筈で内地行乗客は勿論紐育行烏龍茶約700噸を摘取る豫定であると。[31]

　東洋汽船の「さいべりや丸」が基隆に入港してきた。同船は上海・長崎・神戸・横濱を経由してホノルルからサンフランシスコへ、ニューヨークへ搬

---

29)『臺灣日日新報』第8692号、大正13年7月27日、3頁。
30) 同上　第8744号、大正13年9月4日、2頁。
31) 同上　第8744号、大正13年9月17日、3頁。

第 1 部　東洋汽船の活動

出される烏龍茶700噸を積載する予定であった。さいべりや丸は東洋汽船会社が大正5年（1916）9月に購入した総噸数11,790噸、速力18.3海里であった[32]。

さいべりや丸の基隆入港について『臺灣日日新報』第8749号、大正13年（1924）9月22日付の「サイベリア丸　烏龍茶600噸積込」に、

> 21日基隆に寄港した東洋汽船サイベリア丸は基隆で烏龍茶600噸を積取り基隆からの内地行乗客31名午後4時出港した。[33]

と、さいべいりや丸は烏龍茶600噸を積載して基隆港から6月21日に出港している。

ついで『臺灣日日新報』第8761号、大正13年10月4日付の「大洋丸茶積取」には、

> 山下汽船を代理店とする東洋汽船の大洋丸（2萬噸）は、3日午前6時基隆入港、4日午後4時出帆、上海經由内地に向ふ筈同船は基隆に於て内地乗客及紐育行烏龍茶500噸を積込む筈。[34]

とあり、この大洋丸に積み込まれた600噸の烏龍茶は「秋茶」であった。同日の「本年の秋茶好況　包み種茶は約二萬箱の輸出増」に、

> 臺北茶商公會の調査に依れば9月中の茶況は、烏龍　秋茶は例年の如く9月期上旬より取引開始を見たけれども發□期に當り前後2回の風水害に依り茶樹は相當の被害を蒙り之が爲め粗製秋茶の品質は平年に比し粗劣にして收穫も約3割減の見込みを呈するに至つたが、市場は常に在荷の品薄を告げ、上等品の出廻りは更に寥々たりしに拘らず、價格は夏茶以來の好値を維持し、昨年に比し各等級を通じ10圓方の昂上を呈した。……[35]（□：不明文字）

と見られるように、大正13年（1924）9月の台湾の秋茶は例年に比較して品

---

32) 中野秀雄編、前掲書、448頁。
33) 『臺灣日日新報』第8749号、大正13年9月22日、2-3頁。
34) 同上　第8761号、大正13年10月4日、2-3頁。
35) 同上　第8761号、大正13年10月4日、2頁。

第5章　東洋汽船会社と台湾烏龍茶のアメリカ輸出

質が劣っていた。しかしアメリカへの輸出は顕著であったようである。

4　小結

　台湾が1860年に対外開放されると欧米の茶商が台湾に進出し茶葉の生産が増大する。しかし、その生産された茶葉のほとんどが大陸の厦門等に運ばれ世界に輸出されていた[36]。ところが日本の統治下になって基隆港などの港湾施設が設備されると大型汽船が入港し上記のように台湾から直接大型汽船によって海外に輸出されることになったのである。

　上述したように、日本の汽船会社として明治31年（1898）12月より初めて日本からサンフランシスコへの航路を開削した東洋汽船会社が、明治42年（1909）より台湾の基隆港に寄港して、台湾産の烏龍茶を積載してサンフランシスコへ輸送していたのであった。この東洋汽船会社が茶期に台湾・基隆に寄港して烏龍茶をアメリカに向けて搬出するのは、大正13年（1924）まで15年ほどに及んでいたことが知られる。その後の搬出が見られなくなるのは、東洋汽船会社が経営不振から大正15年（1926）2月に第二東洋汽船会社を新設して、日本郵船会社と合併することになったためである[37]。

---

36) 松浦章『近代日本中国台湾航路の研究』清文堂出版、2005年6月、112頁。
37) 中野秀雄編、前掲書、222頁。

第6章　東洋汽船会社汽船の上海寄港

1　緒言

　1842年の南京条約の締結によって、上海が開港されると多くの欧米諸国の船舶が来航し、とくに19世紀後半に擡頭してきた新しい船舶である汽船の来航が顕著となり[1]、光緒二年（1876）自序のある葛元煦の『滬游雑記』巻四、各洋行輪船にも「怡和洋行、太古洋行、禅臣洋行、馬立師洋行、三菱洋行、老太古洋行」[2]など上海を基点とする汽船会社の名が列記され知られるようになる。ついで1920年頃の上海の商業名鑑にはアメリカの大來洋行（Robert Dollar Co.）、花旗輪船公司（Pacific Mail Steamship Co.）やイギリスの大英火輪船公司（P. & O. S. N. Co.）[3]や Butterfield & Swire の太古輪船公司（China Navigaition Co., Ltd.）そして Jardine, Matheson & Co. の怡和輪船公司（Indo-China Steam Navigation Co.）さらにフランスの法蘭西輪船公司（Messageries Maritimes Compagnie）、ロシアの俄國義艦快船公司（Russian Volunteer Fleet）[4]などの名が登場してくる。日本では先の「三菱洋行」が三菱郵便汽船会社から日本郵船会社に継承された横濱上海航路を運航し、太平洋郵船会社とも呼称された花旗輪船公司である Pacific Mail Steamship Co も中国からアメリカへの重要な航路を運航していた[5]。

---

1) 松浦章『近代東アジア海域の人と船―経済交流と文化交渉―』関西大学出版部、2014年12月、3-12頁。
2) 鄭祖安・胡珠生標点『滬游雑記　淞南夢影録　滬游夢影』上海古籍出版社、1989年5月、76頁。
3) 松浦章『汽船の時代　近代東アジア海域』清文堂出版、2013年3月、53-76頁。
4) 徐珂編『民國九年上海商業名録』商務印書館、1920年4月、45-49頁。
5) 松浦章『汽船の時代　近代東アジア海域』清文堂出版、2013年3月、8-16、77-110頁。

第 1 部　東洋汽船の活動

　このような状況の中に、香港から横濱を経てサンフランシスコに航行していた東洋汽船会社が航路拡張の過程で、アジアの経済拠点の重要な貿易港であった上海への寄港を行っている。その足跡は、上海で刊行されていた新聞『申報』に見ることができる。

　そこで、本章では東洋汽船会社の汽船の上海寄港の足跡を追跡してみたい。

2　『申報』に見える東洋汽船会社

『申報』に掲載された最初の東洋汽船会社に関する記事は、『申報』第15799号、中華民國六年、1917年2月10日、「東洋汽船會社之擴張」の記事である。

　　大陸報云、東洋汽船會社開辦之初、僅置輪船二三艘、令則事業發達船隻加多、將來營業未可限量、上海一方面營業向託茂生洋行經理、茲該社擬在遠理洛處、自行設立分行、直接管理、故副總理愛佛萊氏、刻由舊金山來此佈置一切刻正尋覓相當房屋、以爲辦公之所、並物色貨棧、據愛氏云遠東與美洲間之航業、異常發達、中國日本斐列濱東印度等之出產品、逐漸銷行於美洲市場、惜船隻噸位不多、商務因以阻滯、該社刻在日本定製新船六艘、計一萬噸者三艘、日後行於南美與東方之際、又八千噸者三艘、行於舊金山斐列濱日本中國等處、此六艘年内可以下水、明春即可駛行、目下公司暫僱船數艘、往來於美洲與橫濱神戶之痱、各船承載、裝至斐列濱與中國之貨頗多、悉在神戶起卸、然後再由他船、運至目的地云云、[6)]

とあるように、「大陸報」からの引用によって東洋汽船会社が新規の船を増便して、アジアから南米大陸への輸送の増強を企図していたことを伝えた。

　ついで、『申報』第15972号、中華民國六年、1917年8月2日付の「絲綢海外貿易之暢盛」によると、

　　美國紐約市場、絲綢銷路、近益暢盛、前日東洋汽船會社西伯利亞丸、開往舊金山及紐約等處、本埠各洋行、運去絲綢、亦頗不小計、新旗昌洋行

---

6)『申報』第15799号、中華民國六年、1917年2月10日、11頁。

第6章　東洋汽船会社汽船の上海寄港

　　　灰絲二十包。惇信洋行湖絲三十五包、灰絲六包。愼餘洋行湖絲二十包、
　　　彙昌洋行魯綢三十五包。安利洋行白絲四十五包、灰絲一百十六包、山東
　　　府綢四件。寶克洋行湖絲十包。祥利洋行煙葉四件。[7]

とあるように、東洋汽船会社の西伯利亞丸ことシベリア丸が、サンフランシスコやニューヨークに向けて上海に在住する新旗昌洋行、惇信洋行、愼餘洋行、彙昌洋行、安利洋行、寶克洋行の各洋行が湖絲を初めとする中国産の生糸などの貨物を輸送することになっていた。

　『申報』第15975号、中華民國六年、1917年8月5日、「英文大字典不日到滬」に、東洋汽船会社の汽船による文化伝播が見える。

　　　此書前因有人翻印、由出版家美廉公司電托、本館發售預約券、現有五百
　　　本、已裝東洋汽船公司之芝加高丸來滬、約八月十三日可到屆時、如果寄
　　　到本館、即當登報通知預約、諸君並請持券來取可也。再第二批五百本、
　　　預算八月底、亦可到滬、第三比五百本。約九月中旬、可到該書樣本、現
　　　陳列本館西書部及青年會、售書處任憑諸君檢閲、並以附聞、商務印書館
　　　謹啓。[8]

　上海の商務印書館が『英文大字典』をアメリカから輸入して販売するに当たり、「現有五百本、已裝東洋汽船公司之芝加高丸來滬、約八月十三日可到屆時」と見られるように、東洋汽船会社の「芝加高丸」によって8月13日頃に上海に到着することになっていた。東洋汽船会社がアメリカから英文字典を上海にもたらすことになっていたのである。

　『申報』第16072号、中華民國六年、1917年11月10日付の「梁士詒與日記者談話」には中国人乗客と東洋汽船との関係が見られる。

　　　梁士詒帶同衆議院議員陳桓、交通銀行文書課主任陳福頤、廣東省警務署
　　　顧問韋營熙、曾鄭兩通譯、及第二夫人外婦人一名、下婢一名、本月一日
　　　上午、乘東洋汽船天洋丸抵長崎、梁氏對於往訪之某報記者談、曰余今次

---

7)　同上　第15972号、中華民國六年、1917年8月2日、10頁。
8)　同上　第15975号、中華民國六年、1917年8月5日、2頁。

第 1 部　東洋汽船の活動

　　來游貴國、全係以個人資格、欲觀察日本政治實業及戰後財政之經營等、
　　余多年即抱游暦日本之希望、今幸遇此好機、得遂所願曷勝欣慰擬俟、相
　　當時期、更往美國、一行由來中日兩國、本有唇齒輔車之關係、到底不能
　　相離、故在袁總統時代、即採遠交近親之策、然時不免發生誤解、誠屬遺
　　憾、目下中華民國南北睽離、雖有一偏理想一重、實際兩不相容之點、然
　　要由於多抱個人權利思想缺乏國家觀念世界觀念所致也。但現在之狀態、
　　無論何國、當過渡時代、均屬難免、若能推誠、相見則彼此、自可融洽、
　　余對於時局之出處進退、只在努力、調和南北、余於南北兩派、均有好意、
　　而南北兩派中、亦有對余抱持好意之人、故余極欲擔當調停之任、惟目下
　　尚非其時也。云云。梁氏及其隨行諸人、一日夕乘船、赴神戸大抵住東日
　　期、爲五十日左右、或在神戸逗留數日、再往東京、聞梁氏、三個月前曾
　　患風濕病、擬先選擇適當之温泉所療養後、再至東京・京都・大阪方面訪
　　見朝野人士。[9]

　梁士詒等が、東洋汽船会社の天洋丸に搭乗して長崎を経由して日本へ赴き、さらにアメリカに渡航する予定であった。東洋汽船の天洋丸が赴日への交通手段であった。

　『申報』第16072号、中華民國六年917年11月10日付の「一天洋丸輪船擱淺之電訊」にも、

　　本埠東洋汽船會社接横濱來電、謂天洋丸輪船、於十一月四日晩間、在横
　　濱港外擱淺、尚未出險、現正設法救援、預料可以安然浮水、該船約在本
　　月十四日左右、可載貨物搭客、開往舊金山矣。[10]

とあるが、天洋丸が横濱港外の浅瀬で座礁したが、11月14日頃には改善して、サンフランシスコへ赴く予定であった。

　翌日の『申報』第16073号、中華民國六年、1917年11月11号付の「天洋丸輪船出險」に、

---

9) 同上 第16072号、中華民國六年、1917年11月10日、6頁。
10) 同上、10頁。

第6章　東洋汽船会社汽船の上海寄港

　　本埠東洋汽船會社、昨接横濱海電、謂天洋丸輪船、已於九日下午一時出
　　險、惟未述及詳情、大約該船將如前電所云、於十四日左右、開往舊金山
　　也。[11)]
とあるように、天洋丸は座礁から脱出して、11月14日にはサンフランシスコ
に向けて航行することが報告されている。
　『申報』第16267号、中華民國七年、1918年6月1日付の「聲明天洋丸郵船
之行程」に、
　　本埠東洋汽船會社、昨晨接有海電謂報載天洋丸郵船、將不復駛於太平洋
　　一節絶對不確、該船於五月十一日、駛離舊金山、昨日已抵横濱豫計赴小
　　呂宋後、六月二十五日可以抵滬、仍將照常開往美國云。[12)]
とあり、東洋汽船会社の天洋丸は、5月11日にサンフランシスコを出港し、
横濱、マニラを経由して、6月25日には上海に到着し、その後、またサンフ
ランシスコへ赴くとの電報が報告されている。

3　東洋汽船会社の上海出港広告

　東洋汽船会社の汽船が定期的に上海に寄港していたことは『申報』第16302
号、中華民國7年、1918年7月6日付の出港広告等に見られ、また上海から
日本を経由してサンフランシスコへの予告が掲載されている。

　　開往舊金山　　過長崎・神戸・横濱・火奴魯
　　　　興洋丸　　　　七月　十九日
　　　　高麗丸　　　　八月　十六日
　　　　西比利亞丸　　八月　三十日
　　　　天洋丸　　　　九月　九日
　　　　興洋丸　　　　十月　五日

---

11)　同上　第16073号、中華民國六年、1917年11月11号、10頁。
12)　同上　第16267号、中華民國七年、1918年6月1日、10頁。

137

第 1 部　東洋汽船の活動

　　　以上東洋汽船會社　　（中略）
　　　高麗丸　　　　八月　三日
　　　西比利亞丸　　八月　十日
　　　以上東洋氣船會社[13]

月日	号数	船名	トン数	月日	目的地
7月7日	16303	興洋丸	22,000	7月19日	舊金山
	16303	高麗丸	20,000	8月16日	舊金山

中華民國7年7月7日付の9頁、「東洋汽船會社」の出港広告にも見られる。

　　T.K.K.　上海支社　東洋汽船會社
　　往來日本・美國間、自上海出帆、通過長
　　崎・神戸・横濱・火奴魯以達舊金山。
　　上海出帆赴舊金山日期
　　　興洋丸　　　22,000噸　7月19日
　　　高麗丸　　　20,000噸　8月16日
　　　西比利亞丸　18,000噸　8月30日
　　　天洋丸　　　22,000噸　9月9日
　　　興洋丸　　　22,000噸　10月5日
　　上海出帆直赴香港日期
　　　高麗丸　　　20,000噸　8月3日
　　　西比利亞丸　18,000噸　8月10日

各船皆完全新式裝置、無線電報、海底信號、洗濯室、育兒室、婦女消閒室及一切新式安舒器具備有樂隊影戲、並可於甲板跳舞、至於伺候周到夾潤適口、尤與衆不同所過口岸、旅客均可小住、且可改乘花旗輪船公司、及興昌火輪公司之輪船　本會社且代客辦理長崎・神戸・横濱間之鐵路運輸事務

---

13)　同上　第16302号、中華民國七年、1918年7月6日、12頁。

第 6 章　東洋汽船会社汽船の上海寄港

　　經理 T.N.ALEXANDER 謹啓
　本支店設立於保家行洋房（在四川路七十一號出入）電話三二二九[14]
とある。続いて同紙、7月16日にも同様な広告が掲載されている。各船の出港日のみを次に掲げる。
　　上海出帆赴舊金山日期
　　　　春洋丸　　　　22,000噸　　7月19日　　午前十時、在海關碼頭出発
　　　　高麗丸　　　　20,000噸　　8月16日
　　　　西比利亞丸　　18,000噸　　8月30日
　　　　天洋丸　　　　22,000噸　　9月9日
　　　　春洋丸　　　　22,000噸　　10月5日
　　上海出帆直赴香港日期
　　　　高麗丸　　　　20,000噸　　8月3日
　　　　西比利亞丸　　18,000噸　　8月10日[15]
　ついで、『申報』8月1日、12頁の広告では、
　　上海出帆赴舊金山日期
　　　　高麗丸　　　　20,000噸　　8月16日
　　　　西比利亞丸　　18,000噸　　9月3日
　　　　天洋丸　　　　22,000噸　　9月9日
　　　　春洋丸　　　　22,000噸　　10月5日
　　　　高麗丸　　　　20,000噸　　10月31日
　　上海出帆直赴香港日期
　　　　高麗丸　　　　20,000噸　　8月3日
　　　　西比利亞丸　　18,000噸　　8月10日[16]
とある。同紙、8月16日、12頁には、

14）同上　第16303号、中華民國七年、1918年7月7日、9頁。
15）同上　第16312号、中華民國七年、1918年7月16日、12頁。
16）同上　第16328号、中華民國七年、1918年8月1日、12頁。

第1部　東洋汽船の活動

　　　上海出帆赴舊金山日期
　　　　高麗丸　　　　20,000噸　　 8月21日
　　　　西比利亞丸　　18,000噸　　 9月3日
　　　　天洋丸　　　　22,000噸　　 9月9日
　　　　春洋丸　　　　22,000噸　　10月5日
　　　　高麗丸　　　　20,000噸　　10月31日
　　　上海出帆直赴香港日期
　　　　西比利亞丸　　18,000噸　　 8月14日[17]

とある。同紙、9月1日付の広告では、

　　　上海出帆赴舊金山日期
　　　　西比利亞丸　　18,000噸　　 9月3日
　　　　天洋丸　　　　22,000噸　　 9月11日
　　　　春洋丸　　　　22,000噸　　10月5日
　　　　高麗丸　　　　20,000噸　　10月31日[18]

とあり、同紙、9月16日付の広告には、

　　　上海出帆赴舊金山日期
　　　　春洋丸　　　　22,000噸　　10月5日　　該船是日下午五時□□□碼頭
　　　　高麗丸　　　　20,000噸　　10月31日　　　　　　（□：不明文字、以下同）
　　　　西比利亞丸　　20,000噸　　11月16日[19]

とある。同紙、10月1日付の広告には、

　　　　春洋丸　　　　22,000噸　　10月6日　　該船是日下午五時□□□碼頭
　　　　高麗丸　　　　20,000噸　　11月3日
　　　　西比利亞丸　　20,000噸　　11月15日
　　　　天洋丸　　　　22,000噸　　11月28日[20]

---

17) 同上　第16343号、中華民國七年、1918年8月16日、12頁。
18) 同上　第16359号、中華民國七年、1918年9月1日、12頁。
19) 同上　第16374号、中華民國七年、1918年9月16日、12頁。
20) 同上　第16389号、中華民國七年、1918年10月1日、12頁。

第 6 章　東洋汽船会社汽船の上海寄港

とあり、同紙、10月16日付の広告には、

　　　高麗丸　　　　　20,000噸　　11月 3 日　　該船是日下午五時□□□碼頭
　　　西比利亞丸　　　20,000噸　　11月15日
　　　天洋丸　　　　　22,000噸　　11月28日
　　　春洋丸　　　　　22,000噸　　12月21日[21]

　ついで同紙、11月 1 日付の広告に、

　　　高麗丸　　　　　20,000噸　　11月 5 日　　該船是日下午五時□□□碼頭
　　　西比利亞丸　　　20,000噸　　11月15日
　　　天洋丸　　　　　22,000噸　　11月28日
　　　春洋丸　　　　　22,000噸　　12月21日[22]

　さらに同紙、11月16日付の広告には、

　　　西比利亞丸　　　20,000噸　　11月19日　　該船是日下午四時□□□碼頭
　　　天洋丸　　　　　22,000噸　　11月29日
　　　春洋丸　　　　　22,000噸　　12月21日
　　　高麗丸　　　　　20,000噸　　 1 月18日[23]

　また同紙、12月 1 日付の広告では、

　　　春洋丸　　　　　22,000噸　　12月21日　　該船是日下午五時□□□碼頭
　　　高麗丸　　　　　20,000噸　　 1 月19日
　　　西比利亞丸　　　20,000噸　　 1 月31日
　　　天洋丸　　　　　22,000噸　　 2 月11日[24]

　そして同紙、12月16日付の広告では、

　　　春洋丸　　　　　22,000噸　　12月22日　　該船是日下午五時□□□碼頭
　　　高麗丸　　　　　20,000噸　　 1 月19日
　　　西比利亞丸　　　20,000噸　　 1 月31日

21）同上　第16404号、中華民國七年、1918年10月16日、12頁。
22）同上　第16420号、中華民國七年、1918年11月 1 日、12頁。
23）同上　第16435号、中華民國七年、1918年11月16日、12頁。
24）同上　第16450号、中華民國七年、1918年12月 1 日、12頁。

第 1 部　東洋汽船の活動

　　　　天洋丸　　　　　22,000噸　　2 月11日[25]
とある。同紙の12月31日付の広告には、
　　　　西比利亞丸　　　20,000噸　　1 月30日
　　　　高麗丸　　　　　20,000噸　　1 月19日
　　　　天洋丸　　　　　22,000噸　　2 月11日
　　　　春洋丸　　　　　22,000噸　　3 月 9 日[26]
とあり、年が替わって1919年 1 月 1 日付の広告には、
　　　　西比利亞丸　　　20,000噸　　1 月30日
　　　　高麗丸　　　　　20,000噸　　1 月19日
　　　　天洋丸　　　　　22,000噸　　2 月11日
　　　　春洋丸　　　　　22,000噸　　3 月 9 日[27]
とある。同紙 1 月16日付の広告では、
　　　　西比利亞丸　　　20,000噸　　1 月30日
　　　　高麗丸　　　　　20,000噸　　1 月19日
　　　　天洋丸　　　　　22,000噸　　2 月11日
　　　　春洋丸　　　　　22,000噸　　3 月 9 日[28]
とある。同紙、 1 月27日付の広告には、
　　　　西比利亞丸　　　20,000噸　　1 月31日
　　　　天洋丸　　　　　22,000噸　　2 月15日
　　　　春洋丸　　　　　22,000噸　　3 月 9 日
　　　　高麗丸　　　　　20,000噸　　　　　　[29]
　ついで、同紙、 2 月 4 日付の広告では、
　　　　天洋丸　　　　　22,000噸　　2 月15日

---

25) 同上　第16465号、中華民國七年、1918年12月16日、12頁。
26) 同上　第16480号、中華民國七年、1918年12月31日、12頁。
27) 同上　第16481号、中華民國八年、1919年 1 月 1 日、12頁。
28) 同上　第16480号、中華民國八年、1919年 1 月16日、12頁。
29) 同上　第16506号、中華民國八年、1919年 1 月27日、12頁。

第6章　東洋汽船会社汽船の上海寄港

　　春洋丸　　　　22,000噸　　3月9日
　　高麗丸　　　　20,000噸
　　西比利亞丸　　20,000噸
　　　　　　　　　　　　　　　　　30)
とある。さらに同紙2月16日付の広告には、
　　天洋丸　　　　22,000噸　　2月18日
　　春洋丸　　　　22,000噸　　3月8日
　　天洋丸　　　　22,000噸　　5月6日
　　春洋丸　　　　22,000噸　　5月24日 31)
　同氏、3月1日付の広告では、
　　天洋丸　　　　22,000噸　　2月19日
　　春洋丸　　　　22,000噸　　3月8日
　　天洋丸　　　　22,000噸　　5月6日
　　春洋丸　　　　22,000噸　　5月24日 32)
とある。ついで同紙、3月16日付の広告では、
　　上海出帆赴香港日期
　　　天洋丸　　　22,000噸　　4月19日

　　上海出帆赴舊金山日期
　　　天洋丸　　　22,000噸　　5月8日
　　　春洋丸　　　22,000噸　　5月24日 33)

とあり、同紙3月23日付の広告には、次のものが見られる。
　　上海出帆赴香港日期
　　　天洋丸　　　22,000噸　　4月19日
　　上海出帆赴舊金山日期

---

30) 同上　第16506号、中華民國八年、1919年1月27日、12頁。
31) 同上　第16519号、中華民國八年、1919年2月16日、12頁。
32) 同上　第16532号、中華民國八年、1919年3月1日、12頁。
33) 同上　第16547号、中華民國八年、1919年3月16日、12頁。

第 1 部　東洋汽船の活動

　　　天洋丸　　　　22,000噸　　5月8日
　　　春洋丸　　　　22,000噸　　5月24日[34)]

とある。

　上記のように、東洋汽船会社は『申報』の1918年7月6日から1919年3月にかけて出港広告を掲載した。それは「上海出帆赴舊金山日期」と「上海出帆赴香港日期」との上海から舊金山すなわちSan Franciscoへ出港する予定と、上海から香港へ赴く出港日が予告されていた。ここに掲げた予告広告から掲載日により、若干数日遅滞する傾向が見られるであろう。

　しかし、基本的には22,000噸の天洋丸、春洋丸、それに20,000噸の西比利亞丸、高麗丸が、香港から上海寄港により日本からハワイを経てサンフランシスコに至っていた。その運航はほぼ毎月に一航海があったことがわかる。

　しかし1919年3月以降は上海への寄港が見られなくなる。

4　小結

　上述のように東洋汽船会社は、上海の有力紙『申報』の1918年（大正7）7月に出港広告を掲げた。同年の7月19日の興洋丸、8月16日の高麗丸、8月30日の西比利亞丸、9月9日の天洋丸、10月5日の興洋丸に始まり、大正8年（1919）3月までの9箇月ほどであったが、上海へ寄港していたことが『申報』の出港広告から知ることができる。同社の乗船切符等を取り扱ったのが、上海の四川路71号出入にあった保家行洋房に設けられていた支社であった。

　東洋汽船会社は、上海からサンフランシスコへの顧客を勧誘するため、同社の汽船の設備が充実し、「無線電報、海底信號、洗濯室、育兒室、婦女消閒室」などが完備し、乗客が洋上の旅行を安心して旅游できることを唱った広告を『申報』に掲載し続けたのであった。

---

34)　同上　第16547号、中華民國八年、919年3月16日、12頁。

第6章　東洋汽船会社汽船の上海寄港

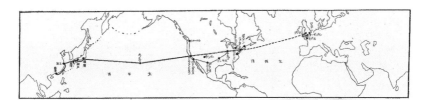

　東洋汽船会社の航路案内の冊子『歐米へは』には、上海から長崎・神戸・横濱を経てホノルル経由でサンフランシスコに至り、アメリカ縦断鉄道によりニューヨークへ到り、さらに太平洋横断の汽船によってロンドン等ヨーロッパに到る路程を案内していたことからも、上海は東洋汽船会社の重要な寄港地の一つとなっていたのであった。

第 7 章　日本における輸入映画と汽船

1　緒言

　日本に初めて映画が輸入されたのは明治29年（1896）11月のことで、エジソン社が開発した箱の中で見る形式のキネマスコープが、神戸で公開された。ついで翌明治30年（1997）2月にはフランスからスクリーンに映像を投影するシネマトグラフが輸入され、大阪で最初の興行が行われたと言われる[1]。同年3月には横浜でもシネマトグラフが輸入され、横浜についで東京でも興行され、エジソンが改良したスクリーンに映写できるヴァイタスコープが同年2月に輸入され大阪で興行され、3月にも東京で興行されている[2]。

　このように明治29年末から明治30年初にかけて日本で活動写真すなわち映画が普及し始めた。それは「活動大写真」と呼称された形態によって普及し始めたのである。『東京朝日新聞』第3750号、明治30年3月13日の記事に「活動大寫眞」として次の記事が見られる。

> 神田錦町の錦輝館にて興行の活動寫眞といふは是までにある幻燈畫の自然に動くものにして、此程より淺草花屋敷に於て視せる居る活動寫眞の巨大なるものなり。是は萬物の活動するものを廻轉機械を以て永く寫し取りたる新發明の由。畫は観客の居る中央の場所より舞臺に張たる白布へ當て寫すものなり。番組はナイヤガラの瀑布の下を蒸汽船の走る圖、火罪の刑場を劇場にて演ぜしもの、同斷頭臺の刑場、大蒸汽船の運轉（此圖は煙筒の煙も旗章も皆走る方へ靡てありしが、此は畫の差し違ひなる

---

1) 佐藤忠男「日本映画の成立した土台」、『日本映画の誕生　講座日本映画1』岩波書店、1985年10月、3頁。
2) 同上、3-4頁。

第1部　東洋汽船の活動

　　ばし）出荷の中に煉瓦家の三ン買いより少年を助け出す所、小學校の運
　　動會、大統領の選擧騒ぎ、李鴻章の箸に乗る所、此他に最も愉快なるは
　　水撒の圖、波止場の波打際に犬の遊ぶ圖、農家にて飼育の鳩に餌を蒔く
　　に鳩の群立つ所、練兵場に近衛兵の教練、豆の如き人物の漸々近付て馬
　　乗の兵士の目前に來る所晴洋夫人の小袖の舞に腰に纏ひたる衣の種々に
　　色の絡る所（是は一昨年當館にて實物を見たり）など孰れも妙。今回の
　　興行は晝の分、午後一時より夜の分七時より開場なり。一寸目新らしき
　　ものなれば、三時間程を費して一度は往てごろうじろ。[3]

と、紹介されたように、アメリカのナイヤガラ瀑布の大量の水流が流れる動画などを初めとして外国の風景などが、動く画像で人々に視聴させることができ興味を引き始めていた。

　そして東京の京橋で写真機などの貿易品を扱っていた吉沢商店が、明治32年（1899）にアメリカ映画「米西戦争大活動写真」をロンドンから、またフランス映画などの新作を輸入していたとされる[4]。

　これら外国からの映画輸入は、全て日本を発着する外国航路の汽船によって日本にもたらされたことは確実であろう。

　そこで、20世紀初頭前後の日本における外国映画の輸入状況を当時の新聞記事から追ってみたい。

2　米西戦争の活動写真と日本

　明治31年（1898）にキューバの反スペイン独立運動から発生したアメリカ＝スペイン戦争、米西戦争はキューバに止まらず、スペインが支配していたフィリピンにも波及した。その戦争を扱った映画が日本でも上映された。

　そのことを『東京朝日新聞』第4631号、明治32年（1899）5月27日に、「西

　3）『東京朝日新聞』第3750号、明治30年3月13日、4頁。
　4）佐藤忠男、前掲書、5頁。

米戦争活動写真」として次の記事に見られる。

> 軍人学生は勿論一般人士の軍事思想を発達せしめんには砲煙弾雨の間に於ける勇士の奮撃突戦の状を寫し、其眼前に示すより能きはなし。殊に最近の戦争にありては、其感情を動かす事多く其思想を發達せしむるに於て著るしき利益あり。左れば米國写真師某なるもの那のキユバ及びマニラに於て起りたる米西兩國間戦争の従軍を乞ひ、エジソン發明の活動写真撮影機を利用して、其戦況を撮寫して本國に踊れ、其數十種を日本に送り來りたるを以て、來月一日より神田錦町錦輝館に於て晝夜二回宛、其實眼の現況を映寫し、衆庶の観覧に供ふる事となりといふ。5)

当時、米西戦争を「西米戦争」呼称とした戦争の状況をアメリカの撮影技師がキューバやフィリピンのマニラに従軍して、エジソンの発明に係る撮影機を使って撮影し、帰国後編集して映画を作ったようで、その一部が日本に輸入され明治32年（1899）6月1日より神田錦町の錦輝館において昼夜2回の興行がされるという報道であった。

この「西米戦争活動大寫眞」の広告（右写真）が、『讀賣新聞』第7861号、明治32年5月29日に見える。

> 昨年五月以來米國及西班牙の兩國が「キュバ」及「マニラ」に於て激戦の有様と米國従軍の寫眞師が「エヂソン」氏發明の活動寫眞撮影器に望遠鏡を付し奮撃突戦の有様等を撮影せしものを白布上に元の如く活動せしめて御覧に入れ候故、望遠鏡にて實際の戦争を御覧あると同様なれば此期を外づさず御一覧の程奉希望候。

---

5)『東京朝日新聞』第4631号、明治32年（1899）5月27日、5頁。

第1部　東洋汽船の活動

> 入場料　〇椅子付特別席金一圓〇一等席金五十錢〇二等席金廿錢〇三等席十錢
> 六月一日より七日迄晴雨共晝夜二回開會
> ひる午後一時より〇よる午後六時より開場　神田にしき町三丁目　錦輝舘[6)]

この広告と同内容の広告が、『朝日新聞』第4636号、1899年6月1日にも見られる[7)]。

米西戦争の映画の反響はどのようであったかは、『東京朝日新聞』第4964号、明治33年（1900）5月5日付の「錦輝館活動寫真の日延」に見える。

> 神田錦町の錦輝館にて開會中なる英杜、米西兩國戦争活動寫真（其寫映時間の長きと四百五十尺の英杜戦争、首切りの魔術、月の變化の魔術等の光景頗る興味ある所より、毎夜大入につき、來る十二日まで日延し、晝夜二回宛開會する事となれり。[8)]

神田の錦輝館において興行された「米西両国戦争活動写真」は好評のようで、興行期間を延長するほどのことになっていたようである。

このような当時の人々から高い関心を寄せられた動く画像を撮影する機械の反響も高かった。その機械の輸入に貢献してたのが、先の吉沢商会である。『東京朝日新聞』第5659号、明治35年（1902）4月20日に「自動寫眞機械」として次の記事が見られる。

> 今回新橋南金六町の活動寫眞器賣捌所吉澤商店へ始めて輸入したる自動寫眞機械は、丈け二尺、横一尺、奥行は尺餘の大さの箱にして、一度に百五十枚の種板を入れ置き現像液、定着液共に器械の内にあり。其器械は暗箱と暗室と技師とを兼ねたるものにして、撮影せんとする人は、椅子に掛り、十錢銀貨を器械の上部に入れる時は、鈴が鳴り、其後に至り

---

6)『讀賣新聞』第7861号、明治32年（1899）5月29日、6頁。
7)『東京朝日新聞』第4636号、明治32（1899）6月1日、7頁。
8) 同上 第4964号、明治33（1900）5月5日、4頁。

第 7 章　日本における輸入映画と汽船

　　數箇所の取手及びボタンを動かす時、一分間にて寫眞が取れて器械の内
　　にて現像され定着も行はれ器械の下の口より飛び出す仕掛なるが、之が
　　原料はチンタイプ、プレートと稱する金属の乾板にて（一枚の價は三錢
　　五厘）、之が撮影は婦人小供にても技術を要せず簡便に爲し得るものに
　　て、祭日其他客の込合たる時は、卅秒時間に一枚宛順々に出來上り、一
　　時間に百二十枚、一日八時間半寫すと見るも一千枚位は寫し得られ、米
　　國にては既に各所の公園、停車場、海水浴場等に設けありと云ふ。本社
　　員試みに之を寫せしに、結果良好にして、襟止に挿入するものと臺紙に
　　挿めるものとの二種瞬時に製し得たり。因に記す同商店にては同器械を
　　續々輸入し販賣すといへり。[9]
　吉沢商会は活動写真機の販売だけではなく自動写真機を輸入して、短時間
に簡単に写真が撮影できる機械を設置し、各人が「十錢銀貨」で写真を入手
できたのであった。
　さらに明治36年（1903）になると、『東京朝日新聞』第6067号、1903年6月
12日の「着色、浮出し并に發聲活動寫眞」に次のように見られる。
　　神田錦輝館にて非常の大入りを占めたる日本活動寫眞會の着色及び浮出
　　し活動寫眞は既記の如く、明十三日より七日間歌舞伎座にて毎夜六時よ
　　り興行し（十四、十五兩日は晝夜二回興行）是までの寫眞の外に、去る
　　八日、イムプレス、オブインデヤ號にて新たに輸入せし數多の寫眞及び
　　發聲活動寫眞をも加へて観覧に供ふる由にて、其新寫眞中ロンドンの大
　　火に消防夫が猛火の中にて働く實況、加奈陀にて鮭を捕獲する實況等は
　　頗る目ざましきものなりといふ。[10]
　神田の錦輝館では日本活動写真会の着色して浮かび上がる活動写真が上映
されていた。現在のカラー映像の先駆的なものであったろうか。そして1903
年6月8日に「イムプレス、オブインデヤ號にて新たに輸入せし數多の寫眞

　9）同上　第5659号、明治35年（1902）4月20日、5頁。
10）同上　第6067号、明治36年（1903）6月12日、4頁。

第1部　東洋汽船の活動

及び發聲活動寫眞」とあるように、「「イムプレス、オブインデヤ號」」によって映画が輸入されてきたのである。この「イムプレス、オブインデヤ號」とは、Canadian Pacific Railway Steamship Servicesの汽船であった。

　Canadian Pacific Railway Steamship Servicesの歴史を辿れば、Canadian Pacific汽船会社は、親会社のCanadian Pacific Railwayと関係し、1883年から1914年までがCanadian Pacific Railway Steamship Servicesとして、1915年から1920年まではCanadian Pacific Ocean Servicesと、1921年から1968年まではCanadian Pacific Steamshipsの名称で活動していた。イギリス領カナダの汽船会社の汽船であった[11]。

　上海で刊行されていた"The North-China Herald and supreme consular gazette", の'Shanghai Shippinng Intelligence'によれば、Canadian Pacificの汽船は、Empress of China, Empress of India、Empress of Japan、Glenfargそして Monteagleの5隻を使い、1909年一年間に、バンクーバー、日本、上海、香港の間に航路を40数航海行っていたことがわかる。8－9日毎に1隻がバンクーバーから日本、中国、香港への定期航路を運航していた[12]。この内のEmpress of Indiaが「イムプレス、オブインデヤ號」であった。すなわちカナダの汽船会社の汽船エンプレス・オブ・インディア号によって、ロンドンの大火に関するもの、カナダのサケ捕獲の映画が輸入されてきたのであった。

　さらに『東京朝日新聞』第6566号、明治37年（1904）11月3日付の第二面に「横濱倫敦間二十三日」の記事が見られ、エンプレス・オブ・インディア号が、日英の郵便輸送にも活躍していた。

> 去る九月三日横濱を出帆せし加奈陀郵船エンプレスオフインデヤ號に搭載せる郵便物は二十三日目にて同月二十六日倫敦に着したり。日英郵便開始以來の速達なり[13]。

11）松浦章『北太平洋航路案内のアーカイヴッズ―船舶データベースの一端―』関西大学アジア文化センター、2015年6月、25頁。
12）同上、35頁。
13）『東京朝日新聞』第6566号、明治37年（1904）11月3日、2頁。

第 7 章　日本における輸入映画と汽船

とある。1904年9月3日に横濱港を出港したEmpress of Indiaに積み込まれた郵便物が、北アメリカに到着後、おそらくCanadian Pacific Railway会社の列車によって大西洋岸に運ばれ、大西洋を汽船で運ばれ、23日目にロンドンに到着するというこれまでに類を見ない時間で到達したことを明記した。日本と英国の間の通信の時間が短縮されつつあったのである。

ヨーロッパの映画の輸入に関して、『東京朝日新聞』第12206号、1920年（大正9）6月10日付の「獨逸から映畫を皮切りの輸入　一萬三千呎の長尺物　◇活動會社の競争」の記事に次のように見られる。

> 獨逸から新大使が來る。獨逸の製品や書籍もどんどん世界の各市場に出て來るので戰争からさつぱり分らなくなつた同國の模様が漸次と解つて來る。それに近く獨逸製の活動寫眞フィルムが續々來るゆうになるそうであるが、其皮切りとも云ふべきは最近到着する十二卷一萬三千呎の長尺物で原名「ベルヒット、ビット」即ち「正義は勝利」と云ふ獨逸の作品としては珍しい社會劇で此の程公開した「ウーマン」によく似通つて居る。ローマ時代から現代に互つて貴族の姫君に絡まる情話でカイゼルがアメロンゲンに引籠つてから後の伯林の王宮や帝室博物館等を背景として撮影したもので、緯度の關係上朝夕の時間が長いので米國の作品等には見られない光線の軟かな類のない技術が現れて居るさうな。これは日活會社へ來るのであるが、同社と競争的の位置にある國活會社でも獨逸シーメンス會社の手を經て直輸入の手筈になつて居る上、歐米へ視察に向つた同社の増本氏が歸途獨逸に入つてフィルム輸入の契約を結ので來るといふ。[14]

第一次世界大戦後の敗戰で疲弊していたドイツが復興し、ドイツの映画が輸入されて来るようになったのであった。

映画の輸入に密輸入もあった。『東京朝日新聞』第12548号、1921年（大正10）5月18日付の「神戸税關の映畫の大密輸入　既に判明せる罰金額　五六

---

14) 同上　第12206号、大正9年（1920）6月10日、9頁。

第1部　東洋汽船の活動

萬圓に達す　横濱に連累者ある見込で　其筋の大活動」の記事に見られる。

　神戸税關監視部にては數日來、小西税關監視部長指揮の下に部員を督勵して秘密裡に大活動を續け居れるが、右は最近に至つて活動寫眞映畫の大密輸入が發見されたのであるといふ、而も本事件は單に神戸のみに止まらず横濱方面にも連累者多數ある見込にて同税關の高橋、崎山兩監視等急遽横濱に出張極力捜査を進めつつあるが、事件の詳細は不明なるも、米國より莫大なる映畫を十數回に互りて密輸入し、我國の主なる活動寫眞會社に連絡を取りて頗る大規模に賣捌かしめ居たるものの如く今の所に判明せしものに對する罰金罪にても五六萬圓に達すると稱せられ、事件は各方面に波及する模様である（神戸特電）。[15)]

神戸税関が摘発したのは密輸された映画であった。アメリカから膨大な量の映画が10数回にわたり密輸されていたのであった。

3　日本のおける外国映画の代理店

　日本に外国映画を輸入していたのは日本の映画配給会社であったが、昭和初期になると外国の映画会社もその支社を日本に設置するようになる。

　『東京朝日新聞』第14771号、昭和2年（1927）7月1日付の「週間映画」欄の中曽根丈衛の「輸入映畫の選擇」の論説が見られる。

　　四五年前までは、外國の會社で日本に支社を置くものはユニヴァサル唯一軒であつて外國映畫を取扱つてゐた日活、松竹、大活、その他の配給會社は自由に歐米の映畫を選擇輸入することが出来、随つて營業も極く容易であつた。

　　所がその後、パラマウントを始め、ユナイテッド・アーティスツ、フォックズ、ファースト・ナショナル等が相次いで日本に支社や設けローヤルティー（権利金）を拂ふ必要のない自社製作の映畫をどしどしていき

---

15) 同上　第12548号、大正10年（1921）5月18日、2頁。

第 7 章　日本における輸入映画と汽船

ょうするやうになつたために、日本の外國映畫は配給者は選擇の範圍が狹められ加ふるに外國支社と競爭しなければならない立場になつて、營業上非常な困難に陷つて了つた。

　そこで當然考へなければならない事は、今後如何なる映畫を輸入してこれら外國映畫會社の支社に對抗してゆくべきかといふことであり、その結果次のやうな案が持だされることになる。

　（一）　いまだ日本に支社を持たない製作會社を物色し、その會社の一ヶ年の製作映畫の全部を契約輸入すること。
　（二）　獨立製作會社の作品中より興行價値、藝術價値のある映畫を選擇して一種づつ輸入すること。
　（一）に屬する會社は、メトロ・ゴールドウキン、ワーナー・ブラザース、ビー・ディー・シー、エフ・ビー・オー、コロンビア等で皆それぞれ日本配給者の手で契約され各常備館に上映されてゐる。
　（二）に屬するものは主に歐洲物に多く、米國映畫にはほとんど絶無といつてもいい位である[16]。

とあるように、1927年頃にはアメリカのパラマウント（Paramount Pictures）、ユナイテッド・アーティスツ（United Artists Entertainment LLC）、フォックズ（Twentieth Century Fox Film Corporation）、ファースト・ナショナル（(First National Pictures）等が日本に支社を持ち、メトロ・ゴールドウキン（Metro-Goldwyn-Mayer Inc.）、ワーナー・ブラザース（Warner Bros.）、ビー・ディー・シー、エフ・ビー・オー、コロンビア（Columbia Pictures Industries Inc.）等はまだ無かった。さらに同記事には、次のようにある。

　　私の貧しい經驗はメトロ・ゴールドウキンの一九二四―五年度四十六種、ワーナー・ブラザースの一九二五―六年度四十二種の輸入配給をした。これ等は事業としては失敗した方である。なぜ失敗したかといふと、毎月四種づつ引取らなけらばならないために資金をばく大に要すること、

16）同上　第14771号、昭和 2 年（1927）7 月 1 日、10頁。

第1部　東洋汽船の活動

　良いのも悪いのも全部引受けなければならぬこと、系統から見て外國支社即ち米國會社の支社と同種類でしかも原價のかかつてゐないそれ等支社の映畫と競争せねばならぬこと等が主なる失敗の原因であつたと思ふ。
　以上の失敗から私共は第二の方法にまで進んで行つた。所が第一の方法よりもつと困難な事にぶつかつた。つまり輸入の出来る可能性のある映畫が甚だ少くかつ選択範囲が狭められたのである。
　私共は映畫を事業として成功させたいと思ふと同時に多数の貢献をしたいといふことを常に考へる。故に一映畫を選択するに當つては、興行價値と同時に藝術價値を念頭に置く。一つの作品が完成されたことが外國新聞又は雑誌によつて發表される。製作會社はどこか、監督はたれか、主演俳優はたれか、批評家の説はどうか、日本の検閲は如何、外國支社の映畫と對比してどうか。そこでいち早く権利金の交渉に移る。かくして輸入された映畫が到着して始めて試寫を見るまでは随分周到な考察と判断とを要する。
　映畫の輸入は思へば一種の冒険であつて、多年経験を有する者でもまれには失敗することもある。だが素ばらしい傑作を輸入して世間から好評を得た時にはいひ知れない愉快を感じる。兎に角、近代的な興味ある仕事である。[17]

　昭和初期になると、これまでの日本の映画配給会社「日活、松竹、大活（本書第二部参照）」などが選択して輸入していた形態にかわり、日本に進出してきた外国映画会社「ユニヴァサル」に続いて「パラマウントを始め、ユナイテッド・アーティスツ、フォツクズ、ファースト・ナショナル等」が日本に支社を設け、自社の映画を盛んに輸入するようになってきたのであった。それは日本の映画市場の価値が認められたことに他ならない。
　映画の輸入に際する問題も生じていた。『東京朝日新聞』第16031号、昭和5年（1930）12月18日付の「税關を恨む　輸入映畫業者　試寫の損傷に近く

---

17) 同上、10頁。

第 7 章　日本における輸入映画と汽船

抗議を持込む」の記事では、外国映画の輸入に際して、税関で検閲される際に、映画フィルムが傷つけられるなどの問題が生じていたのである。

　洋畫の輸入に當り神戸、横濱兩税關は陸揚げするプリントを試映して我が取締法則に囑れぬ映畫のみの通關を計つてゐる。これは我國で公開し得ぬような洋畫を買付た場合徒らに税金を支拂はせられた上、返還せねばならぬ冗費を救ふものとして當業者の感謝を受けてゐたが、最近税關吏がこれを一種の役徳と心得、優秀な映畫の輸入された場合などは數回、十數回にわたつて試寫を行ひ、ために映畫は興行前に大損傷を蒙る事が頻發するといふので、當業者はこの被害を除くため幾多の例證を擧げ税關當局へ正式に苦情を持込まうと協議中であると。[18]

税関では輸入映画を試写して、取締を行っていたが、その試写の際に、とくに優秀映画は、試写の機会も多く、フィルムに裂傷を生ずるなどの問題があったのである。

『神戸又新日報』大正13（1924）7月18日付に「伯林に日本品博覧会　仏国は巡回展覧会船を日本へ　対米反感を利用する機敏さ」が掲載されている。

　米國映画の排斥決議案の取消を先頭に、日本に於ける米貨排斥は漸く下火に向わんとして居るが根にもつ排米熱はやむべくもない、機敏な欧洲の商人連は日本人の対米反感を利用しこの機を逸せず従来日本の外国貿易が米国中心であるのを根柢から覆して欧洲中心に移そうと今や躍起となっている模様である、先ず仏国からは同国商品を日本人に紹介するため近く仏国エム、エム汽船の二艘に日本人向きの商品を満載して日本に向い、神戸、横濱の両港で商品展覧会を催し日本人の嗜好を喚起する計画があり独逸では之と反対に日本品を欧洲に紹介してそのお礼として自国品を売込もうと伯林商業組合の代表者が日本に向かうと云う通知があった、但しこれ等の欧洲貿易振興の計画に対し近く政府が実施しようとして居る贅沢品に輸入税の引上げが障害になりはしないかと心配して居

18）同上　第16031号、昭和5年（1930）12月18日、9頁。

第 1 部　東洋汽船の活動

る向きもあるが、些したる支障にもしない意気込であると。(東京)[19]
とある。ヨーロッパの商人が、日米関係の不調の時期に欧州映画を日本の持ち込み販路を拡張しようとする動きがあった。

また『東京朝日新聞』大正13 年（1924）10月28日から同年12月16日付に掲載された「米国の巻（一〜四十・完）　国際資本戦」の中に、

（一）米の資本的覇権

　世界大戦が過ぎ去った後、地図屋が世界地図の書直しを盛んにやって売出した。恰度地震後東京の地図を焼けた所と焼けない所とに色分けして売出したように。しかし地図屋の書き直した世界地図は欧州各国が遣り取りした地球上の極く少部分の面積の色分け丈けで大戦によって齎された一番肝腎な世界の富力分布の変化は忘れていた。大戦が産んだ最も重大な変化は、欧州各国がその面積を拡げたとか縮めたとか云うことではなくて、世界の富力の分布がどう変化したかと云うことである。何故ならこの大戦によって齎された富力分布の変化は、直に、資本力の変化で、今後久しきに亙って世界の大勢を言い換えれば各国の勢力消長を戦前と全く違った方向に導くからである。

　英佛は舊資本国

　しからば大戦が齎した世界の富力分布の一大変化とは何を指して云うか、之を一言で云えば欧州の富が去って米国に移ったことである。そして今まで資本国債権国として、世界に経済的優越の地位を占めつつあった英、仏、独が、債務国となり、反対に今まで債務国であった米国が一躍して債権国となり英、仏、独の旧資本国に対して又世界各国に対して資本的威力を発揮するに至ったことである。[20]

とする連載が40回にわたり、その最後に映画に関する記事が見られる。

　映画で世界米化　米國の巻一（完）

---

19)『神戸又新日報』大正13年（1924）7月18日。
20)『東京朝日新聞』第13797号、大正13年（1924）10月28日、4頁。

第 7 章　日本における輸入映画と汽船

　世間一般が経済的に見ることをせない為め、その偉大さが著るしく閑却されているものは活動写真である。現代産業社会に於て、活動写真事業位短期間に加速度的の発展を遂げたものは少い。その活動写真に於いて米国は亦現在世界の先頭に立つ。

　米国映画の全盛

　固より他の産業に於けると同様、活動写真に於いても、戦前は欧洲が中心で、その発売市場と云えば倫敦であった。然るに大戦が始まるや欧洲各国は活動写真の如き平和事業をやっている暇はなくなった。そこで米国は鬼の居ない留守の洗濯と云う形で、大いに発展し遂に米国の大産業の四五位を占めると云うようになったのである。その発展の順序を見るに、ユニヴァーサル会社の如きが早く千九百十二年に出来て、多数の会社を合同し、大規模に経営して米国映画事業の基礎を築いていた処、戦争が始まるに及び反独的宣伝映画の大流行となり、之が製作及び興行には政府まで大いに力を容れた為め、著るしく映画熱を煽り、米国の活動写真全盛時代を出現した。

　一本が三百万円

　然るに一方米国は戦争で非常に富力を増し成金心理によって何事も大袈裟に金をつぎ込む事を喜ぶようになり、ロス・アンゼルス其他に大仕掛な撮影所を設け一本のフイルム製作に投ずる金高のより多額であることを誇りとするようになった。如何に多くの制作費を要するか例を挙げて見ればグリフィスのイントレランスが百五十万円ユニヴァーサルのノートルダムの傴僂が二百万円同じくユニヴァーサルの愚かなる妻が二百二十万円又フェーマス・プレーヤス・ラスキーのゼ・ミラクル・マンが三百万円と云う如きである。斯様に製作に多額の費用を要すると共に、他面之が興行に多くの費用を要した。五千人以上の観客を収容し得る紐育のカピトル座と始め、一つの常設館建設費二百万円以上を投じたものが沢山ある。

　世界の映画市場

斯くの如く製作及興行に多くの費用を要するので、自然活動写真事業が大産業となり、米国の今之に投じている資本は、ざっと十三億弗に達すると云われている。そして年々五千乃至六千本のフィルムを製作し米国二万余の常設館の需要を充すと共に海外に年二億呎から輸出している。実にフィルム世界総産額の八割を米国が占るに至った。日本に輸入する外国映画も其八割以上は米国品である。然るに米国はかように自国品を発売輸出するばかりでなく、更に欧洲各国の製品を米国人の手を通じて発売輸出することに力を致した。そこで戦前英国が世界の映画発売市場であったものが、今は米国が世界の映画発売市場となった。

有力な映画会社

凡そ映画事業には製作、発売及び興行の三段ある。うち米国に於いて最も有力なのは製作会社で発売を兼ね又は発売を専門とする者である。発売を兼ね製作をする有力なものはフォック会社、ユニヴァーサル会社、フェーマス・プレーアス・ラスキー会社及メトロ・ゴールドウィン会社の四社で、発売専門ではユナイテット・アーチスト社がある。フォックス会社はウイリアム・フォックスの経営する処で、有力な製作会社であると共に、発売会社で、その自社製品を専門に売出している。ユニヴァーサル会社はカール・レーンムルの経営する処で、紐育フィルム、インプ、レックスの三製作会社が始め合同して出来たもので、前者同様有力な製作会社であり、発売会社を兼ねそしてその自社製品を専門に売出している。

ハーストの活躍

フェーマス・プレヤース・ラスキー会社はアドルフ・ズーカーが千九百十六年二社を合併して拵えたもので、その後有名なパラマント会社其他数社を買収し支配している。その株は紐育株式取引所に上場され、前二者以上有力な製作兼発売会社である。そしてその発売の方では自社製品のみならず他の製作映画も発売する。以上三有力会社の経営者が何れも猶太人であることは注目を要する。次にメトロ・ゴールドウィン社は、

第 7 章　日本における輸入映画と汽船

　　あの排日新聞王ハーストがお妾マリオン・デービスを中心として製作を
　　やるゴールドウィンと、メトロ・ピクチュアーと最近合同したもので、
　　製作兼発売会社であり、特に他社の製品を盛んに発売する。最近余り多
　　く独逸の映画を輸入発売するので問題を起した。最後にユナイテット・
　　アーチスト社は名監督グリフィス及び名優のダグラス・フェアバンクス、
　　チャーリー・チャップリン、メリー・ピックフォードの四製作者が連合
　　して作った発売会社で、前四社と違って発売専門である。
　　　世界の米国化
　　有力な右五社のうちメトロ・ゴールドウィンを除いては何れも日本に支
　　社を設け、米国映画をして日本映画を圧倒しようとしているが、独り日
　　本のみならず、フォックス社フェーマス・プレーヤース・ラスキー社の
　　如き世界各国に支社を設け、あの濃厚なそしてヤンキー味たっぷりな米
　　国映画を売拡め世界を米国化しようとしている。[21]
とあり、アメリカ映画の隆盛を記し、日本への積極的な進出が見られる。
　『東京朝日新聞』昭和 4 年（1929）5 月23日 - 5 月26日にかけて、「トーキーの正体（一～四）話題と解説」が掲載されている。

　　　フィルムが物をいう
　　第八芸術から第九芸術へ…世界のキネマ界は、無声画からトーキーへと、
　　恐ろしいうず巻を起している。映画の都ハリウッドのフォックス社をは
　　じめとして、各映画会社では、トーキー製作に血みどろになっている。
　　そして、そのとばっちりがまた面白い現象を起し、表情と仕草を命とし
　　た無声画のスターが、科白に落第してワンサに成り下ったり、反対に声
　　のいいワンサが一躍主役を振られたり、キネマ俳優界に大地震を起しそ
　　うになった。また、日本名物「映画説明者」なる商売が、昭和商売往来
　　から無くなって行こうともしている。
　　　大衆を左右し、時代を先駆しつつある映画界に、天から降ったかのよ

21）同上　第13846号、大正13年（1924）12月17日、4 頁。

第 1 部　東洋汽船の活動

うにかような大革命を起したトーキーとは、果してどんな正体のものであろうか。[22]

と、映画の製造過程を記している。ついで、「最初のものは蓄音機を使用」、「音と畫を同時にフィルムへ」として、

フィルム式というのは、フィルムに画面と音声（科白および音楽効果）とを同時に撮影し、更に映写する時も一枚のフィルムを映画機にかけさえすればいい様になっている。[23]

フィルム式は、現在もっとも広く用いられているもので、一九〇三年米国のド・フォレー博士（無線界の先覚者）によって発明された。……最近問題となったWE式やシネフォーンの輸入事件も、日本におけるド・フォレー博士の特許使用権を有している某映画会社との間に起った紛争である。……[24]

と、フィルムによる映画の新方式についての発明を記している。さらに、「雑音を防ぐトリック」、「画面と音声を別々にうつす」、「どうして映写する」などの記述について、

最後に映写方法について大略いって見よう。映写機も、撮影機と同様に、普通の映写機の外にフィルムの音声の部分に対する特別装置がある。その主要部は、次の如くである。……フィルムは、間隙の部分を通過して、次ぎに普通の映写機にかかるようになっているから、音声と共に前面のスクリーンに映写されてくる。……

以上は、トーキーの原理の大要であるが、機構は製作所によって種々あり、銘々に商品名を付して発売されている。（了）[25]

として、新たに登場してきた映写機、撮影機を使用するフィルムの可能性を述べている。しかし、これらいずれもがアメリカから輸入されてきた形式で

---

22) 同上　第15461、昭和 4 年（1929）5 月23日、5 頁。
23) 同上。
24) 同上　第15462、昭和 4 年（1929）5 月24日、7 頁。
25) 同上　第15464、昭和 4 年（1929）5 月26日、5 頁。

第 7 章　日本における輸入映画と汽船

あった。アメリカの映画が日本社会にさまざまな影響を及ぼし始めたのである。

4　小結

　上述のように明治29年（1896）末頃から日本で「活動寫眞」が普及し始まる。その最大の要因は、海外から「活動寫眞」が輸入されたことであったと言える。「活動寫眞」輸入に関する具体的なことを明確に記録したものは少ないが、当時の日本に来航してきた汽船がヨーロッパやアメリカから映画を輸送してきたことは歴然である。

　とりわけ北太平洋航路によってアメリカやカナダそして日本の汽船会社が航行する時代[26]には、これら汽船会社の航路によって多くの映画が輸入されてきたことは確かであろう。そして日本で最初に陸揚げされた地が、最大の港湾を要した横濱・神戸であり、その結果最新の映画の上映地ともなったと言えるであろう。このように汽船航路の寄港地、経由地として重要な港である横濱や神戸が、海外の新しい文化である映画上映の発端の地となったことは容易に想像されると言えるであろう。

26）松浦章『北太平洋航路案内のアーカイヴズ―船舶データベースの一端―』関西大学アジア文化研究センター、2015年 6 月、 1 ～85頁参照。

第8章　谷崎潤一郎と大正活映

1　はじめに

　1993年4月20日付の『毎日新聞』東京、夕刊の「この日この時」欄に、

　　大正9年（1920）4月20日、大活映画が創立された。正式名称は大正活
　　動、後に大正活映と改称された。その2ヶ月前に松竹蒲田映画が創設さ
　　れ、日本映画はあけぼのの時代を迎えていた。松竹は小山内薫を迎えた
　　が、大活は文壇の大御所、谷崎潤一郎を文芸顧問に迎え、これに対抗し
　　た。大活の経営母体は東洋汽船で、世界に日本をPRしようと映画事業
　　に着手した。アメリカで映画俳優をしていたトーマス・栗原喜三郎に監
　　督として協力を要請、俳優は素人を集めて訓練した。第1回作品は谷崎
　　作の「アマチュウ倶楽部」で、谷崎の義妹、葉山三千子が主演、後の大
　　スター岡田時彦は野良久羅夫で主演した。……[1]

との記事が見られる。1920年4月20日に大正活映の前身であった大活映画が創設され、経営母体が東洋汽船であり、そして文芸顧問として谷崎潤一郎が参画していたことなどが知られる。この大正活映の所在地は、横浜市中央区の元町プールの場所に「大正活映撮影所」[2]があった。

　大正活映は、東洋汽船会社が出資した会社であったとされる。しかし東洋汽船会社の影響力のもとにあった大正活映については、断片的な記録しか知られていない。そこで、岡田正子氏[3]から教示を得た今東光（1898-1977年）

---

1) 『毎日新聞』東京、夕刊、平成5年（1993）4月20日。
2) 同上 地方版、神奈川、平成11年（1999）11月13日付の「メイド・インヨコハマの芝居　女優・五代路子さんらが「横浜夢座」」の記事による。
3) 岡田正子氏はHPで「美しき日本」を公開されている。ベンジャミン・ブロッキーの研究者である。附章参照。

第1部　東洋汽船の活動

の『十二階崩壊』[4]と、谷崎潤一郎（1886－1965年）自身が記した映画に関係する作品から大正活映に関することについて探ってみたい。

　谷崎潤一郎は、「大正期に輩出した小説家のうち現代になお溌剌たる生命を保つ唯一の人です。感情のみずみずしさを失わず、一作ごとに新しい工夫をこらし、絶えず前進して、いわば芸術家として現役に止まるただひとりの例外です」[5]と評される大作家である。この谷崎が映画に関心を持っていたのである。

　今東光の『十二階崩壊』は雑誌『海』の昭和50年（1975）新年号から同52年（1977）7月号まで、22回にわたって連載されたものである[6]。連載が終了した翌年早々に単行本になった。それが中央公論社の『十二階崩壊』である。表紙は「東京名所凌雲閣」を描いた錦絵が使われている。今東光は、谷崎潤一郎に私淑していた。その状況が『十二階崩壊』に詳しく描かれている。この小説に谷崎が関係した大正活映のことが断片的ながら述べられている。

　そこで、今東光の『十二階崩壊』から関係する記述を中心に述べたい。

2　谷崎潤一郎と映画

　今東光の『十二階崩壊』には年月など時間的なことはほとんど記されていないが、あるとき今が谷崎潤一郎の曙町の家を訪ねると、谷崎が、

　「今度また横浜に引越すことになったよ」[7]

と、横浜への引越の準備をしていた。その理由を今東光が先に質問した。

　「新聞の噂に出ていた活動写真のことですか」

　「まあ、そんなところだね」[8]

---

4) 今東光『十二階崩壊』中央公論社、昭和53年（1978）1月、1－318頁。
5) 中村光夫『谷崎潤一郎論』講談社文芸文庫、2015年8月、6（1－317）頁。
6) 今東光、前掲書、前書きによる。
7) 同上、12頁。
8) 同上、12頁。

第 8 章　谷崎潤一郎と大正活映

　谷崎潤一郎は、活動写真に関係する仕事に従事するようで曙町[9]からの引越を考えていた。
　谷崎の映画に前向きになっていた理由の一端を今は次のように記している。
> 僕は君（今）の見た日活[10]の写真は知らないが、活動写真というものに接してから、あれで枕草紙を映画化してみたいと何度、思ったかしれない。[11]

と、谷崎の映画に固執した意図の一端が見られるであろう。谷崎は映画に強い関心を持っていた。
> 谷崎はナジモワ[12]にお熱をあげ、その他の当時のアメリカ女優の名前と演技をよく知っていたが、一緒に浅草へ行っても、谷崎ほど活動写真館のスチールを楽しそうに眺め歩き、果ては何所かの小屋に入って夢中になって見るほどの興味は湧かなかったが、……[13]

　谷崎はアメリカ映画にも通じていたようで、活動写真館と呼称された当時の映画館のスチール写真にもきわめて興味を持っていたようである。
　そのような谷崎の映画に傾倒していた姿を、今は、
> 活動写真もイタリーの歴史的大作やフランスのパテー社製[14]の作品を圧倒して日本の市場を席捲しはじめたアメリカ映画の上昇期だったので、谷崎は文学という文字を駆使する作品に代って、動く写真によって自らの文学作品を製作したい慾望の虜となって仕舞ったのではあるまいかと

9）曙町：横浜市中区曙町。
10）日活：日本活動写真株式会社。
11）今東光、前掲書、13頁。
12）ナジモワ：アラ・ナジモヴァ（Alla Nazimova, 1879-1945年）は、ロシア出身の女優・脚本家・プロデューサー。その美貌と独特の個性でサイレント期最大の女優と言われた。
13）今東光、前掲書、17頁。
14）パテー社：1896年9月28日、シャルル・パテ（Charles Pathé）、エミール・パテ（Émile Pathé）、テオフィル・パテ（Théophile Pathé）、ジャック・パテ（Jacques Pathé）のパテ4兄弟がパリにフォノグラフ・レコードを販売する「パテ兄弟商会」（Société Pathé Frère）を設立。

第 1 部　東洋汽船の活動

　　　想像し、……[15]

と記しているように、谷崎は映画についても当時の人を遙かに凌駕する知識を持っていたことが知られる。

　事実、谷崎潤一郎は、映画に興味を持っていたようで、小品ではあるが、幾つか作品を書いている。大正 6 年（1917）9 月の『新小説』に、「活動寫眞の現在と將來」の中で、

　　　予は別段、活動寫眞に就いて深い研究をしたこともなければ、廣い智識を持つて居る譯でもない。しかし久しい以前から、熱心なる愛好者であって、……[16]

と冒頭で書いている。また大正10年（1921）3 月の『新小説』にも「映畫雜感」では、

　　　……私は大正活動の栗原トーマス君に始めて横濱で會見する約束があつて、午頃に小田原を立つて櫻木町のステーションに着いたのは二時少し過ぎだつた。栗原君は停車場へ迎へに来てくれたので、二人は其處からタクシーで山下町三十一番地にある同會社の事務所へ向つた。……[17]

と、後に大正活映において一緒に仕事した栗原トーマスとの出会いを記している。また大正10年 3 月号の『社會及國家』に「日本の活動寫眞」[18]や、映画閲覧の評論として「『カリガリ博士』を見る」[19]、同じく同年10月号の『社會及國家』には「映畫のテクニック」[20]、大正13年（1924）11月号の『演劇新潮』に「映畫化された『本牧夜話』」[21]、昭和10年（1935）4 月『サンデー毎日春の映畫號』に「映畫への感想―『春琴抄』映畫化に際して―」[22]などをあげるこ

---

15)　今東光、前掲書、20-21頁。
16)　谷崎潤一郎『谷崎順一郎全集』第20巻、中央公論社、1968年 8 月、13頁。
17)　同上　第22巻、中央公論社、1968年 8 月、101（98-102）頁。
18)　同上、103-106頁。
19)　同上、107-112頁。
20)　同上、113-120頁。
21)　同上、167-179頁。
22)　同上、317-321頁。

とができるように、谷崎潤一郎は大正後期において少なからざる映画に関心を持っていたことが知られる。

3　大正活映と谷崎潤一郎

　その谷崎潤一郎が大正活映と関係するのである。そのことは谷崎が雑誌『新潮』昭和35年（1960）4月号に「映畫のことなど」と記している。この時の『新潮』は、創刊六百號記念として、グラビアに「作家秘蔵の写真」を「思い出の文壇」として掲げ、志賀直哉、谷崎潤一郎、正宗白鳥を初めとして井伏鱒二、井上靖、三島由紀夫、石川達三、川端康成等40名の有名作家の短編を348頁に収めたものである。その同誌に、谷崎が「映畫のことなど」[23]を書いている。

　　私が大正活映に入って、映畫の仕事に關係するようになったのは、大正九年で、三十五の年であった。
　　この大活は、淺野總一郎氏の東洋汽船が資本をだしてゐた映畫會社であつたと思ふ。[24]

　谷崎が大正活映と関係を持ったのは大正9年（1920）のことで、彼が35歳の時であった。その大正活映は東洋汽船会社を経営していた淺野總一郎が資本を提供した会社であったと記している。

　この頃、谷崎は東京に住んでいなかったので、東京に来ると新橋の上山草人の自宅に宿泊していた。その時に紹介されたのが「志茂成保といふひと」[25]であった。

　　志茂といふひとはそのころ東洋汽船の上の方の役をしてゐて、大活をはじめるにあたつて、私を誘ひにきた。始終私が草人の家にゐるといふの

---

23) 『新潮』第52巻第4号、新潮社、1955年4月、345-348頁。
24) 同上、345頁。谷崎潤一郎『谷崎潤一郎全集』第23巻、中央公論社、1969年3月、292頁。
25) 同上、292頁。

第 1 部　東洋汽船の活動

で、ちやうど私が遊びにいつてゐた日に、栗原トーマスと一緒に訪ねてきて、大活の脚本部の顧問になることをすすめられた。志茂といふひとは、別に有名なひとでもなかつたが、私が映畫の仕事をするきつかけは、このひとによつて、つけられた。[26]

大正活映が建設準備の時期のことを、今は次のように記している。

　その頃の夏、僕はふと千代子夫人の妹の勢以子[27]に誘われて小田原に行った。彼女は兄の潤一郎のすすめで活動写真の女優になることになり芸名を葉山三千子と名乗った。また撮影所は建設中とかで、けれども俳優連も次第に集まったので一種の演劇学校式に勉強して第一回作品を製作するのに備えているとのことだった。[28]

谷崎夫人の妹の石川勢以子が谷崎潤一郎に勧められて俳優葉山三千子として大活の映画に出演することになった。

　勢以子が来て小田原に誘ったのは海水浴に来ないかということで、……勢以子は自慢に僕を誘ったが、それよりも小田原に行ってみたくなったのは谷崎が招聘された大正活動写真株式会社が、有名なスタッフの一人を招いたことが僕の耳にも入ったからだ。その人は栗原トーマスといい、世界の五大映画監督と称せられたトーマス・H・インス[29]に見出されて相当にハリウッドで活躍したのを大活が入社させて、日本の映画俳優に映画演技を指導することになったのだ。

　その頃、松竹も蒲田に撮影所を開設し、小山内薫の指導のもとに男女優を募って、日本も漸く活動写真時代から脱皮して映画時代に入ろうというまさに暁闇の時代だった。松竹も同じインス監督の下で名キャメラ

---

26) 同上、292頁。
27) 谷崎潤一郎の最初の妻石川千代子は、石川初、千代、せい子の3人姉妹であった。三島佑一『谷崎潤一郎と大阪』和泉書院、2003年12月、92-96頁。
28) 今東光、前掲書、21頁。
29) トーマス・H・インス（Thomas H. Ince、1882年11月16日－1924年11月19日）は、アメリカ合衆国の映画監督。

第 8 章　谷崎潤一郎と大正活映

マンとして知られた小谷ヘンリー夫妻を招聘した。

　僕は勢以子から栗原トーマスや小谷ヘンリーの話を聞くと胸が躍るのを押さえることが出来なかった。アメリカの三つのビッグ・インダストリーと言われた映画産業がやがて黄金時代を築くために世界中から美男美女がハリウッドに集り、その噂は日本の若い人々を惹きつけずにはいなかった。喜劇王のチャーリー・チャップリンはそういう映画の波に乗ってアラスカのエスキモーからアフリカのガーナやザンビアの果てまで知られるという有様で、日本も亦、背伸びをしながら映画に力を入れはじめたのだ。文壇の鬼才として華々しく虹のように世に出た谷崎潤一郎さえ大正活動写真会社に招かれて映画製作をするということは、文壇ばかりではなく当時の若い人々に大きなショックを与えずには措かなかった。

　それなのにどうしても師と憑（たの）む人がそれほど打ち込む映画に僕が打ち込めなかったか。これは今でもわからない。[30]

大正活映が創業する当時の映画界やアメリカ映画業界まで幅広く概括的に描き、それと谷崎との関係を簡潔に描いている。

今東光『十二階崩壊』には、大正活映と谷崎潤一郎の関係について次のように記している。

　今では大活などと言っても殆ど記憶している人はあるまいと思う。日本映画史には幾多の映画会社が泡沫のように現れては消えて記録だけは残っているばかり。日活（日本活動写真株式会社）の向島撮影所で製作される作品は何といっても旧来の女形（おやま）を使っての芝居なので、次第に見る人々は飽きがきた。後に有名な監督になった衣笠貞之助なども向島の日活で女形に扮し、一時は満都の子女の紅涙をしぼった役者だった。その衣笠さえ女形に嫌壓の情をおぼえて飛び出す有様で、写真である限り女優には女形は勝てないということになった。どれほど美男の女形でも

30）今東光、前掲書、中央公論社、24頁。

第 1 部　東洋汽船の活動

　　咽喉仏の見える頭が映ったりしては色消しだった。そういう時に大正活
　動写真が谷崎潤一郎を招いて映画製作をするというのだから、爆発的な
　注目を浴びずにはいられなかったのだ。谷崎は、
　　「君は活動写真が嫌いかね」
　　と如何にも軽蔑するような口調で聞いたことがある。[31)]

　大正活映が谷崎潤一郎を招聘した当時の事情の一端が知られる。
　　谷崎が、今東光が幼少期に母親に連れられて初めて見た「ジゴマ」[32)]について、「エクレール会社製でね。レオン・サージーという探偵小説家がル・マタンという新聞に連鎖して大好評を博したのを活動写真にしたものだ。あんな題材は小説なんかの手法に頼って一字一句を逐うよりは、活動写真のように目に訴える方が、看る人に刺激と感動を与えるよ。活動写真は今に新しいジャンルを開拓するよ」[33)]と語ったことを記している。

　　その「ジゴマ」の原作者の名やその製作会社のことまで谷崎はちゃんと記憶しているのであった。文壇の一部では谷崎の大活入りを彼の好奇心に帰したり、ひがみ根性の見方をする奴は谷崎は贅沢をしたい為に金儲けに抜け目なく活動屋になったなどと厭味を言っていたが、其奴等が果たして谷崎が少年時代にこんなことまで知っていたを知っていたかどうか。

　　それほど谷崎は映画が好きだった。それなればこそ後に映画が第八芸術だという芸術論が世界で論じられるのを見て、僕は谷崎の先見の明に服さざるを得なかった。まったく映画は時が経つに従って進歩し発展し、

---

31) 同上、38頁。
32) ジゴマ：ジゴマ（Zigomar）は、レオン・サジイによるフランスの怪盗小説シリーズ。1909年に「ル・マタン」紙の連載小説（Roman- feuilleton）として掲載され、連載後に J. Ferenczi 社から単行本化。続いて全28冊が出版された。パリを舞台に変装の怪人ジゴマが、殺人、強盗などの犯罪を繰り返す。1911年に映画化され、また同年に日本でも公開された。
33) 今東光、前掲書、39頁。

第 8 章　谷崎潤一郎と大正活映

新しく芸術の分野を開拓した。これは縷々(るる)説明するまでもあるまい。
　そこで谷崎は大活というものは日活などとはまったく性格を異にする活動写真会社だと言い聞かせたのだ。それは解らないことはない。少なくとも谷崎潤一郎という文化人が書斎を飛び出して自ら映画製作に当ろうという気になるには、その会社の受け容れ態勢が問題だ。[34]

　谷崎潤一郎が映画に関心を持て、大正活映に参画した事情が、今東光の視点から描かれている。さらに、大正活映の俳優等について次のようにある。

　大正活映（大正活動写真）の若い役者等は谷崎に可愛がられて甘ったれていたことは事実だった。まして義妹の勢以子が葉山三千子という芸名で女優の修業をしていたのだから、甘ったれ野郎が野放図もなく三千子を中心にして遊び廻っていたのは是非もない。僕は目にあまる奴等の中で数人に注目していた。一人は図抜けて大きな男で、ロケーションなどではキャメラマンが持てあますほど重い三脚を軽々と担いで手伝いまでする内田吐夢。それから抜群の演技力をもった美男の高橋英一（後の岡田時彦）。次は何度もブタ箱入りの経験のある不良混血児の江川宇礼雄。二川文太郎、井上金太郎、渡辺篤など後年それぞれ名を挙げた人材がごろごろしていた。後に触れるが、第一回作品で主役を演じた上野久夫はその後杳(よう)として消えて行って仕舞った。[35]

と、大正活映の俳優等の名が出てくる。谷崎も「映畫のことなど」において、大活には内田吐夢、井上金太郎、岡田時彦らがゐた。……岡田時彦は、大活がはじまると、一番さきに入つてきた。大活の發足を新聞でよく知つてゐたのだらう。はじまる直前に、誰の紹介もなしに、突然私の家へたづねてきて、「是非映畫の役者にしてください」といふので、私から栗原トーマスに紹介した。しばらく交き合つてみてゐると、なかなか利口だし、顔ももちろんよかつたし、ああ、これならいい、つかへるなと思

---

34) 同上、39頁。
35) 同上、37-38頁。

第 1 部　東洋汽船の活動

　　つた。栗原も非常に買つてゐて、これは今にえらくなると言つてゐた。
　　若死したのは惜しかつた。
　　　岡田時彦といふ藝名は、彼が「アマチュア倶樂部」に出演するときに、
　　私がつけてやつたので、いま賣出してゐる岡田茉莉子も、その縁でつけ
　　てやるようなことになつた。岡田時彦が私のところへ來る前に何をして
　　ゐたかは知らない。[36]

と、大活の俳優岡田時彦の誕生前後の様子を記し、「岡田時彦」の名は谷崎が命名したことが知られる。女優岡田茉莉子は岡田時彦の長女である。

　谷崎は岡田時彦の死去に際して、1934年に「岡田時彦弔辭」(昭和九年一月)を記している。その中で「君ハ幻戯ノ名優ニシテ而モ世ヲ去ルノ蚤キコト幻ノ如シ」[37]とあるように、岡田時彦の早逝を惜しんだ。

　内田吐夢は「大菩薩峠」(東映1957年、「大菩薩峠・第 2 部」(東映1958年)、「大菩薩峠・完結編」(東映1959年)や「宮本武蔵」(東映1961年)、「宮本武蔵・般若坂の決闘」(東映1962年)、「宮本武蔵・二刀流開眼」(東映1963年)、「宮本武蔵・一乗寺の決闘」(東映1964年)、「宮本武蔵・巖流島の決闘」(東映1965年)、「飢餓海峡」(東映1964年)[38] などの名作の映画監督である。若きときに大正活映に関係していた。内田吐夢自身が記した『映画監督五十年』の第一章「青年放浪記」の「青春のはじめに」の最後に、

　　私はもともと岡山の田舎にいる時—将来は画家か音楽家になりたいと
　　思っていた。それが楽器に縁のある調律師になったのだが、調律の仕事
　　は芸術的な才能以外のものだと思うようになっていた。
　　　その頃、元町の偉人墓地の下に、大正活映の撮影所が出来て、私の足
　　は、いつの間にかその方向に向いていた。[39]

---

36)『新潮』第52巻第 4 号、346-347頁。『谷崎潤一郎全集』第23巻、294-295頁。
37) 同上、144頁。
38) 内田吐夢『映画監督五十年』三一書房、1968年10月、「内田吐夢監督作品目録」、282-283頁。
39) 同上、37頁。

第8章　谷崎潤一郎と大正活映

と、内田が自ら大正活映の撮影所を尋ねることになる。ついで、「大正活映時代」では、「たった一人の先生」として次のように記している。

　谷崎潤一郎先生にはじめてお会いしたのは、横浜元町の大正活映のセットの中だった。それは丁度、先生の第一回作「アマチュア倶楽部」の撮影中だった。

　ステージの外からも葉山三千子（谷崎氏義妹、スター女優）のはしゃいだ声がして、ドヤドヤと四、五人の人が入って来た。

　大正も九、十年―ラッパズボンの流行だつた頃の古い話―先生はホームスパンの渋い服の腕にスネークウッドのステッキを軽くかけ、奥さん同伴、佐藤春夫さんも一緒だった、ほかの二人はどうやら今東光さんと今日出海さんではなかったと思う。私は、その時は未だ撮影所の正式メンバーではなく、ただなんとなくスタジオ通いをしていたが、場面変りの時など邪魔にならぬ程度に、何かと手伝いをして、自然みんなと口を利くようになっていた。やがて、先生は私の方へ廻ってこられて、
「君は、はじめて見るが？」
と、声をかけてくださった。と、横から葉山嬢が、
「兄さん、この人ッたら、押しかけ婿なんですとさ、自分でそういってんの。内田さんといったわね？」
「はァ」
私は、ただ黙って頭を下げた。
「ほう押しかけ婿ネ！」
と、先生は笑われた。

　やがて、ワン・カット終って、栗原トーマス先生（ハリウッド帰りの監督）と谷崎先生が私の方を見ながら、何か話されている様子―私の神経は背中に集中して、ライトの熱いカーボンを取り換えながら、もし、断わられたら、と思ったら気が気でなかった。

　私は、その時、同じ横浜の西川ピアノ・オルガン製作所の調律の仕事をしていた。しかし、チューニング・キー一本から割り出す単調な仕事

第 1 部　東洋汽船の活動

の連続に飽きあきしており、ついフラフラと元町の撮影所の門をくぐって、栗原トーマス先生の監督ぶりを見ているうちに、なんだか自分の行く手をみたような気がして、それからというものは、毎日断わりなしに撮影所通いをしていた。すると、ある日、葉山嬢が、突然―。
「あんた、誰？何んなの？」
奇妙な問いであった。その頃の葉山三千子嬢は、女王さまのような存在に見えていた。
「ホク、僕は内田といいます。押しかけ婿です、撮影所の……」
私の返事も奇妙だった。
「押しかけ婿？そんなのないわヨ、押しかけ女房ツてのあるけれど……でも面白いわ……ラ・ドンナ・モビレ……」
　と屈託のないソプラノがセットを出て行った。
　そんなことがあってから、一週間位して谷崎先生にお目にかかることが出来て、葉山嬢の紹介ということになったのであった。
　その日の撮影も終り、帰りかけた私を栗原先生が呼びとめて、
　「内田君といったね、君。さっき谷崎先生からもお許しが出たから、明日から正式に通って来給え」
　　天に昇るというが、そんな気持ちで、谷崎先生に心の中で感謝した。
　　撮影所は元町の異人墓地の下の三角形の谷間にあった。グラス・ステージがたった一棟―その横の崖の茂みから冷たい清水がこんこんと湧き出ていた。所員は事務関係の人ふくめて五十人にも満たなかった、だから俳優でも手あきの者は、大道具、小道具、照明、タイトル書き、時には現像の手伝いまでしたものだった。[40]

内田吐夢が、大正活映の撮影所をのぞき、その仕事に興味を持って通ううちに、谷崎潤一郎や谷崎三千子等と出会い、栗原トーマスの監督ぶりを見ていく中で、大正活映のスタッフに加えられていった状況が具体的に描かれて

---

[40] 同上、38-40頁。

いる。完成した映画は、

> やがて「アマチュア倶楽部」も完成して、ヘッド・タイトルに栗原先生と谷崎先生のシルエットが下図になっていたことを覚えている人も、もう少なかろう。[41]

と、「アマチュア倶楽部」映画の冒頭に栗原トーマスと谷崎潤一郎のシルエットを使った手法であったようである。

内田吐夢は、岡田時彦について、

> 「野良久羅夫は二枚目の芸名ではないね」と、岡田時彦（岡田茉莉子の父）と名づけられたのは、谷崎先生だった。先生は岡田君の才能を高く買われて可愛いがられていた。しかし、それを顔に出したり、また、他の者と区別されるようなことは決してされなかった。
>
> 先年、熱海の先生宅に伺った時、岡田君の話が出て、
>
> 「もし、トーキーまで岡田君が生きていたら、どんなセリフ廻しで芝居をしただろうね」
>
> と、いわれたが、先生の岡田君を惜しまれる愛情の深さに、思わずホロリとした。[42]

と記している。

以上のように、谷崎潤一郎と大正活映との経緯は知られよう。

4　東洋汽船と大正活映

谷崎潤一郎が大正活映と関係していたことは谷崎自身の作品や今東光の記述で明らかであったが、その大正活映に出資していた人物が、東洋汽船会社を創業した淺野家であった。

谷崎が「映畫のことなど」において「この大活は、淺野總一郎氏の東洋汽

---

41) 同上、41頁。
42) 同上、41-42頁。

第 1 部　東洋汽船の活動

船が資本をだしてゐた映畫會社であつたと思ふ」[43]と記し、また谷崎は、東洋汽船会社がサンフランシスコ航路を運航していたことと映画事業の関係の一端を次のように記している。

> そのころのアメリカ映畫の影響をうけてゐたといふのには譯がある、ほんたうは、ヨーロッパ風にしても、どつちでもいいわけだけれども、資本をだしてゐた東洋汽船といふ會社が、アメリカ航路をもつてゐて、いろいろアメリカのことに詳しかつたし、それに栗原トーマスがアメリカのことしか知らなかつた。映畫はやはりヨーロッパよりもアメリカの方が進んでゐるといつてゐたが、それは、技巧的にはさうだつたかもしれないが、私たちは必ずしもそうは思はなかつた。むしろヨーロッパの方がいいと思つてゐたくらゐだが、前にいつたような理由から、アメリカ流のものにしようといふことになつた。[44]

東洋汽船会社のアメリカ航路によって、アメリカ映画の日本への輸入に貢献していたことは確かであったろう。しかし谷崎はアメリカ映画に技術的な面は進んではいるが、おそらく芸術性の面ではヨーロッパ映画の方を高く評価していたことが読み取れるであろう。

今東光の『十二階崩壊』も、大正活映と東洋汽船会社のとのことが登場する。それが東洋汽船会社の浅野良三であった。

> 　谷崎が気に入ったのは大正活映の出資者が人摺れのした狡猾な所謂、興行師上りではなく東洋汽船の浅野良三だったことだ。浅野汽船と称せられた浅野総一郎は神戸の衛生院に屡々入院していたので、同じく入院していた『白樺』の同人郡虎彦（菅野二十一）とも知り合い、従って虎彦のところへ遊びに行く僕とも顔馴染みになった。この衛生院は院長は院長がクリスト教徒でアメリカにある病院を御手本にした病院だった。

---

43) 『新潮』第52巻第4号、345頁。谷崎潤一郎『谷崎潤一郎全集』第23巻、中央公論社、1969年3月、292頁。
44) 『新潮』第52巻第4号、346頁。谷崎潤一郎『谷崎潤一郎全集』第23巻、293-294頁。

第 8 章　谷崎潤一郎と大正活映

　　薬を飲ませたり注射など一切しないばかでなく、入院患者の食事は悉
　　く菜食でまかなった。それが頗る料理上手なのでうまかった。そのため
　　に金持ちの患者が悠々と入院している風があったのだ。実業家の浅野総
　　一郎がわざわざ東京から入院に来たのも、取り立てて病気はなかったが、
　　身の保養をかねて患者として入っていた様子だった。……浅野などと文
　　楽を楽しんだり、呂昇という女義太夫を贔屓にしていた浅野と共に聴き
　　に行ったりしていた。谷崎から浅野が資本家と聞いて、僕はゆくりなく
　　も衛生院の呑気な患者を思い出したのである。大正活映はその名称の如
　　く大正九年春に資本金二十万円で設立された。谷崎から聞いてはじめて
　　知ったのだが、浅野はもっと以前からベンジャミン・ブロドスキイとい
　　うロシア人に出資していた。ブロドスキイは横浜の山下町で外国映画を
　　輸入したり小型スタジオなど持つ映画業者だった。それが大正活映とし
　　て再発足したのだ。谷崎が文芸顧問を承諾したのは出資者が毛並みが好
　　いことと、栗原トーマスが帰朝して制作面を担当することに安心したの
　　だ。

　　　有名な大監督として鳴らしたトーマス・H・インスの許で早川雪洲や青
　　木鶴子や小谷ヘンリーと共に教えを受けて帰朝したトーマス栗原は大正
　　活映に引かれ、小谷ヘンリーは松竹に抜かれて蒲田撮影所で大キャメラ
　　マンとして活躍し、初期の日本映画を進歩させ発展させた功は忘れるべ
　　きではない。[45]

谷崎潤一郎と淺野總一郎との出会いの契機が知られる。さらに栗原トーマ
スについても、今東光は次のように記している。

　　　トーマス栗原は在来の活俳、多くは歌舞伎役者の下っ端か乃至は新派
　　くずれの役者を出演させるだけの役者にあきたらず、大活で初めて養成
　　所で映画俳優を作ることにし、自らその指導に当った。トーマス栗原は
　　神奈川県の秦野の産で故郷の産上（うずすな）神社のお祭りに神楽ばや

---

45) 今東光、前掲書、41頁。

第1部　東洋汽船の活動

しを伴奏に〈ひょっとこ〉踊りを軽妙に踊るのが、実は土地の百姓ではなく歌舞伎の下っ端役者のアルバイトだということを知っていたので、こんな連中が小遣い稼ぎに映画に流れ込んで来るのを拒否するために純粋の映画俳優を必要としたのだ。田中純一郎氏の大変に優れた『日本映画発達史』によると、この養成課程を採録してあって裨益すること甚大なのである。それによると、

　　教授科目＝扮装術、表情法、動作、夜会並に古典舞踊、日本舞踊、実地撮影教授。修了期間＝三ヶ月。授業料＝不要。修業期間中宿舎の便宜あり。食事は自弁。女生徒には監督を附す。主任教授トーマス栗原喜三郎。舞踊教師青柳信子。舞踊教授中村成吉

恐らくこれが日本最初の近代的映画俳優所の嚆矢ではあるまいか。

撮影所は取り敢えず横浜山下町のブロドスキイのスタディオを使うことにした。谷崎は次の文章を発表しているが、大変な意気込みであったことがわかる。

映画劇は、物語を提供する原作者と、それを脚色するシナリオ・ライターとが必要であるが、自己の芸術をどうまで自己の物として完全に映画劇に仕上げん為には、単に原作を提供するばかりではなく、自分自ら脚色するに越したことはない。もつと適切に云へば、物語を書くよりはいきなりシナリオに書き下すべきものである。事件が話としてでなく、活動写真の場面として頭に浮ぶやうになつて来なければ駄目である。シナリオ・ライターとしての私は、俳優諸氏と共に、目下栗原君を先生として、稽古中であるが、近き将来には自分で書き下すことが出来るようにならうと思つてゐる。さうならなければ、私が映画劇に関係したことは結局無意義に終つてしまふ。

これほどのパッションを抱いたということには根拠があった。

「大活の第一回作品は『避暑地の騒ぎ』という題名でな、由比ヶ浜なんか舞台にした喜劇を書くつもりだ」

と言った。毎夜、遅くまで執筆しているものが犇々とわかった。どちら

第 8 章　谷崎潤一郎と大正活映

　　かというと遅筆な作家で、しかしながら一夜に十枚や二十枚は書くが、
　　翌る日になると殆ど破り棄てて二三行が生きたと言うほど推敲に推敲を
　　重ねてあの名文が生れるのだ。それが方法を変えてオリジナル・シナリ
　　オと取り組んでいるのだから、如何に苦辛していたか想像することが出
　　来た。[46]
とある。
　第一作品について今は次のように評している。
　　谷崎の「避暑地の騒ぎ」は題名をつける名人としては至極平凡で、
　　人を魅了するものに乏しかった。会社側もこの題名は頂けないとみえ
　　て「アマチュア倶楽部」と改題して貰ったが、これとても新奇な題名
　　ではなく、大いに売るためには感服できななかった。しかしながらそ
　　れは兎も角として、谷崎は自らシナリオ・ライターたらんとさえした
　　トーマス栗原の方法を、前記の田中氏の著書から引用させて貰うこと
　　にする。[47]
さらに上映第一作品については次のように述べている。
　　大正活映第一作の公開が有楽座で挙行されても実は僕は行かなかった。
　　谷崎の駄作が若い映画評論家に愚作呼ばわりさえるのに堪えられなかっ
　　たのだ。[48]
　その第 1 作について、谷崎は「映畫のことなど」において、
　　はじめてつくつた映畫は「アマチユア倶樂部」で、當時私が選び出
　　した葉山三千子と云ふ女優が海水著をきて出演した。そのころは、ま
　　だ女の洋服は全然ないこともなかつたが、まあ珍しかつたくらゐだか
　　ら、水着著はなほさら新しかつた。この映畫はオリジナル・ストーリ
　　イで、シナリオは栗原トーマスが書いたが、その前に、シナリオにな

---

46) 同上、41-42 頁。
47) 同上、43 頁。
48) 同上、70 頁。

第1部　東洋汽船の活動

　　　る前のストーリイは私が書いた。これはかなり委しく書いたもので、
　　　一つ一つの場面も、ここはかういふ風にし、あそこはかうふ風にする
　　　と、くはしく指定した。だから、普通の小説ともちがふし、ただのス
　　　トーリイでもないものだつた。私が場面を割りだし、タイトルまで私
　　　が考へだした。それをもとにして、栗原氏がシナリオにした。後には
　　　私もだんだん覺えてきたけれども、そのときは、映畫のことは何も知
　　　らなかつた。[49]

　谷崎は、第一作品の俳優葉山三千子が水着を着衣してスクリーンに登場するという、当時の映画では見られない手法であった。その原作を谷崎潤一郎が書き、それを栗原トーマスとともに脚本に仕上げたと状況を述べている。
　それでは第二作はどうであったろうか。谷崎は、次のように記している。

　　　私は、この大活時代には、かなり映畫といふものに興味をもつてゐた。
　　　「アマチュア倶樂部」をつくつた翌年だつたと思ふが、栗原氏とヘンリイ
　　　小谷氏（キャメラマン）が「舌切雀」をつくり、この映畫には、私の娘
　　　鮎子が出演した。「舌切雀」は言ひ傳へられてゐる物語のままで、鮎子は
　　　雀に扮したのだが、私はヘンリイ小谷氏のキャメラの腕には感心した。
　　　大活では、のちに「蛇性の婬」を製作したが、まだ演出とか監督といふ
　　　言葉は使はれてゐなかつたやうに思ふ。さういふ言葉はむしろ芝居の世
　　　界の方が早く使つたように思ふ。「蛇性の婬」は、栗原氏と私で監督した
　　　といふことになつてゐるようだが、實際には栗原氏がやつてゐた。私は、
　　　この題材が、昔の風俗や動作なんかの出てくるものなので、それを手傳
　　　つたやうなものであつた。[50]

　第二作は「舌切雀」であったようで、監督は栗原トーマスでカメラマンはヘンリイ小谷（小谷ヘンリー）であったとしている。この映画に谷崎の娘鮎子が出演している。

---

[49]『新潮』第52巻第4号、345-346頁。『谷崎潤一郎全集』第23巻、293頁。
[50]『新潮』第52巻第4号、346頁。『谷崎潤一郎全集』第23巻、294頁。

第 8 章　谷崎潤一郎と大正活映

　谷崎潤一郎は、大正 4 年（1915）5 月24日に、29歳の時に群馬県前橋市の石川千代子と東京で結婚している[51]。翌年 3 月14日に長女鮎子が誕生している[52]。中村光夫の年譜に拠れば、谷崎は大正 9 年（1920）5 月に「大正活映株式会社が創立され、脚本部顧問に就任」[53]とあるから、谷崎鮎子は 4 歳であった。
　さらに中村光夫の年譜によれば、大正 9 年の項に次のようにある。
　　六月、映画劇の処女作「アマチュア倶楽部」を脱稿し、七、八の二ヶ月を費して撮影した。[54]
　　十一月、映画「アマチュア倶楽部」が有楽座で封切られた。つづいて泉鏡花の「葛飾砂子」を脚色撮影した。[55]
　この映画の広告が『讀賣新聞』第15674号、大正 9 年（1920）11月14日の広告欄に掲載されている。「大正活映第一回提供　純眞の喜劇　谷崎潤一郎氏作　栗原トーマス氏監督　アマチュア倶楽部　全五巻　葉山三千子嬢

上山珊瑚嬢　帝劇經營有樂座」とある。ついで、『讀賣新聞』第15681号、大正 9 年11月21日付の「日曜附録」に、次の記事が見られる。
　　私の最初の映畫　アマチュア倶樂部　谷崎潤一郎
　　あの映畫のヤマだとか、私の覗ひどこだとかいふ話は、私自身の口から云ふ可きことではありません。「アマチュア倶樂部」は私として初めての試みであり、會社としても亦初めての試み「アマチュア倶樂部」の外に、喜劇でない何か一つ纏まったものをこしらへて、そして二つ一緒に公開

---

51) 中村光夫、前掲書、235頁。
52) 同上、236頁。
53) 同上、242頁。
54) 同上、242頁。
55) 同上、243頁。

第 1 部　東洋汽船の活動

　　したかつたのでしたが、映畫に出來上つたものを試寫してみると、初め
　　ての試みとしては思つたほど歉點が少なかつたのと、出演者一同の希望
　　もあつたので、一と先づあれだけを上映する事となつたのです。……
これに続いて「筋に對する批評を聞きたい」、「作畫にまつはるローマンス」、
「本物の鎧を着て走る千鶴子」、「私の希望と註文」とあり、この末尾に、
　　「アマチュア倶樂部」のやうなものではなく、もつと私の欲してゐるもの
　　を寫眞にしたいのですが、それは迚ても許されさうにもありません。
と結ばれている。最後の部分が、谷崎の本当に製作したい映画は別にあった
ことを明確に暗示していた。同紙には、「アマチュア倶樂部」（全五巻）の説
明図が掲載され、［第一圖］鎌倉由井濱に海水浴中の三浦千鶴子、［第二圖］
同海岸に於ける村岡繁の一行、［第三圖］村岡邸の文藝素人演劇會、［第四圖］
三浦家内の土用干、［第五圖］千鶴子泥棒の跫音に目を醒ます、［第六圖］千
鶴子家寶の甲冑に身を固め盗賊の後を追跡す、［第七圖］悪戯を父に発見され
刑事の追跡を受けた繁一行疲れ果て、舟の中に眠る。との写真を添えて見ら
れる。「アマチュア倶樂部」の資料としては貴重と言えるであろう。

谷崎はつづいて大正10年（1921）には、
　　四、五、六、七、四ヶ月を費して、「蛇性の姪」を脚色制作した。[56]
　　十一月、大正活映との関係を絶った。[57]
と、「蛇性の姪」の準備をしていたことがわかる。

今東光の『十二階崩壊』においては、
　　谷崎は僕に、
「上田秋成の『雨月物語』か、泉鏡花の『葛飾砂子』のどっちかやりた
い」
と洩らしたことがあったので、
「両方おやりになれば好いでしょう」

---

[56] 同上、243頁。
[57] 同上、244頁。

第8章　谷崎潤一郎と大正活映

と言うと、
「秋成は金がかかるからな。会社が何というか」
「制作費にうんと金をかえると、かけるほど元が取れると聞きましたけど」
「誰が言ってたい」
「栗原トーマスさんです。尤もスタンバーグの『救いを求める人』は、制作費がないので困ってるのを聞いたチャーリー・チャップリンがポケットマネーを出して製作したですってね」
「うん。ありゃ好い映画だった。あの時の子役クーガーは素晴らしかったな」
「あんな廉価で出来たのはセットも要らないし、役者もたんと出なかったし、つまり原作が良かったんですね」
「そりゃ何て言ったって原作だよ」
と谷崎は作家らしく言った。[58]
　映画製作の費用は大変であったことは、今東光の記述からも知られる。
　……然も前述の二作は共に谷崎好みと言うべきだった。
「あの『雨月』を作るのに金がかかりましょうか」
と聞いてみると、谷崎は、
「言うまでもないさ。御殿造りからその調度、登場人物の衣裳などを考えると、到底、歌舞伎の大道具、小道具、衣裳では間に合わんよ」
と言下に答えた。谷崎のイメージにある物はすべて本物でなければならないのだ。御殿は本建築でないと不可いし、調度品は本物の蒔絵の二階棚で、衣裳は唐綾などの本物でないとその感じが出ないと言うのだ。
「キャメラに撮ると絹物と木綿物がはっきり判るんだ。絹物の皺と木綿物の皺では、皺の寄りかたが違うんだ。俺はマガイ物を使いたくないし、本物でないと感触が違うからな」

58）今東光、前掲書、117頁。

第 1 部　東洋汽船の活動

　　という始末。
　　しかしながら谷崎は、毎夜遅くまで秋成の「蛇性の婬」と取り組んで、
　夜が白々と明けるまで執筆に没頭していたのだ。
　　その夜も書斎には明々と灯りが点り、原稿用紙を揉みくちゃにする音
　がしていた。[59]

今東光は、谷崎が「蛇性の婬」に意欲的に取り組んでいた状況の一端を描
いている。

　　いつものように谷崎潤一郎に誘われて浅草の六区をぶらつきながら、
　六区に満ち溢れるオペラファンの群衆に異常な眼を輝かしながら、
「日本製オペラを上演して、これだけの観客を動員できることは大変なこ
とだな」
と独り言のように呟いてから、銀の握りのある黒いステッキに凭れるよ
うにして眺め入った。
「若しかすると、活動写真の観客を上廻ってるんじゃないでしょうかね」
「そうだろうか」
　　僕はこの谷崎の言葉から、若しかすると映画に対する興味を次第に失
　っているのではあるまいか。まるきり失ったとは断言できないまでも、
　少くとも半減したのではかかったかと想像したのだ。
　　と言うのは、大正活映で製作した第一作は、物珍しいという点で興行
　成績は悪くなかったようだが、映画評論家の間では決して芳しいもので
　はなかったからだ。誰しも、悪魔主義の華麗な文学者である谷崎が手が
　けた作品というと、先ず「刺青」などの系列に属する作品に夢を馳せた
　と思う。……枕絵的表現をこそ人々は待望したのに、葉山三千子のお侠
　（きゃん）なお転婆振りに終始した「アマチュア倶楽部」は、実はそうい
　う期待を抱いた人々に落胆と失望を与えたのは事実だった。意地の悪い
　英語教師の沢田卓爾などは、

---

59)　同上、117-118頁。

第 8 章　谷崎潤一郎と大正活映

> 「ありゃ葉山三千子のための活動写真で、面白がってるのは谷崎自身だけさ」

と頗る不興な顔をして語り、……[60]

谷崎潤一郎が関係した映画の予定は次のようであった。

> ……続いて谷崎が泉鏡花の『葛飾砂子』や、上田秋成の『雨月物語』の中の「蛇性の婬」などの企画を樹てて製作するに当って、予算の関係で会社側との意見の喰い違いなどに腹を立てたり腐ったりして、僕の目から見て映画製作に厭気がさしたゆに見え、どうやら沢田の意見が正しかったような気がしてくるのであった。[61]

谷崎潤一郎は、次回作品に意欲的であった。しかし、映画製作は順調ではなかった。それについて今東光は次のように述べている。

> 谷崎潤一郎は上田秋成の「蛇性の婬」の映画化を試みて、実は失望して仕舞ったのだ。彼は映画によって王朝時代を再現したい夢が果たされるかと思ったのに、大正活映社の重役会議は莫大な制作費に躊躇し、
> 「谷崎先生の言いなりになっていたら、会社は潰れて仕舞う」
> と反対し、制作費の削減をしたので、彼はすっかり不機嫌になり、果ては製作意欲さえも次第に喪ってきたかと思われた。[62]

谷崎が映画に意欲的であったことは事実であったが、谷崎が希望する映画作品とは、具体的に製作のための費用との関係で、谷崎作品が具体化できないことで、谷崎が映画製作に嫌気がさして、顧問を退いたのであろう。

大正活映は映画製作だけでは無く、ニュース撮影も行っていた。来日したアメリカチームを招聘して行った興行野球を撮影するために大正活映は、ニュース班を編成していた。内田吐夢は、

> 大活では二組のニュース班を編成した。Ａ班は栗原トーマスが引率し、

---

60) 同上、254-255頁。
61) 同上、255頁。
62) 同上、272頁。

第 1 部　東洋汽船の活動

サード寄りの下宿屋の二階に陣取って、望遠レンズで大ロングを撮ることになった。B班は、場内に入って自由に活動するという打ち合わせで──サテ、行って見ると、ニュース撮影の一切の権利は国活に独占されていて、B班は入り口でシャット・アウトされてしまった。……[63]

と記し、その時の撮影の苦労を記している。

また大正活映はニュース映画を撮影するとして昭和天皇が皇太子時代に英国から帰国された時にも苦労して撮影していた[64]。内田によれば、本牧小港に研究生の合宿所があった[65]。

突如、「大正活映が、どういうわけで解散になるのか、私たち研究生は皆目見当もつかなかった」[66]と内田も記している。内田は大正活映の解散の後は京都に行って映画業に従事していくことになる。

5　小結

上記のように、谷崎潤一郎が映画に興味を持ち、大正活映に要請され脚本部の顧問を引き受けたのが大正9年（1920）5月のことであった。しかし僅か1年足らずの大正10年（1921）11月には、顧問を辞した。

僅か1年半ほどの間ではあったが、東洋汽船会社から出資された大正活映

---

63) 内田吐夢、前掲書、45頁。
64) 内田吐夢、前掲書、49-51頁。
65) 内田吐夢、前掲書、31-57頁。
66) 内田吐夢、前掲書、60頁。

第 8 章　谷崎潤一郎と大正活映

に関係していたことは、谷崎潤一郎自身が書いた作品からも明かである。
　その大正活映が、大正 9 年（1920）11月に有楽座で封切られた「アマチュア倶楽部」は、興行としてはある程度の成功をみたようであった。しかし、それに続く作品が順調に継続的に製作できないことで、谷崎潤一郎も 1 年半ほどで大正活映から離れ、大正活映も目に見る成果を見ずに終息している。しかし大正活映は映画配給会社として前頁の「謹呈」[67]に見られるように、大正11年（1932） 8 月には、松竹キネマと協商し、「西洋映畫」とある外国映画の日本輸入に従事して行くことになったのである。

67)『讀賣新聞』第17377号、平成 4 年（1992） 8 月15日、3 頁。

附　章
ベンジャミン・ブロツキーの研究者岡田正子氏訪問記

　東洋汽船会社の淺野總一郎と良三父子と関係があった映画人ベンジャミン・ブロツキーについて、永年にわたり研究されている岡田正子女史と夫君の岡田一男氏御夫妻の東京文京区の白山にあるお宅を、2015年12月12日に、笹川慶子氏と訪問し、午前中から3時間余りにわたってお話を伺う機会を得た。
　岡田正子氏がブロツキーについて調査を始められた契機は夫君の岡田一男氏のお仕事がきっかけであった。
　1991年に開館した北海道立北方民族博物館が、設立に際して、アイヌ民族の映像資料の調査を東京シネマ新社の代表プロデューサーである岡田一男氏に依頼した。岡田氏はさまざまな映像資料の調査の過程で、ベンジャミン・ブロツキーの"Beautiful Japan"の存在に気づかれ、その中にアイヌ関係の映像も含まれていたのであった。
　その"Beautiful Japan"を見られた岡田正子女史が、同映画と制作者であったベンジャミン・ブロツキーに興味を持たれ、その後の調査の契機となったので、岡田正子氏は、映像の調査から開始され、2015年12月11日現在の時点で、研究成果をホームページ上で公開されている。その目次は次のようである。

　　Beautiful JAPAN　謎の映画人ベンジャミン・ブロツキーと未完の大作
　　美しき日本、Beautiful Japanの研究　by 岡田正子
　　　　目次
　　　1、大正時代に撮られた日本紹介映画『BEAUTIFUL JAPAN』
　　　2、ベンジャミン・ブロツキーはアメリカ人？それともロシア人か？
　　　3、帝政ロシア時代のユダヤ人
　　　4、新大陸で新生活

第1部　東洋汽船の活動

5、ブロツキーの見た中国
6、ブロツキーの日本における活動
7、浅野総一郎、良三父子とブロツキー
8、ハリウッド俳優トーマス栗原を東洋フイルム会社に向かえる
9、ブロツキーの幻の業績と残された謎
10、スミソニアン版『BEAUTIFUL JAPAN』北から南へ
　　　北海道
　　　東北
　　　関東
　　　中部
　　　関西
　　　九州
　　　撮影場所不明
11、『BEAUTIFUL JAPAN』に残されたシーンとその撮影された背景
　　　運動会
　　　出初式
　　　相撲
　　　高島屋
　　　奈良ホテル
　　　日光
12、日米関係とローランドモリス駐日米国大使
13、映像『BEAUTIFUL JAPAN』が生まれた時代の日本記録映画制作状況
14、おわりに
　　　参考文献

　以上からなるが、新発見の資料が見つかると毎時更新されており、現時点でも完成されたものではない。
　岡田正子氏は『BEAUTIFUL JAPAN』を邦訳に際して、「美しい日本」で

附章　ベンジャミン・ブロツキーの研究者岡田正子氏訪問記

は無く、「美しき日本」であることを強調された。このブロツキーの映像制作に淺野良三の東洋フィルム会社が関係していたことを指摘された。ブロツキーは日本に来る前に中国で撮影し"A Trip Through China"を制作するが、撮影当初は中国での有力な後援者が無いままで撮影を開始している。後に撮影当時の政治的有力者であった袁世凱（1859-1916）の後援を得ることに成功し、袁世凱関係者の映像が"A Trip Through China"に見られる。

　袁世凱は、河南省項城出身で、李鴻章の信任を得て台頭し、山東巡撫、直隷總督と北洋大臣を兼任し、1912年2月には溥儀を退位させ、3月には臨時大総統となり1913年には正式に大総統（1913-1915）に就任するなど、ブロツキーが"A Trip Through China"を撮影した当時は、清朝中国の最高権力者の一人であったことは間違いない。このため同作品には当時としては立ち入りが困難な頤和園などの映像が含まれている。

　その後援を得てブロツキーは清末中国の撮影を行い、貴重な動画による映像資料を残したのであった（本書第2部第5章参照）。この映像がアメリカで公開され成功したのであった。

　その成功により、ブロツキーは日本の紹介映画"Beautiful JAPAN"に関与する。その制作の過程は明かでは無いが、日本の外務省、鉄道院、日本旅行協会JTB「ジャパン・ツーリスト・ビューロー（Japan Tourist Bureau）」[1]そして淺野家が関与していたようである。当時の風潮として日本を世界に紹介する映画を制作する必要性が喚起されていた時代であった。幸田露伴などもその一人であった（岡田正子氏の教示による）。

---

1) 日本旅行協会JTB：1912年3月12日に、外国人観光客誘客促進を目的とする任意団体として創立された。

図版

○ 1903年　*TOYO KISEN*
英文パンフレット

図版　TOYO KISEN　英文パンフレット

第1部　東洋汽船の活動

TOYO KISEN KAISHA

HEAD OFFICE:
YOKOHAMA, JAPAN
CABLE ADDRESS "TOYOASANO"

BRANCH OFFICES:
421 MARKET STREET, SAN FRANCISCO
BUND, YOKOHAMA
HONG KONG

COMPANY'S FLEET:
"NIPPON MARU"   "AMERICA MARU"
"HONG KONG MARU"

Of the magnificent ocean liners in the service of the Toyo Kisen Kaisha, the "Nippon Maru" and "Hong Kong Maru" were built by Sir James Laing, at Sunderland, while the "America Maru" was constructed by Swan and Hunter, Limited, at Wallsend-on-Tyne. The skillful and thorough supervision their building received is due to Messrs. Flannery, Baggalley & Johnson, locally of Liverpool and London, but known the world over. The critical eyes of both the Japanese Government and the British Board of Trade have stamped approval upon their admission to the highest class of ocean-going carriers.

In these modern sister ships no want is neglected and wishes are anticipated. The cabins are situated on the upper and bridge decks. They are artistically furnished, and have perfect ventilation, heating and electric lighting arrangements.

The dining room is a beautifully decorated apartment, entered by a broad, handsome staircase.

The social parlor and library are on the bridge deck, the latter filled with well-chosen books, while escritoires and stationery are at the service of the passengers.

The ladies' boudoir adjoins the library. Aft the cabins on the bridge deck is the smoking room, equipped with easy chairs.

Every provision is made to safeguard against accidents. The water-tight compartments are independent of each other, and if any should permit the ingress of water, the safety of the vessel would still be assured by the others. The cellular double bottom is an important adjunct of safety. The provisions against fire are so thorough and efficient that a conflagration of any moment need not be counted among the possibilities.

Safety apparatus—lifeboats, rafts and life preservers are here in abundance, and the crews are trained to meet every emergency.

The steamers are 440 feet long, 50 feet in breadth, with a depth of 32½ feet from the upper deck, and a gross tonnage of 6000 tons.

The propelling mechanism is in every way modern, and in this day of scientific progress, that is saying much. The model twin screws are set in motion by powerful sets of triple expansion engines, a set to each screw. Steam is supplied by one single and four double boilers, with auxiliary boiler in reserve. The five active boilers are capable of developing, through the engines, 7500 horse-power. The engines of the "Nippon Maru" and the "Hong Kong Maru" are to be credited to George Clark of Sunderland; those of the "American Maru" to the Wallsend Slipway and Engineering Company.

The large, well-furnished and numerous bathrooms and lavatories, scrupulously cared for, afford ample accommodation for all cabin passengers.

Necessarily brief, this description can, of course, but faintly convey an idea of these ships that are of both-the Occident and the Orient; that possess all of the most modern devices of the one and the quaint and interesting features that mark the artistic taste of the other. The wonderful regularity maintained by these vessels of the new line in their trips and the pleasing character of the service have already won for the Toyo Kisen Kaisha a reputation with experienced travelers that make them scan sailing lists carefully for the departure of its steamers. The ability and courtesy of the experienced officers of the ships and the excellent personnel of the carefully selected crews are no small factor in the production of this popularity.

Taken all in all, it may be said confidently, because it is being proved constantly, that nowhere are there more charming sailing establishments than the ships of the Toyo Kisen Kaisha that ply between the ports of the Pacific.

ONE OF THE FLEET OF STEAMERS (OVER 6000 TONS EACH) ON WHICH VOYAGERS BY THE TOYO KISEN KAISHA CROSS THE PACIFIC

図版　TOYO KISEN　英文パンフレット

S. ASANO
PRESIDENT OF THE TOYO KISEN KAISHA

ACROSS THE PACIFIC TO THE ORIENT AND BEYOND

*A ship shall mount the hollow seas,
Blown to thy place of blossom'd trees,
And birds, and song, and summer-shine.*
—*Joaquin Miller.*

HAWAII, JAPAN, CHINA, INDIA, ARABIA, EGYPT, THE HOLY LAND, EUROPE AND AMERICA

THE MODERN OCCIDENT, THE ANCIENT ORIENT, THE ISLES OF THE PACIFIC, THE HOLY LAND AND ITS MEMORIES, EGYPT AND ITS MYSTERIES, AS WELL AS CONTINENTAL EUROPE, ARE ALL EMBRACED IN THE WORLD CIRCLE ITINERARY OF THE

TOYO KISEN KAISHA
(ORIENTAL STEAMSHIP COMPANY)

The ocean pathway across the Pacific is crowded today with many ships. This is the twentieth century ocean. In the nineteenth century the Atlantic has been the scene of the world's greatest commercial activity. But today, with the awakening of the Orient, brought about by the results of the war between China and Japan, followed closely by Dewey's victory in Manila Bay and the planting of the Stars and Stripes at that faraway island outpost of American civilization, the movement of the world's trade and travel is upon the Pacific. The younger civilizations are coming closer in contact with the older, the enterprise that stands for progress is transforming Japan, China, Siberia, Korea and the islands of the sea. All wide-awake people, who move about and love to learn, are eager to see and know of the lands of pictured story—Japan, China, Siam, India—lands the names of which are ever used to conjure the artistic and the picturesque. Time was when the transpacific voyage was an undertaking not to be thought about without deep concern, involving adjustments of life insurance and the parting with friends as if a wilderness of venture were before the traveler, but today modern steamship enterprise has changed all this, and the tourist voyager may move across the big ocean as comfortably as if taking a run down the Hudson or across the Schuylkill or up the quiet waters of the Thames.

Of all the steamships leaving the port of San Francisco, California, bearing the wanderer "westward over the ocean blue" none are more palatial, none more fleet, none more staunch than those of the Toyo Kisen Kaisha, the Oriental Steamship Company.

LEAVING SAN FRANCISCO

Arriving in San Francisco, the metropolis of California, the traveler finds much to see. This is a modern city with all the cosmopolitan attractions of the seaport that fronts on Asia and

THAT SNOW-CAPPED CREST REVERED OF ALL JAPAN—FUJIYAMA

第1部　東洋汽船の活動

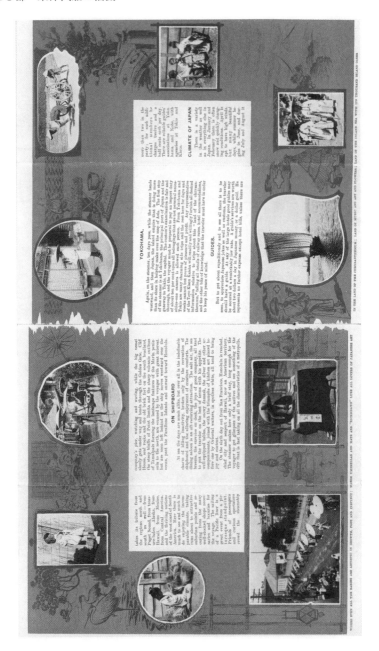

図版　TOYO KISEN　英文パンフレット

is likely to be quite hot. September and early October have variable weather with occasional rains, but the bracing following is most certainly to be anticipated by the early winter not unpleasant. There is snow on the high mountains the year around, but the average traveler decides before the length of time he desires to remain in this fascinating land, to see the eighths rapidly as well as comfortably one will require at least a month, but to see and do all things so that the memory of them lingers long, the traveler should devote at least three months to the island empire.

YOKOHAMA'S GROWTH

Except in trading with the Dutch in a small way, Japan was an isolated empire until Commodore Perry of America, called in 1854 and made a treaty with the Shogunate, under this and succeeding treaties Yokohama was opened to the world as a trading port in 1859. It is a magnificent village, it has grown to be one of the world's great commercial cities and is representative of new and progressive Japan. Yet here the tourist may find many of the most interesting sights of old Japan; its streets and stalls are an education to the curious. Yokohama is a model city, possessed of many theatres, and is spring the Emperor and his court often attend the races and other sports.

ATTRACTIONS OF TOKIO

From Yokohama the traveler reaches Tokio by an eighteen-mile ride over the pioneer railway line, a fifty minutes' trip. A little way from the sea, is the city of Tokio, a city of Fujiyama, 12,365 feet high, with its snowy peaks like the petals of a lotus flower. Tokio, with the Imperial Palace, a vast city and the grand center, guarded by a most, contains many attractions. With its million of inhabitants and many points of historic interest, the city parts of Japanese life and its palaces and temples, Imperial Library, the Zoological Garden, the Museum, the Academy of Music and Fine Art Association, the numerous good schools of various grades, the government offices, its up-to-date thoroughfares, with the wonderful collections of Japanese curios in its shops, are some of its many points of interest. Ueno Park is the chief pleasure ground of the city. Here are to be seen the tombs and temples of the great Shoguns; a mile to the northwest of this is Asakusa, with its wonderful temple of Kwannon, and just beyond, across the river Sumida (where "the bridge" of the Imperial Palace and the beautiful grounds of the pleasure resort, Mukojima. To those parks in the springtime the people go to enjoy the pretty flowers and particular interest to the artist and student of Japanese art are the Temple of Ekoin, are held the great wrestling matches for which Japanese are famous. Shiba Park, with the tombs of the Tokugawa Shoguns; the numerous and famous Buddhist temples, no longer supported by the government, but by the people, who are generous contributors to their great interest. Visit Shiba in the bright morning when the delicate beauty of it, the Orient art work is shown to best advantage. The Ryo-gukoku Bridge across the river Sumida, a half further south, is the burial place of the famous Forty-seven Ronins, whose sword remains to this day is a place of Japanese song and story.

In Tokio the tourist becomes well acquainted with the "jinrikisha," the two-wheeled cart in which natives haul one about for a small sum, it is an inexpensive way of seeing things, is a universal, and is a most comfortable mode of travel, but the "chair" is as safe as the aeroplane, is sedan always, and make yourself at home there.

NIKKO'S CHARMS

It was at Nikko that Sir Edwin Arnold, famed poet and traveler, spent many days that proved of running water. Who has not seen Nikko, cannot say beautiful." Nikko, ninety miles by rail north of Tokio, nestling up against the mountains, is noted for the superb natural beauty of its surroundings and its great shrines of the Tokugawa Shoguns. Another interesting trip is northward to the Port of Shiogama and thence by steamer to the Island of Kinkawazan, the vessel threading its way among the archipelago of pine-clad isles.

BRONZE BUDDHA AT KAMAKURA

A popular trip for sight-seers is by rail from Tokio or Yokohama to Kobe, passing through Omi, Otsuga, Kyoto and Osaka, the commercial city of Japan. On this trip a side ride should be made to Kamakura by changing cars at Ofuma. Here at Kamakura, which is widely known to all Japanese as a popular resort aside from its religious attractions, is the great bronze statue of Buddha, Daibutsu, an image about fifty feet in height, with eyes of gold and decoration about it and in the temple adjoining of priceless value.

ASCENT OF FUJIYAMA

Southwesterly from Yokohama, by rail, is Hakone, a popular resort on the high tableland fronting the picturesque Sagami Bay. Along this same rail line is Gotemba, the junction point for those who would climb Fujiyama, the sacred mountain of the Japanese, and who does not wish to climb the slopes of that sacred mountain? The road lies by way of Gotemba over the Maden Pass with superb views of sea and land all the way. Strong footwear is necessary as well as an abundance of wraps and coats. The outfit for the trip may be secured at the hotel and guides, also. For a mile or more the trip is by pony. The usual hour of departure is about three o'clock in the morning so that when the summit is reached, and all parts of the mountain side one may stop and see the sun rise in splendor. It is late in the afternoon before the summit is reached. The night

THE LARGE BRONZE DAIBUTSU AT KAMAKURA, WITH ITS EYES OF GOLD HAS ITS FOREHEAD AN INLAID STONE ALMOST CHANGE YEARS IS

may be passed here comfortably after inspecting the crater of the old volcano, and the descent accomplished in the early morning.

INTERESTING CITIES

The trip by rail from Tokio or Yokohama to Kobe gives the traveler an excellent view of Japan and a fair idea of its thriving people. Kioto is a city of marvelous architecture and many shrines, in a few of which one may find rare and antique bric-a-brac, exquisitely wrought proof of the potter's art, beautiful bronze wares, embroideries, silverware and what not. In this ancient city is the Mikado's palace, encircled by a great wall with six gates, and covering twenty-five acres of ground. The Kameyama is a river seven-eighths of a stone bed and little water, but is from Kioto is accessible by tram in an hour, sending the largest lake in the empire, being a length of twelve miles and a width of twelve miles, and a length of thirty-six miles.

NARA AND KOBE

The old city of Nara, more than a thousand years ago, capital of Japan, has some monuments. It is chiefly ruins nowadays, but magnificent ruins, with great parks-like space, bearing big, old old-feathered trees and little, ancient side shrines, where one may stop and here, ancient, still worn, the fourteen feet high, weighing thirty-seven tons. A mighty call to worship almost twelve hundred years ago.

THE INLAND SEA, A FAIRY LAND

The City of Kobe, now combined with a municipality with Hiogo, is three hundred and forty-eight miles by steamer and of all the treaty ports is most favored by visitors. It has all the conveniences for tourists, hotels, good money stores, shops and clubs, and is within an easy visiting distance of many points of interest.

And then the Inland Sea, that fairyland of islands and temples and trees, possessed of a charm which even the picturesque Matsu-shima, to-day; every visitor comes in through the Inland Sea. It is a route rich in pictures and accommodations are resented to us so liberally to visit the Islands. Its close by every hand, for always hospitable, and accommodations are resented on board of the a little here and there in the ship manager; and the islands are plentiful, everything that the voyager boards the steamer at Kobe by daylight. By this means a charming view of the famous Onomichi islands is to be had from the steamer by day, and the sail on close sight of things unusual, could well spend weeks amid the sea of marvels. The sea has a length of two hundred and forty-five miles, fresh as to pictures and is so close to one another that one may have a pebble over the deep, running waters, from the sunrise of native town to the end of its gorge as a and rock, reaching bold defiance to the eternal months, again some beautiful cove with its green terraces, winding walks and shady groves.

NAGASAKI

The steamer remains at Nagasaki from twenty-four to thirty-six hours. The city possesses many points of interest, including a magnificent temple and a fine porcelain bazaar. It is an old city, dating back to the twelfth century. Here in the sixteenth century the Christians settled, and the Spanish and Portuguese traders flourished. They were expelled, however, in 1637, and from then until the opening of the treaty ports in 1859 the only foreign intercourse was with the Dutch and Chinese. Here the ships is coaled by the aid of baskets, from some six hundred coolies which by means of ringing, are hauled from the coal mines; the ship's side and thence to the hold, emptied and sent back. A splendid sight. Several hundred natives are required to keep the swarm of workers, that in from seven to eight hours fully some twelve hundred tons of coal are stowed aboard. Here is opportunity to visit the famous Pappenberg island, also, beyond, a rock at an expanse of a million dollars; and, also, the greatest shipbuilding of the Orient. The Mitsu Bishi dockyards and coaling stations are destined for Korean port and Siberia and ocean-going steamers.

LAND OF CONFUCIUS

The stirring events of the Boxer troubles in China, the siege of the legations, the march of the allies against Peking, served to bring the island of the people of the hearts of all foreigners. Travelers have long regarded the land of gunpowder, firecrackers, tea and porcelain with curious interest and to round the world's tourist should not miss seeing the principal cities and a view of the millions of people of the empire of Confucius. From Nagasaki the steamer proceeds westward across the Eastern Sea to Woosung, the port of entry for Shanghai, which is situated thirteen miles from the mouth of the Whangpoo. Shanghai is a city of very large foreign population. The foreign settlement is beautifully built and well managed by its own municipal council, is a great credit to the western world though adjoining is the river the city has the appearance of any modern metropolis, with drydocks, foundries and arsenals. Here are many sacred edifices, while in circumference Shanghai is second to no eastern city. The

第1部　東洋汽船の活動

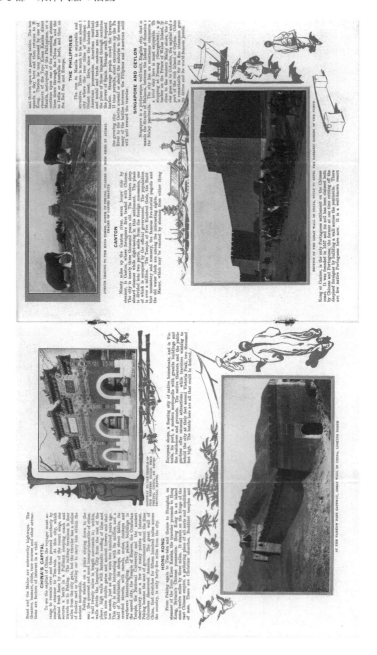

図版　TOYO KISEN　英文パンフレット

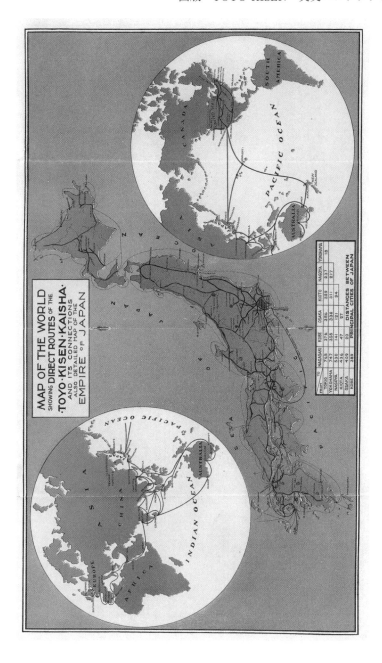

第1部　東洋汽船の活動

図版　TOYO KISEN　英文パンフレット

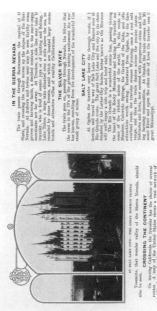

AT SALT LAKE CITY—THE GREAT MORMON TEMPLE

AMONG THE ISLANDS

The chief islands are Oahu, Maui, Hawaii, Kauai, Lanai, Kahoolawe, Molokai and Niihau. Five have ports of importance—Honolulu, Hilo, of these the first three have ports of importance—Honolulu, Hilo, and Kahului. English is universally spoken, and sight-seeing is easy and delightful.

NUUANU PALI AND WAIKIKI

A point of both historic and scenic interest is Nuuanu Pali, six and a half miles from Honolulu, reached by the great semi-highway across the island. The famed seaside resort is Waikiki, three miles from Honolulu. The gliding slope of white sand and the delightful sea of the tropics offer an irresistible temptation to bathing.

TO THE VOLCANO

Inter-island voyaging upon the steamers of the Wilder and Inter-Island Steamship Companies, calling every few days, affords many interesting trips to the other islands, among which by far the most noteworthy is to Hilo and the famous crater of Kilauea. Arriving at the summit of the largest active volcano in the world, four thousand feet high, lake-like in its dimensions, the house of entertainment for tourists, the Volcano House, is gained. It is a cautious walk of endless activity in the main crater. It is a cautious walk of molten lava, with perpendicular sides of fire hundred feet—a kettle where flames dash against the sides, or wondrous hissing torrents rise in writhing spouts.

This trip to the volcano is one of the wonder runs of the world. The road is an excellent one and the traveler may at all that could be desired. While the sights of sea and land, the surf-painting Hawaii Mel, will reward the traveler for the time devoted. The traveler should come prepared for the chilly nights, for the altitude offers.

SAN FRANCISCO

Leaving Honolulu the steamer proceeds direct to San Francisco—a six days' voyage. San Francisco is the metropolis of California. Its population by the latest census exceeding 400,000. The voyage of the sea traveler starts in the city or suburbs or is going about California, will be passed in the city or suburbs or is going about California, and United States Mint. If desire, the adjoining cities of Berkeley, Oakland, across the bay, and the adjoining cities of Berkeley, Oakland, and Alameda, are easily reached. A popular local excursion trip is to the summit of Mount Tamalpais, a two hour ride from San Francisco, which includes a pretty bay ride and a wonderful scenic journey up the steep mountain side.

From San Francisco the traveler, if he has the time at his disposal, should visit Mount Hamilton and also go to Del Monte on historic Monterey Bay, passing through the fruitful Santa Clara valley; thence to Paso Robles Hot Springs, down the coast to San Luis Obispo, thence to San Jose, and on to Los Angeles, the metropolis of the southern part of California, nestled among the orange groves.

LOS ANGELES

Los Angeles is a city of over 200,000 population (1905) with excellent accommodations for tourists, and there are many side trips, all about here to Pasadena, to Redlands and other points, to the San Gabriel Mission, Catalina Island and other places well worth visiting.

PHILIPS FALLS, IN CALIFORNIA'S GREAT YOSEMITE VALLEY

TO HONOLULU

Leaving Yokohama, the steamer lands southeasterly and after ten days in sight of comfort on shipboard, the sharp outlines of the Hawaiian Islands are sighted and soon the steamer is in the harbor of Honolulu. Honolulu has a famous harbor, landlocked and picturesque, and have during twenty-four hours in port, the steamer lies alongside the wharf. Passengers who desire to make a longer stay will find themselves the recipient privileges granted by the Toyo Kisen Kaisha, and plans a thorough enjoyment of the attractions of these isles. Back of the city is the famous Punch-bowl, five hundred feet high, its summit outlined against the sky. From the summit one gains a grand view of Honolulu and the surrounding country.

Yosemite, that wonder valley of the Sierra Nevada, should also be seen.

CROSSING THE CONTINENT

On leaving California the traveler has the choice of several routes. A map of the United States shows a vast network of railroads, covering the country. The traveler may go via Ogden, over the central route across the continent, or through El Paso, Texas, and its interesting Southern States, or northerly via Portland. It is a delightful trip, and by rail, for the scenery is grand, and the views change at every mile. If time the country to be crossed is most attractive, but the excellence of transportation, by the time of travel. Let us glance briefly at the leading principal overland routes—that by way of Ogden and that by way of El Paso—both lines of the Southern Pacific Company.

The shortest rail pathway across the continent is by the Southern Pacific's central route to Ogden, by way of Ogden. While the railways of the United States are owned by many different companies, the interchange arrangements are so perfect that trains can run for thousands of miles without change. The Southern Pacific central vestibuled limited that runs daily from San Francisco to Chicago via Ogden, making the trip in less time than the Overland Limited, is one of the features of American limited trains. It is steam heated and electric lighted throughout, cushioned in soft furniture and electric lighted throughout, cushioned in soft furniture and with glass doors to keep out the dust. The sleeping cars are expensively finished. Let others are dining car, furnished with glass doors to keep out the dust. The sleeping cars are expensively finished.

On this line all the arrangements are so perfect that trains are run for thousands of miles without change. The Southern Pacific combined vestibuled limited that runs daily from San Francisco to Chicago via Ogden, making the trip in less time than the Overland Limited, is one of the features of American limited trains. It is steam heated and comfort, while the time passed is necessarily similar to home.

Assuming that the route chosen is by way of Ogden, the traveler crosses San Francisco Bay, riding along an excellent view of the city of the wonderful Bay, and then the train skirts the bay shore, heading northerly and easterly, reaching the Southern Pacific's Sacramento River at Port Costa. Here the train runs upon the giant ferry, the Solano, an engineering marvel of its time, that carries the train entirely across, upon the left the traveler may see Mare Island, after leaving Port Costa is the Benicia arsenal, one of the Government storehouses of ordnance and ammunition.

IN THE SIERRA NEVADA

The train passes through Sacramento, the capital of State, and crossing the valley moves up the slopes of the Sierra Nevada. At Auburn and towns near may be seen thrifty orange groves and farming lands, a vivid contrast to the snowy mountains not far away. At Truckee, a side line may take the traveler, who is fond of scenic joys or of hunting and fishing, to Lake Tahoe, a large lake situated over a mile above the sea, is surrounded by dense forests, amid which are located large summer hotels and attracts the wealthy Californian.

THE SILVER STATE

The scene in the 70's of the greatest mining excitement the world has known, resulting from the development of the wonderful Comstock group of mines.

SALT LAKE CITY

At Ogden the traveler may leave the main line through route, if he desires, and travel by way of Salt Lake City and Denver over the Rio Grande route. The Great Salt Lake and the city by its shore is the goal of the Latter-Day Saints, better known as the Mormons. Most will well repay a side trip and brief visit.

The Rio Grande is a wonderful scenic line, passing through some of the richest mines of the world. On this route are Manitou, Colorado Springs, the Garden of the Gods, and other attractions worth seeing. Eastward from Ogden, by the direct overland route, the traveler crosses Wyoming, once a vast cattle range, and then the train dashes across the prairie states of Nebraska and Iowa, now covered with prosperous cities and thriving farming communities. At Omaha the train crosses the Missouri River and upon the other side of Iowa the traveler sees the great Mississippi.

CHICAGO

In Chicago, the second city of the United States in population, and as interesting study in municipal growth, one will find the best of accommodations and opportunities for sight-seeing. The city is located at the south end of Lake Michigan, is one of the greatest railroad centers in the world and carries on a commerce nowhere to be exceeded. Its stock yards, its great tenements, with their big mills, railway car shops, etc., are all among the sights. Lincoln Park and Jackson Park, and the site of the great World's Fair, are all attractions.

IN COLORADO'S GARDEN OF THE GODS

第 1 部　東洋汽船の活動

図版　TOYO KISEN　英文パンフレット

第1部　東洋汽船の活動

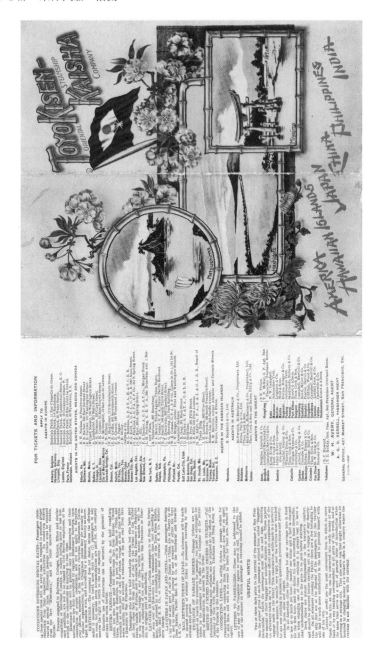

図版

○ 1920年代前半 「歐米へは」

図版 「歐米へは」

第1部　東洋汽船の活動

第2部
東洋汽船の映画事業
──映画産業と近代アジア

第1章　大正活映の興亡と大正末期の日本映画産業

1　緒言

　1920年4月20日、大正活動写真株式会社改め大正活映（略称、大活）が創設される。造船業や海運業など近代日本の産業発展に寄与した淺野財閥の淺野總一郎が出資した映画会社である。この大正活映について映画史家の田中純一郎は次のように述べている。

> "船"の浅野というのは、郵船の向うをはった有名な東洋汽船の社長浅野総一郎のことで、その息子良三氏が大正活映という映画会社を創立し、横浜の山下町に撮影所を設け、外国映画はそれまでの中古品とちがい、アメリカ発売早々のものを輸入、万事新しづくめで、映画界に新風を送りこむというのが、その当時の前評判であった[1]。

田中によれば、大正活映は「一流経済人の出資経営」による、「高い文化性と明るい経営を目指す」、それまでの大衆を相手にした「見世物興行師」、「裏店式三流商売」とは一線を画す、新しい会社であったという[2]。また、大正活映と同時代の批評家である南部爾太郎も、「大活回顧録」の中で大正活映を次のように評している。

> 本邦映画界の花武者として、若き人々に謳はれた大活を想ふ時私は其処

---

1) 田中純一郎「秘稿日本映画　第27回」『キネマ旬報』キネマ旬報社、1966年9月号上旬号、48頁。
2) 同上、49頁。

第 2 部　東洋汽船の映画事業──映画産業と近代アジア

　　　女作『アマチュア倶楽部』を思出ずには居られない。飽迄も真剣にわが
　　　活動界を昏睡状態から救はんと考へた大活は小さい乍ら横浜山手に撮影
　　　所を有して居た[3]。

南部もまた、大正活映が「純芸術としての映画劇」を目指して、「従来の日本製品とは異なつた味」の日本映画を製作し、日本の「映画劇研究の導火線」になった、と高く評価しているのである。こういった大正活映に対する好意的な評価は、その誕生から約100年の歳月がたとうとしている現在も、ほぼ同じである。

　しかし、会社が短命に終わったため資料が少ないせいか、大正活映の全体像はいまだ十分に論じられているとはいいがたい。田中純一郎も、大正活映の歴史を調べるのは、「当時の文書や資料があるわけではない」ので、「なかなかむずかしい」と述べている。もちろん、先行研究がないわけではない。資料集として充実したものもある。谷崎潤一郎の側面から大正活映の資料を集めた橘弘一郎の『谷崎潤一郎先生著書総目録　別巻　演劇・映画』や栗原トーマス（栗原喜三郎）の側面から大正活映の資料を集めた岡部龍の『帰山教正とトーマス栗原の業跡──天活（国活）と大活の動向』は重要である[4]。ただし後者の引用記事は間違いが多いことに注意する必要がある。また、文学的研究として、田代慶一郎の「大正ロマン」、千葉伸夫の『谷崎と映画』、服部宏『トーマス栗原──日本映画の革命児』などがある[5]。一方、映画史的論考としては、もっとも包括的に大正活映の活動をまとめようと試みた平野正裕の「大正期横浜における映画製作と『純映画劇運動』──大正活映とトーマ

---

3) 南部爾太郎「大活回顧録　其三」『活動画報』飛行社、1922年12月号、116頁。
4) 橘弘一郎『谷崎潤一郎先生著書総目録　別巻　演劇・映画』ギャラリー吾八、1961年。岡部龍『帰山教正とトーマス栗原の業跡──天活（国活）と大活の動向』フィルムライブラリー協議会、1973年。
5) 田代慶一郎「大正ロマン」『大正感情史』日本書籍、1979年。千葉伸夫『谷崎と映画』青蛙房、1989年。服部宏『トーマス栗原──日本映画の革命児』夢工房、2005年。

第1章　大正活映の興亡と大正末期の日本映画産業

ス栗原、あるいは日本に於ける映画監督の誕生──」や、歴史叙述の問題を論じる事例として大正活映とアメリカの関係を論じた小松弘の「ヒストリオグラフィーと概念の複数性──大活を歴史化するために」がある[6]。ただ、多かれ少なかれ、どれもみな大正活映に対して同じイメージを共有していることにかわりはない。すなわち、『アマチュア倶楽部』など革新的な日本映画を製作したものの、高邁な理想に倒れた異質かつ先駆的な映画会社といった認識である。それはまるで日本映画の革新を第一目的として設立された会社であるかのような評価である。

　しかし、大正活映は日本映画の革新だけを目的に設立された会社でない。従来の研究は、谷崎や栗原のかかわった代表的な作品ばかりに注目しがちであり、そのため、そういった評価になってしまうのであろう。しかし、それでは、大正活映の事業全体を捉えることができないばかりか、映画史の外に広がる、もっと大きな文脈において大正活映の活動を捉えることもできない。本章の目的は、大正活映の事業活動の全体を創設意図、製作、興行の順に跡づけ、それによって大正活映は、日本映画の革新だけでなく、むしろもっと大きな目的意識のもとで創設され、日本における映画の配給−興行システムや映画著作権の認識に新しい風を吹き込んだ会社であったことを明らかにしたい。

2　大正活映の創設意図とその背景

　大正活映とは、1920年4月20日に大正活動写真株式会社という名で設立され、すぐに大正活映株式会社と改称された横浜の映画会社である。住所は横浜市山下町31番地（現在の元町1丁目31番地）であった。横浜は、日本を代

---

6) 平野正裕「大正期横浜における映画製作と『純映画劇運動』──大正活映とトーマス栗原、あるいは日本に於ける映画監督の誕生──」『横浜開港資料館紀要』横浜開港資料館、2007年、5-58頁。小松弘「ヒストリオグラフィーと概念の複数性──大活を歴史化するために」『映画学』早稲田大学映画学研究会、1999年、2-11頁。

第 2 部　東洋汽船の映画事業——映画産業と近代アジア

表する開港都市として栄え、早くから外国映画の興行が盛んで、映画輸入業者のニーロップ商会（のちの平尾商会）や外国映画専門館のオデヲン座、外資系映画会社の試写室などがあった。だが、製作所をもつ映画会社の設立は、この大正活映が初めてである。1920年5月4日付『横浜貿易新報』に掲載された同社の商業登記公告を以下に記す。

商号	大正活動写真株式会社
本店	横浜市山下町参壱番地
目的	活動写真フィルムノ貸借、輸出入及販売活動写真ノ応用貸借及興行活動写真ニ関スル図書雑誌出版及之等ノ事業[7]
設立年月日	大正九年四月弐拾日
資本総額	金弐拾萬圓
売株金額	金五拾圓
各株ニ付払込株金額	金拾弐圓五拾銭
公告方法	横浜貿易新報ニ掲載ス
取締役	東京市芝区三田功運町弐〇番地　小松隆
	同市四谷区坂町六弐番地　中谷義一郎
	東京府豊多摩郡千駄ヶ谷町字原宿壱七〇番地ノ四
	志茂成保
監査役	東京府荏原郡大崎町字上大崎弐五四番地　関根要八[8]

営業内容は、おもに欧米最新映画の輸入貸付、機材や生フィルムなどの販売、映画の製作、映画の興行および出張映写であった。営業所は最初、東京市丸ノ内仲通20号館におかれ、のちに京橋区元数寄屋橋1-1番地、そして麹町区

---

[7] 1921年2月には大正映画研究会により『ムーヴィー THE MOVIE』が創刊される。
[8] 「商業登記公告」『横浜貿易新報』1920年5月4日、6頁。

218

第 1 章　大正活映の興亡と大正末期の日本映画産業

内幸町 2 丁目 4 番地に移される。国内には大阪市北区小松原町365番地と、福岡市材木町 9 番地、札幌区南 6 条の 3 か所に出張所があり、アメリカにもニューヨーク市ブロードウェイ街165番地、サンフランシスコ市マーケット街625番地の 2 か所に代理店があった[9]。アメリカの代理店では、おもに映画の仕入れを行っていた。

　　大正活動写真株式会社
　　本社　横浜市山下町三十一番地
　　撮影所　横浜市山手七十七番地
　　営業所　東京市丸ノ内仲通二十号館　電話丸ノ内一一六〇
　　◇営業科目◇
　　一、欧米最新映画ノ貸付
　　二、機械付属品類ノ販売
　　三、芸術的映画ノ製作
　　四、活動写真興行及出張映写
　　◇日本帝国興行権特約◇
　　ファースト、ナショナル会社
　　ゴールドウィン会社
　　メトロ社スクリーン、クラシック映画
　　キャピトール、クックー、レアマン喜劇
　　ゴーモン、アーバン教育映画
　　各種連続映画
　　◇東京封切興行場◇
　　千代田館（直営常設）
　　有楽座
　　◇機械類専売◇

---

9 ）広告『活動雑誌』活動雑誌社、1921年 5 月号。

219

第 2 部　東洋汽船の映画事業——映画産業と近代アジア

シムプレックス映写機
アクメ家庭用映写機
生フィルム各種
其他付属品一切[10]

船の淺野が資金を出して大正活映を創設した目的は、おもに 3 つあった。以下に、『活動倶楽部』1920 年 5 月号の特集記事「果して日本映画界の転機時代来るか？」に掲載された、その 3 つの目的を列記する。

　一、欧米作品中最も新しく最も優秀なる映画のみを輸入提供……
　二、風光絶雅なる我が国の景勝を背景としたる欧米風映画を作製の上、欧米のキネマ市場に送り大に日本並に日本人の特性を世界に宣伝して、国際的地歩に於ける日本民族の進運を図らんとする
　三、内地提供向きとしては活動週報の如き時事問題の撮影並に従来の如き科白劇を全廃し動作を主とする所謂純映画劇的喜活正劇の映画を作製する[11]

この設立目的を、帰山教正が執筆した別の記事「大正活動写真株式会社の設立——誌上の一隅を借りて」に列記された 3 つの目的と比較してみよう。

　一、欧米作品中最も新しく最も優秀なる映画のみを輸入提供すること……
　二、風光絶雅なる我国の景勝を背景としたる欧米風映画を作製輸出し以て大いに日本及日本人の特性を世界に宣伝すること
　三、内地興業向としては活動週報の如き時事問題の撮影並に従来の如き

---

10) 広告『キネマ旬報』黒甕社、1920 年 7 月 11 日号。
11) 編集局「果して日本映画界の転機時代来るか？」『活動倶楽部』活動倶樂部社、1920 年 5 月号、92-93 頁。

第 1 章　大正活映の興亡と大正末期の日本映画産業

科白劇を廃し動作を主とする喜活正劇の映画を作製すること[12]

　純映画劇運動に貢献した理論家であり、映画技術の発展に寄与した技術者でもある帰山の記事からは、「日本民族の進運を図らん」といったナショナリズムは排除されているが、内容は両方ともほぼ同じである。おそらく、大正活映の提供した情報を基に書かれたからであろう。ここで注目したいのは、大正活映は、日本の国民に資する映画を紹介し、日本文化を世界に紹介すること、すなわち製作映画の輸出だけでなく、輸入映画の興行も重視していた点である。

　創設当時の大正活映は、山師的ともいわれたそれまでの映画事業主とは一線を画す、「全然其の類を異にする」会社として期待されていた[13]。その経営陣は、出資した東洋汽船の関係者であった。社長は、淺野家の当主である淺野總一郎の二男、淺野良三である。常務取締役は、淺野の主力企業である東洋汽船からきた志茂成保、取締役はもと鉄道院の役人で東洋汽船にその人ありと知られた中谷義一郎（のちの映教常務理事）、良三の兄・淺野泰治郎（のちの二代目淺野總一郎）、ほかに松方乙彦（のちの日活社長）、小松隆（のちの日米協会会長）、渡邊勝三郎、阿部吾市、関守造、岩崎昌が務めた。監査役は関根要八や淺野八郎、澤木三郎である。つまり、財閥や官僚出身のお堅い経営陣が「最も真面目に最も着実に其の理想を実現しやう」[14]としたのが、大正活映だったのである。

　大正活映の経営陣は、東洋汽船における経営経験を生かして、映画事業に取り組んだ。常務取締役の志茂成保は、「太平洋会議と活動写真の事業」という記事の中で造船などの大事業に較べたら映画事業は経営が容易であると能

---

12) 帰山教正「大正活動写真株式会社の設立──誌上の一隅を借りて」『活動倶樂部』活動倶樂部社、1920年6月号、24-25頁。
13) 編集局「果して日本映画界の転機時代来るか？」『活動倶樂部』活動倶樂部社、1920年5月号、93頁。
14) 同上、93頁。

第 2 部　東洋汽船の映画事業──映画産業と近代アジア

力をアピールしつつ、映画事業について次のような抱負を述べている。

> 少くとも活動写真は、もう押しも押されもしない立派な事業の一つであることを信じて居ります。お互に在来の習慣的に経営し来つたやうな興行的不真面目な態度を止め、紳士的な事業として向上させたいと思つています。私は此活動写真が、将来日本に於ける諸般の事業中最も有望なものであると思ひます[15]。

志茂が、映画を国家的な大事業と捉え、その将来的な成長に期待を寄せていたことがわかる。志茂が映画事業の未来に期待したその根拠は、映画の「世界的共通性」にあった。映画は国境を越えて流通する。事実、アメリカ映画は、「日本人にも支那人にも、又印度人にも好かれている」。だから映画事業というのは、経済がどんなに不況になっても、「一番打撃の少いそして健全に進んで行ける事業」となりうる。だからこそ映画事業は将来有望である、と志茂は考えていたのである。

日本の映画産業を国家的な一大事業に育てよう、育つ可能性は十分にあるはずだという認識は、松竹や国活などこの時代の映画関係者の多くに共通する認識であったといえよう。大正活映の創設にあたり同社を取材した三木生は次のように述べる。

> 映画事業が国家的に最も有効有望である事は今更論ずる迄もない。……吾映画界の地位の高上のために、知識階級が一日も早く此事業に対して真実の理解を得て、吾産業の一部の重要な位置を占むる様な勢力を持つ様になる事を望んで居る。幸に斯うした映画会社が有数の実業家の援助

---

[15] 志茂成保「太平洋会議と活動写真の事業」『活動雑誌』活動雑誌社、1922年3月号、129頁。

第 1 章　大正活映の興亡と大正末期の日本映画産業

に依つて新らしく組織された事を喜悦ぶ者である[16]。

　淺野財閥の援助により設立された大正活映ならば、日本の映画産業を国家的な大事業に引きあげることができる、そう三木生は期待したのである。
　興味深いのは、当時のこういった発言の背後に必ずといっていいほど、アメリカが意識されている点である。20世紀初頭のアメリカは、大量生産の時代を迎え、弱小企業は淘汰されて巨大企業による寡占化が進む。アメリカ政府は、企業の海外進出を支援するための制度や支援体制を整え、アメリカ製品の海外シェアは飛躍的に伸びていった。1910年代初頭までに映画は、自動車とならぶ、アメリカの重要な輸出品に成長する。アメリカ西海岸には新しい映画の都ハリウッドが誕生し、大規模な大量生産システムを整える。アメリカは、欧州に代わる世界映画市場の新しい覇者となる。そのアメリカを念頭に日本の映画人は、日本の映画事業もハリウッドのような国家的大事業になることを期待し、その期待に、淺野總一郎の大正活映が応えてくれるのではないかと夢見ていたのである。

3　大正活映の映画製作

　大正活映とは、映画と畑違いの一流企業が出資し、映画素人の知識人である谷崎と、監督素人のハリウッド体験者である栗原、そしてそのほか大勢の素人が集まって、映画のための映画——映画劇映画——の製作を目指した、ある意味、正真正銘の初々しい会社であった。
　大正活映の設立が広く社会の関心を集めたのは、日本を代表する大企業である東洋汽船が映画に進出したこと以上に、知識人の谷崎潤一郎がその顧問として参加したことが大きかったようである。そのことは大正活映設立当時

---

16)　三木生「大正活動写真株式会社を訪ねて」『活動俱樂部』活動俱樂部社、1920年6月号、22-23頁。

第 2 部　東洋汽船の映画事業——映画産業と近代アジア

の広告や新聞記事、雑誌記事の多くが、谷崎の名前を大きく取り上げて宣伝、報道したことからも察せられる。たとえば1920年 5 月 4 日付『都新聞』に掲載された大正活映の創業にかんする記事の見出しは、大正活映ではなく、「谷崎潤一郎氏が呪画製作に係る」である[17]。下劣な興行師の集まりと揶揄されていた当時の映画界に、文壇の寵児といわれた谷崎が参加したことに注目が集まっていたのである。

　谷崎を大正活映に招いたのは東洋汽船の志茂成保である。志茂は、ハリウッドで東洋人役を演じてスターになった俳優の上山草人と同郷であり、谷崎は上京のたびに、よくその上山の東京宅に滞在した。ある日、志茂は栗原を連れて、上山の東京宅に谷崎を訪ね、大正活映の顧問を依頼する[18]。依頼を受けた谷崎は後日、横浜市山下町31番地（現在の元町 1 丁目31番地）のオフィスに栗原を訪ね、その時の様子を「映画雑感」に次のように描写している。

　　「どうぞ二階へ」と云つて、栗原君は私を階上へ連れて行つた。そこは表通りに向いた、両側に窓のある、余り広くはないが少綺麗な日あたりのいゝ部屋で、同君の執務するらしい大型のデスクが片側の壁に添うて置いてあつた。技師の稲見君が出て来て挨拶をした後、「今迄当会社で製作したフィルムを二つ三つ御覧に入れませう。」さう云つて、両君は直ぐにその支度を始めた。家庭用のアクメ映写機をデスクの上に載せてそれに電燈の線を取り付ける。両側の窓の鎧戸を締めてしまふ。青空の明かりが一杯にさして居た部屋は急に真暗になつた。映画は此の狭い室内の一方から他方の壁へ小さく映し出されるのである。私はそこで三つの実写物を見た。一つは三景園の桜、一つはシルク・インダストリー、蚕から絹が造られ、遂にはそれが精巧な織物となつて呉服屋の店頭に現はれ、都会の婦女の晴れ着となる迄の順序を示したものであつた。云ふ迄もな

17）「谷崎潤一郎氏が呪画製作に係る」『都新聞』1920年 5 月 4 日、7 頁。
18）谷崎潤一郎「映画のことなど」『新潮』新潮社、1955年 4 月号、345頁。

第1章　大正活映の興亡と大正末期の日本映画産業

　　く其れは極く普通の写真ではあつたけれども、今迄非常に明るかつた部
　　屋の中が一度に暗くなつて、而も其の壁へ小さく小さく、宝石のやうに
　　きらきらと映し出されて鮮やかにくつきりと動く物の影は、次第に私を
　　或る奇妙なる夢心地に誘ひ込んだ。暗黒の中を仕切つて居る僅か三尺四
　　方にも足らぬ光の世界、そこにもくもくと生きて動きつゝある蠶の姿、
　　──私はそれを眺めて居ると、たゞ此の小さなる世界以外に世の中と云
　　ふものがあるのを忘れた[19)]。

当時、小説家が自分の見た映画について感想を書くことはあっても、このように映画会社の内部から、その活動を報告し、映画というメディアを製作会社の内側から描写するのは希少であった。それが谷崎ファンはもとより、広く一般の耳目を集めた一因であったともいえよう。

　大正活映の撮影所は、その谷崎が訪れたオフィスから300メートルほど裏手にあった。ガラス張りのスタジオは栗原が考案し設計した。野外セットを作れるほどの敷地はなかったが、字幕室や化粧室、俳優部屋、編集室などが設置されていた[20)]。松竹や日活に比べたら、お粗末な撮影所ではあるが、アメリカで買い揃えた高価な照明装置が装備され、夜間撮影も可能であった[21)]。撮影所をおとずれた吉山旭光は、大道具の岩に張子細工や書割ではなく漆喰細工を採用するなど、セットの再現性を高める姿勢を高く評価した。スタジオの規模はお粗末でも、スタッフの志は高かったことが窺われる。

　大正活映の製作陣が日本映画の革新を目指したことは、これまで論じられてきたとおりである。彼らは、旧劇映画や新派劇映画のような舞台の影響を強く受けた映画表現を排し、弁士の説明に頼らずとも、俳優の動作や表情、音楽によって物語の展開が理解できる、脚本に重きをおいた映画を作ろうと

---

19)　谷崎潤一郎「映画雑感」『新小説』春陽堂、1921年3月号、30-31頁。
20)　「大正活映株式会社撮影所──横浜市山手町七十七番地」『活動倶楽部』活動倶樂部社、1921年6月号、26頁。
21)　吉山旭光「各社スタヂオ巡礼記」『活動倶楽部』活動倶樂部社、1922年4月号、139頁。

225

第 2 部　東洋汽船の映画事業――映画産業と近代アジア

した。そのため俳優はすべて舞台経験のない素人から育成した。栗原は支配人兼俳優養成所主任教師となり、彼を中心に青柳信子や中村成吉といった舞台教師が、葉山三千子、紅沢葉子、上山珊瑚、相馬花子、下村知恵子、豊田由良子、和泉杜之助、神部光男、高橋英一（岡田時彦）ら素人に映画の演技を仕込んだ[22]。のちに映画監督となる井上金太郎、二川文太郎、内田吐夢もいた。舞台主任は尾崎庄太郎、宣伝は国活宣伝部からきた小栗政寧が務めた。撮影技師はのちに小笠原プロダクションで活躍することになる稲見興美である。稲見は「有の儘に自然らしく」撮影することを心掛けたという[23]。谷崎自身は、「われわれの日常生活を基礎にして、多勢の青年男女の生き生きとした陽気な雰囲気を出すことに努めたつもりである」[24]と述べる。つまり、大正活映は、舞台を映画化するために映画を作るのでも、映画を演劇に従属するメディアとして扱うのでもなく、映画のために映画を作ろうとしていたのである。それゆえ日本映画史で大正活映は、革新的な映画を目指した映画会社として、小山内薫の松竹キネマ研究所や帰山教正の純映画劇運動と並べて論じられてきたのである。

　大正活映の映画製作がアメリカ映画を模倣していたことはよく知られている。第一回作『アマチュア倶楽部』の原案を作るうえで谷崎は、アメリカ映画、とりわけチャップリン喜劇を分析したという。

　　活動写真の喜劇は、劇と云ふよりも寧ろ歓ばしき諧調を持つた音楽である。……【チャップリンの喜劇を】見て面白がるのは筋が面白いからではなく、あの中に横溢している音楽的滑稽の気分に動かされるからである。……若しも喜劇が、以上の如き音楽的効果の外に、更に何等かの諷

22）「大正活映株式会社撮影所――横浜市山手町七十七番地」『活動倶楽部』活動倶樂部社、1921年6月号、26-27頁。
23）同上、27頁。
24）谷崎潤一郎「其の歓びを感謝せざるを得ない」『活動倶楽部』活動倶樂部社、1920年12月号、18頁。

第 1 章　大正活映の興亡と大正末期の日本映画産業

刺を含み、問題を暗示することが其来れば一層結構であることは云ふ迄もない[25]。

谷崎は、諷刺や暗示の表現を好み、アメリカ映画よりむしろ欧州映画を高く評価していたというが、彼が大正活映の第一回作のために分析したのはチャップリンの喜劇であった。谷崎自身は、それは会社の方針によるものであったとして、次のように述べている。

【『アマチュア倶楽部』が】そのころのアメリカ映画の影響をうけていたといふのには訳がある。ほんたうは、ヨーロッパ風にしても、どつちでもいいわけだけれども、資本をだしていた東洋汽船といふ会社が、アメリカ航路をもつていて、いろいろアメリカのことに詳しかつたし、それに栗原トーマスがアメリカのことしか知らなかった。映画はやはりヨーロッパよりもアメリカの方が進んでいるといつていたが、それは、技巧的にはさうだつたかもしれないが、私たちは必ずしもさうは思はなかつた。むしろヨーロッパの方がいいと思つていたくらいだが、前にいつたやうな理由から、アメリカ流のものにしようといふことになった[26]。

つまり、自分はどちらでもよかったのだが、製作の責任者である栗原や会社の経営陣がアメリカを志向していたため、アメリカ映画を手本にしたというのである。

　一方、大正活映の映画製作を一身に背負っていた支配人の栗原トーマスは、アメリカに日本を紹介したいと考えていたようである。彼は、次のような抱負を述べている。

---

25) 同上、18-19頁。
26) 谷崎潤一郎「映画のことなど」『新潮』新潮社、1955年4月号、346頁。

第 2 部　東洋汽船の映画事業――映画産業と近代アジア

> 永年米国に滞在して居た私は或階級の米国人に依つて、唱導されて居る所謂日本人排斥なるものの内容を種々の方面から観察すると、日本及日本人が理解されて居ない事が其最大原因であるのを見て如何にせば彼等の蒙を啓発するかに就いて、研究を重ねた結果、活動写真を善用して、徐々に故国の美しい風景を背景に修養あり教育ある日本人は斯の如きものであり、日本古来の道徳、武士道、大和魂は斯うしたものといふ事を、映画劇に仕組み、之を公開する事が比較的容易で而も最も偉大な効果を持ち来すといふ結論を得て斯うした有意義の事業に従事する……[27]。

　栗原は、1910年代中ごろ、トライアングル社の『火の海』や『櫻子』、オリエンタル・プロダクションの『神の怒り』など、草創期のハリウッドで流行したアジア向け映画に俳優として出演していた人物である。トライアングル社とは、ハリー・A・エイトケンとチャールズ・O・バウマンが1915年に設立した新しい映画会社で、サイレント映画の巨匠と呼ばれるトーマス・H・インスやデイヴィッド・W・グリフィス、マック・セネットらが映画を製作していた。栗原がハリウッドで俳優として働いていた頃、カリフォルニア州では急増した日本人移民に対する不満が高まり、排日運動がおきていた。アメリカでそういった体験をした栗原は、上述した抱負を胸に、大正活映に参加し、日本映画をアメリカ人に向けて作ろうとしていたことがわかる。

　しかし、大正活映がアメリカ映画に近づこうとしたのは、それとはまた別の意図もあったといえよう。大正活映は、アメリカ映画を分析し、それと似たような構造の日本映画を製作することで、アメリカ映画が供給されている地域――アメリカ本土も含む――に、大正活映の映画を輸出することを期待していたと考えられるのである。後述するように欧州映画に代わってアメリカ映画が世界に台頭しはじめる当時の市場状況を考えれば、大正活映がそのような高い望みを抱いていたとしても不思議はない。そのことは栗原の次のよ

---

27) 栗原トーマス「活動写真と僕」『活動倶楽部』活動倶樂部社、1920年6月号、22頁。

第 1 章　大正活映の興亡と大正末期の日本映画産業

うな発言からも窺い知れる。

　　日本の製作映画を発展させるには、どうしても内地だけの供給を目的とするのでは、良い作品は得られないし、又製作会社としても利益を挙げる事は中々容易でない。然も撮影するとなれば、可成りの費用がわけもなく消費されて了ふ。其れよりも四五千円も出せば外国のパリパリが買入れる事が出来て其の方が金儲けにもなる。其故、今後の日本映画はどうにか工夫して支那なり米国なりへ輸出し得る方法が執りたいものだと思ふ[28]。

　大正活映の製作の責任者である栗原が、なんとか世界に通用する映画を作って世界に輸出したいと考えていたことがわかるだろう。しかも、その輸出先は、アメリカだけでなく、中国などアメリカ映画を輸入していた国も視野に入っていたのである。
　したがって、大正活映がアメリカ映画を模倣したのは、単にアメリカに憧れていたから、あるいは谷崎のいうように、たまたま製作責任者の栗原も会社経営陣も、アメリカと関係していたからだけでなく、新たにアメリカ中心に廻りはじめていた世界市場に日本映画を送り出すには、アメリカ映画の形式を備えることが必要不可欠であったためとも考えられる。大正活映に限らず、松竹など同じ時期に新設された日本の新会社が、強弱の差こそあれ、ハリウッド映画を志向するのも、ほぼ同じ理由であろう。ただ、大正活映ほど強くアメリカを志向した新会社はなく、その理由をより深く理解するには、大正活映の前身である東洋フィルム会社について知る必要がある。それについては次章で述べる。

28）栗原喜三郎「映画劇と感想断片録」『活動雑誌』活動雑誌社、1921年10月号、69頁。

第 2 部　東洋汽船の映画事業──映画産業と近代アジア

4　「革新的」ではない大正活映の映画たち（1）新派劇映画

　1921年9月15日、大正活映は、資本金を20万から150万円に増資する[29]。増資の理由は、いろいろいわれているが、要するに資金不足である。設立目的のひとつであったアメリカ直輸入映画の興行は、後述するように、なかなか利益をあげられず、やがて「連続的に名画の封切を行つて愛活を喜ばせていた大正活映」も、もはや「優秀だとは言はれない」と批判されるまでにおちぶれる[30]。一方、製作も期待通りにはいかず、栗原監督、葉山三千子主演の喜劇『煙草屋の娘』は検閲で差し止められ、谷崎原作の『邪教』は撮影中止となる[31]。栗原は病気休養、大正活映の事務所は銀座の数寄屋橋から、不便な麹町区内幸町2丁目4番地の自動車会社のビル内に移転する。こうして大正活映は、設立後わずか1年余で存続の危ぶまれる状態となる。

　大正活映がそれまでの製作方針を転換し、地方向け新派劇映画の製作を開始するのは、このときである。『活動倶楽部』1922年3月号には次のような記事が掲載されている。

> 『アマチュア倶楽部』『葛飾砂子』『蛇性の婬』と理想の燭光を照らして歩を進めたる大正活映は突如として撮影所を閉鎖し、俳優を解散せしが昨今再び新しく俳優を組織し地方向新派及び旧派映画の製作を開始せり[32]

大正活映が公開を予定していた新派劇映画の題名を列記すると、『若僧の恋』『黄金の力』『異郷の晩鐘』『薄命の女』『夜明の歌』『廿五の女』『紅書草紙』『魔に誘はれて』『雪解けの夜』『三すぢの糸』である。ほかにも『涙の家』『牧

---

29)「大正活映増資」『活動雑誌』活動雑誌社、1921年11月号、170頁。
30)「アロー社映画連発の大活皐月興行」『活動画報』飛行社、1922年4月号、5頁。
31)「スタヂオ巡礼記」『活動雑誌』活動雑誌社、1921年10月号、110頁。
32)「大正活映の純新派悲劇製作──理想主義の新趣向」『映画新聞』1922年1月1日号、2頁。

第1章　大正活映の興亡と大正末期の日本映画産業

場の母子』『千鳥の声』などが製作されたといわれている。これらの新派映画は、浅草千代田館ではなく、神田など東京の場末や水戸など地方の映画館で封切られた。

　新派映画に出演した俳優は中尾鉄郎、吉岡貞之助、高田誠らであった。中尾は、山崎実と名乗って新派の一座を結成し、地方巡業をしていたことのある人物である。天活に入社して映画俳優となり、『孝女白菊』（1919）などに出演したあと、大正活映に移って、『葛飾砂子』や『喜撰法師』『蛇性の姪』などに出演していた。その中尾が、病気の栗原に代わって新派映画を製作するようになる。『薄命の女』『紅草紙』『雪解けの夜』は栗原と共同で、『若僧の恋』は単独で監督した。かつては「緋おどしの鎧きた若武者」[33]と例えられた大正活映だが、ほとんど素人の中尾を監督にしなければならないほど、大正活映の製作状況は悪化していたのである。

　しかし、大正活映が新派劇映画を製作したのは、そういったスタッフ不足だけが理由ではなく、地方の映画館との契約獲得という別の目的もあった。常務の志茂成保は次のように述べる。

　　卒然大正活映直輸入の外国映画を理解し得ぬ人々に理解を強請するは無謀であり且つ事業経営より見て不得策でありますので大活は昨冬来新派劇の撮影を開始し既に六本を提供し、本年初頭更らに旧劇製作を企てゝ居るのでありますが坊間伝へらるゝ如き理想を捨てたのではないのであります。寧ろ抱持する理想に一日も早く到達する為めに採りし必要なる手段であります[34]。

要するに、東京と地方で観客の趣向に大きな差があり、地方の人々に新しい

33）黒顔子「松竹大活合併より千代田館問題に至る真相」『活動倶楽部』活動倶樂部社、1922年11月号、28頁。
34）同上。

映画を「強制するは無謀であり且つ事業経営より見て不得策」[35]であるから、大正活映は新派劇映画と旧劇映画の製作に踏み切ると述べているのである。志茂がこの記事を書いた大正末期は、大都市の中心部だけでなくその周辺部、そして地方都市でも、映画館が爆発的に増えていた時代である。したがって、新たに増えた観客の多くは、外国映画やそれを模倣した先鋭的な日本映画よりむしろ、彼らが慣れ親しんでいた舞台を映画化した映画——旧劇映画や新派劇映画——を好む傾向が強かったと考えられる。大正活映は、そういった新しい観客の求めに応じた映画を製作し、配給することによって、新しく増えた映画館との契約を増やそうとしていたのである。つまり、大正活映が高邁な理想を捨てて、より大衆的な映画——大正活映の場合は新派劇映画——を製作したのは、それが大正末期の日本の新会社が契約館の数を増やすために必要不可欠な映画であったからなのである。

とはいえ、契約館数を増やしたところで、頼みの外国映画興行は不評、栗原は病気休養中、残った素人俳優の作る新派劇映画では、どうにもならないことは火を見るより明らかである。結局、大正活映は一時解散、撮影所は閉鎖され、近藤伊與吉の主催する無名映画協会に貸し出されることになる[36]。

5　「革新的」ではない大正活映の映画たち（2）
時事映画と政府の宣伝映画

これまでほぼ無視されてきたが、大正活映は実は、『アマチュア倶楽部』『葛飾砂子』『蛇性の婬』など谷崎潤一郎の関与した映画や前述した新派劇映画な

---

35) 志茂成保「大活は理想を捨てず」『活動画報』飛行社、1922年2月号、30-31頁。
36) 「大活の横浜撮影所で無名映画協会の撮影　近藤伊代吉若手連の暗中飛躍」『活動雑誌』活動雑誌社、1922年5月号、94-95頁。無名映画協会は、帰山教正の映画芸術協会を離れた青山杉作と近藤伊代吉が2巻物の喜劇を作る目的で組織した。徳川夢声、谷崎潤一郎、花房種太らが顧問となる。撮影所の閉鎖されていた大正活映の葉山三千子や高橋英一らも参加した。

第 1 章　大正活映の興亡と大正末期の日本映画産業

ど長編劇映画以外にも、時事映画や宣伝映画、喜劇映画などの短編映画を製作している。こうした短編映画の製作は、大正活映が設立時に掲げた目標のひとつであり、映画の製作本数はこちらの方が圧倒的に多い。

　そのなかで、とくに注目したいのは時事映画である。時事映画とは、現在でいうニュース番組のような映画である。たとえば『帝劇女優総出演純日本舞踊劇　娘道成寺』は、帝国劇場の女優が演じる『娘道成寺』を英国皇太子が台覧する様子を撮影した 2 巻物の映画である。1922年 4 月20日から浅草千代田館で上映された[37]。この種の映画は、現在わかっている限りで、1920年の『明治神宮鎮座祭』、1921年の『米国曲芸飛行』や『加州大学野球団来朝実況』『保津川下り』『九校端艇競漕実況』『大日本帝国』、1922年の大隈侯の『国民葬』『陸奥』などがあった。

　また、大正活映は、政府に委託された仕事もいくつか行っている。たとえば1921年の秋には、鉄道院の50周年記念映画を製作した。このとき大正活映は、 3 つの撮影班を用意し、第一班を「朝鮮満州方面」、第二班を「長野地方」、第三班を「伊香保方面」に派遣、各地の鉄道従業員の執務や工事などを撮影する[38]。また、文部省の映画選定に協力したり、外務省の許可をえて貴賓の訪日記録を撮影したりもしている。大正活映が政府から請け負った仕事は少なくない。

　いったいなぜ、大正活映は、劇映画だけでなく、こういった時事映画や政府の宣伝映画を製作していたのか。大正活映と政府のあいだにはどんな関係があったのか。おそらくそこには、淺野總一郎が畑違いの映画事業に出資した謎を明らかにする糸口が隠されていると考えられるのだが、それについては大正活映の前身である東洋フィルム会社の章で述べることにしよう。

---

37)「大活の娘道成寺」『キネマ旬報』キネマ旬報社、1922年 5 月 1 日号、 7 頁。
38)「大正活映の横浜撮影所」『活動雑誌』活動雑誌社、1921年10月号、110頁。岡部龍『帰山教正とトーマス栗原の業跡——天活（国活）と大活の動向』は、記事の題名を「『煙草屋の娘』検閲禍と国鉄宣伝映画その他」と記すが、正確には「大正活映の横浜撮影所」である。

第2部　東洋汽船の映画事業——映画産業と近代アジア

6　外国映画の輸入と映画興行

　従来の日本映画史において大正活映といえば、知識人の谷崎潤一郎が参画し、ハリウッド帰りの栗原トーマスが中心となって革新的な日本映画を製作した会社として高く評価されてきた。だが、それは大正活映が設立時に掲げた3つの目的のうちのひとつでしかない。これまでほぼ無視されてきたが、時事映画や宣伝映画の製作も、その目的のひとつであったのである。そして、さらに重要なのは、映画の輸入興行である。これこそまさに淺野の海運力を生かした、淺野ならではの映画事業であったといえよう。

> 在来我邦に紹介さるゝ外国映画は、概して四五年以前のものが大部分を占め、最新の封切の如きものは、誠に微々たるものであると、又日本映画は、進歩の痕は認めらるゝにしても、これを欧米先進国のそれに比しては、遺憾ながら未だ遜色があることを免れないことは、徒に西洋映画に心酔した者でないまでも、公平な眼で、等しく認むる所だ。これに慨しし、最新の西洋映画を出来得る限り速かに我邦に紹介し、同時に日本物作成は、在来の如く内国のみを本位とせずして、世界的に日本の真相を紹介して、日本民族の世界的進運を図らんとする目的を以て興つたのが即ち大正活映株式会社の前身大正活動写真株式会社である[39]。

つまり、日本の批評家たちは、日本が世界の先端的映画事情からとりのこされていると感じ、不満を募らせていたのである。だからこそ彼らは、大正活映の創設に大いに期待した。なぜなら大正活映ならば、日本とアメリカのサンフランシスコを結ぶ航路を運航する「世界」の東洋汽船が出資した映画会社であるがゆえに、最新映画をいち早く外国から運ぶことができ、「世界」に通用する日本映画を作って「世界」に輸出することも不可能ではないと考えられたからである。

---

[39]「大正活映株式会社発達史」『活動倶樂部』活動倶樂部社、1920年10月、77頁。

第1章　大正活映の興亡と大正末期の日本映画産業

　設立そうそう大正活映は日本において、ユニヴァーサル社に次ぐ、外国映画興行の新しい勢力となる。たとえば『活動倶楽部』の「大活と営業成績如何」を記した経済記者・立花白蝶は、大正活映が「西洋映画専門の会社として、良く今日迄ユ社に対抗」しているとしたうえで、以下のように述べる。

　　殊に連続もの、所有会社としては、ユ社を別とし、同社【大正活映】の右に出づるものはあるまい。同社営業部に、嘗ては電気館の荒井【新井】氏が大いに尽力する所多かつたが、更に今度は東洋汽船にその人有りと知られた敏腕家中谷氏が入社するに至つた[40]。

「ユ社」とは、ユニヴァーサル社のことである。ユニヴァーサル社は、アメリカの映画会社としてアジアの映画市場に真っ先に進出してきた会社である。1914年に東洋総支配人トム・D・コクレンをアジアに派遣し、各地に支社を開設する。日本では、1916年7月に、シンガポールの映画興行師・播磨勝太郎の協力のもと、ユニヴァーサル日本支社を設立した[41]。日本進出と同時にユニヴァーサル社は、『名金』*The Broken Coin*（1915）など連続活劇やブルーバード映画をアメリカから直輸入して映画館に配給し、日本映画界に一石を投じる。そのユニヴァーサル社とほぼ同等の扱われた、最初の日本の映画会社が大正活映だったのである。

　ただし、大正活映とユニヴァーサル社では大きな違いがあった。ユニヴァーサル社はユニヴァーサル映画の配給しか行わないが、それに対して大正活映は、複数の映画会社から、日本における映画の興行権を獲得し配給および興行していた。1920年4月20日に設立されるとすぐに大正活映は、ゴールドウィン社と契約を交わす。そして6月までに、アメリカの映画交換業者デイ

---

40)　立花白蝶「大活と営業成績如何」『活動倶楽部』活動倶樂部社、1922年5月号、126頁。
41)　笹川慶子「海を渡った興行師・播磨勝太郎──20世紀初頭のアジア映画市場におけるシンガポールと日本」『関西大学文学論集』関西大学文学会、2015年3月、23-47頁。

第 2 部　東洋汽船の映画事業——映画産業と近代アジア

ヴィッド・P・ハウエルズ社と契約し、ファースト・ナショナル社やメトロ社の製作した映画の日本興行権を獲得する[42]。メトロ社は1915年にハリウッドに設立された映画会社である。1919年にマーカス・ロウに買収され、1924年にはゴールドウィン社を合併してMGM（メトロ・ゴールドウィン・メイヤー）となる。他方、ファースト・ナショナル社は、アメリカの映画興行者が集まって1917年に設立した映画会社である。チャップリン映画『犬の生活』*A Dog's Life*（1918）や『キッド』*The Kid*（1921）などを製作配給し、当時はパラマウント社と肩を並べるほど勢いのある大会社であった。さらに、1920年9月には、ヴァイタグラフ社やオーストラシアン社と独占契約を結ぶ。こうして大正活映は、1920年末までに、ゴールドウィン社、メトロ社、ファースト・ナショナル社、ヴァイタグラフ社、そしてゴーモン社とアーバン社の教育実写映画などの映画を配給することが可能となる[43]。いうまでもないが、ゴーモン社はフランス、アーバン社はイギリス、それ以外はすべてアメリカの映画会社である。つまり、よくいわれるように大正活映はアメリカ映画だけ配給していたのではなく、わずかとはいえイギリス映画やフランス映画も配給していたのである。

　大正活映の第一回興行は、1920年5月15日より23日まで有楽座で行われた。有楽座は、1908年に「日本初の洋風劇場」として開場し、1920年より新たに帝国劇場の経営となった芝居と映画の両方を興行する高級劇場である。大作映画のロードショー興行はよくここを借りて行われていた。大正活映も第一回興行をこの有楽座で行っている。上映された映画は、ゴールドウィン社の西部劇映画『ピントー』*Pinto*（アメリカ公開1920年1月）と人気のオペラ歌

---

[42] ホーレス・テー・クラーク「大正活映との契約について」『活動倶樂部』活動倶樂部社、1920年8月号、62-63頁。クラークはデイヴィッド・P・ハウエルズ社の東洋支配人。1923年にファースト・ナショナル社に移り、インド、ビルマ、タイ、セイロン、中国、日本、フィリピン、オランダ領東インド諸島や英領海峡植民地などを転々としたあと、神戸にアジア市場開拓の拠点として同社の支社を設立する。

[43] 「撮影の内幕種あかし」『活動倶樂部』活動倶樂部社、1920年12月号、写真頁。

第 1 章　大正活映の興亡と大正末期の日本映画産業

手ジェラルディン・ファーラーが主演した『沙漠の情火』 *Flame of the Desert*（アメリカ公開1919年10月）の 2 本である。これまで日本で興行されるアメリカ映画は、ロンドンや上海などの中古市場で入手されていたため、アメリカの公開から数年遅れるのが常であったが、大正活映はわずか 1 年未満の遅れで公開しており、当時としては異例の早さである。しかも、摩耗した傷だらけの中古映画とは異なり、アメリカ直送の状態の良いフィルムは、驚くほど鮮明な美しいイメージをスクリーンに映し出した。その美しいイメージが日本の映画ファンを視覚的に魅了したことは確かである。たとえば『活動倶楽部』に次のような記述がある。

　　今日映写せられつゝあるものゝ中にも、今年春の作品や、昨年の十一二月頃のものを発見することが時にはある。然し之は縦令あつたにもせよ、極く稀なことで、愛活家たちは之れを恰も奇跡かの様に考へて居る。唯ユ社のみが支社を置いて居る丈けに、比較的新しいものを見せて居るに過ぎない。大正活動写真会社の設立は一つには此の弊を破らうとする目的にある。今後もその目的を一貫するために努力するさうである。従つて第一回の公開映画も極めて新らしいほどのものばかりである。今回の呼び物の一つである『ピントー』（全五巻）は、同社と契約を結んだゴールドウィン会社の本年一月市場に発表した新作品で……此の劇ではノーマンド嬢の馬の曲乗と、投げ縄とが如何にも鮮かである。ジョージ・ウエバー氏の撮影もよく、殊にグリーンの調色が眼の醒める程に美しかつた[44]。

大正活映は、浅草に封切館の千代田館を開場してからも、有楽座をたびたび借りて興行している。たとえば『アマチュア倶楽部』（1920）や『葛飾砂子』

---

44) 一記者「椰子の葉蔭から──大正活動写真会社提供　有楽座封切映画を見て」『活動倶樂部』活動倶樂部社、1920年 7 月号、24-25頁。

第 2 部　東洋汽船の映画事業——映画産業と近代アジア

（1920）など大正活映が製作した映画はまず有楽座で興行されてから千代田館にかけられた。また、モスクワ芸術座の女優からハリウッドの女優になったアラ・ナジモヴァが主演した『死よりも強し』Stronger Than Death（1920）や『幼児の心』The Heart of a Child（1920）といった呼び物も、千代田館で興行する前に有楽座でロードショー興行が行われた。1922年の4月5日と6日には、有楽座の舞台——兄妹の役に扮した関操と小谷八重子を、栗原トーマスが演出し、キャメラで撮影する映画製作の様子を舞台上に再現した——を撮影し、それを千代田館で上映している[45]。こういった大正活映による有楽座の単発興行は、大正活映が松竹と提携する少し前まで続けられた。

　1920年6月12日、大正活映は、浅草の代表的な外国映画封切館である千代田館を日活から奪い、直営封切館として開場する[46]。千代田館の入場料は、特等1円20銭、一等80銭、二等50銭であることから、当時としては超一流とはいえないまでも、一流の類に入る映画館であったことがわかる。千代田館は日本における外国映画興行の重要拠点のひとつであり、そのことは、のちに松竹がこの館を手に入れようと画策することからも明らかである。千代田館の弁士は、原紫翠や小川紫友、谷天郎、細川天龍、内藤紫漣、杉浦市郎、白石紫紅など、さほど有名ではない。1922年5月28日付『東京朝日新聞』によれば、「耳を覆ふて映画を見るべきは千代田館、目を覆ふて映画を聞くべきは帝国館」[47]とある。このことから千代田館で上映されるフィルムの状態は、際立ってよかったことがわかる。

　大正活映が輸入した映画は、東京だけでなく、神戸や京都など、比較的に外国映画興行の盛んな地方でも興行された。『キネマ旬報』1921年4月11日号に掲載された読者の寄書によれば、神戸には「大活系とユ社系の映画は割に

---

45)「有楽座の『撮影実演』を見る」『読売新聞』1922年4月7日、7頁。「大活の部　スタジオの舞台実演」『活動雑誌』活動雑誌社、1922年5月号、133頁。
46) 広告『東京朝日新聞』1920年6月9日、7頁。
47)「映写幕」『東京朝日新聞』1922年5月28日、3頁。

早く廻つて来るが日活物となると頗る遼遠」とある[48]。また京都では、ユニヴァーサル社は「東京で封切された写真はどれでも来る」が、大活は「大低いゝと思つて待つている奴は来ます。けれど時々は素的なのが来ずにすむことがあります」といわれている[49]。比較するため、ほかの映画会社がどう評価されていたか見ると、帝キネは「此頃はちつともいゝのが来ません」。日活は「さすがに地盤を築いてい」るが、松之助映画に頼るのではいただけない。国活は「京都に高級常設館一つ持たぬ」のは心掛けが悪い。松竹は「西洋物よりは新派でやる方針のやうに思はれたが、此頃はいゝ奴が時々来るのがうれしい」とある。このように大正活映の外国映画興行は、映画の質やイメージの鮮明さの点で、ほかの日本の映画会社を引き離し、群を抜いていたことがわかる。

7 競争的興行と映画興行権
——フィルムの売買か賃貸か、それとも興行権の売買か

　大正活映が日本の外国映画興行史に果した役割は重要である。それは単にアメリカから最新の映画を輸入したからだけではない。むしろ重要なのは、日本の配給-興行システムを攪拌するとともに、映画の著作権に対する認識を広めたことにある。その発端となるのが、当時の言葉でいうところの「競争的興行」である。以下では、この「競争的興行」に注目しながら、大正活映が日本の配給-興行システムをどう変えていったのかを見ていくことにしよう。

　「競争的興行」とは、同じ興行地域にA館とB館の2つの映画館があったとすると、A館がある映画を興行したら、B館も同じ映画を同じ時期に同じ地域で興行することを指す。たとえば、大正活映は、メトロ社のアラ・ナジモヴァ主演の『ブラット』 *The Brat* (1919) を輸入し、1920年10月に『餓鬼

---

[48] 中西一矢「映画断片（2）」『キネマ旬報』黒甕社、1921年4月11日号、10頁。
[49] 田中幹人「京都者の不平」『キネマ旬報』黒甕社、1921年4月11日号、10頁。

第 2 部　東洋汽船の映画事業——映画産業と近代アジア

娘』と題して浅草千代田館で上映したが、それと同じ映画を日活が浅草電気館で『腕白娘』と題して上映し、競争的興行となった[50]。大正活映は製作者のメトロ社から独占的興行権を獲得していたため、日活を「版権侵害」で訴えるが、日活は「従来の慣はしで差支ないものと思ふ」として、取り合わなかった[51]。また、義和団事件を題材にしたメトロ社の大作、アラ・ナジモヴァ主演の『レッド・ランターン』 *The Red Lantern* (1919) は、大正活映が千代田館で『紅燈祭』として封切ると同時に、国活が同じ映画を『赤燈籠』と題して浅草帝国館とキネマ倶楽部で封切った。国活のフィルムは上海から入手した中古であった。そのため大正活映は、国活に対し、上映をやめるよう申し出るが、国活はそれを無視する。さらに酷いのは、大正活映が千代田館で封切公開を予定していたメトロ社の 2 時間半の大作、ルドルフ・ヴァレンチノ主演の『黙示録の四騎士』 *The Four Horsemen of the Apocalypse* (1921) を、松竹がその公開予定より先の1921年 5 月12日に帝国館で封切った。驚いた大正活映は急遽、千代田館の上映予定を変更し、同じ 5 月12日より、「他館上映々画の如き粗悪なる複写品にあらず」「真偽は書面鮮明のみにても一目瞭然なり」と宣伝しながら、競争的興行を開始する[52]。大正活映はメトロ社から独占的興行権を獲得していたが、松竹は映画交換業者から賃貸したフィルムであった。この一件は浅草興行組合の仲裁により、松竹が浅草のあと東京では興行しないこと、地方では無用な競争は避けることを約束して落着する[53]。そして極めつけは1922年 4 月、大正活映は、大日本映画協会（弁士の藤浪無鳴らが純映画劇の公開を目的に組織）と共同でグリフィス監督の『散り行く花』 *Broken Blossoms* (1919) を有楽座にて封切公開するが、その後、藤浪が

---

50)　太田黄鳥「問題になつた映画」『活動画報』飛行社、1922年 7 月号、47-49頁。
51)　「映画版権侵害の訴」『活動新聞』1921年10月、1 頁。「映画複製で訴へらる 版権侵害として活動界の大問題」『東京朝日新聞』1921年 7 月29日、2 頁。
52)　広告『東京朝日新聞』1922年 5 月12日、3 頁。広告『東京朝日新聞』1922年 5 月13日、2 頁。
53)　新川碧流「最近の映画争議」『活動画報』飛行社、1922年 7 月号、38頁。

第 1 章　大正活映の興亡と大正末期の日本映画産業

松竹と契約して、その映画を浅草帝国館で興行し、大事件となった[54]。

　こうした競争的興行が、取り締まられることなく、平然と行われていたのはなぜだろうか。これについて田中純一郎は、当時「フィルムの興行権はその所有者にある」と考えられていたからだと述べている[55]。だが、そこには、もっと複雑な問題が絡んでいたのである。それは世界の映画の流れが地球規模で変わる時代において、日本を含むアジア全体で起こっていたことでもあった。その複雑な問題をときほぐして理解するため、まずは輸入ルート、取引方法、そして配給‐興行システムの順に見ていく。

　第一次世界大戦まで、アジアで公開されるアメリカ映画は、そのほとんどがロンドンから欧州航路を通ってアジアに運ばれていた。とくに草創期は、フランス映画やイタリア映画など欧州映画がアジア市場を独占し、アメリカ映画は中古の短編がわずかに公開される程度であった。つまり、今からは想像しがたいが、当時のアジア映画市場は、欧強米弱の状態だったのである（これについては 3 章で詳しく述べる）。

　ところが、1910年代初頭から、しだいにアメリカ映画が台頭しはじめ、第一次世界大戦の勃発後は、その市場進出が加速し、ついには欧州映画に代わって市場を独占するようになる。とくに大戦中、戦火を避けるため、世界の映画取引の中心が、危険なロンドンからニューヨークに移ると、アメリカ映画は、これまでのようにロンドンからスエズ運河を通ってアジアに向かうのではなく、ニューヨークから大陸横断鉄道を通ってアメリカの西海岸に向かい、その西海岸の港から太平洋をわたってアジアに運ばれる数が増えていく。こうして、アジアにおけるアメリカ映画のシェアは飛躍的に伸びていくのである。

　こういった世界の流通の変化は、日本の映画市場に様々な亀裂や摩擦をも

54）大正活映株式会社「『散り行く花』と背徳漢藤浪無鳴」『活動雑誌』活動雑誌社、1922年 7 月号、136-137頁。
55）田中純一郎「秘稿日本映画」『キネマ旬報』キネマ旬報社、1966年 9 月上旬号、49頁。

たらす。前述した「競争的興行」はそのひとつである。つまり、競争的興行とは、世界の映画流通が西回りから東回りにシフトする時期に、アメリカ映画を輸入して興行する新旧複数のやり方が入り混じった結果、市場に生じた摩擦であったと考えられるのである。

　この時期、日本で公開されるアメリカ映画の輸入ルートはおもに3つあった。ひとつは、従来通りロンドン市場から輸入するルートである。もうひとつは、これも従来通り、上海や香港などアジア市場から輸入するルートである。そして最後は、アメリカから主にサンフランシスコ航路を通じて直接輸入する新しいルートである。この新しいルートでアメリカ映画を定期的に輸入した最初の日本の映画会社が大正活映であった。

　また、取引方法もおもに3つのやり方が混在していた。従来ならば、日本に輸入されるアメリカ映画は、日本の映画会社が社員を海外の映画市場に派遣し輸入するか、あるいは、平尾商会など輸入業者に依頼し輸入してもらうかであった。しかし、この時期、新たに、日本の映画会社が、直接アメリカの映画製作者あるいは交換業者と契約し、定期的に映画を送ってもらう取引方法がはじまる。それを日本の映画会社として先駆的に導入したのも大正活映である。

　さらに、日本の配給－興行システムも複雑化していた。その変化を理解するため簡単に、映画の配給および興行の歴史を確認しておこう。映画産業の草創期は、配給者はおらず、製作者と興行者が直接取引を行っていた。興行者は、製作者から映画カタログを取り寄せ、そこから欲しい映画を選び、購入する。当時、映画の価格はフィルムの物理的な長さによって決められた。興行者は、購入した映画を上映し、上映後はその映画を中古市場で売ることもできた。資本の少ない興行者は、そういった中古映画を安く調達することも多かった。日本を含む多くのアジアの国々では、欧米との経済格差があったため、新作映画を買うことはほとんどなく、たいてい安い中古映画を購入していた。やがて欧米では映画交換業者が興隆し、売買より賃貸が映画取引の主流になる。だが、欧米から遠く離れたアジアの興行者たちは、運搬中の

第 1 章　大正活映の興亡と大正末期の日本映画産業

賃貸料金の発生を避けるため、中古映画を安く買うのがせいぜいであった。

　ところが、大戦中、アジアのその慣例が変わる。アメリカから新しい配給－興行システムが入ってくるのである。それは映画製作会社、もしくはその代理人が、映画を独占的に興行する権利を、地域あるいは国単位で売る仕組みである。興行者は、彼らから映画を購入するのでも、借りるのでもなく、上映する権利を買う。この方式であれば、中古映画のようにフィルムを所有する人すべてに興行権があることにはならない。したがって同じ地域で複数の映画館が同じ映画を同時に上映することはできない。映画を上映できるのは、興行の契約をした映画館のみであり、それが同じ地域内の複数の異なる映画館に与えられることはなくなる。

　日本を含むアジアの場合、この方式は、第一次大戦中に広まる。とくにユニヴァーサル社が重要な役割を果たす。ただし、同社は配給のみで興行は行っていない。大正活映は、日本の映画会社として初めて、その方式を用いて映画を配給し、かつ興行した会社である。したがって、大正活映とは、戦争を契機にアジア市場の新しい覇者となるアメリカが、従来とは異なる映画の流れや仕組みを広めていた頃、その変化をいち早く捉え、取り入れた会社であったといえよう。しかし、その結果、日本市場には、従来の方法で輸入されるアメリカ映画と、新しい方法で輸入されるアメリカ映画が競合し、「競争的興行」という混乱を生み出すことになったと考えられる。要するに、大正活映の新しすぎる試みが日本市場に摩擦と混乱をもたらしていたのである。

　こういった摩擦や混乱は、映画の独占的興行に必要な法的な環境がまだ整っていなかったことが大きく関係する。つまり、映画の著作権の問題である。当時、日本では、脚本や楽譜の興行権は著作権法で認められていたが、映画には認められていなかった。そのためフィルムを所有してさえいれば、誰でも映画を興行することができたのである[56]。また、輸入された文学や美術、写

56）石井迷花「日本に於ける映画興行権問題」『活動画報』飛行社、1922年7月号、29-30頁。

243

第 2 部　東洋汽船の映画事業——映画産業と近代アジア

真の著作権は保護の対象とされたが、映画は対象外であった。したがって、旧来の慣わしで日本に輸入された中古映画や複写映画には、なんら法的な保護も制裁もなかったのである。それゆえ大正活映がアメリカの会社と直接交渉し、映画の独占的興行権を獲得したとしても、他社が同じ映画の中古フィルムや複写フィルムを入手して、同じ時期に、あるいは先行して、上映することを法的に阻止することはできなかった。結果、大正活映がわざわざ高額な独占的興行権を購入しても、その費用に見合う興行成績をあげるのは困難となり、その経営は悪化していったのである。

興味深いのは、そういった競争的興行が世間を騒がせる頃から、旧来の慣わしで輸入された映画が、「不正な映画」として批判されはじめることである。1922年7月号の『活動画報』に掲載された記事「日本に於ける映画興行権問題」において石井迷花は、「不正映画」を、「製作会社に相当の権利金を仕払つて直接購入又は貸借契約を結んだ以外のもの」[57]と定義している。当時の記事をまとめると、「不正映画」とは以下のような映画を指す。

1）興行権つき映画を、契約で決められた地域で、決められた期間だけ興行したあと、安く転売したもの。いわゆる中古映画である。ロンドンや上海、香港などの中古映画市場から入手されることが多い。

2）興行権つき映画を、契約で決められた地域で、決められた期間だけ興行するにあたり、決められた本数の複写を作ることが許されているが、それ以外に余分に複写したもの。いわゆる複写映画である。複製映画は、アメリカ各地からサンフランシスコに集められ、日本に送られることが多い[58]。

---

57) 同上。
58) 片野暁詩「映画の興行権と不正映画に就て」『活動画報』飛行社、1922年7月号、39-41頁。

第 1 章　大正活映の興亡と大正末期の日本映画産業

　3）盗難されて売り飛ばされたもの。いわゆる盗難映画である。たとえば大正活映が輸入を予定していたチャップリン主演の『キッド』 *The Kid*（1921）は、サンフランシスコ港から日本に運ばれる直前に、ニューヨークで盗難されたフィルムであることがわかり、没収された。

　盗難映画はそもそも犯罪であるが、中古映画と複写映画は、もともと普通に取引されていた映画である。それが世界の映画流通の変化によって不正映画と見なされるようになるにすぎない。とくに20世紀初頭のアジアの場合、市場に出まわる映画のほとんどは、中古映画や複写映画であったため、独占的興行権という新しい仕組みが導入されたときの混乱は、欧州に比べて大きかったといえよう。

　しかし、「不正」映画と呼ばれるようになったとはいえ、法的な拘束力はなく、結局、大正活映は、ただひたすら自社の正当性を主張するよりほかはなかった。たとえば、『活動倶楽部』1922年3月号に大正活映は、次のような広告を掲載している。

　　業務拡張の為従来の事務所にては狭溢に付左記へ移転仕候間相変らず御
　　引立の程願上候
　　当社は大正十年十一月十四日附を以て継続契約完了候間従て、
　　ヴイタグラク社一九二二年度作品短編連続を併せ全部の東洋一手興行は
　　確実に所有致居候（近頃虚疑の広告をなす向有之候に付念の為謹告候也）

　　東京市麹町区内幸町二丁目四番地（電車、虎之門下車）
　　大正活映株式会社　電話銀座三二二一番　三七七四番[59]

「虚疑の広告をなす向」とはヴァイタグラフ社の日本における興行権を主張し

59）広告『活動倶楽部』活動倶樂部社、1922年3月号。

第 2 部　東洋汽船の映画事業——映画産業と近代アジア

た松竹を指す。1922年1月16日付『東京朝日新聞』によれば「興行権の奪ひ合ひで松竹と大活が夜さへ明ければ宣伝」しあう、とある[60]。大正活映に興行権を販売したアメリカのデイヴィッド・P・ハウエルズ社は、「複写又は不正フィルム」の興行者を糾弾し、「大活の権利を保護すべし」との広告を掲載している。

> 大活以外の会社が、プラツー(ママ)、レッドランターン、ハート・オヴ・ザ・チャイルド等のナジモーワ劇を公開した時は複写又は不正フィルムにて、その興行者は不正興行者として日本に於ては勿論英米に於ても有謂手段に訴へて大活の権利を保護すべし[61]。

だが、誰も、その主張に耳を貸さなかった。既に述べたように日本では、誰もそういった主張に耳を貸す必要はなかったからである。

　このような新旧配給システムの混在による興行市場の摩擦と混乱は、日本に限らず、地域差こそあれ、アジア全体で起こっていたことである。それは欧米で起こった映画流通の大変動がアジアに及んだ結果でもある。ユナイテッド・アーティスツ社は、不正な映画輸入を防止すべく、東京や中国、フィリピン、インドに事務所を設置した。ユニヴァーサル社も不正な映画取引に注意を促す広告をアジア各地で掲載する。大正活映の志茂成保も、日本における映画の著作権を「蓄音機のレコードと同様」に認めさせようと奔走する。

> 日米間に法の規定がないから何程米国で騒いでも手のつけようがない近い例を挙ぐる迄もなく興行権を正当に継承しているものが我が国で複写映画に封切を先んぜられた例は枚挙に遑なき程その実例があるが曽て一度と雖も正式に訴訟が成立した事がない……是を救ふには日米間に著作

---

60)「活動噂ばなし」『東京朝日新聞』1922年1月16日、4頁。
61)「時報」『キネマ旬報』黒甕社、1920年12月1日号、9頁。

第 1 章　大正活映の興亡と大正末期の日本映画産業

権法の条約を結ぶ事と映画の著作権を蓄音機のレコードと同様に認めしめねばならぬ事の二つである、早くから此の問題に就いて多少奔走したものは天活【大活の間違い】の志茂専務であつた[62]

だが、志茂のこの試みは、日本国内に必要十分な賛同者をえることができず、実現されずに終わる。

　しかし、勘違いしてはならないのは、こうした競争的興行に翻弄されたのは大正活映だけではないということである。たとえば日活が購入したファースト・ナショナル社のチャップリン主演映画『キッド』 The Kid (1921) は、フィルムが日本に到着する前に、松竹と大正活映が同じ映画を別のルートで入手し、先に公開して大成功をおさめる[63]。また、横浜の平尾商会が輸入し、直営館の横浜オデヲン座で上映したエジソン社の『男らしき男』は、国活が浅草帝国館で、大正活映が浅草千代田館で同時に再上映している。そして、ユナイテッド・アーティスツ社が製作し、ダグラス・フェアバンクスが主演した喜活劇『ナット』 The Nut (1921) は、買付交渉中だった国活を出し抜いて、松竹が1921年10月に抜き打ちで上映する。驚いた国活は急遽、大正活映の浅草千代田館を借りて、松竹の1日遅れで競争的興行を開始した。さらに、松竹が『ターザンの冒険』 The Adventures of Tarzan (1921) と題して公開を宣伝していた映画は、大正活映が先に入手し、『大ターザン』と題して公開し、大成功をおさめている[64]。つまり、「最も真面目」[65]な大正活映だけが競争的興行の被害者であるかのような言説は、感傷に走りすぎて歴史をゆがめて

---

62)「拡大されたる盗難・複写・興行権問題——盗難輸入防止界の設立も絶対困難な問題か」『活動雑誌』活動雑誌社、1921年11月号、98-99頁。
63) 太田黄鳥「問題になつた映画」『活動報』飛社、1922年7月号、47-49頁。
64)「大活の部　大連続ターザン大好評」『活動倶樂部』活動倶樂部社、1922年5月号、126頁。
65) 編集局「果して日本映画界の転機時代来るか？」『活動倶樂部』活動倶樂部社、1920年5月号、93頁。

第2部　東洋汽船の映画事業──映画産業と近代アジア

しまっている。

　とはいえ、大正活映にとっては、その競争的興行による打撃が、他社よりずっと大きかったことは確かである。なぜなら大正活映は、アメリカ映画の直輸入とその独占的興行を看板とし、わずか40館とも80館ともいわれる契約館しかもたなかったからである。全国に数百もの契約館をかかえ、輸入映画だけでなく、松之助映画など日本映画も潤沢に供給できた老舗の日活はいうまでもなく、芝居興行の地盤をもち日活に次ぐ映画館数を誇る松竹や、天活の興行地盤を引き継いだ帝キネなど他の新会社と比べても、大正活映の被った打撃は、手にあまるものであったといえよう。そのことは一連の競争的興行で争ったあと、大正活映が、アロー映画社と契約し、安い三流映画の輸入に走ることからも明白である。大正活映は大資本を後ろ盾に、一流の経営陣が経営していた稀有な映画会社であったが、契約館数の絶対的な少なさゆえに、競争的興行の衝撃に堪えることができなかったのである。

　大正活映は、アメリカから直接輸入した映画の独占的興行権を主張した。しかし、それは、旧来の慣わしとのあいだに摩擦を生んだ。その後、他社の追随もあって日本市場は、新旧さまざまなルートや取引方法で入手された外国映画が入り混じる混乱状態となり、興行基盤の脆弱な大正活映は窮地に追い込まれる。

　大正活映の苦難は、欧米が引き起こした流通の大変動がアジアに波及して生じたさまざまな摩擦や混乱のひとつである。それは「欧州映画の衰退とアメリカ映画の台頭」といった表面的な変化ではない。映画の取引や契約の方法、著作権意識などさまざまな構造的変化が織り重なった複雑な変容である。そしてその変容に、いち早く反応したのが東洋汽船であり、それを映画産業において実現しようとしたのが大正活映であったといえよう。しかし、その俊敏すぎる行動は、日本の映画市場に混乱や摩擦をもたらした。だが、同時にそれが起爆剤となり、日本の映画配給-興行システムを次の段階に導いたこともまた確かである。

第 1 章　大正活映の興亡と大正末期の日本映画産業

8　松竹との提携──企業合同と契約館数の関係

　1922年 8 月16日付『東京朝日新聞』に松竹キネマ株式会社と大正活映株式会社の連名で 3 年間の提携契約の締結が謹告されている。提携の宣言は以下のとおりである。

　　今般両社提携の協商成立し来九月一日より両社各其特長を合し松竹は専ら営業に関する一切の業務並に日本映画の製作に努め大正は主として西洋映画の輸入を担当し二者相俟て今後一層大方諸君の御希望に副はん事を期し奮励可仕覚悟に候間何卒両社共倍旧の御誉顧相仰度奉懇請候右謹告仕候　以上
　　追て営業上諸般ノ御用件並に写真賃貸御契約は自今松竹へ御交渉相願度候也

　　大正十一年八月十五日
　　　　　　　　　東京市京橋区中橋和泉町六番地　松竹キネマ株式会社
　　　　　　　　　同市京橋区松屋町一丁目八番地　大正活映株式会社[66]

　この契約により、大正活映は、映画製作を放棄し、映画の配給と興行をやめ、外国映画の輸入のみに専念することになる[67]。また、これまで大正活映が輸入してきた映画、および、これから輸入する映画の興行権はすべて松竹に譲渡される。これにより松竹は、ファースト・ナショナルやメトロ、ゴールドウィン、ヴァイタグラフ、アロー、フォックス、パラマウント、ワーナー・ブラザーズ、エディ・ボロ連続映画、セリグ社猛獣連続映画といった豊富なア

66）広告『東京朝日新聞』1922年 8 月16日、3 頁。『キネマ旬報』キネマ旬報社、1922年 9 月 1 日号の広告にも同じ内容が掲載されている。
67）大正活映の撮影所が閉鎖されたあと、同社撮影技師の稲見興美が、大正活動写真製作所を新たに立ち上げ、その撮影所で撮影請負業をはじめる（「大正活動写真製作所創立」『キネマ旬報』キネマ旬報社、1922年10月21日号、11頁）。

第 2 部　東洋汽船の映画事業──映画産業と近代アジア

メリカ映画の配給－興行が可能となる。松竹蒲田撮影所の製作する日本映画に加え、そういった豊富な外国映画の配給が可能となった松竹が、その契約館数を伸ばしたことはいうまでもない。このように提携後の松竹の繁栄と、大正活映の存在の薄さを比べれば、この提携が広告の文言からはほど遠い、買収に近い提携であったことがわかる。

　そもそも大正活映は、創設当時から絶えず、「合同」の噂がつきまとっていた会社である。たとえば、創設から 2 か月以内には、大正活映を60万円、帝国キネマ演芸（帝キネ）を40万円に評価して、両社を合同する話がもちあがっている[68]。帝キネは資本金500万円で山川吉太郎が中心になって設立した映画会社である。設立時に、前身の天活大阪支社の営業地盤を引き継いでいるため、新会社とはいえ創業時からすでに南地芦辺劇場、天活倶楽部、老松座、玉造座、九条繁栄座、御霊倶楽部、高千代館、神戸相生座、名古屋新守座、和歌山紀国座など多数の映画館や劇場をもち、映画の製作体制も整っていた[69]。提携交渉は再三行われたが、慎重な山川が首を縦に振らず、実現にはいたらなかった。ほかに国活との合同も模索された[70]。松竹に契約館の一部を奪われて弱体化した国活が、1921年の秋に大正活映との合同を模索したのである。国活の専務である北村民也は、大正活映の社長である淺野良三と同級生であったという。合同後の新社長は九州水電の山口恒太郎、副社長には大正活映の淺野良三が予定されていた。だが、国活で話がまとまらず、合同は行われなかった。

　ところで、なぜ大正活映には合同や提携の噂が絶えなかったのであろうか。大正活映に合同や提携の噂が絶えなかったのは、松竹が大正活映と提携したのと同じ理由であろう。すなわち、契約館の確保である。日本で大正活映が生き残るためには、必要最低限の映画館数を確保する必要があり、合同や提

---

68)「大活の部　大活帝キネマの合同」『活動倶楽部』活動倶樂部社、1922年 4 月号、133頁。
69)「大正活動と帝国キネマ」『活動倶楽部』活動倶樂部社、1920年 8 月号、127頁。
70)「活動噂はなし」『東京朝日新聞』1921年11月10日、3 頁。「大活の部　国活大活合同の其後」『活動倶楽部』活動倶樂部社、1922年 4 月号、133頁。

第 1 章　大正活映の興亡と大正末期の日本映画産業

携は、その唯一有効な手段であったと考えられる。一方、松竹が、大正活映との提携に50万円もの大金を使ったのも[71]、製作能力の低い横浜の小さな撮影所のためでも、素人集団のスタッフのためでも、人気のないアロー映画のためでもなく、狙いは浅草千代田館や新宿武蔵野館など全国に散らばる大正活映の直営館や特約館であった。残念ながら千代田館は、訴訟沙汰となり松竹の手に落ちず、浅草でもっとも古い映画館である電気館の経営者・新井精司の経営となる。だが[72]、それ以外のほとんどの映画館は、松竹の手中におさまる。これにより松竹は、老舗の日活に迫る勢いをみせ、かつ大正活映に代わる日本の外国映画興行の旗手となる。つまり、大正活映と松竹の提携は、単なる大正活映の経営難ゆえのやむなき提携ではなかったということである。

　こういった日本の映画市場の地域性は、アメリカ市場と比較するとはっきり見えてくる。アメリカでは映画交換業者が早くに成立し、製作者と興行者の橋渡しを行う。製作者は、製作した映画を交換業者に託し、映画館は交換業者から映画を手に入れる。この仕組みゆえにアメリカでは新参者が自由に市場に入り込めた。1905年から1907年頃のアメリカで、ニッケルオデオン・ブームと呼ばれる映画館の設立ラッシュが映画産業を急成長させたのも、この交換業者の存在なしでは考えられない。他方、日本では、製作者が直接、映画館と契約し、映画を供給する。映画館は契約した映画会社以外の映画をけっして上映しない。結果、映画さえよければ上映館の増えるフリーブッキングとは異なり、製作者と映画館の供給関係が契約により長期に固定される。そのうえ日本の映画館は通常、集客力のある日本映画を望む。そのため日本映画を安定供給できない会社は映画館と契約するのが困難になる。こういった市場においては、配給する日本映画をもたない外資の映画会社や、日本映画の製作本数が希少かつ斬新すぎる大正活映は、映画館と契約するのがたい

---

71)　黒顔子「松竹大活合併より千代田館問題に至る真相」『活動倶樂部』活動倶樂部社、1922年11月号、28頁。
72)　「記者曰く」『活動倶樂部』活動倶樂部社、1922年11月号、35頁。

第 2 部　東洋汽船の映画事業——映画産業と近代アジア

へん難しい。結局、そういった会社は、日本映画の安定供給を可能にし、かつ利益のあがる映画館数を確保するために、他社との提携や合同が必要となるのである（ユニヴァーサル社がのちに阪妻と提携するのもそのためであろう）。大正活映に合同の噂が常につきまとっていたのは、こういった日本固有の市場システムが深く関係する。

　このようにアメリカ式の配給－興行システムにならう大正活映が、日本固有の慣わしに難儀したことは、その関係者の発言からも窺い知ることができる。たとえば栗原トーマスは、「製作者と興行者とを各独立させるに至つて始めて優秀な映画が作成され、然かも非常な勢で進歩し」うる。だから日本でもアメリカのように「映画の製作者と、興行者とが分離しなければならない機運になつていることは確かでせう」と述べている[73]。同じく、浅草電気館の経営者であり、大正活映の重役として契約館の獲得に尽力した新井精司は、「映画の製造と配給とを独立せしめよ」と題した記事の中で次のように述べている。

> 現在、日本一として自他共に許している日活会社が、すでに、製造と営業配給とを兼ねているなぞは、日本の活動界が、活動の輸入以来約二十年を閲しているにかゝはらず、何物の進歩を遂げていない事を裏書してあまりある事である。製作と配給とを一会社が兼ねる事が何故に良くない事かと言ふに、例へば、日活に、非常に優秀なる西洋物が輸入せられたことする、すれば日活は、莫大なる広告費と其の他の金を投じて自己の関係館のみに上演する。此の場合、他流会社は、自分の常設館をして、此の映画を上映せしめる事は絶対に出来ない。日活は、折角、輸入した映画を、自己が畑にうつし植えるだけで、最後は、自分の倉庫の下積にしてしまふまでゝある[74]。

---

73) 栗原喜三郎「映画製作者を独立せしめよ」『活動雑誌』活動雑誌社、1922年5月号、133頁。
74) 新井精司「映画の製造と配給とを独立せしめよ」『活動倶樂部』活動倶樂部社、1922年11月号、34-35頁。

第 1 章　大正活映の興亡と大正末期の日本映画産業

新井は、日活を例に日本の配給‐興行システムを説明しているが、同じことが当時の新設会社である松竹や帝キネ、大正活映にもいえる。むしろ新設会社の方が切実な問題であったであろう。日本固有のシステムを批判して新井は、配給会社さえ設立されれば、せっかく輸入した高価な映画が十分に活用されないまま倉庫に眠る弊害はなくなり、映画館の経営者が契約した映画会社にしばられることなく、自由に映画を選べるようになるはずであると主張する。逆にいえば、日本の配給‐興行システムでは、映画館が製作者との契約によって縛られているので、どんなに良い映画でも「限られた常設館」でしか上映できず、それでは「平凡な結果」しかだせない、と不満を述べているのである。大正活映は、この浅草電気館の新井や神戸菊水館の大島らの協力により全国に契約館を増やすが、その数は100館にも満たなかった。そのわずかな契約館でグリフィス監督の大作映画やチャップリン主演の人気映画など高価なアメリカ映画を上映しても、とても十分な利益はあげられない。最終的に大正活映は、他社と提携する以外に道はなかったのである。

9　大正活映の残党と外国映画のセカンドラン

　大正活映は、これまで松竹との提携により消滅した会社であるかのように語られてきた。たとえば南部彌太郎は次のように述べている。

> 実業家の後援を有し、海外大会社と円満なる取引を有し、本邦最大の名監督栗原氏を擁した大活が突如として名誉ある降服に甘じ、過去二年八ヶ月間に築き得た地盤を投出すの止むなきに至つた真相に照魔鏡を向けたい……大活は事業の上には奇跡的な進歩を見せて純興行師の舌を捲かしめたけれども経済的には余り有望ではなかつた、於此を救はうとして一時は其目的を達したが其時彼が近き将来に廃倒す可き運命を握つたのである。果然引継き国活と合併なる一術策は施されんとし其常務の諌止に会ひ、暫しの命を延したが、軈て浅野系統の大整理に遭遇するや、秘

253

第 2 部　東洋汽船の映画事業──映画産業と近代アジア

> 密裡に而も疾風迅雷に松竹と提携を発表したのである、其間熱烈なる諫止を挟む余裕もなく八月十四日調印は了せられ、事実上永久に滅し去つた[75]。

このように南部は大正活映を理想の映画会社であったが、日本の古めかしい映画界に飲み込まれ、座礁し、沈没した会社として感傷的な調子で叙述しているのである。松竹との提携を大正活映の最後と見なす、こういった感傷的な叙述は、そのあとに続く、田中純一郎や田代慶一郎も同じである。

> 「大正活映が、どういうわけで解散になるのか、私たち研究生には皆目見当もつかなかった」（『映画監督五十年』）とのちに内田吐夢は回想している。突然打ち出されたこの製作方針の転換は、戦後景気のあとに続いた不況が次第に慢性化の様相を呈し、大正活映の出資会社たる東洋汽船も経営状態が急速に悪化しだしたことによるのである。浅野良三のいわば道楽事業とも言えたこの映画製作のごときはまず最初に緊縮の対象となった。……純映画劇の製作をとりやめ、新派映画の製作で苦境をしのごうとした大正活映は一一年八月には松竹キネマに併合されてしまう。こうして、一時日本映画界に新風を吹き込んだ大正活映は、まことにあっけなく姿を消した[76]。

つまり、松竹との合併を最後に、淺野良三の道楽ではじめた大正活映は幕を閉じた、と述べているのである。

　しかし、そのロマンチックな叙述に反して大正活映は、実は、1927年まで存続していた。松竹との提携契約が満了する1925年9月、大正活映は、欧州映画およびアメリカ映画の配給興行会社として再建されるのである（以下、

---

75) 南部爾太郎「大活回顧録 其三」『活動画報』飛行社、1922年12月号、116-117頁。
76) 田代慶一郎「大正ロマン」『大正感情史』日本書籍、1979年、150-151頁。

第1章　大正活映の興亡と大正末期の日本映画産業

第二次大正活映)。経営陣は、社長が淺野良三、常務取締役が中谷義一郎、取締役は志茂成保、岩崎昌、淺野泰治郎、渡邊勝三郎、阿部吾市、関守造、橋本梅太郎、監査役は関根要八、淺野八郎、澤木三郎である。松竹と提携する前とほぼ同じ陣容であった[77]。

　第二次大正活映は、浅草の東京館と芝区新堀町の芝園館、神田表神保町の南明座を直営館とする。事務所は芝園館におかれた。東京館は1924年3月1日、日活が浅草に開場した外国映画の封切館である。大正活映はそこを1925年9月4日に直営とする。約1500人収容、外観は白煉瓦つくり、ホールは椅子席が基本で、特等席には座敷席もあった。弁士は奥田康彦や田中敏郎などがいた。一方、南明座は、桃中軒雲右衛門と人気を二分していた吉田奈良丸が1924年8月27日に浪花節の理想的な劇場として開場した劇場である。浪花節のない日は帝キネの映画を上映していたが、生駒雷遊興行部の直営となり、1925年12月18日からは大正活映が直営する。生駒は、新宿武蔵野館の弁士・徳川夢声と人気を競っていた浅草千代田館の人気弁士である。そして、芝園館は、淺野セメント鉄筋コンクリート部が施工した5階建て本建築で、収容人数は2,300人、休憩室や喫煙室、化粧室、食堂など劇場なみの設備を備えた映画館である。開場時は生駒雷遊の直営であったが、1925年9月4日に「大正活映復興披露」との鳴物入りで改築再開場し、大正活映の直営とする。弁士や楽士は40名ほどおり、入場料が特等1円50銭、一等1円、二等50銭であった。いわゆる高級の類に入る映画館であったといえよう。芝園館の改築再開場の広告から、当時のホール内の様子が窺われる。

　　○階下を普通席として下足の儘出入御自由。
　　○特一等は勿論普通席も全部ひぢ附安楽椅子。
　　○靴のお方は階上でもカバーなしで其儘お上り願へます。

---

77)「大正活映株式会社」『日本映画事業総覧 大正拾五年版』国際映画通信社、1925年、262-263頁。

第 2 部　東洋汽船の映画事業──映画産業と近代アジア

　○下駄のお方に階上は草履をお貸し致します。
　○御婦人方の為に畳桟敷を新設致しました。
　○スクリーン、床、壁、テスリを根本的に改造致しました。
　説明者　金井秀香・坂野清勝・月丘思雪・林秀峰
　入場料　50銭、1円、1円50銭[78]

　この広告からは、第二次大正活映の直営による新しい芝園館は、外履きのまま館内を歩ける都内でも指折りの外国映画専門館であったこと、映画鑑賞を邪魔しないよう音に注意が払われていたこと、肘掛け椅子の客席のほかに婦人用の畳桟敷席を設けるなど女性客の勧誘に積極的であったことが見てとれる。

　重要なのは、こういった第二次大正活映の直営館が、日本における外国映画のセカンドラン興行を牽引する点である。芝園館、東京館、南明座は、都内の封切館で上映されたアメリカ映画の大作を再上映する場となるのである。たとえば、1925年 8 月26日にファースト・ナショナル社の日本支社設立披露興行として帝国劇場で封切公開されたフランク・ロイド監督の『シー・ホーク』 *The Sea Hawk* (1924) は、1925年10月 2 日より東京館と芝園館で再上映された。また、1925年10月25日より松竹が歌舞伎座で封切公開したバスター・キートン主演の『海底王キートン』 *The Navigator* (1924) は、1926年 1 月22日にやはり東京館と芝園館で再上映される。再上映映画は、アメリカ映画だけでなく、欧州映画も含まれていた。たとえばフランスのパテ社披露興行として1926年 1 月26日に封切公開されたアベル・ガンス監督の『鉄路の白薔薇』 *La Roue* (1923) は、1926年 4 月23日より芝園館と南明座で上映された（パテ社日本代理店のパテーコンソルシアムは志茂成保が顧問）。こうした外国映画のセカンドランは、大正活映の直営館のほかに、新宿武蔵野館や大久保キネマ、目黒キネマなどでも行われるようになり、日本にも、いわゆ

---

78) 広告『東京朝日新聞』1925年 9 月 4 日、6 頁。

第 1 章　大正活映の興亡と大正末期の日本映画産業

るフリーブッキング方式が一部の外国映画上映館において定着するのである。
　もうひとつ重要なのは、それらの第二次大正活映の直営館が、パラマウント日本支社の地盤を築く点である。パラマウント日本支社は、かつてユニヴァーサル社の東洋総支配人として日本初の外資系映画会社を開設したトム・D・コクレンが、同社を退社し、1922年にパラマウント社の東洋総支配人として再来日して設立した会社である。そのパラマウント日本支社が、大正活映の直営館を次々と奪っていく。まずは、第二次大正活映との契約を満了した東京館が、1926年8月1日から、パラマウント日本支社と浅草日本館支配人の太田団次郎の共同経営となる。日本におけるパラマウントの常設館経営は、これが最初である。次は、芝園館が1926年9月3日からパラマウントの直営館となる。南明座も、1926年9月3日から、パラマウント日本支社と第二次大正活映の中谷義一郎が設立した中谷興行部との共同経営となり、翌1927年1月からは、パラマウント直営となる。パラマウント直営となった南明座は、半年後の8月1日よりフリーブッキング方式で興行を開始する。こうして第二次大正活映の直営館はすべてパラマウントに奪われ、それが日本におけるパラマウントの特権的な経営地盤を築くことになる。
　そして、この大正活映の映画館を奪った松竹と、第二次大正活映の映画館を奪ったパラマウント社が、日本における外国映画興行の覇者となる。日本にもアメリカ発のサウンド映画旋風が吹き荒れる1930年、松竹座チェーンはパラマウント・サーキットと提携し、SPチェーン（松竹パ社興行社）を設立し、日本映画界のサウンド化を大きく前進させる。これを機に日本映画の音は本格的に、生の音から機械の音へ、弁士の声から俳優の声へと移っていくのである。
　1927年5月、第二次大正活映はついに解散する。解散後、中谷は中谷映画興行部（のちに中谷事務所と改名）を設立し、芝園館や南明座、渋谷道玄坂キネマに映画を配給する。その時、中谷と行動をともにし、大正活映の後始末をしたのが、のちに森岩雄や佐生正三郎とともに東宝の創業に尽力する金

指英一である[79]。彼は淺野良三の秘書から東洋フィルム会社に入社、そして大正活映に移った人物である。また、「配給の神様」[80]と呼ばれた佐生正三郎も、東洋汽船から映画界入りし、ユニヴァーサル日本支社やパラマウント日本支社においてアメリカ式の配給‐興行システムを学んだ人物である。このように日本の配給‐興行システムの発展と東洋汽船の社員の関係は、思いのほか深いのである。

10　小結

こうしてみると大正活映の映画事業は、アメリカ式の配給‐興行システムを導入、日本における著作権や興行権の認識のあり様に揺さぶりをかけていたことがわかる。それは、世界映画市場の覇権が欧州からアメリカへと移り、アメリカが新たなグローバルな流通の標準になろうとする時代において、その新しい世界標準にいちはやく照準を合わせて、日本の映画市場を世界に接合しようとするものであったともいえる。したがって大正活映の映画史的意義は、単に新しい日本映画を作ろうとしたというだけでなく、アジア太平洋の海を支配していた日本の海運会社のひとつである東洋汽船が、アメリカを中心に世界の映画配給‐興行システムが様変わりする時代において、その資本と人材を投入し、日本を新しいその世界秩序に接続しようとしていた点にもあることを見落としてはならない。

---

79) 金指英一「東洋汽船と大正活映」『資料 帰山教正とトーマス栗原の業跡――天活（国活）と大活の動向』フィルムライブラリー協議会、1973年、61頁。中谷義一郎と金指英一は、大正活映が松竹と提携しているあいだ、水野新幸の『映画大観』（春草堂、1924年）に執筆するなど、行動を共にしていた。
80) 岩崎昶『映画史』東洋経済新報社、1961年、106頁。

第 2 章　東洋汽船の映画事業参入と近代日本
　　　　── 東洋フィルム会社の創設

　1　緒言

　日本映画史研究では、大正末期に大正活映という映画会社が存在し、そこに谷崎潤一郎が参加して、『アマチュア倶楽部』という革命的に新しい映画を作ったことはよく知られている。だが、その大正活映の前に東洋フィルム会社という会社があったこと、そしてその会社の出資者が東洋汽船会社であったこと、さらに、その会社が、香港とサンフランシスコで映画ビジネスをしていたベンジャミン・ブロツキー（Benjamin Brodsky）というロシア移民を雇い、海外市場に進出しようとしていたことは、あまり知られていない。

　東洋フィルム会社は、作品偏重の日本映画史という思考の枠内で考えれば、短命に終わった、とるに足らない映画会社にすぎない。だが、近代日本、あるいは世界の中の日本といった、もっと大きな枠組みで捉え直すと、その存在意義はとても重要なものとなる。世界映画市場の中心が欧州からアメリカに移る20世紀初頭、そのコペルニクス的な大転換を鋭く察知し、真っ先に反応したのが、当時、物流の最先端にいた汽船会社のひとつ、東洋汽船会社である。東洋汽船の淺野總一郎は、日本の映画産業がハリウッドのような国家の基幹産業に育つことを期待する大隈重信や渋澤榮一ら日本政財界の期待に、いち早く応じて、東洋フィルム会社を設立する。

　この東洋フィルム会社にかんする資料は、まるで意図的に消されたのではないかと思うほどに少ない[1]。しかし、そのわずかに残された資料をもとに本

---

1) 岡田正子『Beautiful JAPAN』株式会社東京シネマ新社、http://tokyocinema.net/（2016年3月31日アクセス）。ほかに Law Kar, Frank Bren, Ramona Curry などが先駆的な研究を行っている。

第2部　東洋汽船の映画事業——映画産業と近代アジア

章では、東洋フィルム会社の歴史的意義をこれまでと違う側面から明らかにしたいと思う。そこで以下では、東洋フィルム会社の製作した映画『ビューティフル・ジャパン』 *Beautiful Japan* （1917-1918製作）をとりあげ、なぜ汽船会社が映画事業に進出したのかを明らかにする。それによって近代日本の映画産業の歴史を、作品偏重の映画史の枠を超えた、地球規模の政治的経済的な交渉の中に捉え直したい。

『ビューティフル・ジャパン』の一場面、淺野造船所の船の入水式
所蔵：Smithsonian National Museum of Natural History
協力：株式会社東京シネマ新社

2　東洋フィルム会社とは

　東洋フィルム会社とは、東洋汽船会社が出資した、大正活映の前身となった映画会社である。事務所は1917年、横浜市の山下町31番地に設立された。その事務所は、のちに大正活映が引き継ぐことになる。社長は東洋汽船社長・淺野總一郎の二男、淺野良三である。良三は、未来の社長たるべく、アメリカのハーバード大学で教育を受け、1912年に卒業し、そのあとすぐ東洋汽船に入社する。そしてその約5年後、東洋フィルム会社の社長に就任するのである。

第 2 章　東洋汽船の映画事業参入と近代日本

　東洋フィルム会社の支配人兼製作責任者は、東洋フィルム会社に招喚されて1917年の夏に横浜に降り立つベンジャミン・ブロツキーである。ブロツキーは当時、香港に中国製造影片有限公司（China Cinema Co. Ltd.、1914-1918）を経営しており、袁世凱の息子たちや紫禁城など貴重な中国の風景を撮影した紀行映画『経過中国』*A Trip Through China*（1912-1915製作、1916-1917アメリカ公開）を、ロサンゼルスやニューヨークなどアメリカ各地で公開し、批評的にも興行的にも、大成功をおさめていた。東洋フィルム会社が、ブロツキーを支配人に抜擢したのは、そういった彼のアメリカにおける成功体験を評価してのことであろう。

　東洋フィルム会社の撮影所は、オフィスに近い横浜市山下町71番地に開所された。必要な機材はハリウッドで調達され、東洋汽船の船でサンフランシスコから横浜に運ばれた。俳優や監督もハリウッドでスカウトし、横浜に連れてきた。のちに大正活映で活躍する栗原トーマスも、このときハリウッドでスカウトされ、1918年4月に横浜に到着する。東洋フィルム会社は、1917年から1918年のあいだに、劇映画1本と実写映画1本を製作した。劇映画は、日本のチャップリンの異名をもつ中島岩五郎（洋好）主演の短編『後藤三次』*Sanji Goto*（1918製作、邦題『成金』）、実写映画は日本全国の名所名跡を撮影した長編『ビューティフル・ジャパン』（1917-1918製作、別題『美しき日本』）である。両方とも、帝国ホテルで試写会をしたあと、アメリカに売り込んだ。だが、期待した成果——『経過中国』のような批評的興行的な成功——をあげることはできなかった。なお、東洋フィルム会社の後身である大正活映は、『後藤三次』を『成金』と題して浅草千代田館や日本橋水天館などで公開する。『ビューティフル・ジャパン』も『美しき日本』と題して公開したといわれるが、確認はとれていない。

　岡田正子ら先行研究の成果により、以上のような東洋フィルム会社の概要が明らかになったが、ここで疑問となるのは、なぜ日本の汽船会社が1917年に、いきなり映画会社を作りだすのかである。当時、日本には日活と天活という2つの大きな映画会社があり、市場を独占していた。第1章で述べたよ

第 2 部　東洋汽船の映画事業──映画産業と近代アジア

うに日本には、映画会社と映画館のあいだに独特の契約の慣わしがあったため、市場への新規参入はたいへん難しかったはずである。にもかかわらず、なぜ業界素人の汽船会社が1917年に突如として映画事業に進出するのだろうか。

その謎を解く鍵となるのが、東洋フィルム会社が、その設立と同時に作りだす映画『ビューティフル・ジャパン』である。日本の名所名跡を紹介する映画で、現在は、ワシントンD.C.のスミソニアン自然史博物館人類学アーカイブスが保管している[2]。もと駐日大使、ローランド・モリスの遺族が寄贈した。本章では、この映画を糸口として、東洋汽船がなぜ東洋フィルム会社を設立したのかを明らかにする。そこでまずは、1917年前後の東洋汽船がどのような状況にあったのか確認しておこう。

1917年といえば、世界は第一次世界大戦中である。東洋汽船は、日本の汽船会社としてサンフランシスコ航路を独占し、アメリカの汽船会社の挑戦に「負けじと」奮闘していた。1919年 2 月16日付『東京朝日新聞』の記事「満員の＝外遊名士連＝大景気の東洋汽船　依然鼻息凄まじく太平洋上に米国の汽船と覇を争はんエライ意気組」には次のようにある。

> 桑港横浜間の太平洋航路に従事せる我東洋汽船は大戦以来殊に同航路に於ける旅客輸送権を掌握し独占的の好況を持続して来たが平和克復の近き昨今米国諸汽船会社も亦捲土重来の勢ひを以て東洋航路を復旧し若くは新設するであろうが孰れにしても天洋、春洋以上の大型船を差廻して同航路の覇□競は□事は経営上入費倒れとなり到底能くし得べからざる情勢にあるを看破した同社は鼻息の荒さを熄めず日の丸の扇を太平洋上に靡せて奮然挑戦の臍を固めている[3]。（□＝不明文字）

---

[2]　現存するフィルムは 9 巻だが、ほかにもフィルムはあったと考えられている。なお、現在の『ビューティフル・ジャパン』は、同時代評をもとに 9 巻をつなぎ合わせたものにすぎない。

[3]　『東京朝日新聞』1919年 2 月16日、5 頁。

第 2 章　東洋汽船の映画事業参入と近代日本

　この辺りの事情を確認すると、1915年にアメリカで新海員法が成立する。これによりアメリカの汽船会社は太平洋航路の維持が困難となり、撤退する。東洋汽船は、このとき撤退するアメリカの汽船会社から船を買収し、太平洋航路に就航して、太平洋の海を独占する[4]。しかし1916年、アメリカの汽船会社が復活、新しい船を太平洋航路に大量投入し、日本の独占を崩そうとする[5]。東洋汽船にとっては大変な脅威であった。こういった海運業の状況において、東洋汽船は東洋フィルム会社を設立し、映画『ビューティフル・ジャパン』を製作している。したがって、東洋汽船は、太平洋航路で今後、激しくなることが予想される日米競争に備えて、その利用客の増加を目指して宣伝映画を制作した、と考えることも可能である。

　しかし、東洋汽船の1918年度上半期と下半期の収支報告書を比べると、多少の利益減とはいえ、立派な黒字であったことがわかる[6]。東洋汽船の社史『六十四年の歩み』によれば、海運業が不況の呈を見せるのは1919年末からとあり、1917年は東洋汽船の創業以来、最高の業績を記録する[7]。ゆえに、アメリカの汽船会社復活の脅威で、戦々恐々として宣伝映画を作ったということはなさそうである。じっさい、既に引用した1919年2月16日付『東京朝日新聞』にも東洋汽船が「依然鼻息凄まじく」頑張っているとある。したがって、理由はほかにあったと考える方が自然であろう。

　ひとつ考えられるのは、当時、新しいサービスとして人気だった船内上映のために、日本を紹介する映画を製作した可能性である。船内上映が長い船旅の人気サービスとなり、映画上映設備を装備した豪華客船が太平洋を往来

---

4) 「パ社東洋廃航事情　本邦海運の影響」『東京朝日新聞』1915年8月18日、4頁。「太平洋の星条旗　パ社支店売却確定　米船愈姿を消す」『東京朝日新聞』1915年9月8日、4頁。
5) 「米船と太平洋　邦船の受くる影響」『東京朝日新聞』1916年5月2日、4頁。
6) "T. K. K. Announces Business Returns Dividends of 30 per cent," *Shanghai Times*, 1919 Apr 1, p.3.
7) 中野秀雄編『六十四年の歩み』東洋汽船株式会社、1964年。

第 2 部　東洋汽船の映画事業——映画産業と近代アジア

するようになるのは1910年代初頭である[8]。もちろん東洋汽船の船に上映設備があったかどうかは不明である。だが、映画は、映写機とフィルム、そして白い壁さえあれば、どこでも上映は可能である。ゆえに東洋汽船がその人気サービスを取り入れ、天洋丸や地洋丸など豪華客船の乗客を対象に、船内で映画を上映していた可能性は十分に考えられる。つまり、東洋汽船が日本の観光名所を紹介する映画『ビューティフル・ジャパン』を製作したのは、こういった当時人気の船内上映のために製作した可能性は否定できない。

しかし、東洋汽船が東洋フィルム会社を設立し、この映画を製作したのには、もっとほかに理由がある。そもそも、この映画は東洋汽船や東洋フィルム会社の企画ではなく、外部の依頼で製作された映画であった。依頼者は、外国人観光客の誘致と斡旋を行う目的で1912年に設立された、社団法人ジャパン・ツーリスト・ビューロー（以下ビューロー）である。戦後、日本交通公社に改称し、民営化されてジェイティービー（JTB）となる半官半民の組織である。つまり、『ビューティフル・ジャパン』は、一企業の利益のために作られたものではなかったのである。

それではなぜ、ビューローは、『ビューティフル・ジャパン』を作ろうとしたのであろうか。この半官半民の組織を設立するにあたり中心となった人物は、鉄道院の木下淑夫であった。ほかに平井晴二郎（鉄道院副総裁）、木下淑夫（鉄道院）、大道良太（同）、生野団六（同）、国澤新兵衛（南満洲鉄道）、清野長太郎（同）、龍居頼三（同）、近藤廉平（日本郵船）、林民雄（同）、小林政吉（同）、淺野總一郎（東洋汽船）、白石元治郎（同）、井坂孝（同）、林愛作（帝国ホテル）といった鉄道院や鉄道会社、汽船会社、ホテル、劇場、デパートなど近代日本の観光事業に関連する省庁や企業が発起人に名を連ねている[9]。創立総会の出席者は蒼々たる顔ぶれである。その一覧を以下に記す。

---

8) "Motion Picture Notes," *Daily Consular and Trade Reports*, the Bureau of Foreign and Domestic Commerce, Department of Commerce, 1914 Jun 3, p. 1263.
9) ジャパン・ツーリスト・ビューロー編『回顧録』社団法人ジャパン・ツーリスト・ビューロー、1937年、27頁。

第 2 章　東洋汽船の映画事業参入と近代日本

中橋徳五郎（大阪商船）、大屋権平（朝鮮総督府鉄道局）、内田嘉吉（台湾総督府鉄道部）、岩下清周（箕面有馬電気軌道）、吉野傳治（東武鉄道）、濱岡光哲（京都電気鉄道）、井上敬次郎（東京市電気局）、石井良一（大阪市電気鉄道）、今西林三郎（阪神電気鉄道）、青木正太郎（京濱電気鉄道）、草郷清四郎（小田原電気鉄道）、上野吉二郎（横浜電気会社）、山口正造（富士屋ホテル）、山口堅吉（同）、金谷眞一（金谷ホテル）、新井秀夫（日光ホテル）、北村重昌（精養軒ホテル）、井上喜太郎（京都ホテル）、坂巻正太郎（東京ホテル）、樋口忠助（樋口ホテル）、青山和三郎（海浜院ホテル）、佐藤熊太（軽井沢ホテル）、柏熊福太郎（みかどホテル）、高田鉄次郎（名古屋ホテル）、梅原宙峰（敦賀ホテル）、猪原貞雄（奈良ホテル）、小倉鎮之助（横浜電気鉄道）、成瀬正忠（嵐山電車軌道）、藤村喜七（三越呉服店）、飯田藤次郎（高島屋）、穂積太郎（横浜正金）、御木本幸吉（御木本商店）、能勢常太郎（西村商店）、野村洋三（さむらい商会）、手塚猛昌（帝国劇場）、坂本省三（歌舞伎座）、西村仁兵衛（大日本ホテル）、大塚卯三郎（大阪ホテル）、平尾久晴（大東館ホテル）、飯田伊佐夫（三笠ホテル）、佐藤国三郎（萬平ホテル）[10]

注目すべきは、このビューローに貴賓会の中核メンバーが参加していたことである。貴賓会とは、1893年に、渋澤榮一と三井の益田孝夫ら著名な財界人が発起人となって設立した、民間の外客斡旋組織である。事務所は、渋澤と益田が株主をしていた帝国ホテル内に置かれた。それがのちに発展して東京商工会議所となる。貴賓会の目的は、日本を訪れる身分の高い客をもてなし、観光の便宜を計ることであり、日本の貿易発達の一助となることを目指した。

我が国山河風光の秀、美術工芸の妙、夙に海外の称讃する所なり、萬里

10）同上、26-27頁。

第 2 部　東洋汽船の映画事業──映画産業と近代アジア

> 来遊の紳士淑女は日に月に多きを加ふるも之を待遇する施設備らず、旅客をして失望せしむること少なからざるを遺憾とし、同志者深く之を慨し遠来の士女を歓待し行旅の快楽、観光の便利を享受せしめ、間接には彼我の交際を親密にし貿易の発達を助成するを以て目的とす[11]。

こうした貴賓会の精神は、その中核メンバーを介して、ビューローに引き継がれることになる。

　貴賓会やビューローに参画した企業の多くは、渋澤榮一のからんだ企業である。東洋汽船もそのひとつであった。東洋汽船の淺野總一郎は、盤城炭礦株式会社内郷堅坑をはじめ、淺野セメント合資会社や帝国ホテル、帝国劇場など、多くの事業で渋澤と行動をともにしている。以下に、淺野が渋澤とともに経営に参加した企業の一部を列記する[12]。

	〈淺野總一郎〉	〈渋澤榮一〉
1884年（明治17年）、磐城炭礦株式会社内郷堅坑	取締役会長	会長
1887年（明治20年）、大日本人造肥料株式会社	監査役	取締役会長
1887年（明治20年）、東京製綱株式会社	取締役	取締役会長
1887年（明治20年）、札幌麦酒株式会社	発起人	会長
1890年（明治23年）、株式会社帝国ホテル	監査役	理事長
1896年（明治29年）、東洋汽船株式会社	取締役社長	監査役
1896年（明治29年）、浦賀船渠株式会社	取締役会長	相談役
1897年（明治30年）、広島水力電気株式会社	設立賛助	取締役会長
1898年（明治31年）、淺野セメント合資会社	業務執行社員社長	監査
1901年（明治34年）、茨城採炭株式会社	監査役	相談役
1906年（明治39年）、石狩石炭株式会社	取締役社長	顧問
1907年（明治40年）、帝国劇場株式会社	監査役	取締役会長

---

11) 同上、242-243頁。
12) 公益財団法人 渋沢栄一記念財団「渋沢栄一ゆかりの地」、http://www.shibusawa.or.jp/（2016年3月31日アクセス）。

第 2 章　東洋汽船の映画事業参入と近代日本

　こういった状況を踏まえて、『ビューティフル・ジャパン』を捉え直すと、その映画は、渋澤を中心とする貴賓会の活動を引き継いだ、社団法人ジャパン・ツーリスト・ビューローの依頼を受けて、外客斡旋および誘致の宣伝のために、ビューローの中核メンバーである淺野が、東洋フィルム会社を設立し、製作した映画であったことがわかる。
　こうした複雑な経緯は、『ビューティフル・ジャパン』という映画のテクストにもあらわれている。つまり、『ビューティフル・ジャパン』は、視点の一貫性に欠け、複数の視点が入り混じっているのである。映画の詳細は第 5 章で述べるので、ここでは、その製作背景ゆえに雑居することになった複数の視点を整理しておこう。まずはビューローの視点である。『ビューティフル・ジャパン』の場面の多くは、1914年にビューローが出版した英文案内書『公式東亜旅行案内』An Official Guide to Eastern Asia に掲載された名所と重なっている。この案内書は、香港や上海、日本などアジアに住む富裕層やエリート層の欧米人、あるいは旅が大衆化した時代に、あえて特権的な旅を求めてアジアにくるような欧米の富裕層やエリート層、そして、国内外に設置されたビューローの案内所を訪れる欧米人や日本人などに向けて作られている。その案内書に掲載された名所が、映画に数多く登場する。次に、ビューローとは異なる貴賓会の視点がある。美術工芸、学校、製造工場などがこれにあたる。これらはビューローの案内書には掲載されていないが、貴賓会の要綱に含まれている場面である。さらに、鉄道院や高島屋デパートなど、ビューローの構成員と関連する場面も含まれている。とくに場面数が多く、もっとも印象的に語られているのは、淺野セメント工場や淺野造船所など淺野總一郎の事業である。最後は、映画を撮影したブロツキーの視点である。20世紀初頭のオリエンタリズム的感性を満足させたであろう日本人の生活や風習が、ブロツキーが中国で製作した『経過中国』と通底する手法で紹介されている。このように『ビューティフル・ジャパン』とは、政府と企業のさまざまな思惑が、ひとつの映画に放り込まれた散漫な映画なのである。この映画の観客には、避暑や観光の目的で日本を訪れたい外国人が想定されている。

第2部　東洋汽船の映画事業――映画産業と近代アジア

だが、映像は、日本人でないと見分けがつかないだろうと思えるほど似たような名所名跡が続き、観光名所になりえない工場の風景が繰り返されているのである。

　しかし、『ビューティフル・ジャパン』が作られた文脈は理解できたが、依然として疑問なのは、それではなぜビューローは、その映画を、1912年の設立後すぐではなく、5年もたった1917年に作ろうとしたのかである。その理由は、ひとつの会社、ひとつの組織の中だけで考えても見えてこない。もっと大きな文脈において考える必要がある。

　まず考えておくべきは、大隈重信内閣の外客誘致政策である。1916年、大隈内閣は、大戦後の不況を見込み、外貨獲得手段として、経済調査会に外客誘致にかんする調査を要求する。調査会が提出した外客誘致政策案は、可決され、ビューローの活動は国が援助することになる。以下に、第二次大隈内閣経済調査会の具体案を記す。

（一）観光外客誘致に関する各般の施設を完備せしむる為め、官民関係者を以つて組織する常設調査機関を置き、適切なる方策を考究せしむべきこと。
（二）我国民中、往々漫遊外客を厚遇するを非難冷笑する偏狭の見解を懐くものあり、これ等は不知不識の間に漫遊外客誘致の事業に障害を与へるのみならず、外人をして本邦文化の程度並国民性を誤解せしむるの原因をなすの懼れあり、故に将来は一層普通教育程度の教科書、又は教育学若くは学者名士の講演等により、一般国民に対し本事業に関する正当の観念を与へその公徳心の養成を図ると共に、遠来の外客を厚遇する良風美俗を醇致せしむべきこと。
（三）観光外客の宿泊に供すべき内地の「ホテル」は今後ますます発達を期するの要あり、然るに現在は収支の関係上、その改善を望むべからざるものゝみならず、概ね経営困難の状態にあり故に政府及地方公供団体は、これに相当の保護奨励を与へ、その経営を便ならしむ

ると共に国有鉄道及地方公共団体は、必要の地に「ホテル」を建設し、これを直営するか又は低廉なる料金をもつて確実なる営業者に貸付する等にあり、漫遊外客の便利を図ること。

(四)「ジャパン・ツーリスト・ビューロー」は我国に於ける外客誘致の機関とし、その事蹟見るべきもの多し、故に政府は今後その組織を確固ならしむると共に、その事業を保護し、且つ関係者をしてますますこれを援助せしむるの方針をとり、将来一層その活動を促すべきこと。

(五) 案内業者(ガイド)は内務省令に依る取締りと、営業上の必要に依る自制心と相俟つて漸次従来の弊風を矯正せしむるの現状にあるも、尚は今後は一層その改善を図り、一方にはますますこれが取締りを厳にし、その弊風を除去すると共に、他方には可及的その営業上の利便を図り、以つて彼等をして自主向上の精神を涵養せしむるに努むべきこと。

(六) 政府は我国自然の風致と人工の美の維持保存に関し、従来諸般の施政を行ひ来れり、然して漫遊外客の誘致に関し、特に本邦が他に優越せる便宜を存するも、又畢竟その風光の明媚、その気候の温和にして神社仏閣の古建造物並古代美術品の観るべきもの、富めるによる、故に将来ますますその施設を改善すると同時に、国内交通機関改良及各般の文明的施設の完全を図り所詮天然と人工相俟つて漫遊外客の利便を増進し、慰安享楽の目的を達せしむるの途を講ずること[13]。

とくに注目したいのは、政府が、外客誘致のために、官民による調査機関を組織し、その組織が「国民の公徳心の養成を図る」とともに、政府はこの組

---

13) 新井堯爾『観光の日本と将来』観光事業研究会、1931年、45-47頁。

第 2 部　東洋汽船の映画事業——映画産業と近代アジア

織を保護し援助して、「文明的」施設の改善と国内交通機関の改良に努める、とした点である。残念ながら、その政策は大隈内閣の解散により、実行されずに終わってしまうのだが、1919年の第41回帝国議会衆議院において再度、同じような内容の「外客の誘致及待遇に関する建議案」が提案、採択され、実行に移される。つまり、大隈内閣の提案は、実行されなかったが、政府内に外客誘致政策の必要性は認識されつづけていたのである。

　この外客誘致政策の提案から採択実行までの3年間に、淺野總一郎が何をしていたかを確認すると、『ビューティフル・ジャパン』の製作意図が見えてくる。内閣が経済調査会に外客誘致にかんする調査を依頼する1916年末、淺野は、神戸の外国人向けホテルであるオリエンタル・ホテルを買収すべく準備をはじめ、1917年4月に開業の準備を整える[14]。そして同年の夏に、横浜に東洋フィルム会社を開設し、香港からベンジャミン・ブロツキーを呼び寄せ、その支配人兼製作者とし、秋には「活動写真列車」を走らせ、2年がかりで全国各地を撮影し、『ビューティフル・ジャパン』を製作する。さらに1918年には、東洋汽船の拠点があるサンフランシスコにサンライズ映画会社 (Sunrise Film Manufacturing Company) を開設し、外客誘致政策が可決される1919年にブロツキーが、製作した映画をもって渡米、サンライズ映画会社を拠点にアメリカでの配給を試みる。つまり、この3年間の淺野の動きは、外客誘致政策をめぐる政府の動きと確実に連動しているのである。

　したがって映画『ビューティフル・ジャパン』は、金あまり企業の道楽でも、汽船会社による単純な異業種進出でもなく、官民がともに志す外客誘致策の一環として、当時、日本経済の中核をなす財閥のひとつが、国家的な使命感において、実践した外客誘致の一手段であったといえる。東洋フィルム会社が、当時としては巨額の資本を投じ、2年間という異例の製作期間をかけ、鉄道院までが撮影に協力し、高価な撮影機材を揃え、わざわざ外国からスタッフを招いて映画を製作する、という従来の映画会社と一線を画す事業

---

14) "Local and General," *Shanghai Times*, 1916 Nov 30, p.7.

第 2 章　東洋汽船の映画事業参入と近代日本

を展開していたのは、こういった背景があったからなのである。

　そして、その官民による外客誘致策がおもな標的にしていたのは、アメリカ人である。もちろん、そこには、アジア在住の西洋人も含まれていた。ビューローは、香港や上海、マニラ、シンガポール、ペナン、インドなど、東洋汽船や日本郵船、大阪商船が帰港するアジアの主要都市に、海外嘱託案内所を設置し、最初の常設案内所を北京に開設している[15]。しかし、たとえそうであったとしても、東洋フィルム会社が製作した『ビューティフル・ジャパン』を支配人のブロツキーが売り込んだ先は、アメリカであった[16]。1914年にビューローが発行した英文案内書にも、「米国より東洋にくるものを主眼」に編集したとあり、ビューローは早くからカリフォルニアなど太平洋沿岸の避暑地を中心に、幻燈や映画を用いて日本の紹介に努めていた[17]。それでは、なぜビューローはアメリカを最重要視したのか。なぜブロツキーはアメリカで映画を公開しようとしたのか。

　単純に考えて、ブロツキーがアメリカ市場に詳しかったこと、東洋フィルム会社の親会社である東洋汽船がサンフランシスコに拠点を持っていたことがあげられるが、それだけではない。1917年の世界状況も無関係ではない。1917年といえば、欧州は戦争の真っ最中である。日本のビューローは、欧州からの観光客の減少を埋めるべく、宣伝チラシ「大戦とツーリスト・ランド」*Great War and Tourist Land* を 2 万部印刷し、「米豪方面」に配布して、日本旅行がいかに「安全」であり「愉快」であるかを宣伝する[18]。「米豪方面」とは、すなわちアメリカとオーストラリアやニュージーランドを含むオセア

---

15) ジャパン・ツーリスト・ビューロー編『回顧録』社団法人ジャパン・ツーリスト・ビューロー、1937年、73-76頁。
16) Ramona Curry, "Benjamin Brodsky (1877-1960): The Trans-Pacific American Film Entrepreneur – Part Two, Taking *A Trip Thru China* to America," *Journal of America-East Asian Relations*, vol. 18, 2011, pp. 142-180.
17) ジャパン・ツーリスト・ビューロー編『回顧録』社団法人ジャパン・ツーリスト・ビューロー、1937年、39-41頁。
18) 同上、83頁。

第2部　東洋汽船の映画事業——映画産業と近代アジア

ニアを指す。こういった地域では、戦時景気の影響で旅行熱が高まっていたのである。

しかし同時に、私たちは、1917年という時代状況だけでなく、もっと大きな歴史意識の中で、これを考える必要もある。そのためにまず、日本の外客誘致策で重要な立場にいた2人の人物に注目したい。ひとりは外客誘致政策を提案した大隈重信、もうひとりは貴賓会の中心人物であった渋澤榮一である。第一次世界大戦という人類が初めて経験する地球規模の戦争により、国と国の力関係か激変し、映画の流れが大きくかわる1917年という時代において、淺野總一郎に影響を与えたこの2人が、日本とアジア、そしてアメリカをどう捉え、それぞれの関係をどのように考え、日本の映画産業をどう見ていたのかを明らかにする。それにより淺野の映画事業がいったい何を目指していたのか、それは近代日本にとってどのような意味をもっていたのかが見えてくるだろう。

3　大隈重信とハリウッド

まずは1917年前後の大隈重信の対アメリカ意識について見ていこう。1916年7月20日付で発表された論考「日米親交論」において大隈は、1907年に発行された『開国五十年史』において展開した持論を引用しながら、次のように述べる。

> されば日本を勧めて世界列国の伍班に紹介したるは米国にして日本の要求を容れて列国と対等の国たらしめたるは実に英国なりとす。故に此両国と日本との間に於て縦令将来如何なる商業的競争の起るとも此歴史的厚情は敢て或は渝はる所なかるべく、日本人が両国民に対する感謝の念殊に重大なる国家の危急に際し両国民の同情に対する謝恩の念は永く国民の記憶すべき所なり。開国以来日本が外国の思想と風潮とに触れて其感化を受け影響を被りたること少からず就中アングロ、サクソン人種よ

第 2 章　東洋汽船の映画事業参入と近代日本

り受けたる感化は、極めて健全にして有益の結果を得たり[19]。

この「日米親交論」において彼はアメリカへの感謝の意を表している。日本を世界に紹介したのはアメリカであり、日本を一等国にしたのはイギリスである。日本には、その両国、とりわけアメリカの宣教師によって「アングロ、サクソン」文明がもたらされ、それは「極めて健全にして有益の結果」を生むことになったと考えているのである。さらに彼は、アメリカがもたらした文明は、正義を重んじる。それは江戸末期に日本に浸透していた「仁と義を重んず」る道徳観と非常に親和性が高い。それゆえ日本とアメリカは「一致同化」できたと説明する。そして、日本とアメリカの友好関係を今後、さらに深めていくためには、アメリカとの貿易が重要であり、両国が互いに協力するのがもっとも有効である、と主張する。

> 日米両国の親交を緊切ならしむべき楔子は実質的に於ては日米の貿易であると思ふ……日米の貿易は従来に於ても盛大なりき、即ち日米貿易の額は支那、印度、豪州の対米貿易額に勝る、此の如く日米は太平洋の東西に国を為して萬里相対し平和的に交通貿易を為して共に其利害関係上から握手協力するの必要があるのである、殊に日本の進歩は今後一層大なるべし、従て日米間の貿易関係も十年後には倍加すべく恰も大西洋方面に於ける対米貿易の最も進歩せるものに劣らぬ進歩を為すこと〻思はる、此の如くにして両国民の交通頻繁となり其の結果互に既往親交の歴史を顧み、互に相近づき相親しみ靄然として融和し怡々として歓娯するときは日米の親交は一層円満となり、彼の局部的差異に基く示唆的言論は次第に其の根拠なきことを看破され、誤れる群集的心理は迷霧の清風に一掃さるゝが如くなるであろう[20]。

---

19) 大隈重信「日米親交論」『大隈侯論文集　世界大会以来』大観社、1919年、577頁。
20) 同上、583頁。

第 2 部　東洋汽船の映画事業──映画産業と近代アジア

　ここで大隈がいわんとするのは、要するに、欧州よりアメリカとの貿易に力を注ぎ、日本とアメリカの経済関係を今後ますます発展させ、それによって両国の結びつきを強化すべきである、ということである。この発言から、大隈が1916年の時点でアメリカの存在を重視していたことが見てとれる。

　それでは、なぜ大隈はアメリカを重視していたのであろうか。単に経済的な利益のみを目的にしていたのか。大戦中の大隈のアメリカ観をより鮮明にするため以下では、2つの大隈の言説を比較検討する。ひとつは、政界を辞して早稲田大学の総長をしていた大隈が1911年の辛亥革命勃発のあと早稲田大学で行った講演である。もうひとつは、1916年に出版された『支那研究』に収められている「支那に対する我が国民」である。まず大隈の早稲田講演であるが、その一部を以下に引用する。

　　日本の生産物の市場として何處が最も有望であるかといへば無論支那である。何となれば文明の程度の低い国に生産したものは、高い国へ対して売込むことは困難である。どうしても自国より文明の低いところへ売込むがよいのである。日本は地理上支那と最も近い国で文明の程度は支那よりも高い。……日本は未だ製造業に於いて欧米には及ばぬけれども、支那へ対しては距離の関係から欧米と競争して之れに打勝つことが出来る。支那人の需用する位の製造品は日本で間に合ふのである[21]。

西洋文明を判断基準としたうえで、欧米を高く、日本を欧米より低く、そして中国を日本より低くみなしていることがわかる。その差別的なフィルターを通して大隈は、中国市場を搾取の対象とみなす。大隈の帝国主義的な思考回路が見てとれるだろう。1911年1月といえば日本は、日清、日露戦争で勝利したとはいえ、財政的には厳しい状況におかれていた。経済の立て直しに

---

21) 大隈重信「清国事情研究の急務」『早稲田講演』臨時増刊、早稲田大学出版部、1911年12月10日号、1-16頁。

第2章　東洋汽船の映画事業参入と近代日本

は、海外事業展開による外貨獲得が必要とされ、巨大な中国市場が注目されていたのである。このとき大隈は、日本経済の回復に中国の巨大な市場が重要であることを認識し、そのうえで日本は、競合する欧米よりも、地理的には中国に近いがゆえに、事業を有利に展開できると考えていたのである。つまり、大隈は、欧米との関係を強化し、その力に頼ることでアジアに進出するのではなく、欧米と対等に競い合いつつ、日本と中国の経済関係を強化することでアジアに進出しようと考えていたのである。

　大隈は、この早稲田講演を、「日米親交論」の前に行っているが、その講演と「日米親交論」のあいだに「支那に対する我が国民」と題した論考を発表している。その論考における彼の思考は、講演の思考と微妙な違いを見せている。彼はいう、中国は「世界の最古の文明」をもちながら「進歩の跡なく」、このまま「現代文明に同化」できないのであれば、「国家の存続は危く」なり、そうなれば東洋の平和のみならず世界の平和を乱すことになる。ゆえに日本は、中国を「扶掖し」、東洋の平和の維持に努めなければならない。中国は「同種同文」であり「唇歯輔車」である日本の「真精神を諒解」し、「他に頼む」のではなく、日本と手を結び「東洋の平和」に尽すべきである、と[22]。一見すると、大隈が中国を日本より低く見なし、その市場が日本の経済発展に必要であるとする点は、早稲田大学における講演の内容と同じに見える。だが、決定的に違う点もある。それは、前者が中国を単なる市場と見なしているのに対し、後者は、中国が日本を信じ、日本と手を結ぶことを望み、それを説得しようとする意図が含まれている点である。

　大隈のこの思考の変化を理解するには、1915年、大隈内閣が中国につきつけた対華二十一ヵ条要求について考える必要がある。対華二十一ヵ条要求とは、第一次世界大戦が勃発し、中国におけるイギリスやフランス、ドイツなど列強の影響力が弱まったところで、日本の影響力を強めようと画策した大隈内閣が、中国につきつけた21の条件を指す。日本は、欧州の戦争に乗じて、

---

[22] 大隈重信『支那研究』同文館雑誌部、1916年、457-464頁。

第2部　東洋汽船の映画事業──映画産業と近代アジア

中国における日本の権益を拡大しようとしたのである。だが、中国は、その日本の圧力に、アメリカやイギリスの力を借りて抵抗し、日本の野望は思い通りにいかずに終わる。大隈のいう、「他に頼む」とはこのことである。つまり、大隈は、アジアの平和のために日本が中国を底上げせねばならぬといった、いらぬお世話的な正義をかざしつつ、上から目線の威圧的な態度で、中国に対する野望を、協力という麗しい名のもとにつきつけたにすぎない。ここにはもはや、欧米と対峙しつつも中国とのパイプを強化できるとする自信は見られない。

　こういった状況において日本が思い通りにならない中国を、思い通りに動かすために、どうしても必要となったのが、アメリカの協力である。アジアの植民地レースに出遅れたアメリカは、イギリスやフランス、スペイン、オランダなど欧州列強の後塵を拝し、なかなかそのシェアを伸ばせなかったが、欧州の支配が手薄になる第一次世界大戦中、アジアにおけるシェアを飛躍的に伸ばす。一方、アジアで唯一の一等国となった日本も、アメリカに負けじと、アジア市場での攻勢を強めていく。渋澤榮一や淺野總一郎といった第一線の財界人が、この好機にアジア・太平洋地域での事業拡大を狙ったことはいうまでもない。東洋汽船はその一例である。こうして日本とアメリカはアジア市場において競合関係となる。しかし同時に、日本は、巨大なアジア市場におけるその権益を拡大するために、アメリカの協力──日本のアジア進出を邪魔せず、資本と技術を支援する──も必要としたのである。この論考のあと大隈は、「日米親交論」を執筆するが、その中で彼が、アメリカとの関係強化こそ日本の将来的発展のために重要であると強調したのは、そのためである。

　こういった大隈の対アメリカ意識は、日本の映画産業に対する彼の思考の中においても看取することができる。『活動之世界』1916年9月号に寄稿した「外国会社と握手せよ」において大隈重信は、日本の映画事業にとって、いま一番大切なのは、大きな資本と優れた人材を集めることであり、それにはまず「信用ある外国会社と握手する」ことが肝要であるとして、次のように述

第 2 章　東洋汽船の映画事業参入と近代日本

べている。

　　活動写真は未だ新事業である、戦争の為めに俄に勃興して来たのか、時世の推移が自然に進歩を促したのかわからぬが、とにかく、前途有望な一大新事業として認むるに何人も躊躇しない迄に進んで来た、殊に、他の事業と違つて面白いのは、活動写真は、一日一日、一月一月に、事業の成敗が明瞭に分る。……活動写真は新事業の大なるものである、今後、之に従事する者も段々増加して来る事であらうが、其中に立て、よく最後の勝利を博し得るものは、必ずや、人に優れた社会上の信用を有する者でなくてはならぬ、目前の権謀や術策や乃至小さな資本の融通力やでは、決して最後を完ふする事は出来ないのである、故に、自分は常に思ふて居る、活動写真の如き、風教々育に至大の関係ある事業に在ては、之を個人に任せずして公の機関に於て営み、之を私営に委ねずして市営とすべきものである、少くも、興行の方だけは、市の経営とせねばならぬ。外国では、興行と製造とが別々になつて居るから、左までの弊害も起らないが、日本の如く製造と興行とを同一人の手によつて経営して居るのでは、何う考へても、真面目な発達は遂げられないのである。然し、市営とか官営とかいふ問題は、一朝一夕には実行の出来ないものであるから、暫く個人の手によつて経営する外はない、それには何うしても最つと会社の信用を高める事に努力せねばならぬ、その第一着手として、外国の活動写真会社と握手するといふ事が、急務ではなからうかと思ふ、聞けば、目下、米国のユニヴアサルといふ大会社の支配人とかゞ来遊して居るさうだから、これ等の人と、十分に意思の疎通を謀つて、日本に一大トラストでも起したらよからうと思ふ、右のユ社の人の来遊は、果して何が目的か知らないが、単に、一時的の製品販売が目的でなく進んでは、日本同業と握手して、大に東洋の活動写真の勃興を計らうといふ考へでもあるのであつたら、誠に結構な事で之をして、手を空しうして帰らしむるやうな事があつたら、日本活動写真をして、世界的に発達せ

第 2 部　東洋汽船の映画事業──映画産業と近代アジア

しむる事は、到底至難と言はねばならぬ[23]。

　つまり、大隈は、映画は「前途有望な一大新事業」であり、「風教々育に至大の関係ある事業」である。それゆえに、その事業は、個人ではなく、公の機関において営むべき重要なものである。しかし、公の機関というものは、そう簡単に作れるものではない。したがって、しばらくは個人の手に委ねるしかない。だが、個人では「社会上の信用」が足りず、なかなか大きな資本を集めることができない。だが、信用声望の乏しい人でも、映画のような大きな新事業を「真面目」に発達させようという志があるならば、「信用ある外国会社と握手」することが「一番緊要」である、と助言している。つまり、大隈は、ユニヴァーサル社のような大きな映画会社と提携し、その資本と技術に助けてもらうことで、資本の脆弱な日本の映画事業も大きな展開ができるようになる、と期待していたことがわかる。

　雑誌の発行日から推測するに大隈は、この記事を少なくとも1916年 8 月までには執筆していたと考えられる。したがって、それは彼が「日米親交論」を執筆したのとほぼ同じ時期である。欧州で起こった戦争がアメリカに未曾有の好景気をもたらす頃、西海岸に誕生した映画の都ハリウッドは、その豊富な資本と人材に裏づけされた強力な大量生産体制を武器に、世界の映画市場のシェアを欧州から奪う。そのアメリカの映画会社の中でアジアに真っ先に進出するのがユニヴァーサル社である。したがって、ユニヴァーサル社とは、まさにアメリカによるアジア映画市場開拓の先駆者であり、アジアにおける映画流通の流れを変える新しい動きの先端を生み出していた会社でもあったのである。

　この地球規模の映画流通大変動の中で、大隈の発言を捉え直すと、大隈がユニヴァーサル社と提携せよと述べたその言葉の背後にある、彼の真意が見

---

[23] 大隈重信「外国会社と握手せよ」『活動之世界』活動之世界社、1916年 9 月号、 2 - 4 頁。

第2章　東洋汽船の映画事業参入と近代日本

えてくる。それは、極東の小国である日本は、富豪の大国であるアメリカから経済的技術的な協力を獲ることによって、映画産業の近代化を図るしかない、というよりむしろ、その力を借りてアジア、そして世界の市場にその第一歩を踏み出せ、と大隈は鼓舞していたのである。1916年といえば、アメリカの映画産業が飛躍的に成長し、欧州に代わってアジアの映画市場を支配しつつあったものの、アメリカがそのまま市場の覇権を維持できるとは考えられていなかった時代である。言い換えれば、日本にもまだ、アメリカのようにアジア映画市場に進出する可能性が残されていた時代なのである。つまり、当時の大隈にとっては、日本がアメリカの力を借りることさえできれば、海外市場への進出も、高邁な絵空事ではなかったということである。

4　渋澤榮一とハリウッド

このような大隈と類似した思考を、同時代の渋澤榮一に見出すことは容易である。「外国会社と握手せよ」において大隈重信は、日本の映画産業を、造船業や紡績業のように、世界に通用する「一大新事業」に育てるには、映画界に渋澤榮一のような、人材と資本を集めることのできる「信用声望」の極めて厚い人物が必要であると述べたが、その渋澤もまた、日本の映画事業に関心を寄せていたのである。いったい渋澤はアメリカと日本の映画事業についてどのように考えていたのだろうか。

『活動之世界』1916年2月号に渋澤は「米国では今何をして居るか」という記事を掲載している。1916年2月号といえば、『活動之世界』が「活動家」のための一般雑誌から映画専門誌に転向する号である。2月号にはまだ、創刊号の名残で、政治家や文学者などが多く寄稿し、「活動家」向けの記事が多い。渋澤の記事も、そのひとつである。記事は渋澤が、パナマ運河開通および太平洋発見400年を記念した1915年のサンフランシスコ万国博覧会を訪れた体験をもとに書かれている。表題の「米国では今何をして居るか」とは、アメリカの最新動向を伝えるという意味であるが、その小見出し——「雄大で

第 2 部　東洋汽船の映画事業──映画産業と近代アジア

敢為な米国人」「年中日本の大晦日」「志の小さい日本人」「名流富豪の大活躍」──を見れば、具体的な視察報告というよりは、アメリカ人の優れた点を紹介し、日本の活動家を啓蒙しようとする意図で書かれていることがわかる。

> 私は今度で米国へ三度行く……その度に、米国商工業の発達の度の速かなのには実に驚嘆せずには居られないのである、一体米国人は、雄大な敢為な気性に富んで、国家社会に対する念慮が非常に厚く、商工業に従事するにも、自分の為にするのでなく、凡て、国家社会の為めに富を増やすといふ考へ許りでやつて居る……皆な、米国の為めといふ考へを以てその業に従事して居るのである。……此の如く、事業は事業で、非常なる活気を呈し、人間は人間で驚く可き雄大な志を抱く米国今後の発達は実に測り知るべからざるものがあるであろうと、私は羨ましいやら恥かしいやらで、到所無量の感慨を禁じ得なかつた。……（これに対し）一体、日本の人は、青年でも紳士でも、国家よりは自分に重きを措いて困る、従て、志も大ならず、理想も低く、体力も精力も弱くて、少し働けば直ぐ疲れて終ふ、考へると、日本人ほど、考への浅い力の弱い国民はない、実に浅間しい事である[24]

1915年といえばアメリカは、バブル景気に沸いていた頃である。渋澤はその飛躍的な成長に驚き、今日アメリカの成長があるのは、アメリカの国民に「雄大な志」があるからだと述べる。アメリカのルーズベルトやロックフェラー、カーネギーといった「名流富豪」の名をあげながら渋澤は、アメリカ人は「雄大な精力と無限の智力」をもち、国家社会のために「日夜奮闘努力」している、だから国が富む。これに対し、日本人は「国家よりは自分に重き」をおき、「志も大ならず、理想も低く、体力も精力も弱くて」、「考えの浅い力の弱

---

[24] 渋澤榮一「米国では今何をして居るか」『活動之世界』活動之世界社、1916年2月号、4‐5頁。

第 2 章　東洋汽船の映画事業参入と近代日本

い国民」であると批判する。つまり、アメリカの経済的成功は、アメリカ人が個人よりも国家社会に重きをおく精神にあり、日本人もそういった精神をもたなければ、アメリカのような経済発展はできない、と警告しているのである。日本よりアメリカを上に見て、そのアメリカから多くを学ぼうとしている渋澤の様子が見てとれる。

　もちろん、渋澤がいうように当時のアメリカ人がみな個人より国家のために働いていたとは限らない。注目すべきは、渋澤のアメリカ人論が本当かどうかではなく、渋澤がアメリカ人を、私欲より国家社会を優先する国民として解釈し、そう日本人に語りたかったということである。つまり、彼が理想とする人間と国家の関係が、「アメリカ人」の物語として、日本人に伝えられたにすぎない。渋澤は、日本人に個人より国家社会に重きをおいて物事を考え、行動して欲しかったのであり、その理想を「アメリカ人」に重ねて、志として語っているのである。そしてこの渋澤がアメリカ人の精神として語った物語は、戦中戦後と形を変えて日本の社会に生き永らえることになる。

　『活動之世界』1916年2月号には、もうひとつ、渋澤の記事が掲載されている。「驚くべき米国の活動写真界」である。これは渋澤がハリウッドを見た感想をつづったものである。1915年、渋澤は、サンフランシスコ万国を見たあと、そこから足をのばしてロサンゼルスに向かう。ロサンゼルスに向かったのは、アメリカ西海岸の荒野に新しく誕生したばかりの映画の都ハリウッドを見学するためである。渋澤は、そのロサンゼルスのバーバンク市にあるユニヴァーサル・シティを訪問する。ユニヴァーサル・シティは、アメリカ・インディーズの雄といわれたユニヴァーサル社が、1912年の創業時に計画し、1915年にようやくハリウッドの地に完成した巨大映画都市である。このスタジオの完成によりアメリカの映画製作の中心は完全に東海岸から西海岸に移る。230エーカーのその巨大な映画都市には、室内スタジオ、動物園、野外スタジオ、住居、食堂など映画を撮影するための設備とその労働者が生活するために必要な施設がすべてそろっていた。この時代のスタジオに動物園が隣接されることが多いのは、動きを重視するサイレント映画時代において動物

第 2 部　東洋汽船の映画事業——映画産業と近代アジア

が重要な要素であったこともあるが、それだけでなく、スタジオめぐりが観光アトラクションのひとつとなり、映画に使う動物を見世物とする動物園が人気を博していたからである。ハリウッドを見学した渋澤は、同時代の日本の映画会社とは比べ物にならない規模の資本、人材、そして最先端のテクノロジーを目の当たりにして、驚愕し、次のように述べる。

> 一体、米国人には、国家的社会的観念が強い、何事にも、自分を忘れて、社会の為めに働き、国家の為に働く、何事業にも大仕掛の者が多い、失敗した所でそれは国家の為めだか□る考へて、少しも自分を悔むといふ風がない。活動写真業の如きも、皆な国家的社会的に経営せられて居る、私は、活動写真には、兼て注意を払つて居るので、今度も有名な活動写真会社を見物して来たが、規模といひ設備といひ、実に驚き入つたもので、日本の活動写真業に照し合はして実に、骨肉の嘆に堪えなかつた。……米国人は、活動写真に付ても、亦国家的に全力を注いでやつて居るのである、就て、日本の活動写真界を見ると何うであらう、現在従業者は、単に自分の私欲を充たすに汲々として、更に社会的観念がなく、地もあれば智識もある、世の有識者は少しも活動写真を顧みなく、日本の活動写真の振はないのは無理のない事である[25]。(□＝不明文字)

アメリカの映画人は「国家的社会的観念が強い、何事にも、自分を忘れて、社会の為めに働き、国家の為に働く」。だから大きな資本で大きな事業を展開できる。ところが日本の映画人は、自分の利益ばかり考えて、産業全体、ひいては社会や国家全体の利益を考えない。映画人が「単に自分の私欲を充たすに汲々として、更に社会的観念がなく、地もあれば智識もある世の有識者は少しも活動写真を顧みな」い。だから、日本の映画産業はアメリカのそれ

---

[25] 渋澤榮一「驚くべき米国の活動写真界」『活動之世界』活動之世界社、1916年2月号、62-65頁。

第 2 章　東洋汽船の映画事業参入と近代日本

に遠く及ばない。日本人ももっと大きな志をもって映画産業をハリウッドのような一大事業にしなければならない。そのためには個人が私欲を捨て、国家や社会のために尽力せねばならない、と述べる。要するに、前述した記事と主張はほぼ同じである。つまり渋澤は、日本の映画産業をアメリカのハリウッドを見習って、事業の規模を大きくし、大量生産を可能にする産業基盤を整え、近代化すべく、高い志をたてよ、と叱咤激励しているのである。この記事からは渋澤が、大隈と同じく、日本の映画産業も世界を志すべきと考えていたことがわかる。

　しかし、渋澤が、大隈と異なるのは、メディアとしての映画の役割に具体的に言及している点である。彼は、演劇を「古い日本の芸術」として「尊重」し、「保存」すべきであると主張する一方、映画は、それとは異なる、「大なる国家的社会的使命」があると論じている。

　　芝居は単純な娯楽物であつて、国家的社会的のものでない私が芝居に関係して居るのは、たゞ、古い日本の芸術を尊重して、之を他日に保存したいといふのが本当で、帝国劇場でお金儲けをしやうといふ考へは更にない、活動写真は、娯楽物の上に、更に、大なる国家的社会的使命を持つて居る、之を善用し活用すれば学科的にも裨益しやう、社会的にも裨益しやう、教育的にも裨益しやう、太閤秀吉の写真を作つて、果してその真を伝へ得たら、世人に歴史上の智識を与へ、兼て、国民の士気を鼓舞するの料とならう……造船所の内部は何う、電気のカーボンは何うして出来る、細密な機械の組立は何う、皆な、活動写真の応用によつて、之を天下に知らしめる事が出来る、百聞は一見に如かず、斯うした智識は、多くの書面によつて得よ〔ママ〕なり、一つの活動写真によつて得た方が、遥かに利益が多いのである[26]。

---

26) 同上、64頁。

つまり、渋澤は、映画が、国民に元気を与え、世界を理解するための知識を与える、公衆的で近代的な娯楽であり、国民を効率的で効果的に教育するツールであり、日本の発展に寄与する使命をもつとみなしているのである。だからこそ日本も、アメリカのように映画産業を一大事業に育てあげ、その使命を果たせるようにすべきである。それは国家的に意義のあることである。にもかかわらず日本では、そうなっていない。それは映画事業に従事する者の志が低いからだ、と苦言を呈しているのである。

そういった映画に対する渋澤の考え方を明確に示すのが、『活動之世界』1916年6月号に掲載された「海の博覧会と沙翁祭の活動写真」である。この中で渋澤は、彼の個人的な映画体験の例を3つあげながら、日本の映画産業について、その考えを述べている。まず例にあげているのは上野で開催された海の博覧会である。

> 先頃上野に海の博覧会を見物に出かけ、活動写真館が開いて居つたので、早速其れへ入つて見たが、海の博覧会の事であるから、活動写真も海に関する面白い写真許りであろうと思つたに、さうでなくて芸者の手踊だの景色だのといふ、海の博覧会に縁の遠いもの許りであつた、何故最つと海の写真を見せなかつたかと、私は、独りで失望したが、之は博覧会当事者の用意の足らなかつた為めもあらうが、主なる原因は、日本の活動写真界に、まださうした方面の趣味ある写真が多く作られていない、といふ点に帰するのであろうと思はれた[27]。

上野で海にかんする博覧会をやっているというので出かけたら、活動写真館があったので、面白い海の写真でも見られるのではないかと期待して入った。ところが、海とまったく関係のない、芸者の手踊りの映画が上映されていて、

---

27) 渋澤榮一「海の博覧会と沙翁祭の活動写真」『活動之世界』活動之世界社、1916年6月号、12頁。

第2章　東洋汽船の映画事業参入と近代日本

すっかり「失望」したという話であった。

　次は、早稲田大学のシェイクスピア300年祭に行ったとき、その余興の席で上映された活動写真を見たという体験である。こういった祝いの席で映画を上映するのは実に気の利いた接客であり、「実に快心を覚えた」として次のように述べている。

> 此間早稲田大学で、沙翁の三百年祭のあつた時思ひがけなくも、余興に活動写真を使はれたのは実に快心を覚えた、活動写真の活用として近来の思付きだと思はれた是等は、明らかに本誌の如き、専門雑誌が、勉めて活動写真の性質なり目的なりを紹介し、兼て、其の趣味の鼓吹に力を致すことの一影響と見て然る可き事だと思ふ。活動写真の応用は実に広大無辺である……この応用の範囲が広まりさへすれば、自然に活動写真は発達して行くのである、日本の活動写真を発達せしむるは、一は当業者の力であつて一は、一般世間の注意である[28]。

映画を単なる娯楽メディアとして捉えるのでなく、さまざまな利用方法を考え、その可能性を広げるべきであると提言し、そのためには映画の製作者と観客の両方の意識改革が重要であると主張する。

　最後は、ハリウッドのユニヴァーサル・シティを訪問したときの体験談である。昼間に社長のカール・ラムリに案内されて撮影所を見学し、その夜に招待された晩さん会で、昼間自分がスタジオ見学をしている姿がスクリーンに映しだされて驚いたというエピソードである。

> 先般、私が米国に遊んだ時、ユニバーサル会社を訪問して、社長と握手の後その案内で、同社内の設備万端を隈なく見物して歩いた事がある、其の際右社長から晩餐を差し上げ旁活動写真を御覧に入れるから来て下

---

[28] 同上、12-13頁。

第 2 部　東洋汽船の映画事業——映画産業と近代アジア

> さいといふ案内状が来たので、時刻を計つて行つて見ると、成程活動写真が写された、よく見ると、其れがその日の昼間、自分がユ社を尋ねて社長と握手したり社長と逍遥したりしたその時の光景が、すべて残らず写し出されてあつたので、私は覚えず感嘆の声を放つた、米国で、活動写真を新聞の代はりに用ひるといふのも無理ではないと、沁々感心したのであつた[29]。

渋澤は、映画を報道の目的に利用することに「沁々感心」し、日本でも、こうした「応用の途」が開けてほしいと希望する。

　この３つの体験を例に渋澤は、「何人も活動写真を活用せよ」と主張する。ただし、海の博覧会で芸者の手踊りの映画を見せるような使い方ではいけない。貴賓を歓待し喜ばせ、速報メディアとして活用するなど、国家や社会に役立つような使い方を考えなければならない。娯楽を提供して、お金を儲けるためではなく、「真面目な考へを以て」この事業にあたる必要がある、と主張しているのである。

　この「真面目な考へを以て」とはすなわち、日本の映画産業をハリウッドのような大資本の産業に育成する志をもつことを指す。日本では映画事業がまだ水もの商売と考えられていた時代に、アメリカの映画産業はすでに自動車とならぶ基幹産業にまで発展していた。その差に驚いたからこそ渋澤は、日本の映画産業を叱咤激励する記事を『活動之世界』に連載し、アメリカを目標に、日本の映画産業を鼓舞したのであろう。このとき渋澤は、映画というメディアが単なる見世物興行に終始するだけでなく、近代日本の一大事業となりうる可能性をもち、効果的に国民を教育し、その意識を改革する道具として有効であることを鋭く見抜いていたのである。

> 活動写真は小資本では出来ない事業である、又他の事業の経営者以上、

---

[29] 同上、13頁。

第 2 章　東洋汽船の映画事業参入と近代日本

　　優れた頭と腕とが無くては成功を見難い事業である、小林喜三郎君は、
　　真に如何なる人物か知らないが、若し、真面目な考へを以てこの難事業
　　に当つて居るとすれば誠に偉い者である、若し然らずして、単に面白い
　　ものを見せてお金儲けをやらうといふのであつたら、それは興行師とし
　　て腕のある人といふに止まり、足跡を天下に印する事は出来ないであろ
　　う……何人が出て来やうとも、日本の活動界では乃公一人だとの堅い堅
　　い信念を以て、飽まで勇往邁進して貰ひたい、小さい日本の同業者を目
　　標とせず、相手は対岸の米国なりとの考へを以て、大に策戦の準備を整
　　へて欲しいものである、いつまでも天活日活の小争闘は、前途ある活動
　　写真界の為めに又小林君其人の為めに、窃かに取らない所である[30]。

　要するに渋澤は、日本の映画企業は小資本に満足し、小競り合いばかりして
いるが、そんな場合ではない。大きな資本でアメリカと張りあう志をもたな
ければならない。アメリカは資本家から資本を募り、映画産業を大事業に発
展させた。日本もそうする覚悟が必要である。にもかかわらず日本は、大資
本を集めようとも人を集めようともしない。映画を娯楽以上に活用しようと
しない。映画はメディアとして、報道や宣伝、国際親善、教育など多様に活
用し、国家や社会のために役立てるべきである。「相手は対岸の米国なり」。
渋澤のこの言葉には、日本の中だけで考えるのではなく、世界の中で日本の
映画産業を考えよ、と啓蒙する渋澤の果敢なメッセージが込められている。

5　小結

　東洋汽船会社初の映画事業――東洋フィルム会社――をこういった時代の文
脈において捉え直すと、映画史の片隅に追いやられてきたこの小さな会社の
存在意義が見えてくる。つまり、この会社は、日活や天活のように、日本の

---

30) 同上、14頁。

第 2 部　東洋汽船の映画事業——映画産業と近代アジア

大衆に娯楽を提供したいとか、お金儲けをしたい、といった内向きの発想で事業を展開していない。そうではなく、大隈や渋澤が望んだように国家的社会的な意識のもと、日本の映画産業をアメリカのような大事業に育てあげ、かつ、報道や宣伝、親善、教育など日本の発展に寄与するメディアとして育成することを目指して、事業を展開していたのである。アジアにおける欧州映画の覇権が揺らぐなか、そのアジアに攻勢をかけるアメリカ映画を横目に、そのアメリカの資本や技術に頼りつつ、日本もまた、アジア市場進出を目指して挑戦しようとしていたといえよう。

　東洋フィルム会社の設立とその背景を理解すれば、第 1 章で述べた大正活映が、なぜ大きな資本を扱う東洋汽船の出資により設立され、なぜハリウッド映画の形式を模倣した日本映画を作り、なぜ報道や宣伝、親善、教育を目的とする短編映画をせっせと作ったのかが見えてくる。1920 年 4 月、淺野總一郎は、東洋フィルム会社を増資し、大正活動写真株式会社、改め大正活映を設立する。「緋おどしの鎧きた若武者」に例えられた大正活映は設立当時、日本の映画界を革新する映画会社として大きな期待を集めた。谷崎潤一郎を顧問に迎え、フレッシュな素人俳優を使って、ハリウッドから戻った栗原トーマスを監督に、新しい映画の製作に取り組んだのである。処女作『アマチュア倶楽部』は、日本映画革新の嚆矢となり、泉鏡花原作の『葛飾砂子』は、気鋭の映画批評家・淀川長治をして、世界の名作にひけをとらない初めての日本映画といわしめる。そしてその一方で、大正活映は、『明治神宮鎮座祭』、『米国曲芸飛行』、大隈侯の『国民葬』など短編の時事映画を何本も製作する。それらの活動の意図は、単に出資者の東洋汽船がアメリカ航路を就航していたからでも、栗原がハリウッド帰りだったからでもない。その意図は淺野、そして淺野に影響を与えた政財界人が、どのように世界の情勢を見据え、日本のために何をしようとしていたのか、そういった背景を理解しなければ見えてこないのである。

　東洋汽船の映画事業の歴史的意義は、従来の映画史が語ってきた、大正活映の谷崎や栗原が作った作品の新奇さだけで理解できるものではない。その

第 2 章　東洋汽船の映画事業参入と近代日本

前身の東洋フィルム会社から考えるならば、その意義はむしろ、世界の映画市場を意識し、映画を近代日本の一大事業のひとつとして捉え、日本の国民を教育する新しいメディアとして育成しようとした点においてであろう。淺野の映画事業は、資本と国家とメディアとの関係において理解されるべきなのである。

　こうした淺野の映画事業に対する理想は、実に革新的である。しかし、その理想は、世界の大海原に呑み込まれ、日本の慣例にも拒絶され、あえなく座礁する。松浦章は、本書第 1 部第 2 章「淺野回漕店から東洋汽船会社へ」において、東洋汽船がアメリカの汽船会社に一社で立ち向かったと述べているが、映画事業においても淺野は、たった一社で、あの巨大なハリウッドに立ち向かおうとしていたのかもしれない。当時の日本とアメリカの映画産業の差を考えれば、それは、無智蒙昧とあざ笑えるほど、自己認識の甘い、野望にすぎない。だが、どんなに遠い道のりでも、いかに無謀な望みでも、とにかく「国のため」と称して、一歩踏み出す強さが、淺野にはある。排他的でも対抗的でもなく、積極的にアメリカを内部に取り込むことでアメリカに対峙する、これこそ近代日本の企業の多くが目指した、当時のひとつの理想型であったといえよう。淺野の試みは、あえなく座礁するも、その挑戦の遺産は、日本の映画産業に新たな流れを形作った。その意味で東洋汽船の挑戦は、近代日本の映画産業史にとっては非常に重要な意義をもっていたといえるのである。

第3章　20世紀初頭の世界流通変動と
　　　　　アメリカ映画のアジア市場開拓

1　緒言

　東洋汽船の映画事業は、世界の映画流通の大変動に、いち早く敏感に反応した結果と考えられるのだが、それでは20世紀初頭の映画は、いったいどのように世界を流れ、そしてその流れはいつ、どのように変化したのだろうか。その変化に欧州やアメリカ、そしてアジアはどうかかわったのか。アジアの映画市場はどう変わり、その変化にアメリカはどんな役割を果たしたのか。そもそもアメリカはアジアをどう位置づけ、中国、そして日本をどう見ていたのか。果たしてアメリカの描く世界地図の中で日本はどのような位置を占めていたのか。

　本章の目的は、1910年代半ばに起こる世界映画流通の大変動を明らかにし、そのうえでアメリカの対中国観と対日本観がどう変わっていったのかを検証することにある。それによって東洋汽船が、どのような世界情勢において映画事業に乗り出したのか、そしてなぜ東洋汽船が1917年に映画事業に乗り出すのかが見えてくるだろう。

　本章ではアメリカ合衆国商務労働省（United States Department of Commerce and Labor、1903-1913）およびアメリカ合衆国商務省（United States Department of Commerce、1913-）の刊行物を1903年から1919年まで分析する。これらの政府刊行物は、アメリカ合衆国商務労働省およびアメリカ合衆国商務省（以下、すべてアメリカ商務省）が、アメリカ企業の競争力向上と経済的発展のために、世界各地のアメリカ領事館から、海外市場にかんする情報を収集し、編集したものである。使用した刊行物を以下に列記する。

第2部　東洋汽船の映画事業——映画産業と近代アジア

Advance Sheets of Consular Reports（後継誌：*Daily Consular Reports*）
Daily Consular Reports（後継誌：*Daily Consular and Trade Reports*）
Daily Consular and Trade Reports（後継誌：*Commerce Reports*）
Weekly Consular and Trade Reports
Monthly Consular and Trade Reports
Commerce Reports

内容はおもに産業や人口、天然資源、政府、金融にかんする報告や統計データなどである。すべて一般に公開されている。こういったアメリカの政府刊行物を分析することで、以下のことを明らかにしたい。

1）20世紀初頭、世界の映画流通におけるイギリス海運と植民地の関係
2）20世紀初頭、欧州映画のアジア市場制覇と欧州航路の関係
3）20世紀初頭、イギリスを経由したアメリカ映画の流通とその問題点
4）アメリカ政府の中国観と中国映画市場の位置づけ
5）アメリカ政府の日本観と日本映画市場の位置づけ
6）アメリカ映画のアジア市場制覇と太平洋航路の関係
7）アメリカ政府がアメリカ映画のアジア市場開拓に果たした役割

要するに、20世紀初頭の地球上を映画がどう流れていたのか、そしてその中でアメリカ政府はアジアの映画市場をどのように意識し、どう行動していたのかを明らかにしたいのだが、その過程で、さまざまなことが見えてくるだろう。たとえば、アメリカ映画が最初、イギリスの海運力に頼りながら映画をアジアに運んでいたこと。そのせいでアジアにおけるアメリカ映画の市場競争力がかなり低かったこと。しかし、辛亥革命（1911-1912）を機にアメリカ政府はアジア、とりわけ中国の市場に期待を寄せるようになり、政府が企業のアジア進出を後押しし、企業も少しずつ進出しはじめること。そして第一次世界大戦を契機として、アメリカ映画はイギリスを経由せず、太平洋を

第3章　20世紀初頭の世界流通変動とアメリカ映画のアジア市場開拓

横断して直接アジアに搬送されるようになり、アジアにおける日本の地政学的な重要性が増すこと、などである。

　東洋汽船が映画事業に乗り出すのは、こういったさまざまな構造的変化が折り重なり、世界の映画の流れを変えていた時代であることを忘れてはならない。東洋汽船が、日本の映画産業を世界に接続するうえで、大きな役割を果たしていたことは確実である。既に見てきたように東洋汽船は、早くから横浜を拠点に、サンフランシスコやハワイ、香港などアメリカとアジアを結ぶ航路を運航していただけでなく、アメリカ映画のアジア進出が積極的になる大戦中には太平洋航路をほぼ独占していた船会社である。飛行機のない時代ゆえに、東洋汽船の船が、アジアに多くのアメリカ映画を運搬したことは疑いようがない。映画だけでなく、東洋汽船の船は、ハリウッドの撮影隊をアジアに運んだり、ハリウッドを視察する日本の要人をアメリカに運んだりもした。東洋汽船の映画事業の歴史的意義は、このように映画流通と汽船が密接なかかわりをもっていた時代の文脈において考えなければならない。

2　イギリス海運とアジア市場のアメリカ映画

　まずは、欧米諸国にて映画の装置が開発され、映画産業が生まれつつあった1900年代に、アメリカがアジア市場をどう見ていたのかを明らかにすることからはじめよう。1907年4月17日号の『デイリー・コンシュラー・アンド・トレード・レポート』 *Daily Consular and Trade Reports* の巻頭にアジア市場にかんする興味深い記事 "American Trade in the Orient" が掲載されている。報告者はシンガポール総領事のデイヴィッド・F・ウィバーである。ウィバーの報告からは、アメリカからアジアへ、物資がどのようなルートで運搬されていたのか、そしてその運搬ルートにはどのような利点と欠点があったのかが見えてくる。「アメリカ直行便が必要」と題された小見出しの部分を以下に要約する。

293

第2部　東洋汽船の映画事業──映画産業と近代アジア

　　アメリカの対アジア貿易を強化するには、ニューヨークからマニラへ、今より早く到着する定期便が必要である。ニューヨークを出発した船はマニラに向かう途中、インドやペナン、シンガポールに寄港し、そこからアメリカ製品がシャム、ジャワ、スマトラ、ボルネオ、オランダ領の島々および南フィリピンへと運ぶ。
　　「外国の資本」がアメリカ製品のために、そのようなサービスを提供するはずはなく、アメリカは現行のサービスを利用するしかない。しかし現行のサービスでは、対アジア貿易の現状を維持することはできても、それ以上の発展は望めない。むしろ「世界のその部分」におけるアメリカ製品のシェア拡大の妨げになっている。アメリカは今、ものすごい勢いで物を大量生産している。だから、いずれ、その製品のはけ口として、アジア市場が必要になるだろう。そのときアメリカが他国に打ち勝つには、インフラを整えておく必要がある。輸送手段の改善は、そのもっとも重要なインフラのひとつだ。また、現地にアメリカの代理店も必要である。ただ、現在のアメリカ-アジア間の輸送手段が改善されない限り、アメリカの企業が現地に代理店をおく気にはなれないだろう。

ここでいう「外国の資本」とはおもにイギリスを指す。「世界のその部分」は、インドや海峡植民地など、スエズ運河からフィリピンにいたるまでに船が寄港するアジアの国や地域を指す。小見出しの「アメリカ直行便が必要」とは、アメリカの東海岸から大西洋を渡り、欧州、スエズ運河を経由してアジアに向かう、アジア欧州航路の定期直行便が必要であるという意味である。
　したがって報告の主旨は次のようになる。1907年時点でアメリカは、製品をビジネスの中心地である東海岸のニューヨークから植民地のマニラに運ぶ場合、アジア欧州航路を使っている。しかし、アメリカの汽船会社だけではアジアまで到達できないので、他国の船に頼らざるをえない。そのため輸送には、さまざまな不便が生じる。たとえばアメリカの東海岸からイギリス経由でアジアへ向かうアメリカ製品は、イギリスでいったん別の船に乗せ換え

第 3 章　20 世紀初頭の世界流通変動とアメリカ映画のアジア市場開拓

る必要がある。都合よくアジア行の船が見つからなければ、何日もイギリスの港に積み荷を停留させることになる。輸送船の発着が不定期なので、いつ相手に届くかも不明瞭とならざるをえない。そうなるとアメリカ製品がアジアで欧州製品に対抗しうる市場競争力をもつことは難しくなり、積極的にアジアに進出しようというアメリカ企業もあらわれないだろう。しかも、アメリカ製品のアジアへの運搬には、大西洋をわたるための余計な時間と手間、費用がかかり、価格が割高になり、それがアジア市場におけるアメリカ製品のシェア拡大の妨げになっている。したがって今後、大量生産システムにより増え続けるアメリカ製品の輸出先としてアジア市場を開拓するにはまず、アジアに物を運ぶ定期直行便を運航する必要がある、とウィバーは報告しているのである。

　ここで疑問なのは、既にアメリカの西海岸からアジアへ向かう太平洋航路が運行されていたにもかかわらず、なぜウィバーは、アメリカ製品をアジアに運ぶのに、太平洋航路ではなく、東海岸から大西洋をわたってイギリス経由でアジアへ向かうアジア欧州航路の充実が必要であると訴えたのかである。もちろん、それは、この報告者がアジア欧州航路の重要な中継拠点であるシンガポールの総領事であることが関係するのだが、それだけではない。ウィバーがアメリカ製品の運搬にアジア欧州航路の充実を主張した理由を理解するには、20 世紀初頭のグローバルな流通環境を知る必要がある。

　すなわち、イギリスの海運力である。当時イギリスは世界一の海運力を誇っていた。島国のイギリスには昔から船がたくさんあり、欧州との貿易も盛んで、海運業が早くから発達していたのである。イギリスの経済学者エドガー・クラモンドの『英国海運業』*The British Shipping Industry* によれば、1913 年のイギリス船の積載量は、アメリカで 42.1％、アジアで 43.5％、アフリカで 40.6％、オーストラリアで 68.3％ を占め、世界の海上運送のおよそ半分をイギリスが占めていたという[1]。とりわけ、アジアやオーストラリアなど、

---

1) Edgar Crammond, *The British Shipping Industry*, London: Constable and Company

第２部　東洋汽船の映画事業——映画産業と近代アジア

遠隔地ほどイギリス海運業のシェアは高く、1913年にスエズ運河を通過した船の60.2％はイギリス船であった（1894年は74.6％）。イギリスのアジア貿易の鍵はインドにあったが、イギリス製品のアジア最大の取引先は日本であった。

　海運業に加えて、19世紀末から20世紀初頭にかけてイギリスは、金融業においてもまた世界の中心であった。世界の海を支配していたイギリスの海運が、経済的な利益をイギリスにもたらし、ロンドンは世界金融の中心となる。はやくから植民地ビジネスの発達していたイギリスは、1600年に東インド会社を設立するなど、多額の投資をアジアに投入している。産業革命の起こる19世紀中ごろには投資がますます盛んになり、第一次世界大戦直前には、総額約40億ポンドの巨額な資金がイギリスから植民地や海外に投資されていた。投資先はアメリカがもっとも多く約6.3億ポンド、次はセイロンを含むインドで約4.5億ポンドであった。アジアではインドの次に日本が多く、約0.7億ポンドである。

　アメリカはまず、イギリスのその海運力と植民地ビジネスを利用して、アメリカ製品をアジアに運ぶ。もともとアメリカは、イギリスの植民地であり、同じ英語を公用語とし、大西洋を横断する貿易が盛んであった。ニューヨークやボストンなどアメリカ経済の中心は東部にあり、東海岸の港とイギリスのロンドンなど欧州の重要な港を結ぶ大西洋航路が発達していた。したがってアメリカ製品はまず、東海岸からイギリスへ運ばれ、そこから欧州各地、そして、アジアへと向かうことになる。イギリスの船は、ボンベイ、マドラス、カルカッタ、ペナン、シンガポール、香港、上海、横浜などアジアの主要な貿易都市に寄港する。イギリスの植民地、あるいはイギリスが既に開拓した市場であれば、アメリカは、アジアの複数の言語を使えずとも、英語での交渉が可能である。アメリカにとってイギリスは、英語を母国語とする世界最大の市場であるとともに、欧州やアジアへの中継点であり、イギリスの

　　　Limited, 1917, pp. 26-27.

第3章　20世紀初頭の世界流通変動とアメリカ映画のアジア市場開拓

植民地は将来の重要な市場であったといえよう。アジア欧州航路が、アメリカの西海岸からハワイ経由でマニラへ向かう太平洋航路と比べて、船便数、寄港する港の規模と数、ビジネスの機会などの点で、アメリカの市場開拓に優位であることは明らかである。ウィバーがイギリス経由アジア航路の充実がアメリカの対アジア貿易の増加に必要だと主張した言葉の背後には、こういった当時の海運事情や植民地ビジネスとの密接な関係があるのである。

　つまり、アメリカで大量生産がはじまる20世紀初頭、アメリカ政府は、大英帝国が形成した世界規模の海運ネットワークに依存しながら、まずは巨大な欧州市場、そしてその先のアジア市場へと進出しようとしていたのである。アメリカ商業都市の東部集中、大西洋航路の発達、欧州市場の規模の大きさ、アジア太平洋地域でのイギリスの海運力、イギリスの植民地ビジネスの発展、アメリカとイギリスの歴史的関係と言語など、さまざまな点において、太平洋航路よりアジア欧州航路の方がよりビジネスの機会を期待できたといえよう。

　こうした様々な事情からアメリカの製品である映画もまた、アメリカからイギリスを経由して、欧州、そしてアジアへと運ばれることになる。海運の時代にグローバルな物流を支配していたイギリスが、映画の流通においても、その中心的存在となったのである。映画は19世紀末に欧州やアメリカで開発され、すぐに国境を越えて流通するが、その国境を超えた流通において重要な役割を果たしたのが船である。よって当時の物流の中心であったイギリスに映画が集まり、その最大の商業都市であるロンドンが世界初の映画取引の中心地となる。1902年、フランスのパテ社はロンドンに進出、遅れてアメリカのエジソン社やバイオグラフ社、さらにユニヴァーサル社なども、1910年までにはロンドンに支店や代理店を開設している。日本でも吉澤商店や福宝堂が1908年頃までには、ロンドンに社員を派遣し、映画の仕入れを開始する。ロンドンのウォーター街は、映画の取引業者が軒を並べる世界一の映画ビジネス街となる。そのビジネス街で取引された映画がロンドンから船で世界各地へと運ばれた。こうして世界各地の映画市場は、イギリスを中核とするグ

第2部　東洋汽船の映画事業——映画産業と近代アジア

ローバルな海運ネットワークによって縫い取られていったのである。イギリスの海運力が、世界の映画流通網の形成に果たした役割は思いのほか大きい。

3　アメリカ商務省から見たアジア映画市場と
　　アジアにおけるアメリカ映画

　アメリカ政府が、アジアをアメリカ映画の市場として意識するのは、いったいいつだったのだろうか。アメリカ商務省の刊行物を調査した限り、アジアの映画市場にかんする報告がその刊行物に掲載されるのは、1910年頃からである。それはちょうど、アメリカの映画会社による欧州進出がひと段落する頃と一致する。ただ、当時の商務省はまだ、アジアの国や地域を十把一絡げに「アジア」という言葉で指示しているにすぎない。特別にアジア市場を調査した様子も見受けられず、たまたま現地の領事から報告があったので2-3行掲載したという態である。

　たとえば、もっとも初期の報告のひとつである1910年9月15日号の『デイリー・コンシュラー・アンド・トレード・レポート』に掲載された"Moving-Picture Films and Automobiles"という短い報告は次のようであった。

> 小アジアのあるアメリカ領事館からの報告によれば、地元のある会社が、アメリカ映画を紹介したいと希望しているらしい。映画は人気があるので、もしアメリカもそれなりに対応すれば、シェアを得ることも可能であろう。その会社は自動車の代理店もやりたいそうだ。映画と自動車の市場は現在さほど大きくないが、あと1、2年で重要な市場に成長するだろう。連絡はフランス語が望ましい。

20世紀初頭、映画が当時の最先端テクノロジーとして、自動車と同列に扱われていた様子がうかがわれて興味深い報告であるが、この報告がどこの国についてかは不明である。「小アジア」にある、フランス語で取引を行っている

第 3 章　20 世紀初頭の世界流通変動とアメリカ映画のアジア市場開拓

会社らしい、という以外はわからない。非常にあいまいな報告である。
　同じように、1911年3月30日号の同紙の報告 "Foreign Trade Opportunities" も、「小アジア」の映画市場にかんする報告であるが、具体性を欠いている点は似たようなものである。

> 小アジアのあるアメリカ領事館によれば、ここ最近、映画や小芝居の興行のために建物がいくつか開設された。さまざまな階級が出入りし、大変な人気である。上映されるのはたいていフランス、イタリア、ドイツの映画であるが、アメリカ映画も少しある。もうすぐコンクリート構造の大劇場も建設されるが、その劇場との取引を期待するアメリカの映画製作者や備品供給者は、劇場経営者に連絡するといいかもしれない。

1911年頃までアメリカ商務省の報告には、こういった短くて曖昧な「小アジア」にかんする報告以外は見あたらない。このことから、少なくとも次の2つの仮説を立てることができる。ひとつは、この時点でアメリカ政府は、小アジアがせいぜいで、それよりさらに先にあるアジアの映画市場をまだ意識していなかったこと。もうひとつは、1911年の時点で既に、小アジアおよびアジアの映画市場には、欧州映画が出回り、アメリカ映画はわずかしかなかったことである。アジアの映画市場に対するアメリカ商務省の関心の低さは、それだけ市場が小さかったことを示すといえよう。
　アメリカがアジアの映画市場に関心を示さず、そのシェアもわずかであったとすれば、いったいなぜそうだったのであろうか。その歴史的経緯を簡単に説明しておこう。映画の装置は、19世紀末、フランスやアメリカ、ドイツなど科学技術と資本主義の進んだ欧米諸国で開発され、世界各地に輸出された。たとえば日本では、1896年にアメリカのエジソン社が開発したキネトスコープ（覗き穴式映写機）が、1897年にはフランスのリュミエール社が開発したシネマトグラフ（スクリーン式映写機）が輸入され、演芸場や芝居小屋などで上映された。人々は、舞台とは比べ物にならないほどリアルに日常を

299

第2部　東洋汽船の映画事業──映画産業と近代アジア

再現する見世物に興奮し、ナイアガラの滝やエリザベス女王の葬儀といった非日常的な異国の風景や事物に驚かされた。このように映画の歴史は、演劇とは異なり、そのはじまりから既に、グローバルな流通網のうえに成り立っていたのである。

　当初、映画の興行は、1つの劇場を居城とする常設館興行ではなく、巡回興行であった。巡回興行とは、公会堂や仮設テント、演芸場、演劇の劇場などを借りて興行する。興行者は通常、映画を映画製作者の提供するカタログから選んで購入する。購入価格は、1フィート幾らというように物理的なフィルムの長さによって決められていた。興行者はたいてい資本に乏しく、高価な映画を何本も買い揃えることはできない。したがって、所有する映画の本数には限りがあった。そのため1週間も同じ場所で映画を興行すれば、客はこなくなる。だから客足が遠のいたら、新しい客を求めて、新しい土地に移る必要があった。つまり、最初期の映画興行者は、同じ場所に留まることができず、移動する以外に、興行を続ける方法がなかったのである。

　ところが20世紀に入ると、映画フィルムの貸出を行う業者──映画交換業者（Film Exchange）──が急増する。映画交換業者は、製作者から映画を購入し、購入価格の半分以下の安いレンタル料で興行者に貸し出す。貸出料は、やはり映画の内容と無関係に、フィルムの物理的な長さと貸出日数、貸出回数によって決められた。この仕組みにより興行者は、映画を購入する必要がなくなる。興行者はフィルムを借りて上映し、上映が終わったらフィルムを返却して、別のフィルムを借りることができる。つまり、わずかな資金で定期的に新しい映画を入手することが可能となるのである。これにより映画の興行者は、新しい観客を求めて場所を移動する必要がなくなり、映画常設館設立の道が開ける。

　1905-06年頃になると、国によって時間差こそあれ、資本の乏しい興行者が次々と映画館を開場し、映画産業を飛躍的に成長させるが、その映画館の開場ラッシュに大きな役割を果たすのが、その映画交換業者の誕生と拡散であったと考えられる。たとえば、アメリカの映画産業を急激に発展させたとよ

第 3 章　20 世紀初頭の世界流通変動とアメリカ映画のアジア市場開拓

く言われるニッケルオデオン・ブームはその好例であろう。1902年にはまだほとんどなかった映画交換業者は、1907年までに125社から150社ほどに増えていたという。1906年には、アメリカ初となる全国規模の映画交換業者も誕生した。同じ頃、アメリカでは映画館の開場ラッシュが起こり、8,000館以上のニッケルオデオン（5セントで入場できる映画館）が全国に乱立する。こうしてアメリカの映画産業は急成長するのである。逆にいうと、この製作者と興行者の間をとりもつ取引業者が誕生することなく、映画を賃貸する仕組みが生まれなかったならば、映画産業の飛躍的な成長は起こりえなかったといえよう。

　このようにアメリカの映画産業が急成長する頃、資本を増強し、世界に先駆けて、グローバルな映画配給網を形成するのがフランスのパテ社（シンボルマークは雄鶏）である。1907年、パテ社は、欧米企業として初めてアジア市場に進出する。東西貿易の中継港であるシンガポールに総代理店を開設し、豪華なアルハンブラ劇場を直営して、フランス直輸入の最新の映画を次々上映するのである。そしてそのシンガポールを拠点に、インド、香港、上海、日本といったアジアの国や地域に市場を広げていく。パテ社が配給したのは、パテ映画だけではない。他社の映画も購入して配給した。たとえば有名俳優による有名舞台を映画化したフランスのフィルム・ダール社や、イタリア史劇映画を得意とするアンブロジオ社の長編映画などである。ただし、アメリカ映画はバイオグラフ社などの短編をときどき配給する程度であった。パテ社に続いては、ゴーモン社など他の欧州企業もアジアに進出する。こうしてアジアの映画市場は欧州映画によって独占されることになる。

　アジア市場を最初に開拓した欧州の映画会社は、アメリカ映画を積極的に配給しなかった。しかも、アジアで流通するアメリカ映画は、イギリス経由で輸送されるなど様々な制約により割高となるため、たいていは新作ではなく、ロンドンで売買された中古映画であった。当然、アジアにおけるアメリカ映画に対する評価は低くなり、これが映画産業草創期の欧高米低の映画観の形成に与えた影響は否めない。

したがって草創期のアジア市場でアメリカ映画のシェアがとても小さかったのは、そもそもアジアの映画市場に対するアメリカの興味が薄く、積極的な展開をしておらず、そのうえ海運力や運搬ルートなど不利な物流条件も重なって、アメリカ映画が欧州映画に対する競争力を失い、さらに欧州の会社がアメリカ映画をアジアに消極的に配給していたことが、その重要な要因であったと考えられる。つまり、よくいわれる欧州映画が質的に同時代のアメリカ映画より優れていたからという美的判断に基づく映画の優劣だけではない、さまざまな時代状況が折り重なることによって、1910年代初頭のアジア市場におけるアメリカ映画のシェアは、とても小さいものとなり、その小さな市場に、アメリカ商務省も企業も、さほどの興味を示さなかったといえよう。

4 アメリカの世界映画市場開拓
――雄鶏からアジア市場を奪回せよ

1912年までにアメリカでは、映画が自動車や飛行機とならぶ国の重要な輸出品となる。この年、アメリカ商務省は初めて世界の映画市場を広く調査し、その結果を2回にわたって報告している。

第一回目の報告は、『デイリー・コンシュラー・アンド・トレード・レポート』1912年1月13日号の巻頭記事 "Moving Pictures Abroad" である。これは約17頁にわたるアメリカ商務省初の映画大特集であった。イギリス、スコットランド、ドイツ、フランス、ノルウェイ、ロシア、スペイン、トルコ、モロッコ、シリア、日本、中国、海峡植民地、ニュージーランド、オーストラリア、南アフリカ、カナダ、ホンジュラスの計18の国や地域が調査の対象となった。

第二回目の報告は、1912年6月17日号の巻頭記事 "Moving Pictures Abroad" である。調査対象は、イギリス、日本、中国、海峡植民地、トルコ、メキシコ、ホンジュラス、マルタ、インド、オーストラリア、サモアの計11

第3章　20世紀初頭の世界流通変動とアメリカ映画のアジア市場開拓

の国や地域で、約7頁の報告であった。第二回目の報告内容は、『ニューヨーク・タイムズ』*New York Times*の1912年6月30日号に転載され、広く一般に公表された。両報告とも、報告の順番や行数から判断して、イギリスの映画市場をもっとも重視していたことがわかる。

　興味深いのは、第一回目と第二回目の報告方針に明らかな違いがある点である。前者は欧州中心、後者は植民地中心に報告が行われている。具体的には、第一回目は、イギリスが約3頁、スコットランドが約1頁、ドイツが約6頁、フランスが約1頁、ノルウェイとロシアとスペインで約1.5頁、計12.5頁である。イギリスやフランスなど欧州諸国の報告に紙面の多くが費やされている。アジアは、日本と中国、海峡植民地のみが対象で、全部あわせて1頁にも満たない。ほかにトルコ、モロッコ、シリアで約1.5頁である。

　ところが、第二回目の報告は、まずイギリスが約2頁。次は日本で、約1頁。続いて中国、そして海峡植民地が、それぞれ約0.5頁。そのあとトルコ、メキシコ、ホンジュラス、マルタ、インド、オーストラリア、サモアとなる。つまり、欧州はイギリスのみで、それ以外は、イギリス植民地であるマルタやインド、海峡植民地、オーストラリア、そしてスペイン植民地——アメリカの植民地であるフィリピンと同じ言語圏——のメキシコやホンジュラス、さらにアジアの重要な開港都市である日本の横浜と中国の上海である。こうした報告方針の違いと時間差から見えてくるのは、アメリカはまず、最大の市場であり、かつ近距離にある欧州市場でシェア伸ばすことを優先し、次に、新たな可能性としてイギリスやスペイン、アメリカの植民地、およびアジアの大きな開港都市における市場開拓を目指していた、ということである。

　もうひとつ、この調査報告からわかるのは、アメリカ政府が、アジアにおけるアメリカ映画の有力市場と考えていたのは日本、中国、海峡植民地であったことである。以下に、日本と中国、海峡植民地に対する、それぞれの報告を略記する。

第２部　東洋汽船の映画事業——映画産業と近代アジア

〇1912年１月13日号掲載の"Moving Pictures Abroad"
　日本（横浜、総領事トーマス・サモンズ）：
　映画の取引高は大きい。だが、欧州の映画会社がほぼ独占。日本の大衆はアメリカ映画を歓迎するだろうという調査報告はあるが、この地でアメリカ映画はほとんど上映されていない。

　中国（上海、総領事アモス・P・ワイルダー）：
　中国にアメリカ映画の代理店が設立されて、中国人の好みにあったアメリカ映画を選ぶことができれば、上海や他の開港都市でも、アメリカ映画は人気がでるだろう。

　中国（ハルビン、領事レスター・メイナード）：
　ハルビンに映画装置は４台あるが、すべてフランス製である。

　海峡植民地（シンガポール、副領事D・ミルトン・フィガート）：
　シンガポールに３つ、マレー半島に６つの映画館がある。ここでは、あるフランスの映画会社が、機材を供給し、市場を支配している。その会社のストックはすでに約100万メートル（3.28フィート／メートル）あり、希望があれば他社の映画も購入し配給する。毎週5,000フィートの新しい映画を配給している。

〇1912年６月17日号掲載の"Moving Pictures Abroad"
　日本（横浜、総領事補佐F・R・エルドリッジ Jr.）：
　日本では映画の人気が非常に高い。映画事業は拡大の一途をたどり、会社数も増えている。映画装置は、最近日本でも生産するようになったが、品質はまだまだなので輸入に頼っている。おもにドイツ、そしてフランス、イギリス、イタリア、アメリカから輸入される。全国に映画館は83館あるが、そのうち42館はパテ社が独占している。映画館は年間50％の

第 3 章　20 世紀初頭の世界流通変動とアメリカ映画のアジア市場開拓

割合で増加し、常設館に加えて巡回興行も盛んである。これまでに日本には約200万フィートの映画が輸入されてきた。1910年にパテ社が日本に輸入したフィルムの内訳は、アメリカ、イーストマン・コダック社のネガとポジが72万フィート、フランス映画が7.2万フィート、イタラやアンブロジオなどイタリア映画が10.2万フィート、イギリスのアーバン社の映画が3.6万フィートであった。

中国（天津、総領事サミュエル・S・クナーベンシュー）：
中国では、北部よりむしろ、上海より南の開港都市で映画事業が発達している。天津で映画はアーケードと呼ばれる娯楽場で上映される。一晩で 8 本ほどの映画を上映し、あいだに雑技がたびたび入る。映画装置は、パリに本社をおくパテ社が独占的に扱う。中国沿海部および東アジア全般の映画市場は、この会社が独占している。アメリカ映画も時々上映されるが、たいていは、そのフランスの会社が入手した中古映画である。中国の南部では映画が大変な人気だが、北部はまだそうでもない。だが、巡回興行をすれば北部でも、きっと人気がでるはずである。

海峡植民地（シンガポール、副領事 D・ミルトン・フィガート）：
シンガポールにはハリマホール、アルハンブラ、マルボーロの 3 つの大きな劇場がある。パテ社が映画装置と映画の両方を供給している。装置はパテ社のイギリス支店から搬送される。映画はパテ映画だけでなく、いろいろな他社の映画も扱う。現在、バイオグラフなどアメリカ映画もたくさん上映されている。

このアメリカ商務省による1912年の世界市場調査の中でとくに注目したいのは、アジア市場がフランスのパテ社にほぼ独占され、アメリカの主力輸出品であるイーストマン・コダック社の生フィルムさえもが、パテ社によってアジアに大量輸出されていた事実である。たとえばパテ社が日本に販売したフ

305

第2部　東洋汽船の映画事業──映画産業と近代アジア

ィルムの約77％はイーストマン・コダック社の製品であった。この状況を踏まえてアメリカ商務省は、より積極的にアメリカ企業のアジア進出を呼びかけ、後押しするようになる。外国及び国内商業局（Bureau of Foreign and Domestic Commerce）が領事館に収集させた現地の映画会社や劇場、輸入業者などの情報をアメリカの企業に提供する主旨の呼びかけ文を、報告の末尾に付記するようになるのは、この調査以降のことである。

5　辛亥革命と見えないライバル
── 中国市場をめぐる日米の競合

　アメリカ商務省が当時、アジア市場で最も注目していた国は中国である。『デイリー・コンシュラー・アンド・トレード・レポート』の1911年8月22日号 "Cinematograph Trade Abroad" にマルタ島、トルコ、オーストリア、ガテマラ、カナダとならんで中国の報告がある。アメリカ商務省中国はそれまで、アジアの国や地域を「アジア」という集合的なイメージでしか捉えられてこなかったが、初めて具体的な国名をあげて報告したのが中国であった。

　アメリカの関心が、アジアの中で真っ先に中国に向かったのは、1911年10月、中国で辛亥革命が起こったことと無関係ではない。アメリカは政治的には、清国と中国革命軍の対立に中立的な立場をとるものの、経済的には、辛亥革命による中国市場の開放に大きな期待を寄せ、その革命によって中国への輸出が増えることを望んでいたのである。1912年7月から1914年5月までのあいだにアメリカ商務省がアジア諸国に対して行った映画市場の調査は、中国が5回、マレーシアが1回、インドが1回、フィリピンが1回、シンガポールが1回である。日本は1回もない。アメリカが中国市場への関心を高めていたことは確かであろう。

　この頃からアメリカ商務省は、アメリカ企業の中国進出を積極的に支援する姿勢をあらわにする。たとえば、『デイリー・コンシュラー・アンド・トレード・レポート』の1913年5月10日号に掲載された上海副総領事ネルソン・

第3章　20世紀初頭の世界流通変動とアメリカ映画のアジア市場開拓

トルースラー・ジョンソンの報告には、上海におけるパテ社の映画賃貸料が詳しく記述されている。

> 現在、上海には3つの常設映画館がある。映画はすべてパテ社が供給している。映画は高すぎて買えないので賃貸である。賃貸料金は3段階あり、Aランクが500メートルの上海封切映画、週2回替わりで＄62.50USドル／週、Bランクが上海の他館で1回上映した映画、週2回替わりで＄0.01USドル／メートル、Cランクが他館で3、4回上映した映画、週2回替わりで＄0.005USドル／メートルである。パテ社はパテ社の映画の他にアメリカ映画も供給し、上海の映画取引を実質独占している。アメリカ映画は大変な人気なので、アメリカ企業がもし中国に支店を設けても、損はしないだろう。上海における代理店開設について相談したいアメリカの映画製作会社はワシントンD.C.のアメリカ商務省に問い合わせされたし。

アメリカ商務省は詳細なフランス企業の価格情報をアメリカ企業に提供することで、アメリカ企業が上海における事業展開に興味を示し、市場進出するよう促していたのである。また、この報告からは、封切映画に比べて中古映画が桁違いに安かったこと、そして中国ではアメリカ映画の人気が高かったにもかかわらず、その配給はアメリカの企業ではなくフランスの企業によって行われていたことがわかる。

　1912年7月から1914年5月までの約2年間に行われたアメリカ商務省の映画市場調査から見えてくるのは、アメリカ政府が、従来の定説である第一次世界大戦中ではなく、その前からすでにアジア、とりわけ中国の映画市場を強く意識し、その開拓に大きな期待を寄せていたことである。事実、この時期のアメリカ商務省は、中国映画市場の情報を集中的に調査収集している。たとえば、中国では映画館が、山東や北京、天津、上海、漢口、香港、広東などに集中し、たいへん人気があること、中国の映画流通拠点は、上海と香

第2部　東洋汽船の映画事業——映画産業と近代アジア

港であり、上海は揚子江流域と北京を、香港は中国沿海南部と西江流域を管轄していること、中国に出回るアメリカ映画は欧州映画より割高であること、などである。また、中国におけるフランス映画やフランス製映画装置の値段、フランス映画を上映する映画館の連絡先などといった情報も、アメリカの企業に無料で提供するようになる。このことからアメリカにとって中国の映画市場とは、フランスから奪うべき市場であったことがわかる。

　しかし、ここで疑問なのは、アメリカ商務省が中国にかんする報告を重ねる一方、日本の報告は1912年7月から1914年5月まで一度もないということである。欧米列強から資本や技術、文化を積極的に取り入れ、日清、日露戦争を勝ち抜いて極東で唯一の「一等国」となった日本の映画市場は、アメリカにとって、無視するほど小さく魅力のないものだったのであろうか。確かに、中国に比べて人口が圧倒的に少ない日本は、単純に考えたら、潜在的市場規模も小さいはずである。だが、1916年にアメリカのユニヴァーサル社がアメリカ企業としてはじめて東京に支社を開設し、そこを拠点にアジアで事業を展開していたことを思いだせば、そのわずか数年前の日本が取るに足らない小さな市場であったとは、到底考えられない。いったいアメリカ商務省は、なぜ日本市場を調査しなかったのか。そもそもアメリカにとって日本の市場とは、どのような意味をもっていたのか。

　実はあまり知られていないが、日本は早くから、アジアで最も多くアメリカからカメラやフィルムを輸入する国であった。アメリカの輸出統計データにまだ「映画」の項目がなく、映画が「写真用品」に分類されていた1900年、アメリカの写真用品の輸出先は、第一位が中国、第二位が東インドであり、日本への輸出は中国輸出高の3分の1程度であった。ところが、1904年になると、それが逆転し、第一位は日本、第二位がフィリピン、第三位が中国となる。日本への輸出高は中国の6.6倍に達し、日本はアジアでもっとも多くの写真用品をアメリカから輸入する国となる。この逆転の原因はおもに、1904年2月8日に勃発した日露戦争の影響による日本の好景気と、演劇に勝るリアルな見世物としての映画の大流行と、その後の映画常設館の開場ラッシュ

第3章　20世紀初頭の世界流通変動とアメリカ映画のアジア市場開拓

が関係する（浅草に全国初の映画常設館が開場するのは1903年、戦後に急増拡散）。そして1904年以降も、日本は、アジア最大のアメリカ「写真用品」の需要国であり続ける。

　しかし同時に日本は、アメリカにとってアジア市場で競合する国でもあった。1904年9月17日号の『デイリー・コンシュラー・レポート』*Daily Consular Reports* の巻頭報告 "Foreign Trade of Japan" によれば、アジア市場に勢力を伸ばす日本の躍進ぶりが欧米列強を驚かせていたことがわかる。この報告はもともと、ドイツの商業誌『輸出』*Export* の1904年8月18日号に掲載されたものである。以下に、その要約を記す。

> いまここで日本の過去50年の通商に関する出来事とデータを読み解くことは、われわれにとって興味深く、かつ有益であろう。江戸時代、日本は鎖国していた。そのため中国、朝鮮、オランダ、ポルトガルのみが出島にて交易を許されていた。1858年、日本はイギリスやアメリカ、フランス、ロシア、オランダと条約を結び、通商国家として世界にデビューする。この条約により日本は、1859年に横浜、長崎、函館、1867年に神戸、1868年に大阪と新潟を開港する。しかし、その条約は不平等なものであり、日本はわずか5％の関税しかかけることができなかった。1897年、日本は不平等条約の改正に成功し、関税自主権を獲得する。1868年から1903年までの36年間に日本の貿易額は、約26倍に跳ね上がった。とりわけ日清戦争後、貿易額は急増した。1881年まで日本の貿易相手は欧州が首位を占め、アメリカ、アジアがそれに続いたが、1900年までに順番が入れ替わり、アジアが首位、アメリカと欧州がそれに続く。1881年から1901年の20年間で日本の対アジア輸出は20倍にも膨れ上がった。日本の未来はアジアにある。それは確実である。日本の輸出増は、アジア以外の地域との取引の影響もあるが、アジアにおける増加の比ではない。

　この報告からは、ドイツとアメリカが、日本の通商史を学ぶことで、その力

第2部　東洋汽船の映画事業──映画産業と近代アジア

を見極めようとしていた様子が窺われる。注目したいのは、報告にある「日本の未来はアジアにある」という文言である。同じ号の別の記事で報告された "Distribution of Japan's Foreign Trade, 1902 and 1903" によれば、1902年と1903年の日本の輸出は、対欧州が3,329万ドルから3,492万ドル、対アメリカが4,164万ドルから4,259万ドル、対アジアが5,030万から6,322万ドルと増え、対アジア輸出が最も高い約26％の伸び率であったことがわかる。つまり、日本はアジア市場で急速に勢力を伸ばしていたのである。欧米列強にとって日本はもはや、単なるアジア市場のひとつではなく、その躍進ぶりを分析の対象にしたくなるほどに注目すべき国、むしろ注意すべき国になっていたといえよう。

　問題は、日本の未来がアジアにあったならば、アメリカの未来もまたアジアにあったということである。『デイリー・コンシュラー・アンド・トレード・レポート』の1913年4月16日号に掲載された香港の副総領事A・E・カールトンの報告 "The Camera in the Far East" は、当時のアメリカが日本をどう見ていたのかを知るうえで、ひとつの手がかりとなる。中国が1911年にカメラを輸入した国の取引高第一位はイギリスである。だが、イギリスの取引高は、前年の91,802ドル（表は80,637ドルと不一致）から1911年は68,970ドルに大幅減となった。これに対し第2位の日本は、1910年は35,196ドルだったが、1911年は53,329ドルと大幅増である。また、第3位の香港は1910年の28,759ドルから1911年の26,214ドルに、第4位のドイツは9,557ドルから8,750ドル、第5位のアメリカも6,703ドルから6,444ドルにそれぞれ減少した。要するに、対中国輸出が増加したのは日本だけで、イギリスもアメリカも香港もドイツも、軒並み減少だったのである。

　これについてカールトンは、もっともらしく次のように分析する。イギリスは日本にシェアを奪われたと感じているが、そうではない。1911年に香港が中国に輸出したカメラの90％はアメリカ製、もしくはイギリス製である。ゆえにアメリカとイギリスのシェアが減ったのは、香港のせいである。香港が売ったカメラをアメリカとイギリスが中国に売っていたならば、1911年の

第 3 章　20 世紀初頭の世界流通変動とアメリカ映画のアジア市場開拓

アメリカとイギリスの対中国輸出高は1910年とさほど変らない。だからアメリカとイギリスは日本にシェアを奪われたのではない、と主張する。だがカールトンのいう90％の値の根拠は、統計的データがあるわけではなく、彼が1911年のイギリスの減少額22,832ドルとアメリカの減少額259ドルの合計を、同年の香港の輸出高26,014ドルで割って計算した値にすぎない。しかし、日本にシェアを奪われたわけではないというカールトンのこの説明は、香港から中国へのカメラの輸出高が、1910年の 0 ドルから1911年の26,014ドルに増えたというのでなければ、計算が合わず、意味をなさない。

　こうした強引な数字操作は、対中貿易における日本の競争力を過小に評価しようとするカールトンの意図あるいは願望が、非論理的な説明を生み出したと読むことも可能であろう。同様の偏見は、中国人は「複雑な芸術」を追求し「自然な色」を好むのに対し、日本人は工程が単純な「染色」を好むと劣位に位置づける点においても看取可能である。こうした強引な否定は、脅威のあらわれといえるのかもしれない。少なくとも、数字を使って客観性を装った偏った報告から浮かび上がってくるのは、香港のアメリカ領事館にとって中国は巨大なお得意様であるのに対し、日本は、中国のシェアを奪う競合相手であったという関係性の違いである。ドイツとアメリカが「日本の未来はアジアにあり」と認めた1904年の時点から約10年後、アジア市場における日本と欧米列強の関係は新たな局面を迎えていたのである。

6　日本映画市場の開放性と排他性

　日本と中国の映画市場に対するアメリカの関心に明らかな温度差があったのは、日本がもともとアメリカ写真用品のアジア最大の輸入国であったこと、そして、アジア市場におけるアメリカの競合相手であったことのほかに、日本に固有の映画流通の仕組みも関係していたと考えられる。その意味で興味深いのは、1916年11月 2 日号の『コマース・レポート』*Commerce Reports*に掲載された報告 "Foreign Films in Japanese Theaters"（報告日は 9 月25

第 2 部　東洋汽船の映画事業──映画産業と近代アジア

日）である。報告者は神戸領事館の副領事E・R・ディックオーヴァーであった。以下に、その報告の一部を略記する。

> 日本で公開される外国映画はほとんどフランス、イタリア、イギリスの劇映画とアメリカの喜劇映画である。アメリカの良質な劇映画は、ほぼ上映されない。日本の取引業者によれば、その理由は、欧州の劇映画は廉価であるが、良質なアメリカの劇映画は高すぎて買えないからだという。ただ最近は、アメリカで大人気の連続活劇が日本でも上映されるようになってきた。
> アメリカの輸出業者が映画を日本の映画館に直接売ろうとしても無理だろう。なぜなら日本ではたいてい、日本の映画交換業者が市場を支配しており、映画館は彼らから渡された映画以外は上映しないからだ。
> タイトル、サブタイトルなどの英語は、日本語に翻訳し説明する必要がある。翻訳を用意するのは映画交換業者であり、その翻訳を説明者が上映中にスクリーンのわきから読みあげる。小さな劇場が翻訳し、外国の風習を解釈する人を雇うのは不可能であろう。輸入関税は 1 ポンドあたり 3 ドル10セント。映写機と撮影機の関税はそれぞれ50％である。

ディックオーヴァーの報告は、おもに神戸にかんするものであるが、日本の映画産業全体の特徴をよくあらわしている。その特徴とは、ひとつは当時の日本では、欧州映画のシェアが高く、アメリカ映画のシェアが極端に低かったことである。映画史家の田中純一郎によれば、明治末期から大正初期に日本で興行された映画の「七〇パーセント以上」は、フランスのパテ社やフィルム・ダール社、イタリアのアンブロジオ社やイタラ社、ドイツのビオスコープ社、デンマークのノルディスク社など欧州映画であり、アメリカ映画は「わずかに一、二巻物の舞台喜劇か、自動車活劇のようなものが時々輸入され

第3章　20世紀初頭の世界流通変動とアメリカ映画のアジア市場開拓

るにすぎなかった」[2]。なお、この現象は、日本に限ったことではなく、程度の差こそあれ、シンガポールや香港などイギリスの植民地や、フィリピンなどアメリカの植民地でさえ同じであり、映画産業草創期のアジア全体に当てはまる現象であったと考えられる。

　もうひとつの特徴は、日本では外国映画の輸入配給を日本の映画交換業者すなわち映画会社が独占し、他国の企業が入り込めなかったことである。おそらく、これは日本固有の現象であろう。たとえばシンガポールや香港などでは、フランスのパテ社が現地に支店や代理店を開設し、欧州やアメリカの映画を映画館に自由に配給していた。だが、日本ではそういうことは起らなかった。それは日本に外国企業の進出を阻止する法律があったからでも、特別に高い関税が課せられていたからでもない（輸入映画の関税は600グラムで8.25銭）。また、アメリカのモーション・ピクチャー・パテンツ・カンパニー（Motion Picture Patents Company、略称MPPC）のように特許という法の力で外国企業の参入を阻止しようとする組織があったわけでもない。にもかかわらず、外国の企業が日本の映画館に直接映画を配給することは非常に難しかったのである。

　ディックオーヴァーは、その原因は日本の翻訳サービスにあると指摘する。当時の日本には、どんなに小さな映画館でも弁士がおり、外国語の字幕を読み、筋や物語背景、外国の生活や習慣などを説明する役目を担っていた。この仕組みゆえに日本では、大量の外国映画を輸入し消費することができた。つまり、外国映画が言葉や文化の壁に完全にブロックされて、外国語を理解できる在留外国人か知識人にしか受け容れられない、という事態にはならなかったのである。だが、その一方で、外国映画の輸入配給は、日本の映画会社によって牛耳られることになったとディックオーヴァーはいうのである。

　しかし、日本の市場から外国企業を締め出すことのできた原因は、翻訳サービスだけとは限らない。なぜならディックオーヴァーのいう「小さな劇場」

---

2)　田中純一郎『日本映画発達史』第一巻、中央公論社、1975年、247頁。

第2部　東洋汽船の映画事業——映画産業と近代アジア

の弁士は、たとえ翻訳サービスがなかったとしても、思い思いに外国映画を解釈し、勝手に説明することもできたからである。たとえば浅草オペラ館の弁士・土屋松濤は、映画のセリフを勝手に作って「どんな映画も自分流に説明した」という[3]。当時の映画雑誌を見れば、日本映画、外国映画にかかわらず、弁士が映画の物語を解釈し、勝手に説明することを批判した記事はめずらしくない。また、小さな映画館が翻訳者を雇うのは確かに困難であろうが、資本力のあるアメリカの映画会社ならば、英語の出来る日本人を雇って翻訳サービスを提供することに、さほど経済的な問題はなかったはずである。ゆえに翻訳サービスが外国企業を日本市場から締め出したとするディックオーヴァーの説明は不十分だといえよう。

　日本の映画会社が日本における外国映画の配給を独占できたのは、言葉よりむしろ、日本固有の配給−興行システムが深く関係すると考えられる。当時、日本の映画館は、わずかな例外を除き、天活もしくは日活——外国映画を輸入し配給する一方、日本映画を製作し配給できる映画会社——との契約を望んでいた[4]。『活動之世界』の1916年5月号によれば、東京市内の映画常設館は、過半数以上の36館が日活、天活は20館、天活日活以外は5館ほどだったという。とくに地方では、この傾向が、より濃厚であり、天活日活以外と契約する映画館はごくごくわずかにすぎなかった。問題は日本の映画館が、直営であれ、映画会社と独占的な供給契約を結ぶ特約であれ、その映画会社が配給する以外の映画を上映することはほとんどなかった点である。ゆえに外国の映画会社に限らず、日本の映画会社であっても、天活と日活以外の会社が、日本の映画館に映画を配給するのはとても困難であった。つまり、新参者は、自前の映画館をもつか、天活や日活から映画館を奪うかする以外に、

---

3)　佐藤忠男『日本映画史』第一巻、岩波書店、1995年、157頁。
4)　日本活動写真株式会社（日活）は、吉澤商店、横田商会、福宝堂、Mパテーの4社を合併して1912年に創設される。天然色活動写真株式会社（天活）は1914年に福宝堂の分派が設立する。以後、日本の映画館はほぼ日活か天活のどちらかと契約し、日活天活時代と呼ばれた。

第 3 章　20 世紀初頭の世界流通変動とアメリカ映画のアジア市場開拓

日本で映画を配給することはできなかったのである。

　要するに日本の映画産業は、欧米のように、製作者、配給者（交換業者）、興行者が個別に発達し、それがのちに統合されていくという過程は踏まず、映画の製作者が配給者も兼ね、その会社が製作した映画と、その会社が海外から輸入した欧米映画を組み合わせて、その会社が契約する映画館に供給していたのである。それゆえ初期の日本の映画館の多くは混成館であり、興行される外国映画は、欧州映画であろうとアメリカ映画であろうと、ほぼ例外なく日本の映画会社が配給し、映画を製作した欧米の映画会社は配給できなかったのである。

　こうした日本の映画流通の慣例が、大正時代の日本映画産業の形成に大きな影響を及ぼしたことは確かであろう。たとえば1920年、汽船会社の異業種参入により新設された大正活映が、契約館を増やせずに、わずか2年たらずで経営難に陥るのも、こういった慣例が大きな足かせになったからである。逆に、同じ年に設立された松竹が、日本第一位のシェアを誇る日活を脅かす大企業に成長できたのは、松竹がもともと芝居興行から映画に進出し、しかも芝居小屋が映画館に転換する時期と重なるがゆえに、新参者とはいえ、相当数の映画館を獲得できたからである。また、パラマウント日本支社が、外国企業としてはじめて日本での興行に乗り出し（ユニヴァーサル社は配給のみ）、特殊な地位を築くことができたのも、日本第二位の映画館シェアを誇る松竹と提携したことが関係する（松竹パ社興行社〈S・P〉、1931年設立）。

　このように映画草創期の日本では、映画館のスクリーンは外国映画が占有しているものの、その配給は、映画の製作者である外国企業ではなく、輸入者である日本企業が独占していたのである。別言すれば、日本の映画市場は、外国企業の進出を法や制度の助けなしにブロックできる、この配給−興行システムによって守られていたといえよう。したがって、アメリカにとって当時の日本市場というのは、アジア最大の輸入国とはいえ、その市場は小さく、開拓の可能性も薄かったのであり、それゆえアメリカ商務省の期待するアジア市場のひとつになりえなかったと考えられる。

315

第2部　東洋汽船の映画事業――映画産業と近代アジア

7　第一次世界大戦と地球規模の映画流通大変動

　ところが、この神戸のディックオーヴァーの報告からわずか1か月後、それとはまったく違う内容の報告が1916年12月12日号の『コマース・レポート』に掲載される。巻頭報告 "Film Exhibitions and Markets Abroad" の中の横浜領事館副領事ウィリアム・R・ラングドンの日本にかんする報告である（報告日は10月17日）。

> 　この2年間で日本におけるアメリカ映画の人気は急速に高まり、事実上、他国の輸入映画にとって代わった。唯一イタリア映画だけはまだ上映されているが、その居場所も徐々に奪われつつある。東京には約120館、横浜には約50館の映画館があり、東京にある大劇場6館と、横浜の2館は外国映画を専門に上映し、収容人数の多くない劇場はたいてい日本映画と外国映画を混ぜて興行、もっとも粗末な小さい劇場は日本映画のみ上映している。
> 　映画賃貸料は1日あたりの平均2セント／フィート。日本の映画輸入業者は例外なく、高価な長編映画をアメリカから直接購入し輸入すると損をする。だから、せいぜい、もとは高価なアメリカ映画の安い中古、比較的新しい中古を買うことしかできない。よって、もし上映終了後にフィルムを返却すれば保証金が戻るというやり方で、高価なアメリカ映画を賃貸できるなら、当該関係者全員にとって有益であろう。東京と横浜における輸入業者と取引業者の情報は外国及び国内商務局にて閲覧可能である。

　この横浜の報告と、前述した神戸の報告は、わずか1ヶ月ほどの違いである。だが、アメリカ映画の普及という点で、両報告の内容は甚だしく異なっている。神戸の報告ではアメリカ映画はほとんど上映されないとあるが、横浜の報告では2年ほど前から市場を席巻しているとある。神戸も横浜も、外国人居留地があり、外国貿易が盛んで、外国映画興行も早くから発達していた大

第 3 章　20 世紀初頭の世界流通変動とアメリカ映画のアジア市場開拓

開港都市である。にもかかわらず、この差はいったいなぜ起こったのか。

　日本中どこでもハリウッド映画を見ることのできるシネコン時代の現在とは異なり、20世紀初頭の日本は、地域によって外国映画の消費量に大きな差がある。外国映画を興行する映画館は、東京に集中し、大きくあいだを開けて神戸や京都、大阪が続いていた。外国映画が東京以外の地方都市でなかなか上映されないファンの嘆きを、同時代の映画雑誌の中に探すのは難しいことではない[5]。それほどまでに東京は、外国映画の上映において特別な場所であったのである。

　必然、その東京にもっとも近く、かつアメリカから日本に向かう船が最初に寄港する横浜は、アメリカ映画の最も多く荷揚げされる都市となる。横浜には、外国映画を輸入する業者があり、1911年12月には日本初の外国映画専門館オデヲン座も開場する。フィルムを最初に上映する映画館を"封切館"と呼びはじめるのも横浜からである。封切とはフィルム缶の封を切るという意味だが、それだけ横浜には多くのフィルム缶が運ばれていたといえよう。その横浜のオデヲン座が、欧州映画一辺倒から、1915年末にはアメリカ映画にほぼスクリーンを独占される。こうして横浜は、全国で最も早く、アメリカ映画を大量に上映する都市となる。

　この横浜で起こった現象が、横浜から、ほぼ同時期に東京、そして間をおいて地方都市へと飛び火する。事実、1916年9月に神戸の副領事ディックオーヴァーが報告してから約4年後までには、神戸も横浜と同じく、アメリカ映画がスクリーンを席巻する。『コマース・レポート』の1920年11月2日号 "Japanese Trade and Economic Notes" の中で神戸領事館の領事ジョン・K・コールドウェルが、「アメリカ映画はたいへん人気があり、大きな劇場はたいてい3本の外国映画——通常はアメリカ映画——を上映、4-5時間のプログラムである」と述べている。これは横浜の現象が神戸にも波及したことを示している。このように日本における外国映画のフィルムは、映画館が集中す

---

[5]　田中幹人「京都者の不平」『キネマ旬報』黒甕社、1921年4月11日号、10頁。

第 2 部　東洋汽船の映画事業——映画産業と近代アジア

る東京にもっとも近い港である横浜に荷揚げされ、横浜から東京へ、東京の繁華街から場末へ、東京から神戸や京都、大阪など地方の大都市へ、さらにわずかとはいえ地方の小都市へ、そして外地の主要都市へと流れていったのである。

　しかし、ここで疑問なのは、それまでほとんど上映されなかったアメリカ映画がなぜ急に次々上映されはじめるのかである。それについて田中純一郎は次のように述べる。

> 新しい独特の映画文法を発見したグリフィスやデミルをはじめ勇敢に、しかも絶え間なくこれに突進し、次々に新技術を開拓しつつあるアメリカ映画人たちに対して、ヨーロッパの古い映画製作者たちは、その敵ではなかった。しかもアメリカ映画に注目したヤンキー資本は、圧倒的な数量戦をもって、追憶と執着に未練をのこすヨーロッパ映画ファンを強引に押しまくり、やがて世界の王者にのし上がるべく、戦闘に挑んだ。

つまり、田中は、映画技法と資本力において欧州に勝るアメリカ映画が世界の覇権を奪おうとして攻勢をかけた結果と見なしている。事実、1917年 6 月30日に発行された『アメリカの外国貿易と海運』によれば、日本のアメリカ映画輸入額は1914年が22,783ドル、1915年が34,583ドル、1916年は37,035ドル、1917年は115,987ドルに跳ね上がる。これはもはや不足する欧州映画の穴埋めといったレベルではない。そもそも第一次世界大戦中も欧州映画は輸入されていた。ゆえに穴埋めというよりはむしろ、欧州映画をゆうに超える大量のアメリカ映画が洪水のように輸入された結果、日本で上映される外国映画がアメリカ映画ばかりになったと考えるべきであろう。だとしたら問題は、なぜアメリカ映画の輸入量は1915年から1917年に急増したのかである。

　まず考えられるのは、世界の映画取引の中心がロンドンからニューヨークに移ったことがあげられる。1914年に欧州で戦争が勃発すると、イギリスは、世界の映画取引に便利な場所ではなくなる。イギリス政府は戦争資金を集め

第 3 章　20 世紀初頭の世界流通変動とアメリカ映画のアジア市場開拓

るために増税し、ロンドンはドイツ軍による空爆の危険にさらされ、イギリス界隈の海にはドイツの潜水艦がうろついた。せっかくイギリスで映画を購入しても、フィルムを積んだ船が港を出て爆破されるリスクもあったのである。その危険なロンドンに代わる新たな中心となるのがニューヨークであった。たとえば日活も1917年までに映画の買付担当者をロンドンからニューヨークに移している。つまり第一次世界大戦中、日本には、ロンドン市場に代わってニューヨーク市場で取引されたアメリカ映画が、サンフランシスコなどアメリカ西海岸の港から横浜へ運搬されるようになる。太平洋航路ならば、それまでのイギリスを経由したアジア欧州航路に比べ、運搬の費用も日数も少なくてすむ。アメリカ映画の値段は、従来の輸入経路を使うより安定し割安となり、日本を含むアジアにおけるアメリカ映画の市場競争力は高まったと考えられる。

　ただし、ニューヨークで仕入れた映画を西海岸の港からアジアへ運ぶルートは、戦前からすでに存在していたことも忘れてはならない。たとえば映画業界誌『ムーヴィング・ピクチャー・ワールド』*Moving Picture World* の1911年11月4日号によれば、ベンジャミン・ブロッキーは、1911年、ニューヨークやシカゴで映画や幻燈を購入し、中国や海峡植民地、日本、ロシアなどに運び、配給および興行していたとある。彼の経営するヴァラエティ映画交換社は、サンフランシスコに拠点があり、映画をサンフランシスコから船でホノルルや横浜、香港などに運んでいた。ヴァラエティ映画交換社はまた、サンフランシスコやロザンゼルス、ポートランドなどの映画交換業者を集めて設立したインディペンデント映画交換社と提携し、アジア配給網の拡充に動きだす[6]。つまり第一次世界大戦勃発後、急にアメリカからアジアへの直接輸出がはじまるわけではないのである。したがって大戦中、日本におけるアメリカ映画の輸入急増は、世界映画取引の中心がロンドンからニューヨーク

6）　"Independent Film Exchange has Novel Plans," *San Francisco Chronicle*, 1914 Jan 6, p. 27.

319

に移ったことと無関係ではないが、それだけが原因でないこともまた確かである。

　日本におけるアメリカ映画の輸入急増を引き起こした、もっとも直接的な原因はやはりユニヴァーサル東京支社の設立であろう。ユニヴァーサル社は、アメリカの他の映画会社に先駆けてアジア市場の開拓に乗り出した会社である。1914年、ユニヴァーサル社はトム・D・コクレンを東洋総支配人としてアジアに派遣し、シンガポールやインドなどに、その代理店や支店を次々開設する[7]。そのコクレンが日本に滞在し、支社を設立するのが1916年である。彼を日本に導いたのは、梅屋庄吉の後を継いでシンガポールでハリマホールという映画館を経営していた播磨勝太郎であった。その播磨の協力によりコクレンは、日本にハリマ・ユニヴァーサル社を設立、1916年7月にはユニヴァーサル東京支社を開設する。そして1917年1月13日以降、その東京支社が、日本と中国、南洋におけるユニヴァーサル映画の興行権を所有し、アジアにおけるユニヴァーサル映画配給の拠点となる。ユニヴァーサル社に続いては、ユナイテッド・アーティスツ社やパラマウント社など誕生したばかりの映画の都・ハリウッドに拠点をおく新会社が次々と日本に支社を設立する。他方、大正活映など日本の新会社も直接アメリカから映画を輸入するようになる。こうして日本は、アメリカ映画のアジア展開の重要な拠点として重視されるのである。

　ユニヴァーサル社がいち早くアジア市場の開拓に乗り出すのは、同社が、西海岸に映画を大量生産できる仕組みを整えていたことと無関係ではない。もともとユニヴァーサル社は、エジソンらが組織した大手映画会社のトラスト（MPPC）に対抗すべく、独立系の映画製作会社を集めて、彼らの製作した映画を映画館に賃貸する全国規模の映画交換会社をベースに設立された映画会社である。1912年の設立と同時に同社は、西海岸のカリフォルニア州サ

---

7)　笹川慶子「トム・D・コクレンとアジア——ユニヴァーサル映画のアジア展開」『関西大学文学論集』関西大学文学会、2015年7月、131-157頁。

第 3 章　20 世紀初頭の世界流通変動とアメリカ映画のアジア市場開拓

ンフェルナンド・バレーに広大な土地を購入し、スタジオなど労働空間と居住空間を一か所に集めた巨大映画都市ユニヴァーサル・シティの建設にとりかかる。ユニヴァーサル・シティは1915年に開所、当時最先端の産業テクノロジーを採用し、映画製作工程の細分化と流れ作業により、規格化された映画の大量生産を開始する。映画は、次々と缶に詰められ、サンフランシスコなど太平洋航路の発着港から、アジアやオセアニア、南米の主要な開港都市へと運ばれた。こうして西海岸に巨大な製作拠点を築いたユニヴァーサル社は、アメリカの他の会社に先駆けて、イギリス経由アジア欧州航路ではなく、西海岸から直接、アジア太平洋地域へ映画を輸出するのである。製作拠点の西海岸移転、大規模な大量生産システムの構築、太平洋航路による直送体制が、それまでのアメリカ映画の世界流通における不利な条件を払しょくし、アジア太平洋沿岸地域に新たな市場を開拓するうえでの強力な原動力になったことは想像に難くない。

　ユニヴァーサル社の日本市場進出はまた、日本の映画配給－興行の慣わしを変えるきっかけをも生むことになる。横浜の副領事ラングドンは、前述した『コマース・レポート』の報告の中で、日本の会社はアメリカから高い新作映画を買う資本をもたないので、アメリカの映画会社が日本市場を開拓する場合、映画を作品単位で安く賃貸する仕組みが必要であると分析している。そのシステムを日本に導入したのがユニヴァーサル社である。ユニヴァーサル社は、アメリカ直送の映画を横浜の試写室で日本の興行者に向けて上映し、興行者は気に入った映画を単品単位で賃貸契約する。賃貸料はフィルムの物理的な長さと貸出日数、貸出回数によって決められた。これにより興行者は、大金を叩いてアメリカ映画を買わずとも、日本の映画会社と契約せずとも、擦り切れた中古フィルムとは比べ物にならないほど美しいイメージを映し出す、直輸入の鮮明なプリントのアメリカ映画を、作品ごとに選んで借りて、興行することが可能になったのである。要するに、かつてアメリカで行われていた配給－興行システムである。この日本にとっては新しかったアメリカ式のシステムは、日本の興行の慣わしをすぐに変えることはなかったが、少

なくとも風穴を開けることにはなったといえよう。大都市にある新宿武蔵野館など独立系の映画館が活況を呈するのは、こうした仕組みが導入されてからのことである。

　これまでの日本映画史において、第一次世界大戦期は、欧州映画が衰退し、アメリカ映画が台頭するとともに、そのアメリカ映画の影響で日本映画の革新運動が起こるとされてきた。しかし、そういった日本の変化は、アメリカ商務省の報告から明らかになったように、地球規模でほぼ同時に、かつ、ものすごい勢いで起こっていた、さまざまな構造的な大変動との関係において読み直す必要がある。つまり、日本における映画の認識を大く変容させたアメリカ映画の大量輸入は、アメリカとアジアの政治的経済的な関係とアメリカの対中国観や対日本観の変容、アメリカ映画産業の構造的変化、世界の映画取引および流通システムの変化など、さまざまな地殻変動が地球規模で起こり、それが日本に波及した結果なのである。日本というローカルな場において起こった変化は、世界を覆う、そういった重層的なダイナミズムのなかで読み解く必要がある。

8　アメリカ映画のアジア市場制覇と日本の地政学的位置

　アメリカ商務省の報告を辿ることで見えてくるのは、20世紀初頭、映画が世界各地に伝播する過程が、海運と極めて密接な関係にあったことである。とりわけ映画産業揺籃期のアジアでは、映画は、海峡植民地のシンガポールやペナン、インドのボンベイやカルカッタ、中国の上海や香港、日本の横浜や神戸など、イギリスの植民地あるいはイギリスとの貿易が盛んな開港都市から入り込み、広まっていったことがわかる。そのイギリス中心の海運ネットワークを使って、真っ先にアジアに進出し、映画の配給拠点をもつことで、その市場を制覇したのがフランスのパテ社に代表される欧州映画である。

　一方、アメリカ映画は最初、ロンドンの映画市場で取引され、おもにイギリスの海運力に頼ってアジア各地に運搬されていた。つまり、アメリカ映画

第 3 章　20 世紀初頭の世界流通変動とアメリカ映画のアジア市場開拓

は、太平洋航路ではなく、イギリスを経由するアジア欧州航路によってアジア市場に運ばれていたのである。それはアメリカの商業都市が東海岸に集中し、アメリカとイギリスを結ぶ航路が充実していたこと、そして当時はロンドンが世界の映画取引の中心地であったこと、アジアで公開される映画の多くはロンドンで取引されてアジアに運ばれていたこと、アメリカ企業が欧米市場ほどにアジア市場を重視していなかったことを考えれば、もっとも効率的かつ現実的なルートであった。だが同時にそれは、アメリカ映画の価格を割高にするなど不利な点もあり、資本の少ないアジアにおけるアメリカ映画の市場競争力を弱めることになる。

　そのアメリカが、フィリピンなど植民地を含むアジア市場の中で、もっとも強い関心を寄せるのは、中国である。そのことは辛亥革命が起こったあとアメリカ商務省が初めて「アジア」という集合名詞に代わり国名をあげて調査したのが中国であったこと、そして中国市場に対する調査回数が他のアジアの国や地域と比べて抜きんでていること、アメリカ企業に中国の詳細な市場情報を提供し、進出を促していたことからもわかる。ただし、この頃のアメリカの大きな映画会社はまだ、欧州市場の攻略に熱心であり、商務省が思い描くほどにはアジアに関心を示さなかった。

　しかし、欧州の主要な映画生産国を巻き込んだ大戦争は、世界の映画の流れを構造的に変えてしまう。映画は、欧州ではなく、アメリカを中心に回りだすのである。そして、それと重なりながら、アメリカの映画製作の中心は東から西へとシフトし、アジアへのアメリカ映画の運搬は、イギリス経由のアジア欧州航路から太平洋航路が主流となる。ハリウッドは太平洋の果てにある将来有望な市場を意識し[8]、それとともにアジアにおける日本の地政学的な重要性は高まっていった。

---

8)　この頃アメリカでは、日本を舞台にした『お蝶さん』（1914）や『日本庭園』（1915）、中国を舞台にした『東洋の物語』（1915）や『極東の習慣』（1915）、インドを舞台にした『ラヂヤの犠牲』（1915）などといった「東洋劇」映画の製作が流行する。

第2部　東洋汽船の映画事業——映画産業と近代アジア

　日本を含むアジアにおいて、第一次世界大戦中ほどアメリカ映画が、映画の流通と消費、人々の審美観など様々な面で、大きなインパクトを与えたことはなかったであろう。とくに日本の場合、1916年のユニヴァーサル社の上陸を境に、それまで欧州映画の添え物的存在にすぎなかったアメリカ映画に対する認識は一変する。アメリカ映画は、小説家など若い知識人や多くの若い映画製作者、そして当時全国に増加しつつあった学生など新しい文化の担い手を夢中にさせ、日本映画の革新運動や映画ジャーナリズム、さらに文学や音楽などを横断する新しい文化活動を生み出していく。こうしたアメリカ映画が日本に与えた影響は、1920年代、日本の映画産業が急成長し、国内シェアの大部分を独占するようになっても、あるいは新しい美学の欧州映画が大衆的なアメリカ映画の対抗文化として擁護されるようになっても、消えることはなかったのである。

9　アメリカ映画のアジア市場制覇と東洋汽船

　1917年、アメリカ商務省は、世界の映画市場にかんする大調査を行った。1917年7月9日号の『コマース・レポート』に掲載された"World Markets for Motion-Picture Films"によれば、世界の映画市場の覇権は、欧州からアメリカに移っていた。アメリカの映画会社が世界に輸出した映画は、1913年の32,192,018フィートから、1916年は158,751,786フィートと約5倍に跳ねあがり、輸出高は2,276,460ドルから6,757,658ドルと約3倍に急増していた。

	1913年	1916年
対欧州	17,762,429ft（1,317,531ドル）	126,749,563ft（4,851,866ドル）
対北米	10,846,822ft（759,544ドル）	17,603,193ft（1,070,823ドル）
対南米	811,259ft（39,629ドル）	2,638,328ft（126,007ドル）
対アジア	770,418ft（33,065ドル）	3,336,997ft（119,189ドル）

第3章　20世紀初頭の世界流通変動とアメリカ映画のアジア市場開拓

| 対オセアニア | 1,992,000ft（126,040ドル） | 8,380,999ft（583,054ドル） |
| 対アフリカ | 9090ft（651ドル） | 42,706ft（6,719ドル） |

　すべての地域において輸出高が激増しているが、欧州諸国への輸出が突出している。主要な映画生産国であるフランスやドイツ、および世界映画取引の中心地であるイギリスが戦争状態となり、映画の流通が止まり、隣国との映画輸出入が困難になったことが関係する。欧州の次に伸び率が高いのはアフリカだが、取扱量はもっとも小さい。それ以外の地域では、アジアとオセアニアが、伸び率、取扱量ともに注目すべき飛躍を示している。要するに、太平洋航路を使って映画を搬送する地域における輸出量は、第一次世界大戦を境に激増しているのである。

　このときアジア太平洋航路をほぼ独占していたのが日本の汽船である。1919年7月11日号の『コマース・レポート』に掲載された"Shipping Competition in the Far East"には、大戦中に日本がアジア太平洋地域の海を支配するようになったことが報告されている。この記事はロンドンの新聞に掲載された記事を、シンガポールの新聞が転載し、それをシンガポール総領事が報告したものである。以下に、その報告の概要を記す。

　　イギリスの海運が、かつての情勢を回復するのがもっとも難しい地域のひとつは極東である。戦争により極東は日本の船に解放された。イギリスの海運業者は戦争が引き起こした困難な状況の中、極東の取引を維持すべく最善を尽くしたが、日本の海運は、その取引を奪っていった。しかも、日本の船の航海域は、その大部分が潜水艦の活動領域外にあった。日本の船は、太平洋、そして東の海の全域にわたって、その活動を増やしてきた……最近ロッテルダムから、オランダ領東インド諸島において日本が現在計画中のサービスに対する苦情が届いた。いずれにしても日本は、その運航サービスを大いに向上するだけの船と運をもつ。戦争を

へて、以前よりずっと強い位置を占めるようになった。イギリス海運は、避けられない事情ゆえに船を極東から引き揚げてしまった。財力を蓄えた日本海運に対して経済的に非常に不利であるが、最短で、極東における取引を復旧させたいと切望する。

この記事にある極東の海を支配していた日本の海運業者のひとつが東洋汽船であることはいうまでもない。とりわけ1910年代後半、サンフランシスコとハワイ、横浜、香港を結ぶ定期航路運行のピーク時には、アメリカから直送される映画の大部分は東洋汽船が運んだといっても過言ではないだろう。

10　小結

　東洋汽船は、1917年、政財界の後ろ盾をえて東洋フィルム会社を設立、そして3年後の1920年には大正活映を創設する。大正活映は、谷崎潤一郎を顧問に迎え、アメリカ式の映画を製作する一方、アメリカ映画の直輸入を看板に日本の配給 – 興行システムに新風を吹き込む。その頃、世界では、アメリカ主導の新しい映画流通システムが席巻しつつあった。世界映画流通の中心は、イギリスからアメリカに代わり、アメリカ映画産業の中心は東から西に移り、アメリカ映画のアジアへの運搬は欧州企業によるアジア欧州航路からアメリカ企業による太平洋航路が主流となる。世界の新しい映画流通システムに日本を接続するには、新たな覇者であるアメリカのやり方で映画事業を展開する必要がある。それを敏感に察知し、実践したのが淺野であり、東洋汽船の社員たちであったといえよう。

　現在から当時の日本の映画産業を振り返るならば、資本や技術、人材のどの面でも、日本はアメリカにかなわない。だが、世界の映画市場を支配していた欧州の力が弱まり、その穴埋めを誰がするのかといった1910年代中頃の世界情勢を考えれば、たまたまその勢いに乗ったアメリカに追従し、努力すれば、日本にもまだチャンスはあると思える余地があったとしても不思議は

第 3 章　20 世紀初頭の世界流通変動とアメリカ映画のアジア市場開拓

ない。つまり、現在の視点から遡及的に判断して、無知蒙昧とも見えるその東洋汽船の志は、大戦中の混乱期においては、そう現実離れしたものでもなかったと考えられるのである。とりわけアジア太平洋の海を欧米に代わって支配していた日本海運のひとつである、東洋汽船の淺野總一郎にとっては、なお一層であろう。

第4章　ベンジャミン・ブロツキーの軌跡
——アメリカと中国、日本の映画交渉史

1　緒言

　東洋フィルム会社（Oriental Film Company）がアメリカから呼び寄せたベンジャミン・ブロツキー（Benjamin Brodsky、1875/1877-1960）とはいったいどのような人物であろうか。

　ブロツキーは、20世紀初頭、アメリカと中国、そして日本において映画産業に従事した先駆者である。ブロツキーは1912年に、サンフランシスコから香港に移住する。1912年といえば、アメリカ商務省が中国の映画市場に強い関心を寄せはじめる頃である。香港で彼は、アメリカで購入した映画を興行する一方、YMCA など在留外国人のコミュニティを撮影して上映会を催したり、中国の紀行映画や中国人を起用した劇映画を製作したりしている。1914年には、アメリカのイエール大学卒業生など若い中国人エリートらとともに、中国製造影片有限公司（China Cinema Co. Ltd.、1914-1918）を香港に設立し、映画人の育成にも貢献する。こうしてブロツキーは草創期の中国映画史に名を残す先駆者となる。

　そのブロツキーが1917年、突然、横浜にやってくる 。淺野財閥の東洋汽船が出資した東洋フィルム会社の支配人に就任するためである。その頃、世界の映画流通は、それまでのイギリスに代わってアメリカを中心に廻りはじめ、アメリカ映画は、映画製作の新たな拠点となったハリウッドから、欧州航路ではなく、太平洋航路でアジアに運ばれるようになる。その時、その太平洋航路を独占支配していたのが東洋汽船である。そしてその東洋汽船が政府の外客誘致政策に応じて設立したのが東洋フィルム会社であった。ブロツキーは、その東洋フィルム会社の支配人として香港から横浜に招喚されたのである。

第2部　東洋汽船の映画事業——映画産業と近代アジア

　アジア滞在中にブロッキーは2つの紀行映画を製作している。1912年から1915年に中国で製作された『経過中国』 *A Trip Through China* と、1917年から1918年にかけて日本で製作された『ビューティフル・ジャパン』 *Beautiful Japan* である。アジアの異なる国で製作された、この2つの映画は、非常に対照的な道を辿った。前者は、1916年から1917年にかけてアメリカの主要都市で公開され、興行的、批評的に大成功をおさめた。一方、後者は、1919年から1920年にかけて何度もアメリカ配給を試みるが、まったく売れず、簡易版が無料公開されただけに終わった。この受容の差について、これまでは映画の製作意図や形式の違いが原因であると説明されてきた。だが、映画の受容は、それが受容された場所と時代の背景を無視して考えることはできない。すなわち映画の製作意図や形式の違いだけで映画受容の差は説明できないのである。とりわけ第一次世界大戦中という、国と国の関係が大きく揺れ動く時代においては、なおさらである。
　そこで以下では、アメリカ、中国、日本をまたにかけて映画事業に従事したブロッキーの足跡を辿っていく。それによって次の3つの点を明らかにしたい。ひとつは、東洋汽船とブロッキーの関係である。東洋汽船が映画事業に進出するにあたり、淺野はなぜブロッキーを必要としたのか、そしてブロッキーはなぜ、その期待に応えることができなかったのかである。もうひとつは、アメリカとアジアを直接結ぶ映画流通網は、定説である第一次世界大戦の前からすでに、ブロッキーのような西海岸の映画交換業者によって形成されていたこと、そしてその流通網の形成には汽船の航路ルートが密接に絡んでいることである。最後は、東洋汽船の映画事業の失敗が、当時のアメリカにおける対中国観や対日本観とけっして無関係ではないことである。逆にいうと、東洋フィルム会社の製作した映画が経営者の期待通りアメリカで公開されなかったことが、当時のアメリカと中国、そして日本の関係を示す事例になりうるということである。

第4章　ベンジャミン・ブロツキーの軌跡

2　ブロツキー、太平洋をわたって中国へ行く

　ベンジャミン・ブロツキーは、19世紀末にアメリカに移民したロシア人である。さまざまな職業を経て、アメリカ西海岸で映画事業を立ちあげ、1912年からアジアにわたり、中国や日本で1920年まで映画の輸入、配給、興行および製作などに従事していた。

　そのブロツキーに研究者の注目が集まるのは、1990年代中ごろである。ブロツキーの孫ロン・ボーデンがロサンゼルスの家の屋根裏で『経過中国』のフィルム缶を発見したのがはじまりであった[1]。発見されたフィルムは台湾国家電影中心に保管された。そして1995年、ブロツキーの特集記事「俄羅斯攝影機裏的亞細亞──俄國影人賓杰門布拉斯基和中國淵源甚深」が台湾の『中國時報』に掲載される[2]。記事の中でブロツキーは上海および香港に映画撮影所を設立し、映画を撮影し、中国映画産業草創期の発展に寄与した人物として紹介された。やがて香港やオーストラリアの研究者が本格的に研究をはじめる。2009年には、ブロツキーを題材にしたドキュメンタリー映画が台湾の映画研究者によって製作される一方、香港では12月15日から17日にかけて国際会議「中國早期電影歷史再探研討会」が開催される[3]。こうして、国境を超えた議論が活発になり、それまで国ごとに調べられていたブロツキーの活動が結びつき、ようやく、その活動の全体像が浮びあがってくる。

　しかし、トランス・ナショナルなアプローチの恩恵を受けて研究が飛躍的に進んだとはいえ、ブロツキーは、いまだ謎の多い人物であることにかわりはない。19世紀末にロシアからアメリカにわたった移民であるブロツキーの

---

1) 廖金鳳『布洛斯基與夥伴們：中國早期電影的跨國歷史』麥田、城邦文化出版、2015年、31頁。廖金鳳はドキュメンタリー映画『ブロツキーを探して』*Searching for Brodsky*を2009年に自主製作した。
2) 張靚蓓「俄羅斯攝影機裏的亞細亞──俄國影人賓杰門布拉斯基和中國淵源甚深」『中國時報』中國時報社、1995年6月4日。
3) 香港のLaw Kar、オーストラリアのFrank Bren、アメリカのRamona Curryなどが発表。

第2部　東洋汽船の映画事業──映画産業と近代アジア

記録を、客観的に検証するのは、とても困難な作業だからである。たとえば彼の誕生日ひとつとっても、パスポートには1877年8月15日生まれとあるが、彼の日記には1875年8月1日とあり、食い違いがある[4]。また出生地も、ロシアのオデッサと本人はいうが、様々な証言から、それはおそらくエカチェリノスラフだと考えられている[5]。

アメリカに渡ったブロツキーは、サーカスや演劇などの仕事を点々としたあと、米西戦争がはじまる1902年に船を手に入れてマニラにわたり、マニラや香港、彼の兄の住む上海、横浜、サンフランシスコの港を往来して、さまざまな物資を運んだという[6]。その後、ブロツキーは、サンフランシスコで不動産業に従事していたことがわかっている。1906年10月18日付の『サンフランシスコ・コール』*San Francisco Call* は、ブロツキー夫妻がサンフランシスコのサンブルーノあたりの土地をパシフィック州貯蓄貸付会社に譲渡した記録を掲載している[7]。また、同紙の1907年4月18日にもブロツキー夫妻がランドルフ夫妻からサンブルーノ周辺の土地を10ドルで購入し、それをヘイマン氏に10ドルで売ったと記録されている[8]。ブロツキー夫妻とあるのは、1906年3月にマミー・フリードマンと結婚したからである[9]。

そして1900年代末までにブロツキーは、西海岸の北部で映画事業に従事しはじめる[10]。会社名はヴァラエティ映画交換社（Variety Film Exchange、以下ヴァラエティ社）といった。映画製作会社から映画を購入して揃え、それを映画館に供給する会社である。当時、映画交換業（Exchange）と呼ばれて

---

4) Ramona Curry, "Benjamin Brodsky (1877-1960): The Trans-Pacific American Film Entrepreneur – Part One, Making *A Trip Thru China*," *Journal of America-East Asian Relations*, vol. 18, 2011, p. 63.
5) Ramona Curry, Part One, p. 64.
6) Ramona Curry, Part One, pp. 64-65.
7) "Real Estate Transactions," *San Francisco Call*, 1906 Oct 18, p. 13.
8) "Real Estate Transactions," *San Francisco Call*, 1907 Apr 18, p. 10.
9) "Marriage License," *San Francisco Call*, 1906 Mar 14, p. 14.
10) Ramona Curry, Part One, p. 66.

第4章　ベンジャミン・ブロツキーの軌跡

いた。アメリカの映画交換業は、20世紀初頭のサンフランシスコで誕生したといわれる。映画製作会社の集中していた東部から遠く離れていた西部には、小さな製作会社がわずかにあるだけで、あるのは映画館ばかりであった。映画は賃貸ではなく売買されていた。そのため西海岸の資金力のない映画館が東海岸から、いろいろな映画を取り寄せるのはとても難しかった。そこで発達したのが、映画配給の原型となる、この交換業という仕組みである。ブロツキーも、そういった業者のひとりであった。

　ヴァラエティ社がいつからサンフランシスコにオフィスを構えたかは定かではない。だが、1911年3月8日付の新聞『サンフランシスコ・クロニクル』にヴァラエティ社の火事被害が報道されていることから、1911年3月時点ではすでにサンフランシスコに店を構えていたことがわかる[11]。ヴァラエティ社は最初、アメリカ西海岸北部の地域を中心に映画を供給していたが、やがて太平洋の向こうにあるアジアにも供給するようになる。サンフランシスコ港からはアジアへの直行定期便が運航されていた。こうしてヴァラエティ社は、アメリカの会社の大多数がまだ、イギリス経由で映画をアジアに供給していた時代に、太平洋をわたって直接アメリカからアジアへと先駆的に映画を配給するのである。

　ヴァラエティ社が配給していた地域は、サンフランシスコのほかにホノルルや横浜、香港、上海などであった。1911年の晩夏までにホノルルと横浜に、1914年までには香港にオフィスを開設している[12]。ホノルルのオフィスは、ヘンリー・J・ブレドホフと共同で開設した[13]。ブレドホフは、サンフランシスコでブロツキーの会社に投資していた人物である。ホノルル・オフィスの支配人はブレドホフが務め、映画興行のほかに物真似オウムの見世物興行なども行っていた[14]。一方、横浜のオフィスは最初、山下町の56番地に開設され

---

11) "The Fire Records," *Sun Francisco Chronicle*, 1911 Mar 8, p.18.
12) Ramona Curry, Part One, p.68.
13) Ramona Curry, Part One, p.85.
14) "Today, Talking Parrot," *Homolulu Star-Bulletin*, 1913 Oct 11, p.1.

た[15]。ただし、1913年までに山下町72番地に移る。支配人はC・H・プールであった。興味深いのは、このヴァラエティ社の配給拠点がすべて、東洋汽船の定期航路便が発着する港と一致する点である。

　ブロッキーがアジア太平洋地域で映画を配給しはじめる頃、東洋汽船はちょうどサンフランシスコ－ホノルル－横浜－香港の定期航路を就航し、サンフランシスコの新聞をにぎわしていた。1910年4月17日付『ロサンゼルス・ヘラルド・サンデー・マガジン』*Los Angeles Herald Sunday Magazine* は、地洋丸の豪華な船内写真を紙面いっぱいに掲載している[16]。また、1910年7月21日付『サンフランシスコ・コール』にも、淺野總一郎の顔写真入りで東洋汽船の事業を紹介している[17]。ブロッキーが1900年代末からサンフランシスコを拠点に西海岸北部に映画を供給していたこと、そして、かつては物資を船でアジアに運ぶ仕事をしていたことを考えれば、こうした東洋汽船の記事がブロッキーの関心をひいたとしても不思議はない。

　1910年代初頭、ブロッキーは、少なくとも年に1回は、ニューヨークで映画や幻燈などを調達していた。『ムーヴィング・ピクチャー・ワールド』*Moving Picture World* の1911年10月7日号によれば、彼は、ニューヨーク市37番街ウェスト130番地に店を構えるA. J. クラッパム社から、『神曲 地獄篇』*Dante's Inferno* のスライドを77枚購入したという[18]。クラッパム社は当時、アジアの言語に翻訳したスライドも販売していた。同社のスライドは、1860年代にギュスターヴ・ドレが小説のために描いた挿絵を撮影し、そこに説明を書き加えたもので、大変な人気があった。

---

15) 岡田正子「ベンジャミン・ブロッキーはアメリカ人？それともロシア人？」『Beautiful JAPAN』株式会社東京シネマ新社、http://tokyocinema.net/（2016年3月31日アクセス）。

16) "Triumph of the Age," *Los Angeles Herald Sunday Magazine*, 1910 Apr 17, p. 3.

17) "Toyo Kisen Makes New Alliance," *Sun Francisco Call*, 1910 Jul 21, p. 1. "Gould Ousts Lovett Line to Orient Won," *Sun Francisco Call*, 1910 Jul 21, p. 1.

18) "Dante's Inferno Stereopticon Lecture," *Moving Picture World*, 1911 Oct 7, p. 138.

第4章　ベンジャミン・ブロツキーの軌跡

　ブロツキーがアメリカのメディアに好んで話した、中国の観客のエピソード——中国人が、スクリーンのイメージを悪魔と錯覚して、悪魔祓いをすると叫んで劇場に火をつけた——は、おそらく、このドレの挿絵を指すのであろう。このエピソードは、中国の観客は、アメリカの観客と違って映画という科学的装置の存在をまだよく知らない観客である、という文化差を強調するために誇張したブロツキーの狂言であろう。本当に劇場に火をつけた中国人はいないはずである。ただ、欧米諸国の教養ある人がドレの挿絵を見れば、どのエピソードかを理解できたほど有名な絵でも、その共通理解をもたない異なる文化圏の人にとっては、イメージが予想外の威力をもちえたことは確かであろう。

　とはいえ、ブロツキーに虚言癖があったことは、研究者の多くが認めるところである。1912年5月12日号の『ムーヴィング・ピクチャー・ワールド』に掲載された"A Visitor from the Orient（東方からきた客）"よれば、ブロツキーがヴァラエティ社は、ホノルルと横浜、東京、ウラジオストク、ハルビン、上海、香港にオフィスがあり、マニラ、シンガポール、ジャワ、カルカッタに代理店がある、と述べたとある[19]。だが、研究者の多くは、彼がアジア市場に映画を供給していたことは認めるものの、その規模は、彼がいうほど広くはなかったと考えている。じっさい現時点で彼の会社の記録が確実に確認できるのは、ホノルルと横浜、香港だけである。

　しかし、たとえブロツキーに虚言癖があったとしても、彼が20世紀初頭にアメリカからアジアへ映画を運ぶルートを開拓した先駆者のひとりであることは確かである。1913年5月31日号の『ムーヴィング・ピクチャー・ワールド』には、中国で映画交換業を営みたいと望むハワイの読者に対し、同誌の編集部が、ハワイのヴァラエティ社を訪問すること、そして、必要ならばブ

---

19) Hugh Hoffman, "A Visitor from the Orient," *Moving Picture World*, 1912 May 12, p. 620.

ロッキーに手紙を書くよう勧める記事が掲載されている[20]。『ムーヴィング・ピクチャー・ワールド』誌は、アメリカで1907年に創刊され1927年まで続いた、当時非常に影響力のあった映画業界誌である。その業界誌の編集者が、こうした記事を書くということは、当時のブロツキーが、アジア市場開拓の代表的な先駆者としてアメリカ業界人に認識されていたことを示すといえよう。

　定説では、アメリカがアジアの映画市場を直接開拓しはじめるのは第一次世界大戦中とされている。しかし、ブロツキーの足取りを辿れば、アメリカ企業がそれより前からすでに、アジア市場に進出していたことがわかる。つまり、ユニヴァーサル社のような大きな会社がアジアに進出する以前から、中小規模の映画交換業者——とりわけ西海岸の業者——が太平洋をわたって、直接アジアに映画を運んでいたのである。

3　ブロツキーは映画をアジアへどう運んだのか
——船内上映と東洋汽船

　ブロツキーが1910年代初頭にはすでにアジアへ直接映画を運ぶルートを切り開いたことはわかったが、彼はじっさいフィルムをどこに、どのくらい、どのように運んでいたのであろうか。その手がかりとなる情報が、前述した1912年のインタビュー記事 "A Visitor from the Orient (東方からきた客)" に掲載されている[21]。この記事は、ブロツキーの研究者がもっとも頻繁に引用する記事であるが、その中に、これまで注目されてこなかった2つの重要な記述がある。

　ひとつは、ブロツキーが中国と日本の市場を比較し、その違いを述べている点である。彼は、中国の市場は有望だが、日本の市場はそうではないという。理由は、日本の市場は、日本人が支配する閉鎖的な市場であるのに対し、

---

20) "From Hawaii," *Moving Picture World*, 1913 May 31, p. 918.
21) "A Visitor from the Orient," *Moving Picture World*, 1912 May 12, p. 620.

第4章　ベンジャミン・ブロツキーの軌跡

中国は外国人に開かれた市場だからである。この指摘は、第3章で述べた神戸領事館の副領事E・R・ディックオーヴァーの報告と一致している。

　もうひとつは、ヴァラエティ社が、映画のフィルム缶をオフィスからオフィスへ運ぶさいに軍艦を利用したと述べている点である。当時のフィルムは、爆弾と同じナイトレートを使っていたため、危険物扱いで送る必要があった。そのため重いフィルム缶の運搬には費用がかかった。そこでブロツキーは軍艦を利用し、その運搬中に映画を船内で上映することで運搬費を帳消しにするばかりか、映画の賃貸料まで稼いでいたという。つまり、ブロツキーは船内上映をうまく利用して、フィルム缶を港から港へ運んでいたのである。

　この2つの記述からは、ブロツキーがアメリカから映画を運んだ先はおもに中国であること、そして、フィルムの運搬に船を利用し、その費用を削減するために船内上映をしていたことがわかる。もし、そうであるならば、彼が軍艦と同じ手段を、のちに太平洋の豪華客船でも行った可能性は十分に考えられる。

　それでは太平洋航路の船は、船内上映サービスをいつはじめたのだろうか。はっきりとはいえないが、1914年より前にはすでに、それが長い船旅を楽しむ人気のサービスであったことは確かである。アメリカ商務省の機関誌『デイリー・コンシュラー・アンド・トレード・レポート』*Daily Consular and Trade Reports*の1914年6月3日号によれば、最近、船内上映がヴァンクーヴァーを発着する船の人気サービスとなり、映画上映の設備を完備した船がすでに何隻か運航している、とある[22]。ヴァンクーヴァーは、サンフランシスコやシアトルと並ぶ、太平洋航路の船が集まる大きな港である。したがってサンフランシスコ港を発着する船にも当然、同様の設備があったと考えられる。映画は、映写機と白い壁さえあれば、どこでも上映できる。そのため、船に専門の設備が装備されるより前から、船内上映を行っていた可能性は高

---

22) "Motion-Picture Notes," *Daily Consular and Trade Reports*, the Bureau of Foreign and Domestic Commerce, Department of Commerce, 1914 Jun 3, p. 1263.

第2部　東洋汽船の映画事業──映画産業と近代アジア

い。逆にいうと、船内上映の人気が高まったから、船にその設備が装備されるにいたったといえよう。このことから、1914年までには船内上映が人気のサービスになっていたことがわかる。

　ブロツキーが1910年代初頭、アメリカとアジアのあいだを豪華客船で何度も往復し、フィルムを配給していたことは確かである。たとえば1912年5月、ブロツキーがサンフランシスコから東洋に向かう春洋丸に乗船した記録が残っている[23]。つまり、ブロツキーは、ニューヨークで買付けた映画を、アメリカ横断鉄道でサンフランシスコのヴァラエティ社に運び、そこから豪華客船で、ホノルルや横浜、香港などに運んでいたのである。しかも彼のオフィスはすべて東洋汽船の船が発着する港にあったため、東洋汽船の船を使うことが多かった。その東洋汽船で淺野良三の秘書をしていた金指英一は、東洋汽船の客船が「外人乗客のために、ニューヨーク封切のフィルムを購入し船内でサービスとして映写はしていた」と述べている[24]。金指は、東洋汽船がそのサービスをいつから行っていたかは明言していない。だが、東洋汽船が船内で上映していた映画が、ニューヨークでブロツキーが購入した映画であった可能性は否定できないことになる。

　ブロツキーが東洋フィルム会社の支配人に赴任する前、彼がいったい、いつ、どこで、東洋汽船の誰と接点をもったのかはわかっていない。だが、船内上映をキーワードに彼の足跡を辿ってみると、両者のあいだに微かな線が見えてくる。もちろん、確証はない。だが、海をわたって他国に行く人間がまだ、ごく少数の、特権的な人々に限られていた時代において、東洋汽船の船を何度も利用していた常連のブロツキーが、アメリカから映画をアジアに運ぶ途上、船内上映を東洋汽船にもちかけ、交渉した可能性は低くないだろう。もし、そうであるならば、東洋汽船を映画事業に向かわせたきっかけは、

---

[23]　パスポートの渡航記録から船の名前がわかる（Ramona Curry, Part One, pp. 58-94を参照）。

[24]　金指英一「東洋汽船と大正活映」『資料　帰山教正とトーマス栗原の業跡──天活（国活）と大活の動向』フィルムライブラリー協議会、1973年、60頁。

その船内上映であった可能性も考えられることになる。つまり、船内上映を介してブロツキーと知り合った東洋汽船が、『経過中国』の成功話を彼から聞いて、『ビューティフル・ジャパン』の製作を思いつき、その製作責任者に彼を抜擢した、ということである。

4　中国におけるブロツキーの映画興行とその観客

　ブロツキーが映画をおもに中国に運んでいたのであれば、中国で彼は、それをどのように興行していたのであろうか。アメリカの新聞や雑誌のインタビュー記事にブロツキーは、中国で映画を興行したときのエピソードをいくつか紹介している。たとえば、ブロツキーが中国で映画興行をはじめたばかりの頃の話である。仮設テントで映画を上映するが、中国人は映画といっても何のことかわからず、観客は少しも集まらない。そこでブロツキーは、中国人をお金で雇い、客のふりをしてもらう。それでようやく客が集まるようになる。ところが、ある日、どんでもない事件が起こってしまう。それはカウボーイ映画を上映していたときのことである。スクリーンにカウボーイが拳銃を発砲する場面が映し出されると、それを見ていた中国人の観客が、びっくりして逃げだし、仮設テントをナイフで切り裂き、我先に飛び出した、というのである[25]。ほかにも、前述したように、会場で映画を見ていた中国人が、スクリーンに映ったイメージを本物の悪魔と思い込み、「悪の巣窟を焼き払う」と叫んで、その会場に火をつけたエピソードもある[26]。このようにブロツキーの語る中国人の観客とは、映画という西洋の最先端技術が映し出すイメージを、イリュージョンとして認識できず、現実と混同してしまう、無垢な観客である。

---

25) "Too Much Magic. Film Starts Riot," *Los Angeles Times*, 1916 Nov 12, p. III22.
26) Grace Kingsley, "Ripples from Reeldom: Orient Takes Queer View of Some of Our Films," *Los Angeles Times*, 1917 Jun 17, p. III1.

第 2 部　東洋汽船の映画事業──映画産業と近代アジア

　そのブロッキーの発言を例に、中国の映画研究者 Xuelei Huang と Zhiwei Xiao は、ブロッキーのいう中国人観客は、一部の「教養のない（lowbrow）」客にすぎず、中国には草創期からすでに、映画を西洋の科学的装置として冷静に見る「教養のある（highbrow）」観客はいた、と主張する[27]。たとえば、上海では1890年代から、アスター・ハウス・ホテルやアルカディア・ホールなどで租界の西洋人や中国人の富裕層を相手に映画が興行されていた。彼らはけっして現実と虚構を混同するような客ではなかったという。ブロッキーのいう中国人観客は、茶園および遊楽場の第二興行や映画館の客にすぎない。第二興行とは、1900年代末から1910年代初頭、茶園や遊楽場で、京劇など本興行が終わったあとの安い興行を指す。上海で第二興行を見た小説家のBao Tianxiao（包天笑、1876-1973）は、第二興行には夜の女たちが集まっていたと記している。そして、この第二興行の延長上にあったのが映画館である。要するに、Xuelei Huang らは、ブロッキーのいう中国人観客は、安い小屋で映画を見る「教養のない」観客にすぎず、外人居留地の西洋人や上流階級の中国人ら「教養のある」観客とは別であったと主張するのである。

　しかし、彼らの分析は、ブロッキーの発言を俗受け狙いといいつつも、基本的に事実とみなしている点で問題がある。確かに、香港に滞在していた撮影技師 R・F・ヴァン・ヴェルツァーによれば、第二興行の入場料は第一興行の 5 分の 1 から15分の 1 程度で、おもに中国人であったという[28]。ゆえに Xuelei Huang らが主張するように、第二興行に集まる客と、アスターホテルなどに集まる客の教養レベルが違うことは疑いようがない。しかし、第二興行の様子を報告したBao Tianxiaoのような知識人が、その第二興行で映画を見ていたのもまた事実である。つまり、第二興行の客は「教養のない」人ばかりとは限らなかったのである。

---

27) Xuelei Huang and Zhiwei Xiao, "Shadow Magic and the Early History of Film Exhibition in China," *the Chinese Cinema Book*, British Film Institute, 2011, pp. 50-53.
28) Hugh Hoffman, "Film Conditions in China," *Moving Picture World*, 1914 Jul 25, p. 577.

第4章　ベンジャミン・ブロツキーの軌跡

　そもそも20世紀初頭のアメリカと中国の経済格差を考えれば、ブロツキーが実入りの少ない第二興行だけで映画を興行していたとは考えにくい。なぜならブロツキーの映画は、既に述べたようにアジアと比べて物価の高いニューヨークで購入され、北米大陸を鉄道で横断し、サンフランシスコから豪華客船で中国に運ばれた映画である。そのコストに見合う収入を第二興行だけで稼ぐことは難しいだろう。当然、アスターホテルのような西洋人の集う場においても上映したと考えられる。第一、ブロツキーには、若い中国人エリートの知人がおり、中国の政治家や上流階級の人々、外人居留地の西洋人とも交流があった。また、映画館だけでなく、YMCAや競馬場のクラブハウスなどで西洋人に向けて映画を上映したりもしていた[29]。つまり、ブロツキーの観客は、Xuelei Huangらのいう第二興行の「教養のない」客だけではなかったと考えられるのである。

　Xuelei HuangとZhiwei Xiaoは、ブロツキーの吹聴した中国人観客のエピソードに裏があることを読み取る必要がある。問題は、ブロツキーの映画の観客が本当に「教養のない」客だったのか否か、「教養のない」客はどこにいたのかではない。まず、このブロツキーの中国譚は、アメリカ人に向けて発せられた話であること、そして同じ話が『イブニング・リーダー・フィラデルフィア』Evening Reader Philadelphiaや『ニューヨーク・トリビューン』New York Tribuneなどアメリカのメディアで繰り返し報道されていたこと[30]、さらに、その報道は1916年から1917年に集中していることを考慮すべきである。つまり、ブロツキーが『経過中国』をアメリカに売りこんでいた時期と重なっているのである。このことから彼が好んで話した無垢な中国人観客とは、アメリカ人が東洋に対して抱く差別的な好奇心を刺激することで彼らの関心を中国、そして『経過中国』に向けようとしたブロツキー流の誇大広告

---

29) Ramona Curry, Part One, p. 88.
30) George S. Kaufman, "Bret Harte Said it: the Heathen Chinee is Peculiar," *New York Tribune*, 1916 Aug 27, p. D3. "Celestial "Movies" Now Stir the Chinese," *Evening Ledger Philadelphia*, 1915 Apr 10, p. 7.

第 2 部　東洋汽船の映画事業――映画産業と近代アジア

であったと考えられる。要するに、ブロツキーの中国譚は、ただの法螺ではないが、事実でもないのである。

5　紀行映画『経過中国』のアメリカ興行

　ブロツキーが香港に拠点をおきながら、上海や広東、蘇州、天津、杭州、澳門、無錫、南京、北京など中国各地を撮影したのは、1912年末から1915年初頭にかけてといわれている。『経過中国』はその撮影フッテージを編集したものである。『ムーヴィング・ピクチャー・ワールド』の1914年7月25日号によれば、ブロツキーがニューヨークでスカウトした撮影技師ヴァン・ヴェルツァーは、1913年末から1914年の春まで香港に滞在し、中国人俳優を起用した劇映画を製作していたという[31]。滞在中の彼の仕事の範囲は幅広く、撮影や現像だけでなく、タイトルの作成や編集もこなし、中国人スタッフの育成も行っていたようである。香港滞在中のヴェルツァーは、かなりの重労働を強いられていたようで、わずか半年ほどでアメリカに逃げ帰ってしまう。

　ヴェルツァーが帰国してしばらくのち、ブロツキーは九龍のネイザンロード34番地に中国製造影片有限公司を設立する。中華人民共和国香港特別行政区政府の記録によれば、中国製造影片有限公司は、1914年11月27日に設立され、1918年6月6日に解散したとある[32]。この会社には、イエール大学法学部を卒業したZhu ChengzhangやZhu Sifu、Lou Yudaoら9人の若い中国人がかかわっていた[33]。後述するようにブロツキーの『経過中国』が袁世凱の息子たちや紫禁城など貴重な映像を撮影できたのは、そういった中国人エリートの人脈によるところが大きい。

　『経過中国』を分析すると、この映画がどのように製作されていたのかが見

---

31) Hugh Hoffman, p. 577. Ramona Curry, Part One, p. 90.
32) 網上查冊中心 ICRIS CSC Companies Registry, The Government of the Hong Kong Special Administrative Region.
33) Ramona Curry, Part One, p. 78.

第4章　ベンジャミン・ブロツキーの軌跡

えてくる。現在、観ることのできるフィルムは、ロサンゼルスで発見された複数のフィルムを、同時代評などを参考にしながら、もっとも適切と思われる順番でつなぎ合わせたものである。したがってオリジナルの順番はわからない。だが、ここで注目すべきは、そもそも『経過中国』には唯一真なる、1つの完成品は存在しない、ということである。

　どういうことか、説明しよう。すでに述べたように、『経過中国』は、約2年の歳月をかけて中国各地を撮りためた撮影フッテージを編集したものである。しかし、その編集は、通常の商業映画のように、1つの作品を完成させるために行われていない。そうではなく、機会あるたびに、既存のフッテージを再利用しながら、新しい複数の『経過中国』を作っていたと考えられる。そう考えれば、旅が香港からはじまり、広東、蘇州、上海、杭州、南京、天津などをへて北京に向かうという単純で直線的な筋があるにもかかわらず、鵜飼や墳墓（唐墓）などのショットが繰り返し挿入されて、映画の時間や空間がときどき混乱するのも理解できる。また、同じ場所で撮影されたはずのフッテージがバラバラにされ、場面が唐突に始まったりするのも納得がいく。つまり、『経過中国』には、最終的な1つの完成品は存在せず、複数の短編が存在し、それらが数十年の時をへて、接合されたのが、現在、台湾に保管されている『経過中国』だと考えられるのである。

　現在のわれわれには、もはやアメリカ公開時の『経過中国』の編集を正確に知ることはできない。だが、その映画に観客がどう反応したかについては、記録が残されている。1916年、ブロツキーは『経過中国』をもって、東洋汽船の地洋丸で香港からサンフランシスコに向かう[34]。映画はまず、サンフランシスコやロサンゼルスなど西海岸で公開され、そこから東へ進み、フィラデルフィアやニューヨークなどで上映された。1917年5月22日付『ニューヨー

---

34) Ramona Curry, "Benjamin Brodsky (1877-1960): The Trans-Pacific American Film Entrepreneur-Part Two, Taking *A Trip Thru China* to America," *Journal of American-East Asian Relations*, vol. 18, 2011, p. 161.

第 2 部　東洋汽船の映画事業——映画産業と近代アジア

ク・トリビューン』*New York Tribune* によれば、映画館の内部は中国の飾り布で装飾され、中国の生演奏が奏でられ、中国の風習や風景を英語で説明する人もいたという[35]。当時の批評によれば、アメリカの観客はおもに、満族の結婚式や袁世凱の家族、北洋軍閥、万里の長城、紫禁城、明の十三陵など中国の支配者を象徴するイメージ、そして香港のスタチュー・スクエアや北京の清華学堂、聾唖学校、競馬、YMCA の運動会など西洋化された中国のイメージ、さらには下層労働者がペダルを踏んで漕ぐ船、ロバやラクダ、荷車や一輪車、人力車、水上生活者、鵜飼い、青空の下の観劇など「素朴」な中国のイメージに興味を抱いたという[36]。なかでも注目が集まったのは、鵜飼の場面であった。とくにロサンゼルスでの反響は大きく、『ロサンゼルス・タイムズ』*Los Angeles Times* は、ブロツキーを「東洋のグリフィス」と呼んだ[37]。

1917年5月26日号の『ムーヴィング・ピクチャー・ワールド』は、『経過中国』を評して、「日当12セントの国の産業や労働の様子がいろいろ見られて、興味深い」と記している[38]。アメリカ商務省の報告にもあったようにアメリカは、辛亥革命のあと、中国の市場開放に大きな期待を寄せ、第一次大戦中は欧州の経済支配が手薄になった中国市場への進出に積極的に挑んでいた。その状況において『経過中国』は公開されている。ゆえに、その時代背景を考えれば、アメリカの観客が、網を使わず鳥を使って魚を捕る鵜飼、モーターを使わず労働者がペダルを踏んで漕ぐ船、車を使わず人力で大きな荷物を運

---

35) "Evelyn Nesbit Charms in "Redemption"-China Seen in Films, *New York Tribune*, 1917 May 22, p.9.
36) P. G. Spencer, "A Trip Through China," *Moving Picture World*, 1917 Mar 17, p.1719. Margaret I. MacDonald, "A Trip Through China: China Film Company Presents Ten Reels of Remarkable Travel Pictures Covering Historic China, Her People and Customs," *Moving Picture World*, 1917 Mar 17, p.1761.
37) Grace Kingsley, "Film Impresario of Orient Here to Show Pictures," *Los Angeles Times*, 1916 Nov 10, p.III22.
38) "*Trip Through China* at Eltinge," *Moving Picture World*, 1917 May 26, p.1302.

ぶ一輪車、水道ではなく井戸、電気や蒸気ではなく足で動かす灌漑器具など「旧式」な交通や労働の手段に興味を抱いたのも理解できる[39]。すなわち、スクリーンに映し出された中国の産業基盤や生活基盤がアメリカの人々の目に、アメリカより遅れた、だが、それゆえに有望な、フロンティア市場と映っていたのかもしれないのである。アメリカにとって中国とはまさに、*Los Angeles Times*のいう「華麗な王国」であったといえよう[40]。

6　ブロツキー、太平洋をわたって日本へ行く

　1917年の8月、ブロツキーは横浜港に到着する[41]。東洋フィルム会社の支配人に着任するためである。東洋フィルム会社は、外国人観光客を日本に誘致するための宣伝映画『ビューティフル・ジャパン』を製作し、それを海外、とりわけ旅行熱の高まっていたアメリカで上映することを目的として設立された会社である。その東洋フィルム会社がブロツキーに白羽の矢をあてたのは、彼が中国でアメリカ映画を配給し、『経過中国』や劇映画を製作した実績、そしてアメリカで『経過中国』の興行を成功させた実績が高く評価されてのことであろう。

　日本におけるブロツキーの仕事は、映画の製作や配給だけでなく、機材の調達やスタッフの雇用なども含まれていた。ブロツキーが横浜に到着する約1ヶ月前の1917年7月、彼はロサンゼルスのキーストン社で働いていた19歳の女優、マーガレット・リサイト嬢を雇用する[42]。そして彼女に2台の撮影機を2,300ドルで購入させ、それをロサンゼルスから船でサンフランシスコの東洋汽船のオフィスに送らせて、東洋汽船の船でサンフランシスコから横浜に

---

39) P. G. Spencer, p. 1719.
40) Grace Kingsley, "Ripples from Reeldom: Orient Takes Queer View of Some of Our Films," *Los Angeles Times*, 1917 Jun 17, p. III1.
41) Ramona Curry, Part Two, p. 175.
42) Ramona Curry, Part Two, pp. 175-176.

第 2 部　東洋汽船の映画事業――映画産業と近代アジア

搬送させた。また、ハリウッドで活躍していた俳優の栗原トーマスや撮影技師のロジャー・デイル、俳優のウォーレス・ビアリーらをスカウトし、横浜の撮影所に迎えている[43]。

『ビューティフル・ジャパン』の撮影は、1917年の夏から1918年にかけて行われた。ブロツキーとスタッフは、政府が提供する客車つき蒸気機関車を使って、全国の名所名跡を撮影をした。『活動之世界』1918年1月号には、ブロツキーが井之口誠ら俳優をしたがえて、列車で移動しながら、青森や木曽、名古屋、岐阜などの地を撮影するとある[44]。また、『活動写真雑誌』1918年5月号には、次のように記されている。

> 桑港のフヰルム業者ロスケー君一行二十余名が約六ヶ月を日本に費し、東京は申すに及ばず日光、軽井澤、日本アルプス、長良川の鵜飼、京阪、須磨明石、厳島等の名所、九州の諸景、富士箱根、よ□北は北海道に渡り、アイヌの熊踊りに至るまで殆んど一萬呎の映画を撮影し、帰米の途次布哇に立寄り、同地の名所古跡を踏破撮影中なりと云ふ[45]
>
> 　　　　　　　　　　　　　　　　　　　　　　　（□＝不明文字）

上記の名所は、厳島以外すべて『ビューティフル・ジャパン』の中に確認できる。

『ビューティフル・ジャパン』は、ところどころ演出が施されている点で、『経過中国』とは大きく異なる。前者には、アメリカ人の観光客が日本という異国の地を旅する、という設定が仕込まれているのである。たとえば宮城の塩釜の場面は、松島行の船に乗ろうとしたアメリカ人旅行客が日本の娘たち

---

43) Ramona Curry, Part Two, p. 177.
44) 「大正六年回顧録 活動界の来朝者　ビー、ブロドスキー及エファーソン両氏」『活動之世界』活動之世界社、1918年1月号、28頁。
45) 青山雪雄「米国活動写真の都より（一〇）」『活動写真雑誌』活動写真雑誌社、1918年5月号、24頁。

第 4 章　ベンジャミン・ブロツキーの軌跡

とうっかり話し込んでしまい、船に乗り遅れ、代わりに人力の小舟に乗って松島巡りをするという簡単な筋がある。ほかにも、和装したヤンキー娘が鹿にエサをやったり、お参りしたりする場面もある。観光客を演じるアメリカ人のジェスチャーは大げさで、非常にわざとらしい。こうした演出は『経過中国』にはない。『経過中国』はあくまでも、西洋人であるブロツキーの目から見た、物珍しい中国の風景や風俗を記録しているにすぎない。だが、『ビューティフル・ジャパン』には、アメリカ人の観光客を登場させることで、映画を見る観客を、映画が描く虚構の日本に引き込もうとする意図が見え隠れする。

『ビューティフル・ジャパン』は、アメリカで『経過中国』のような反響を生むことを期待されたが、それは期待外れに終わる。東洋フィルム会社とブロツキーは、アメリカにおける映画配給に本格的に乗り出すべく、ゴールデン・ゲート・アベニュー100番地にサンライズ映画会社（Sunrise Film Manufacturing Company）を設立する[46]。そして1918年11月、ブロツキーは、栗原トーマスとともに、東洋汽船の船で横浜からサンフランシスコに向かう[47]。『ビューティフル・ジャパン』と短編喜劇『後藤三次』 *Sanji Goto*（邦題『成金』）をアメリカで配給するためである。アメリカのメディアは、サンライズ映画社がアメリカで日本映画を配給する予定であると報じる。だが、じっさいに公開されることはなかった[48]。『ビューティフル・ジャパン』の一部を1巻の短編にした『YWCAと行く日本旅行』 *A Trip Through Japan with the YWCA* がオークランドなどのYWCAにて無料で上映されただけであっ

---

46) "Sunrise Film Company Ready Soon," *Moving Picture World*, 1919 Jan 18, p. 378. 青山雪雄「米国スクリーン月報：サンライズ映画会社の事務所ブロツキ及栗原紐育行」『活動写真雑誌』活動写真雑誌社、1919年6月号、67-68頁。
47) 「大正七年活動界回顧録」『活動之世界』活動之世界社、1919年1月号、20頁。
48) "Brings Oriental Films," *Variety*, 1919 Mar 28, p. 73. "Japanese Films to Be Released Soon," *Moving Picture World*, 1919 Mar 29, p. 1820. "San Francisco Facts," *Billboard*, 1919 Feb 1, p. 37. "Ben Brodsk Visits New York," *Moving Picture World*, 1919 Mar 8, p. 1366.

た[49]。1919年6月、ブロッキーは、アメリカの観客向けに映画を編集し直し、再度、配給を試みる。だが、それも失敗し、結局、彼は東洋フィルム会社との約束を果たすことができなかった。

1920年2月2日、ブロッキーはすべての権利を東洋フィルム会社の社長淺野良三に譲って横浜をあとにする[50]。日本の映画としては異例の歳月と費用をかけて製作された『ビューティフル・ジャパン』は、東京の帝国ホテルで華々しく披露されたものの、本来の目的であるアメリカ公開は果たされなかった。淺野とブロッキーは決裂し、ブロッキーは日本を去る。そして、そのとき彼がアメリカに持ち帰ったであろうフィルムが、現在のわれわれが見ることのできる『ビューティフル・ジャパン』だと考えられている[51]。

『ビューティフル・ジャパン』の失敗についてブロッキーは、自身の日記に、不満を記していた[52]。日本の素晴らしさを宣伝したい東洋フィルム会社やその関係の役人らと意見があわず、思い通りに作れなかったというのである。この記述を根拠に、アメリカの研究者であるカリーは、日本の資本家や役人が、日本を西洋に誇れる国に見せようとしすぎて、製作にあれこれ口を出し、東西比較を好むブロッキーの演出を封じて、映画をつまらないものしたと述べている。そして、そういった誇れる日本を宣伝するつまらない映画がアメリカで受けるはずもなく、逆に、東洋人を差別するアメリカ人の反感を買ってしまい、配給できなかったと分析する。

確かにカリーが指摘するように、『ビューティフル・ジャパン』には、『経過中国』のような東西の優劣を際立たせるような比較の構造はない。そしてそれが映画を単調にしてしまっているのは事実である。しかし、映画の受容差は、現在のわれわれが見て判断する映画作品の良しあしだけで決まるもの

---

49) Ramona Curry, Part Two, p.178.
50) Ramona Curry, Part Two, p.179.
51) ブロッキーは1920年2月に横浜を離れ、約2週間後、サンフランシスコに到着し、翌年にはロサンゼルスに引っ越す。
52) Ramona Curry, Part Two, pp.178-179.

第4章　ベンジャミン・ブロツキーの軌跡

ではない。映画が受容された時代や場所に大きく左右されるものである。とりわけ、世界戦争という大きな圧力が、多くの国の情勢や相互の関係を激変させていた時代においては、国や時期の違いが、大きな差を生みやすい。じっさい、第一次世界大戦下のアメリカにとって中国は、大量生産による余剰製品を売り込む期待のフロンティア市場であり、欧州に遅れをとったアメリカが、進出の機会を狙っていた大陸である。一方、日本は、閉鎖的でよそ者の入り込めない市場であり、アメリカ・イギリスに代わってアジアの海を支配し、対華二十一ヶ条要求を中国につきつけてアジアにおける存在感を増していた競合国である。当然、日本に対するアメリカの意識は、中国に対するそれと、かなり温度差があったと考えられる。ゆえに、ブロツキーが1916年から1917年に『経過中国』をアメリカに配給したときと、1918年から1919年に『ビューティフル・ジャパン』を配給しようとしたときでは、アメリカ人の反応が違って当然なのである。つまり、映画の受容差は、映画の作り方の違いやアメリカの東洋人差別だけで生じるものではないのである。

　このようにベンジャミン・ブロツキーの軌跡を辿るとわかるのは、その軌跡は、20世紀初頭のアジア太平洋地域における映画交渉の貴重な記録だということである。それはまた、激動する世界情勢とともに変容した映画流通と、その映画流通の影響を受けて大きく変わっていったアジア市場、そしてそのアジアにおける国による違いを浮かびあがらせる、ひとつの事例でもある。

7　小結

　19世紀末から20世紀初頭、世界の開港都市を結ぶ定期航路の発達は、遠く離れた国や地域との距離を縮め、モノや情報を以前よりずっと早く、世界の果てまで届けることを可能にした。19世紀末に発明された映画も、そういった船のネットワークによって世界各地に運ばれた。映画の世界流通網の形成と海運の発達は、非常に密接な関係にあったのである。

　映画が国境を越えて流通しはじめる頃、イギリスは世界一の海運力を誇っ

第2部　東洋汽船の映画事業──映画産業と近代アジア

ていた。そのため映画流通網は最初、イギリスを中心に形成されることになる。当時、映画のおもな製作国は、フランス、イタリア、デンマーク、ドイツなど欧州諸国とアメリカであった。それらの国で生産された映画は、海をわたってロンドンに集められ、そこから船で、世界の主要な開港都市へと搬送された。

　しかし、その流通の網目は世界中どこでも均等であったわけではない。20世紀初頭の航路は、大西洋とイギリス海峡がもっとも濃密であり、スエズ運河より東は希薄であった。航路が希薄な地域ほど、イギリス海運の支配は強かった。したがって映画は、イギリスから、その植民地にある開港都市──ボンベイ、カルカッタ、シンガポール、香港、上海、横浜などに運ばれ、そこからさらにアジア各地に送られた。このときアジアに運ばれた映画は、おもにフランスやイタリアなど欧州映画で、アメリカ映画は中古の短編映画がほとんどであった。しかも、その配給者は、アメリカの映画会社ではなく、パテ社など欧州の映画会社であった。

　アメリカ西海岸で映画交換業を営んでいたブロツキーが、サンフランシスコから直接、太平洋をわたってアジアにアメリカ映画を運んでいたのは、この状況においてである。その意味でブロツキーは、アジア太平洋地域におけるアメリカ直通の配給ルートを築いた先駆者といえる。とはいえ、ブロツキーは零細企業にすぎず、彼がアメリカからアジアに運んだ映画の量はさほど多くはない。

　アメリカ映画が大量にアジアで公開されるようになるのは、第一次世界大戦中、ユニヴァーサル社などの大企業がアジアに支店を開設するようになってからである。その頃から、アメリカの製作拠点は東部から西部に移り、世界の映画流通はアメリカを中心にまわりはじめる。その新しい動向を鋭く察知した日本の企業家は、自国の映画産業もハリウッドのような国家の一大事業に育成しようとする。その機運の高まりに、いち早く答えたのが淺野總一郎の東洋汽船である。当時、日本の海運業は世界第6位となり、アメリカやイギリスをおさえてアジアの海を支配していた。

第4章　ベンジャミン・ブロツキーの軌跡

　第一次世界大戦中、世界の映画産業の覇権は、欧州からアメリカに移った。とはいえ世界はいまだ流動的であり、世界の映画市場が戦後どうなるかは、まだ誰にもわからなかった。アメリカの目覚ましい躍進ぶりは、日本にも、そのチャンスがあるかのように思わせたとしても不思議はない。欧州の抜けたアジア市場に積極的に進出し、その市場を欧州の手から奪ったアメリカ、そのアメリカに映画を配給できれば、世界流通の新しい中心となったアメリカからアジアに映画を配給することも夢ではない。それほどまでに世界の映画市場はまだ流動的だったのである。船の淺野が、東洋フィルム会社をへて、より本格的な大正活映を設立するのは、日本もまだそんな夢を見ることのできる時代であった。1910年代とは、アメリカや欧州はもとより、日本にとっても、さまざまな可能性を想像する余地のある時代であったのである。

第5章　ベンジャミン・ブロツキーの製作した2つの紀行映画

　ベンジャン・ブロツキー（Benjamin Brodsky）は1912年から1920年まで中国と日本に移り住み、それぞれの国を紹介するための紀行映画を製作している。『経過中国』*A Trip Through China*（1912-1915年製作）と『ビューティフル・ジャパン』*Beautiful Japan*（1917-1918年製作）である。これらの映画は、世界映画産業の草創期におけるアメリカと中国そして日本との関係を

アメリカの映画業界誌が掲載したブロツキーの写真。キャプションには「東洋映画界の大実業家B・ブロツキー氏」とある（Hugh Hoffman, "A Visitor from the Orient," *Moving Picture World*, 1912 May 12, p.620.）

第2部　東洋汽船の映画事業——映画産業と近代アジア

示す重要な事例であり、20世紀初頭のアジアの風景や風俗を記録した大変貴重な映像史料である。ここでは、それぞれの映画の特徴を明らかにするため、各映画を、いくつかのシークエンスに分け、そのシークエンスを構成する主要な場面を解説する。それによって2つの映画の類似点とともに、製作意図や出資者、製作国、撮影技師などスタッフの違いから生じたであろう相違点が見えてくるだろう。

第1節　『経過中国』*A Trip Through China*
（1912-1915年製作）

　まず、『経過中国』の特徴から明らかにしておこう。『経過中国』は中国の主要都市とそこで暮らす人々を紹介する目的でベンジャミン・ブロツキーが1912年末から1915年にかけて製作した映画である。ブロツキーは、香港や北京、広東、蘇州、上海、杭州、南京、天津、東北部などを旅して中国各地を撮影した。許可がなければ撮影できなかった紫禁城や袁世凱の4人の子供たち、北洋軍閥の行軍演習、変貌しつつある都市、市井の労働風景、西洋なぞまるで関係ないかのごとく牧歌的に暮らす農村の人々などが、激動する中国の広大な領土に散在していた、さまざまな政治や経済、社会、文化の痕跡として写し撮られている。

　中国は民族構成が複雑で国土も広いため、地域によって生活や風俗にかなりの差がある。たとえば、労働者の家は、南部では竹の家や船の家であるが、北に近づくにつれ、木やレンガの家となる。家の形も、屋根のかたちも異なる。また、西洋人やインド人、日本人が特権的に暮らす都市もあれば、中国人しかいない都市もある。その中国人も、季節は同じでも、地域によって着ているものがかなり違う。そういったさまざまなコントラストが、この映画を視覚的に興味深いものにしている。

　『経過中国』は、中国のことをよく知らない西洋人の目線で中国を記録した映画である。地名が間違っていたり、西洋の概念を強引に中国に当てはめて

第5章　ベンジャミン・ブロツキーの製作した2つの紀行映画

いたりするのは、そのせいである。この映画には、中国にはまだ水道も蒸気も、加工食品や近代的な道具もなく、男性と女性が差別されているといった字幕が挿入される。その字幕に着目し、そこに西洋の東洋に対する優越的な視線を指摘し批判することも可能であろう。しかし、20世紀初頭にアジアを旅した西洋人のこうした批判は、これまでも繰り返し主張されており、それと同じ主張のために、この映画まで引き合いに出す必要はなかろう。

　『経過中国』を論じるうえで重要なのは、この映画が20世紀初頭の中国各地を撮影した史的資料である点である。帝政清国から共和制中国へ移行する途上の中国、すなわち、辛亥革命で清国が崩壊し、袁世凱が臨時大統領になって、世界大戦の混乱に乗じて、中国の帝政を復活させようと野心を抱くものの、日本がつきつけた対華二十一ヵ条要求のせいで信頼を失っていく時代の中国と、その中国に生きた人々の姿を、上から下まで、南から北まで、幅広く捉えているがゆえに大変貴重なのである。

　『経過中国』は、「20世紀初頭の中国」という、空間的時間的に広がりのある捉えどころのない全体を、断片的なイメージの束として、スクリーン上に浮かび上がらせる映画でもある。いかに映像を駆使しようとも、ある時代の中国に存在する空間と時間のすべてを捉えることはできない。だが、この映画は、その広大な中国を断片的に記録し、それを完全な時系列ではなく、ときどき時空を無視してダイナミックにモンタージュしている。そこには、西洋と見まごうがごとき都市の風景もあれば、昔ながらの水上生活者の風景もある。競馬に興じる西洋人もいれば、灌漑のため素足でペダルを踏む人々もいる。奴隷や罪人もいれば、満族の花嫁もいる。西洋と東洋が鮮やかに対比されている空間もあれば、うまく共存している空間もある。九龍の狭い路地もあれば、北京の堂々たる紫禁城もある。こうした中国各地を記録した多様な過去の断片的なイメージが、接合され、次々と映し出されることにより、さまざまな差異を含んだ、広大な中国のイメージが想像的に創り出されるのである。

　この映画の撮影は、ブロツキーがニューヨークでスカウトし、香港に連れ

第2部　東洋汽船の映画事業——映画産業と近代アジア

てきた撮影技師R・F・ヴァン・ヴェルツァーか、彼が育てた撮影技師によるところが大きいと考えられる。ヴェルツァーは、1913年末から1914年の春まで香港に滞在し、撮影だけでなく、フィルムの現像や字幕の作成、編集などにたずさわる。特徴のないショットの連続する『ビューティフル・ジャパン』と比べて、『経過中国』の撮影は、たとえば構図やアングル、ショット・サイズの選び方や移動撮影のやり方などにおいて際立っており、見ごたえがある。

　現在、『経過中国』は台湾国家電影中心に保管されている。ただし、その映画は、ロサンゼルスで見つかったフィルム缶を、同時代資料を参考にしながら、もっともな順番でつなぎあわせたものにすぎない。したがって、中国の南部から北部へ旅をするという薄い筋もそれが当時アメリカで公開された『経過中国』と同じかどうかはわからない。

　しかし、そもそも『経過中国』は、最初から『経過中国』という唯一の作品を作ろうとして作られた映画ではない。編集パターンを解析するに、この映画は、機会あるたびに撮りためられたフッテージを、機会あるたびに編集し短編として製作し、それをアメリカ公開のために『経過中国』という名のもとに寄せ集めたにすぎないと考えられる。いわば『経過中国』とは、中国各地を題材にした数々の短編映画を総称する名前であったといえよう。

第5章　ベンジャミン・ブロツキーの製作した2つの紀行映画

『経過中国』A Trip Through China（1912-1915年製作）のシークエンス説明

　ここでは『経過中国』A Trip Through China（1912-1915年製作、107分）の全編のシークエンスについて説明を施すが、以下の点について注意されたい。

　シークエンスの表記方法：
　　一、まずは、アルファベット連番、〈シークエンス名〉、おおよその時間を記載。
　　二、次に、〈シークエンス〉の主要な主題、字幕（要約）、ショットを羅列。
　　三、最後は、〈シークエンス〉の解説を付記。

『経過中国』A Trip Through China（1912-1915年製作）のシークエンス説明

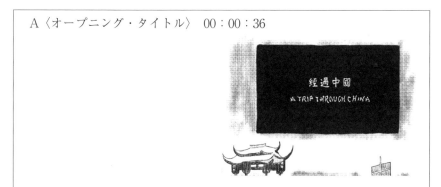

A〈オープニング・タイトル〉　00：00：36
B〈香港・九龍〉　00：00：45　開始字幕なし、中間字幕あり
豪華客船（煙突3本）がヴィクトリア港へ接近 字幕：香港の美しい広場のひとつ、銀行や政府の建物、ヴィクトリア女王50年記念像 スタチュー・スクエア（旧最高法院、テミス像、ヴィクトリア女王像）、人力車、身なりの良い人々

第 2 部　東洋汽船の映画事業——映画産業と近代アジア

字幕：ビジネス街は港のあたり、白人の居住地は丘の上
ビジネス街の西洋式建築物、二階建てトラム、往来の人々、電柱、街燈、地元商店街、ごみごみした建物

字幕：丘を登るトラム
ヴィクトリア・ピークを登るトラムから見える風景、香港の眺望俯瞰、運行するトラムの側面にしがみつく長衣を着た中国人

字幕：ピーク・ホテル
ピーク・ホテル、香港港全景の俯瞰パン・ショット、渡し船の乗り場、下船する中国人や西洋人

字幕：九龍は 9 つの龍という意味である
九龍、インド人の労働者

字幕：観光客の投げた 1 セントを拾おうとして中国人の子供たちが川に飛び込む
川で遊ぶ子供たち

字幕：聾唖者のための宣教師の家
聾唖学校、そこで暮らす子供たち

字幕：石切り島
昂船洲

第5章　ベンジャミン・ブロツキーの製作した２つの紀行映画

字幕：3000年前に作られたヒルサイドの墓地、2,000人の中国人が生埋めにされた
墳墓（唐墓）

【解説】
　香港は1842年、南京条約によりイギリスの永久領土とされ、1997年に返還される。西洋建築物の建ち並ぶ風景は、20世紀初頭の日本よりずっと近代的である。巨大な宮殿のような石造りの建物、まっすぐの広い道路、敷地を囲む鉄柵、整えられた庭木、銅像、街燈、二階建てトラム、地元住民の小ぶりな４階建てのビルなどなど、都市全体が西洋を模して設計されている。
　外観だけでなく、聾唖学校のように教育システムも導入され、価値観も西洋化されている。聾唖学校のシーンでは、白い服と帽子をかぶった西洋人の女性教師とおぼしき人物と、彼女を補佐する中国人女性の姿も見られる。こうした学校は宣教師などの手により建てられた。
　『経過中国』には、高い場所から都市の全景を眺望するパン・ショット（左から右へ移動）が何度も使われている。香港ではシークエンスの後の方に使っているが、北京や天津、蘇州などほかの地域では、開始字幕の直後に使っている。ブロツキーが撮影を開始したのが香港であることから、香港で試みた手法がのちに繰り返し使われ、パターン化したと考えられる。
　川で遊ぶ子供たち、聾唖学校、墳墓（唐墓）のショットは、この映画に何度も登場する。字幕があるのは香港だけであることから、香港以外は、すべて香港の撮影フッテージを再利用していると考えられる。とくに墳墓のショットは、九龍・澳門、南京、北京のシークエンスでも使われている。これらのショットは、それぞれの地域を紹介する映画の最後を示す句読点として使われた可能性もあるだろう。

359

第2部　東洋汽船の映画事業——映画産業と近代アジア

C〈北京〉　00：10：45　開始字幕なし

北海の船着き場に到着する屋根付きの渡し船、下船する人々、北海の眺望俯瞰、北海の景観、入場許可証、北海の庭、袁世凱写真、北海の庭、回廊、庭園、広場、行進する北洋軍閥

字幕：袁世凱の4人の息子にインタヴューをするブロツキーと家庭教師のYatsen C. Yen
袁世凱の息子たち（3人目は第六子の袁克桓か）、練兵、行軍演習、兵士の体力訓練、高官たち

ストップ・アクションのエンドタイトル（上段左から「CHINA CINEMA CO. LTD.」、中段左から「港 HONG KONG 香」下段右から「中国製造影片有限公司」）

【解説】
　このシークエンスは北海と袁世凱の息子たちが撮影された大変貴重な映像である。入城許可証は1915年11月28日とあるため、撮影したのは、その日1日だけだったと考えられる。映っているのは、清国最後の皇帝である宣統帝にかわって新生中華民国の初代大総統となった袁世凱が、日本の対華二十一ヶ条要求を受け入れて国内の支持を失いつつも、皇帝に即位しようと準備を進めていた頃の北海であり、その袁世凱の4人の息子たちである。
　シークエンスCは、字幕がなく、渡し船が北海の九龍壁前の船着き場に到着する場面から唐突にはじまる。舵を取るのは中国の海軍兵か。下

第５章　ベンジャミン・ブロツキーの製作した２つの紀行映画

船する人々は長衣に綿入れの上着をきている者や軍服の者などであることから、身分の高い人々と思われる。

　北京は、このあともシークエンスＭとＯに登場する。シークエンスＭは地図入りの開始字幕ではじまり、シークエンスＯは中間字幕ではじまる。おそらく、すべて同じ頃に撮影されたのであろう。

　なお、ストップ・アクションのエンドタイトルはブロツキーが

1914年11月27日、九龍のネイザンロード34番地に設立した中国製造影片有限公司（China Cinema Co. Ltd.）のロゴタイプである。英語は左から右、中国語は右から左に文字が並べられている。

D〈広東〉　00：18：06　開始字幕（地図）、中間字幕あり

字幕：人口300万人、中国南部の都、大きな貿易都市
港の風景、寺社（護国佑民の扁額）、日没と同時に締まる街を囲う城壁の門、裕福な家、広東YMCA（半夜学堂）、傘をさして歩く人々、商店街、租界をつなぐ橋、ホテル・ヴィクトリア、アメリカ領事館

字幕：中国内陸地はチークやオーク、コクタン材が有名
河口の木材集積場、河口から陸上の集積場へ木を運ぶ労働者、木材を切り出し加工する労働者、加工した木材を運ぶいかだ船、破材を積んだ多くの船、いかだ舟　様々な方法で荷を陸揚げする労働者

字幕：中国では日本より大きな荷物を、より早く運ぶ
荷を陸揚げする労働者、一輪車、二輪車、日本から宣教師によって伝え

られた人力車など搬送風景

字幕：アメリカの革製品が入った大きな荷物、人間の労働力は馬より安い
租界の海岸通り、石造りの西洋建築群や大通りを往来する人々、一輪車や人力車で荷物を運ぶ人々、路面電車、租界の海岸通り

字幕：南京通り、上海の「ブロードウェイ」
南京通り、往来する人々、人力車、自動車、港近くの公園で集う裕福そうな日本人や西洋人、インド人

【解説】
　広東のシークエンスは、香港同様、YMCAやホテル・ヴィクトリア、アメリカ領事館など近代化の進んだ開港都市の風景からはじまる。しかし、その都市の風景において描写の中心となるのは、素朴な方法で、せわしなく物を運ぶ労働者の姿である。大きな荷車を肩車して運ぶ人、身の丈ほどの巨大な荷物を一輪車の片方にのせて器用に左右のバランスをとりながら運ぶ人、タクシーのように一輪車に人間を乗せて走る人などである。同時代の新聞によればアメリカの都市生活者は、そのような人力がすべてである旧式な運搬や労働の方法に興味を引かれたという。アメリカ商務省の報告にあるように、大量生産の時代に突入したアメリカが、その生産物の輸出先として可能性を秘めた中国市場に、大きな期待を寄せていたであろうことは想像に難くない。

第5章　ベンジャミン・ブロッキーの製作した2つの紀行映画

E〈蘇州〉　00：32：56　開始字幕、中間字幕あり

字幕：公園から見た、混雑する蘇州の入江
入江を埋め尽くすサンパン（木造船）

字幕：中国人は貧乏で帆を買えないから筵を使う
サンパン

字幕：中国の女性は男性と平等に働く権利がある
櫂を使って舟をこぐ女性、水上生活者、青果市場

字幕：アメリカ人は缶詰の果物や野菜を好むが、中国人は柔らかいサトウキビを好む
青果市場

字幕：自称108歳の靴職人
路上の靴職人

字幕：中国の罪人たちは、死ぬことは許されず、一生、厳しい重労働を課せられる
鎖につながれて荷車を引く中国人の罪人たち、それを監視するインド人の警察たち

【解説】
　『経過中国』には、蘇州と名づけられたシークエンスが2回登場する。シークエンスEとHである。両方とも、人々の生活は、香港や上海のよ

第2部　東洋汽船の映画事業——映画産業と近代アジア

うには西洋化されていない。水上生活者がおもに撮影されている。それぞれ船のかたちが異なる。蘇州や無錫あたりで撮影されたのであろうか。

　アメリカの公開時に観客がとくに注目したのは、手と足の両方を使って漕ぐ船、水上生活者の労働や生活、船で移動する水上カフェなどである。このシークエンスでブロツキーは、ジェンダーや食事、刑罰などを例にあげながら、東西文化の違いを強調している。おそらく、そういったわかりやすい比較が、アメリカ人観客の興味を引いたのであろう。

　このシークエンスは、西洋とはまるで無縁の風景の連続であるが、中国に進出していた西欧列強の影を見いだすことも可能である。たとえば、中国人の罪人が重労働する場面では、罪人たちの背景に西洋式の大型船が見える。そしてその罪人はインド人によって監視されている。インド人は、大英帝国の植民地であるインドから連れてこられたクーリー（苦力）で、中国ではイギリスの代理人として中国の罪人を管理していた。

F〈上海〉　00：37：49　開始字幕、中間字幕あり

字幕：数百万人の中国人が暮らす海上都市・上海が台風で破壊される前
水上生活者、船の上に竹で骨組みを作り蓆をかぶせただけの簡素な家が密集

字幕：大きな台風がすべて破壊し、150万人の中国人が溺死
水上生活者、香港の聾唖学校、台風後の上海の惨状、なぎ倒された大木、海岸に打ち上げられた流木などのガラクタ
広東のYMCA、傘をさして歩く人々

第 5 章　ベンジャミン・ブロツキーの製作した 2 つの紀行映画

北京の清華学堂（現在の清華大学）の正門前をラバで移動する人々、正門、校舎、校舎前に集まる西欧人教師（アーサー・リチャードなど）と中国人学生
広東の公園に集う日本人、西洋人、インド人
香港の競馬クラブ、着飾った西洋人たち
広東のYMCA運動会、それを見物する西洋人と中国人

字幕：女性は男性より劣ると考えられている中国では、見物席が男女と別である
女性専用の見物席とそこにいる女性たち

【解説】
　1915年の上海台風の被害を報告するシークエンスである。台風の前と後に撮影されたショットを比較している。台風の前、上海の港は水上生活者の船が密集している。だが、台風の後、バンド（外灘）の大木がなぎ倒され、港は瓦礫で埋め尽くされている。壊滅的な被害を受けたことがわかる。
　注目したいのは、上海の風景のあと、香港の競馬場や広東のYMCAなど中国に住む西洋人のコミュニティのショットが続く点である。おそらく在アジアの西洋人に見せるために、上海台風の被害状況に、香港や広東で以前撮影したフッテージを混ぜ入れて、時報のような短編映画を製作したのであろう。そしてそれが、のちに『経過中国』に組み込まれたと考えられる。

G〈杭州〉　00：44：27　開始字幕、中間字幕あり

字幕：マルコポーロがニネベやチュロスと比べた素晴らしい古代都市、人口100万人

第2部　東洋汽船の映画事業——映画産業と近代アジア

寺廟で崑曲を見る人々、楼閣にぎゅうぎゅう詰めの観客

【解説】

　中国では寺の縁日（廟会）が開催される時に劇団がやってきて劇を上演した。崑曲は蘇州一帯で演じられていた中国の演劇である。このシークエンスでは、舞台上の崑曲とそれを見物する人々が映し出される。

　シークエンスの最後は、字幕が示されるものの、それに該当する場面はない。このことから杭州シークエンスは、もともと、これより長かったのではないかと考えられる。整合性のない字幕の接合は、このシークエンスが、その長い撮影フッテージの中から崑曲の場面だけを抜き出して再編集したものであることを物語っている。編集前の撮影フッテージにはおそらく、縁日に集まっていたであろう、大道芸などのさまざまな見世物も撮影されていたと考えられる。

H 〈蘇州〉　00：45：46　開始字幕（地図）、中間字幕あり

字幕：蘇州、中国のベニス、大工業地帯のひとつ。シルク産業の中心
蘇州の街並み俯瞰、仏塔（報恩寺北寺塔か）、街中をロバで散策する旅行者、太平天国の乱で破壊を免れた寺廟（玄妙観か）

字幕：蘇州は中国のベニス、とはいえ中国の船頭は唄わない
蘇州の橋をくぐる舟

第5章　ベンジャミン・ブロツキーの製作した2つの紀行映画

字幕：蘇州を称える諺「生在蘇州、住在杭州、喫在広州、死在柳州（この世の幸せは、蘇州で生まれ、杭州に住み、広州で食事をして、柳州で死ぬ）」

字幕：中国では手と足の両方で漕ぐ
手と足で漕ぐボート

字幕：石頭男
頭で何かを割っている大道芸人の男

字幕：路上の床屋
辮髪の髪結い、火を使った顔のムダ毛処理、耳かき
鵜飼い

【解説】
　字幕には「蘇州」とあるが、映像は、蘇州だけでなく、広州や無錫の風景も含まれている。また、開始字幕の地図上にある矢印は、蘇州ではなく杭州の場所を示している。ブロツキーらは、この辺りの地理を正しく認識していなかったようである。
　『経過中国』は、『ビューティフル・ジャパン』と比べて、その構図やカメラ移動、人物の捉え方、対比の鮮やかさなど、多くの点で美的である。それはおそらく、ブロツキーがアメリカから連れてきた撮影技師のR・F・ヴァン・ヴェルツァーか、もしくはヴェルツァーが教育した撮影技師によるところが大きいと考えられる。
　鵜飼の場面は、『経過中国』がアメリカで公開されたさい「最も興味深い」と評された。『経過中国』には、その鵜飼の場面が繰り返し登場する。それはおそらく、鵜飼の場面が観客の興味を引くことに気づいたブロツキーが意図的に挿入した結果であろう。このことからも、『経過中

第 2 部　東洋汽船の映画事業——映画産業と近代アジア

国』のおもな観客は西洋人であったことがわかる。

I 〈南京〉　00：51：44　開始字幕、中間字幕あり

字幕：南京、江蘇省の首都、大規模工業都市、鉄道網の中心
川を行く船、二胡を売る行商人、占い師、人力による田畑の灌漑
墳墓（唐墓）

【解説】
　シークエンスIは、香港や広東、北京、蘇州のシークエンスと同じく、川に浮かぶ船のショットではじまる。しかし、ほかのシークエンスと違って、ここには船が港に到着するショットが含まれていない。そのため「船が観光地に到着し、これから見物をはじめる」という意味が生まれない。

　人力による灌漑の場面は、アメリカ公開時にとくに関心が集まった場面のひとつである。電気も水道も機械もなく、ほぼ全裸の労働者が裸足でペダルを踏んで田畑に水を流し込む中国の農業は、産業革命後の大量生産時代を生きるアメリカの観客に、近代化の遅れている国という印象を抱かせたであろう。ブロッキーも、そういった印象を西洋の観客が抱くであろうことを期待して、このショットを撮ったと考えられる。

J 〈九龍・澳門〉　00：53：18　開始字幕、中間字幕あり

字幕：九龍は香港島の反対側にある、先住民が暮らし働く場所
九龍の街路を行き交う人々、鶏、豚

第５章　ベンジャミン・ブロツキーの製作した２つの紀行映画

字幕：釘を使わず竹で建てた中国の映画館、立見で5,000人収容、空腹になるまで居座る
竹の骨組みと薄い板の壁、藁ぶき屋根の建物、建物の前の簡易食堂（調理道具は天秤棒で運ぶ）、石の切り出し、天秤で石を運ぶ労働者

字幕：澳門に参拝にいく人々
波止場、続々と船からおりる参拝者、供養物を売る店、媽祖廟（海の神様）へと続く道、途切れることのない参拝者、廟内の様子

字幕：爆竹は悪魔祓い
爆竹作り

字幕：中国人はギャンブル好き、ポルトガル政府に莫大な収入をもたらす
雀荘の外観、麻雀をする人

字幕：海賊から船を守るパトロール船
船（煙突２本）、短剣の大道芸人、船（煙突１本）

字幕：華麗な仏塔、数百年前に建設、「華麗な王国」に幸運をもたらす
蒸気船から見た仏塔

字幕：世界では蒸気や電気で動かすが、中国では日雇い労働者の人力で動かす
人力の船いろいろ

第2部　東洋汽船の映画事業──映画産業と近代アジア

字幕：中国の浚渫機は４気筒、すなわち女性３人と少年１人で動かす浚渫機

字幕：中国ではカフェに行くのではなく、向こうから客のところにやってくる
飲み物を売りにくる小舟

【解説】
　シークエンスＢが墳墓（唐墓）で終わっているのに対し、シークエンスＪは墳墓からはじまる。またシークエンスＢの末尾に九龍のショットがあり、シークエンスＪの冒頭にも九龍のショットがある。画面に映る人々の服装から、両方とも冬に撮影されたことがわかる。こういったことから、シークエンスＪは、Ｂの後ろに続いていた可能性が高い。
　シークエンスＢとＪは、鮮やかな対比をなす。イギリスに割譲され西洋化された香港を映し出すシークエンスＢに対し、Ｊは、西洋化されていない九龍や澳門の生活や風俗が示される。狭く曲がりくねった街路、竹製の劇場、路上レストラン、宗教、爆竹、麻雀、大道芸人、仏塔、人力船、水上生活者などのショットが続く。ブロツキーの中国における活動拠点が香港であったことから、ほかの地域と比べても香港の映像には厚みがある。

Ｋ〈天津〉　01：02：13　開始字幕（地図）、中間字幕あり

字幕：天津、天国への港、人口80万人、1860年に開港。北京と鉄道でつながる、塩の取引が盛ん
天津の眺望俯瞰、外敵の侵入を知らせる鐘、温麺を食べる子供たち

字幕：中国人は温かいものは健康にいいと信じている

第5章　ベンジャミン・ブロツキーの製作した2つの紀行映画

おかゆを食べる子供たち、温麺を食べる子供たち

【解説】

　天津のシークエンスを皮切りに、中国の北部が紹介される。天津の街を眺望する俯瞰ショットは、水上生活者の南部とは違い、しっかりした屋根の家が密集している。天津のシークエンスは、短く、とりたてて注目すべきものはない。しいていえば、中国では温かいものを食べるという食文化が紹介されている程度である。

　ブロツキーが意識して撮影したかどうかは定かではないが、土地のやせた中国北部では小麦が、土地の肥えた南部では米が主食であった。シークエンスJ（九龍）の路上レストランで子供たちが米を食べているのに対し、天津では麺を食べているのは、それゆえである。グローバル化により食文化の差が薄れた現代とは異なり、20世紀初頭の中国には、その地域差がはっきりとあった。そしてその差は、ブロツキーの意識の外で、フィルムにきっちり記録されていたのである。

L〈満洲〉　01：04：53　開始字幕、中間字幕あり

字幕：満洲の（Manchu）金持ちの結婚式、招待客が花嫁の家に集まる、壁に立てかけた板は招待状
花嫁行列、輿に乗せられ大通りを通過する花嫁、着飾った花嫁

第2部　東洋汽船の映画事業——映画産業と近代アジア

【解説】
　このシークエンスは最初から最後まで豪華な花嫁行列の記録である。有力者の家から出た花嫁行列が花婿の家へと向かう。子供たちは結婚式の招待客を示す大きな板を抱えて歩く。中国の花嫁は結婚式の当日に花婿の顔を初めて見るなど、中国の上流階級における結婚式の慣わしが字幕で紹介されている。字幕には「満洲」とあるが、牛荘（Newchwang）と呼称された営口で撮影された可能性もある。

M〈北京〉　01：08：34　開始字幕（地図）、中間字幕あり

字幕：人口140万人、1409年から中国王朝の都、城壁が幾重にも重なる都市、真ん中に皇帝の住む紫禁城
北京の眺望俯瞰、鉄道の駅、密集した家々
城壁南西側、内城、外城、そして北京駅

字幕：城壁に作られた門に向かって進む
前門の大通りを南から北に移動。
牌楼をくぐり、正陽門を通過、奥に天安門

字幕：1900年の義和団の乱の時、
城壁が閉じられ外国公使館は守られた
正陽門の全景、門の前を行きかう人々

字幕：アメリカに中国が支払った義和団事件の賠償金の一部を使って1909年に創立された清華学堂
清華学堂の正門（上部に清華園の文字）、正門前をラバに乗り移動する

第 5 章　ベンジャミン・ブロッキーの製作した 2 つの紀行映画

人々

字幕：中国の学生は、数多あるアメリカの大学に留学する前にここで英語を学ぶ
清華学堂校舎、学長のアーサー・リチャード博士とその助手たち

字幕：ラクダは 1 年かけて茶やシルクをロシアやチベットに運ぶ
荷物を背負って街中を進むラクダの行列、将軍帽の「仁丹」の看板

字幕：葬儀の行列
白い喪服に身を包んだ葬儀の行列、装飾された棺を運ぶ労働者、郊外の野原に置かれた 3 つの棺桶
香港の墳墓（唐墓）、川で遊ぶ子供たち、聾唖学校

字幕：在中アメリカ大使ポール・レニッシュ博士とアメリカ公使館員C・D・テニー博士
アメリカ大使とアメリカ公使館員たち

字幕：北京の商工会議所
広場、香港の集会所の子供たち

【解説】
　北京のシークエンスは、香港のシークエンスと鮮やかな対比を成す。香港の場合、近代化された空間と過去を継承する空間が別々に、混ざり合うことなく並置されている。ヴィクトリア広場と九龍のショットが入り混じることはないのである。しかも、九龍の場面は、尺数が短いため、まるで隔離された狭い地域であるかのような印象を生み出す。つまり、西洋の植民地支配する空間の片隅に、中国の固有の空間が追いやられて

いるかのような編集である。

　これに対し、北京のシークエンスは、近代化された空間と過去を継承する空間が交互に呈示される。たとえば西洋建築の駅舎の次に、伝統的な建築様式の正陽門、続いて洋風の清華学堂、伝統的な葬礼装束をまとった葬列と続く。つまり、北京のシークエンスは、万里の長城から続く伝統のなかに、西洋的なものを織り込んでいる、といった映画空間の作り方なのである。

　字幕にラクダが「シルクロード」に向かうとあるが、20世紀初頭の中国では「シルクロード」はまだ一般的な言葉ではない。このことからも、この映画がブロツキーら西洋人の目線で、彼らの智識のフィルターを通して、製作されていることがわかる。

　このシークエンスでも、最後に香港のシークエンスと同じショット——墓、川で遊ぶ子供たち、聾唖学校——が登場する。前述したように、これがブロツキーの好んだ映画の終わり方であったとすれば、この編集スタイルの登場する数だけ、ブロツキーは短い映画を製作していた可能性がある。

　なお、明の永楽帝は、1406年に北京の宮殿の改修工事に着手し、1409年から北京に滞在し始めるが、北京が正式に明の都になるのは1421年である。映像の字幕では、永楽帝が北京滞在を開始する年と遷都する年が混同されている。

N〈全国のショットをモンタージュ〉　01：16：24　＊ここから字幕がなくなる

　香港の豪華客船（3本の煙突）、満洲の花嫁行列、南京の灌漑、蘇州の鵜飼い、北京の前門、広東の荷物を運ぶ人々、杭州の寺廟で崑曲を見物する人々、波打つ海、上海台風の被害、吉祥画を売る店、広東の木場、北京の城壁基礎工事、蘇州の手と足でこぐ舟、打ち寄せる波、蘇州の手と足でこぐ舟、北京の城壁基礎工事、天津の眺望、香港の眺望、香港の4階建てのビル群と2階建て電車、身分が高い人の墓（明陵か）左半分、

第5章　ベンジャミン・ブロツキーの製作した2つの紀行映画

広東の鐘、広東の裕福な家、明の十三陵（明代の皇帝の墓）の長陵の稜恩殿、蒸気船（煙突1本）、香港の仏塔、紫禁城の鶴、香港の船式カフェ、紫禁城の石灯籠、香港の聾唖学校、南京の川、観客でぎゅうぎゅう詰めの杭州の楼閣、頤和園の長廊、鐘、稜恩殿、万里の
長城、頤和園の仏香閣、故宮（太和殿）、3つの棺、広東YMCA、故宮（太和殿）、上海の傾いた船、満洲の花嫁行列、広東の寺院（護国佑民の扁額）、石の上に立つ人々、香港のインド人労働者、傾いた船、墳墓（唐墓）、広東の木材労働者、杭州の観劇の群衆、身分が高い人の墓（明陵か）右半分、寺院、広東YMCA、広東の裕福な家、寺院、砦、澳門の船着き場で供養物を売る店、石、木材、南京の占い師、故宮太和殿前の龍の彫刻が施された石段、北京前門の眺望、鳥の調教、北京の雑踏、正陽門、鳥の調教、北京前門から見た正陽門、北京の雑踏、正陽門から見た天安門（手前）と故宮（奥）、正陽門から見た前門、青華学堂、北京の雑踏、正陽門の基礎部分、鳥の調教、青華学堂、北京駅

【解説】
　このシークエンスには字幕がまったくない。ほかのシークエンスのショットを短く切り刻んで脈絡なく接合しているにすぎない。しかし、別の見方をすれば、このシークエンスは、1912年から1915年の中国という、広大な空間と長い時間の中から、ランダムに高低、貧富、古新、南北といったさまざまな差異を含んだイメージを選び出し、寄せ集め、無秩序に接合しているがゆえに、その時代の捉えきれない中国全体のイメージを想像的に作りだしているともいえよう。
　既に述べたように『経過中国』において、こういった編集パターンは、

第2部　東洋汽船の映画事業——映画産業と近代アジア

映画の終わりを示す形式的工夫であったと考えられる。たとえば上海（シークエンスF）や北京（シークエンスM）がそうである。ただし、このシークエンスNは、ほかのシークエンスと比べて、この編集パターンの尺数が非常に長い。だとしたら、このシークエンスは、長編映画『経過中国』の最後を締めくくるためのシークエンスとして編集されたと考えることもできよう。

O〈北京〉　01：26：13　＊ここから再び字幕と映像が交互に入る

字幕：家に水道が通っていないので、中国人の大半は古い桶で水を運ぶ
井戸で水をくむ人々

字幕：鳥を調教する行商人
鳥を調教する行商人

字幕：紫の蓮池にかかる美しい大理石の橋
頤和園の十七孔橋

字幕：天壇、年に一度、皇帝が人々のために祈りをささげる場所
頤和園の万寿山と仏香閣（遠景）、頤和園の仏香閣（近景）

字幕：中国皇帝の昔の居城、初代皇帝らが即位した場所で4000年以上の歴史がある
明の十三陵の長陵の稜恩殿

字幕：中国皇帝たちの今の居城
太和殿

第5章　ベンジャミン・ブロツキーの製作した2つの紀行映画

字幕：美しい白い大理石の階段
故宮の太和殿、太和殿前の大理石でできた階段

字幕：階段中央は上から下まで、カーペットのように彫刻で装飾されている
龍の彫刻が施された階段、太和殿

字幕：鶴は中国の国鳥
銅で鋳造された鶴

字幕：北京から40マイル、有名な明の十三陵、13人の皇帝が葬られている、明は「華麗な王国」を統治した最後の王朝である
皇帝の陵墓へと続く神道、道の左右に神像が置かれている

字幕：明の初代皇帝朱元璋（元を打ち破り1368年に明を建国）を記念した大きな石造りの犬
石造りの獅子

字幕：明陵はエジプトのピラミッドのようなもの、様々な動物の像はそれぞれの皇帝の特徴を象徴する
立ち姿の獅子

字幕：立った象は強さの象徴
立ち姿の象

字幕：座った象は下の意見を聞く
有能な統治者の象徴
座姿の象

第2部　東洋汽船の映画事業──映画産業と近代アジア

武官の石像

字幕：万里の長城は紀元前250年頃、秦によって建造された
万里の長城
罪人の刑罰、鵜飼い、公園に集う中国人、粘土人形を作る北方の職人、鵜飼い

【解説】
　シークエンスＯが『経過中国』の最後のシークエンスであるとは到底思えない。現在、台湾国家電影中心に保管されているこの長編の『経過中国』は、ロサンゼルスで発見されたフィルム缶を、公開当時の同時代評をもとに再編集したものであり、現在の順番が、公開当時と同じとは限らない。
　北京のシークエンスＣに、製作会社である中国製造影片有限公司（China Cinema Co. Ltd.）のロゴタイプを使ったエンドタイトルがあるので、このシークエンスＣで終わる方が自然に思えるだろう。しかし、短いショットのランダムな積み重ねを映画のエンディング形式のパターンととらえるならば、シークエンスＮをこの映画の最後にする方が適切なのかもしれない。その場合、この『経過中国』には似たようなエンディング形式が複数散在することから、アメリカで公開した『経過中国』は、複数の短い『経過中国』の寄せ集めであった可能性が高いと考えられる。
　頤和園の十七孔橋の撮影場所は、頤和園昆明湖の西の湖岸であろう。ここから南西を見ると十七孔橋があり、北西を見ると仏香閣が見える。
　字幕で「天壇」とある映像は、天壇ではなく、頤和園である。字幕を作成するさい頤和園とすべきところを天壇と書き間違えたか、あるいは撮影旅行から戻って編集作業をしているときに天壇を撮影したつもりが、そのフッテージがなく、戻って撮り直すこともできないので、ほかのショットを流用したか、あるいは天壇と頤和園を同じだと思っていたのか、

第 5 章　ベンジャミン・ブロツキーの製作した 2 つの紀行映画

> いずれにせよ、獅子の石像を「犬」と記していることからも、作り手に中国にかんする知識はさほどなかったことがわかる。少なくとも、北京や蘇州などのシークエンスからは、中国の地理や文化に詳しい中国人は関与していなかったことが見てとれる。

(協力：台湾国家電影中心、二ノ宮聡、作画：杉原一光)

第2部　東洋汽船の映画事業──映画産業と近代アジア

第2節　『ビューティフル・ジャパン』 *Beautiful Japan*
（1917-1918年製作）

　『ビューティフル・ジャパン』は、1917年に横浜に設立された東洋フィルム会社が、海外に日本を紹介するために製作した観光誘致映画である。映画製作を依頼したのは、1912年に設立された半官半民の外客斡旋誘致組織、ジャパン・ツーリスト・ビューロー（のちのJTB）であった。この組織には東洋フィルム会社の出資者である東洋汽船も参画していた。製作責任者は、東洋フィルム会社支配人として香港から招喚されたベンジャミン・ブロツキーである。

　『ビューティフル・ジャパン』と『経過中国』は、製作の中心人物が同じブロツキーであることからも共通する点が多い。両方とも、アメリカおよびアジア在住の西洋人に「東洋」を紹介する目的で製作されている。扱う主題も類似しており、たとえば鵜飼や港の風景、荷車による運搬や灌漑など人力作業、労働したり食べたり遊んだりする子供や女性、市井の雑踏、花嫁や祭などの行列、運動会や大道芸人、演劇とその見物人、街の眺望俯瞰などが繰り返される。また、撮影の手法も、都市を紹介する最初のショットに、その眺望を俯瞰するパン・ショット、船や列車など乗り物にカメラを乗せた移動ショットをよく使う点も似ている。さらに、政府関係者との関係を築き、特別な撮影許可をもらって撮影するなど、製作方法も共通する。

　しかし、『ビューティフル・ジャパン』は、『経過中国』と異なる点も多い。もっとも根本的な違いは、前者に、日本をアピールするための演出が施されている点である。たとえば、日本の観光名所を撮影し紹介するだけでなく、着物を着て日本髪を結ったアメリカ娘が鹿に餌をあげたり、アメリカ人の夫婦が松島行の船に乗り遅れたりといった、アメリカ人の観光客を意識した設定の短い筋が用意されている。また、淺野セメントや淺野造船所、高島屋、鉄道など製作関係者の宣伝になるような場面がたびたび挿入され、近代化された日本を強調する字幕が挿入される点も、『経過中国』とは異なる。複数の先行研究が指摘するように宣伝の意図があからさまなのである。そしてそれ

第5章　ベンジャミン・ブロツキーの製作した２つの紀行映画

が素人くささを臭わす結果になってしまっている。ただし、当時の観客が、もしこの映画を見たとして、現代のわれわれと同じように思ったかどうかは、記録が残っていないため不明である。

　映画の構造も、似ているようで、まったく違う。それは、『経過中国』がほぼ直線的に南から北へ向かうのに対し、『ビューティフル・ジャパン』は東京を拠点に循環するからという理由ではない。そうではなく、『ビューティフル・ジャパン』には、『経過中国』のような時空を無視したダイナミックなモンタージュがないからである。つまり、地域ごとにショットは整然と並べられており、いきなり異なる土地のショットがモンタージュされることはない。情報を伝えるだけのニュースのような作品である。もちろん、日本の紹介映画としては、情報を整然と並べてしかるべきではあるが、作品としては面白みに欠ける。

　また、『ビューティフル・ジャパン』の場合、地域ごとの主題が設定されていない。たとえば『経過中国』ならば、杭州は崑曲の観劇、満洲は花嫁行列、北京は紫禁城と袁世凱の息子たちなど権力者と歴史的建造物が焦点化されている。花嫁行列は、満洲だけでなく、杭州でも撮影することもできたはずであるが、それはしていない。また、同じ行列でも、北京はお葬式の行列であり、満洲は花嫁の行列である。それゆえ地域の違いが明確になる。ところが『ビューティフル・ジャパン』は、奈良でも京都でも日光でも浜大津でも横浜でも、祭りの風景である。その結果、地域差が薄れてしまう。撮影も単調で、光と影の濃淡に乏しく、ぼんやりした印象の映像が延々と続く。要するに、主題的にも形式的にもメリハリがなく、そのためそれぞれの土地の印象が薄く、旅の大きな方向性さえ分かり難くなっているのである。

　字幕の使い方も両者には大きな違いがある。『経過中国』とは異なり、『ビューティフル・ジャパン』は、映像の前に、その映像を説明する字幕がほぼ必ず挿入される。しかも、字幕の内容は、映像の内容の正確な説明である。たとえば、字幕に村の大工とあれば、映像は作業する村の大工を映す。字幕に二重橋とあれば、映像も二重橋を映すという具合である。しかも、映像に

第2部　東洋汽船の映画事業——映画産業と近代アジア

よっては、字幕の指示対象を短いショットで提示するだけである。結果、似たような観光地が、似たようなスタイルで、映像と重複する字幕とともに、細分化されて呈示されることとなり、作品全体の起伏に乏しい、単調な繰り返しの強調された作品に仕上がっているのである。

　総じて、『ビューティフル・ジャパン』には、『経過中国』のような見事な対比——西洋と東洋、貧と富、都市と地方など——が希薄である。地域性を強調する主題が設定されていないことも、対比が弱まった原因であろう。また、こういった対比の弱さは、そもそも日本に、多民族の攻防といった豪快な歴史や、イギリスに割譲された香港のような西洋さながらの都市がないことも関係するのかもしれない。さらに、ブロツキーがいうように、東洋フィルム会社が、日本の近代化が遅れた印象を生む可能性のある表現を排除しようとしていたのだとすれば、なおのこと『経過中国』のような対比は生まれにくかったといえよう。

　唯一、この映画に『ビューティフル・ジャパン』という映画の題名にふさわしい見せ場があるとすれば、東洋汽船の進水式のショットである。そのショットは、美しい船とその底辺でうごめく小さな人間のコントラストが印象的なショットであり、巨大な鉄の塊が海へと放たれる瞬間のイメージは圧巻である。人間の小ささを強調しつつも、その小さな人間が巨大な船を作り、そしてその巨大な船が広い太平洋に放たれ、海の向こう岸にあるアメリカへと大海原をわたって向かっていく。これこそまさに、アメリカを強く意識しながら、東洋フィルム会社を設立した東洋汽船の志を象徴するショットであろう。

　『ビューティフル・ジャパン』には、第2章で述べたように、さまざまな視点が雑居している。まず、ジャパン・ツーリスト・ビューローの視点である。この映画にはビューローの『公式東亜旅行案内』に記載された名所名跡を撮影したショットが数多く含まれている。次に、ジャパン・ツーリスト・ビューローの構成員である省庁や企業の視点である。たとえば鉄道院の駅で行われる朝礼や森林を走る列車、淺野總一郎の経営による東洋汽船の進水式など

第5章　ベンジャミン・ブロツキーの製作した2つの紀行映画

がそうである。そして、ビューローの前身である貴賓会の視点である。訪日外国人を観光斡旋していた貴賓会の要綱に記載されている美術工芸や学校、工場などである。加えて、ブロツキーの視点もある。アメリカ人が日本を訪れたら、ものめずらしく思うであろう、日本の人々の生活や習慣が撮影されている。このように『ビューティフル・ジャパン』には、複数の視点が混在し、そのうえ、それぞれ似たり寄ったりであまり差がないため、映画全体がまとまりのない冗長な印象になってしまっている。

　この映画の撮影は、日本人の稲見興美とアメリカ人の撮影技師が、1917年から1918年にかけて分担撮影したものである。撮影者によって、構図のとり方や光と影の濃淡、奥行感、カメラワークなどが微妙に異なるようだが、美しいと思わせるショットはほとんどない。まるで作業を分担し、機械的に撮影した、といった態のショットもある。この映画には、いわゆる名所らしい典型的な構図のショットがほとんどない。名所を撮影し、名所として呈示したからといって、それが名所として観客の目に映るとは限らない。結果、『ビューティフル・ジャパン』では、名所に見えない名所の映像がただただ、あらわれては消えていくことになる。

　『ビューティフル・ジャパン』は現在、スミソニアン協会国立自然史博物館人類学フィルムアーカイブズに保管されている。35ミリフィルムが全部で9巻ある。フィルムは元駐日大使のローランド・モリスの遺族が寄贈した。おそらく、ブロツキーが横浜からアメリカに帰国するときに、もって帰ったものと考えられている。

第2部　東洋汽船の映画事業——映画産業と近代アジア

『ビューティフル・ジャパン』*Beautiful Japan*（1917-1918年製作）の
シークエンス説明

　ここでは『ビューティフル・ジャパン』*Beautiful Japan*（1917-1918年製作、132分）の全編のシークエンスについて説明を施すが、以下の点について注意されたい。

　シークエンスの表記方法：
　　一、まずは、アルファベット連番、〈シークエンス名〉、おおよその時間を記載。
　　二、次に、〈シークエンス〉の主要な主題、字幕（要約）、ショットを羅列。
　　三、最後は、〈シークエンス〉の解説を付記。ただし、複数まとめて解説する場合もある。

『ビューティフル・ジャパン』*Beautiful Japan*（1917-1918年製作）の
シークエンス説明

A〈オープニング〉　00：00：08
字幕：Beautiful Japan　T. F. K. 字幕：大日本帝国鉄道院の特別な配慮により撮影された 千輪仕立ての菊、和装の若い女性のオーバーラップ 

384

第5章　ベンジャミン・ブロツキーの製作した2つの紀行映画

B〈神奈川〉　00：01：00

字幕：千年のあいだ仏は人間を見つめ続け、次の千年には人間に見つめさせるという
鎌倉の大仏、農村の人々

【解説 A-B】
　まずはオープニング・タイトルがあらわれる。そのタイトルにあ

る扇子の中にT. F. K.と書かれているが、それは東洋フィルム会社（Toyo Film Kaisha）の頭文字である。次に、ブロツキーの「活動列車」のために、列車を提供した鉄道院に対する謝辞が述べられる。そして、国花であり天皇を象徴する花である菊の千輪仕立が映し出されて、そこに和装の若い女性がオーバーラップされる。さらに場面は鎌倉に移り、大仏、農村、農村の人々、子供たちと続く。要するに、大仏に見守られている日本国をブロツキーの「活動列車」が走って紹介する、というイメージで映画ははじまるのである。

第 2 部　東洋汽船の映画事業――映画産業と近代アジア

C〈東京〉　00：02：15

字幕：わらぶき屋根の家や狭い路が江戸（今の東京）の風情を残す
道路の基礎工事をする労働者

字幕：三番目の都で現在の都、60年間続いている、人口200万人
東京の眺望俯瞰

字幕：首都のスナップ・ショット、日本一周の旅がはじまる場所

字幕：九段からの景色
九段の坂道から見た都市の風景、皇居の二重橋、行進する近衛兵、皇居の城壁、水撒き車、荷車同士の口げんか

字幕：日本の主食は魚、野菜、果物
天秤の上の魚、魚を売る老女

字幕：信じないだろうけど、私も若いときは綺麗だったのよ
魚を売る老女、果物屋、青果市場の雑踏と荷車、小舟の集まる運河

【解説 C】
　東京は、ブロツキーの日本をめぐる旅の出発点として紹介される。まずは皇居と靖国神社のある九段下、次に労働者、荷車、青果市場、波止

第5章　ベンジャミン・ブロツキーの製作した2つの紀行映画

場と続く。皇居と一般の人々のショットを隣接することにより、天皇の庇護の下で生活を営む国民という意味が生じる。

『経過中国』と異なり、『ビューティフル・ジャパン』では、映画の被写体（魚を売る老女）がカメラの反対側にいる観客に向かって直接呼びかけるセリフ字幕が挿入される。第三者の視点で被写体を記録する単なる報告ではなく、映画と観客のあいだに親密な関係を築こうとしていることが見てとれる。

D〈旅の説明〉　00：07：59

字幕：いよいよBenjamin Brodsky Moving Picture Co.が日本全国を巡り、5,800マイルの素晴らしい旅をはじめる
世界地図の前でお辞儀するブロツキー、日章旗と宣伝幕で飾られた映画列車の出発風景、壁に張られた日本地図を指示棒で指しながら旅程を説明するブロツキー

【解説D】
　ブロツキー本人が登場して、旅の行程を説明するジェスチャーをする。撮影の移動には、鉄道院が提供した客車付き蒸気機関車が使われた。鉄道院が協力したのは、映画の製作を依頼したジャパン・ツーリスト・ビューローに鉄道院

第2部　東洋汽船の映画事業──映画産業と近代アジア

がからんでいたからである。また、東洋汽船の映画事業に最後まで尽力した中谷義一郎は、鉄道院の役人から東洋汽船の重役になった人物である。鉄道院と東洋汽船、東洋フィルムの関係の深さを示すシークエンスといえよう。

E〈宮城〉　00：09：27

字幕：塩釜の人口は6,000人、海水から塩を作った最初の町
波止場と船に乗ろうと待っている人々、着飾った日本娘たち、船に乗ろうとするアメリカ人の男がフレーム・イン、アメリカ人が娘たちに取り囲まれ話に夢中になる、船の時間に気づいたアメリカ人があわてた様子でフレーム・アウト、塩釜を離れる船、波止場に残されたアメリカ人夫婦、松島の海の風景、たくさんの人が立ったまま乗っている船、船頭小舟に乗る夫婦、松島の洞窟遺跡をぶらつく日本人観光客とアメリカ人夫婦

字幕：福禄寿、投げた石が神の膝の上に乗ると縁起がよい
福禄寿の像と石を投げる人

【解説E】
　このシークエンスには、陽気なアメリカ人旅行客が、着飾った若い日

第5章　ベンジャミン・ブロツキーの製作した2つの紀行映画

本人の女性たちと話し込み、船に乗り遅れ、結局、船頭小舟で松島五大島をまわる、という筋が設定されている。アメリカ人夫婦と船着き場と娘たちの位置関係を示す設定ショットが最初にないため、話の筋がつかみにくい。つまり、同時代のハリウッドで当たり前になっていた文法をこの映画は使っていないのである。また、大げさなパントマイム風のアメリカ人男性の演技がわざとらしく、1919年としては古めかしい印象を受ける。

福禄寿の場面は、場所を示す字幕がないため松島か、次に続く北海道か不明である。だが、その登場人物の服装がより軽装であること、北海道の場面は避暑地で過ごす人々と広い空間からはじまることから、松島のシークエンスの一部と見なした。

F〈北海道〉　00：13：06

字幕：大沼公園、駒ヶ岳のふもとの美しいリゾート地
駒ケ岳ふもとの大沼公園、楓葉の茶屋からの景色、人力車にのる芸者、噴水、人力車にのる芸者

字幕：団扇つくり
団扇つくり、ホテルの水車と子供たち、北海道の人力による基礎杭打ち、東京の機械による掘削機、辻占いと子供たち、村の大工、そばを干す風景

【解説F】
　ここから北海道の紹介がはじまることを示す字幕はなく、唐突に名所が映し出される。団扇作りの場面がとても長い。団扇を作る工程を最初

第2部　東洋汽船の映画事業——映画産業と近代アジア

から最後まで紹介しているのだが、カメラの位置のせいで作業の様子がよく見えないことが多い。ほぼ同じ構図の、似たようなグレー調のショットが延々と続くため、視覚的な変化に乏しく、退屈である。

G〈岐阜〉　00：18：56

字幕：長良川、鵜飼で有名
長良川の漁師、カメラの前で鵜を見せる漁師、船に括りつけた縄を引っ張って川上に船を移動させる漁師、魚を呑み込まないよう鵜の首を縛る漁師、薪を用意して出発、昼の鵜飼の様子、夜の鵜飼の様子

【解説G】
　長良川の鵜飼の場面は、ほかの場面と比べて尺数がかなり長い。『経過中国』で鵜飼の場面がアメリカの観客に受けたことを踏まえてのことであろう。ただ、こちらの方が鵜飼の仕組みや作業手順を順番に説明する点で、より詳細で教育的な構成になっている。

H〈滋賀〉　00：23：15

字幕：浜大津、山車、子供たちの神輿車
浜大津の山車、山車を引く子供たち

第 5 章　ベンジャミン・ブロツキーの製作した 2 つの紀行映画

【解説 H】
　浜大津の祭りの風景は、映像がやや不鮮明である。1 台の山車がカメラに向かって、だんだん近づいてきて、前を通り過ぎ、しだいに遠ざかる様子を固定したカメラで撮影しているだけの短いシークエンスである。撮影ノルマを消化するための撮影といった態である。

Ⅰ　〈奈良〉　00 : 24 : 10

字幕：奈良、日本最初の都、美しい寺院と神聖な鹿が有名
奈良の風景、奈良ホテルの庭、奈良ホテル、鹿の給餌、着物姿のアメリカ娘も給餌、春日大社の参道を人力車に乗って通るアメリカ人夫婦、南大門、大仏、献納者の名前が書かれた鉄のツボ、二月堂で鐘を突く人々、春日野宮の参道、火渡り神事

【解説 I】
　奈良の観光宣伝である。奈良ホテル、鹿、春日大社、南大門、二月堂、火渡り神事と続く。火渡りの場面が長く、白装束の僧侶が灰

391

第 2 部　東洋汽船の映画事業──映画産業と近代アジア

の上を歩く様子が繰り返し映し出される。ジャパン・ツーリスト・ビューローのガイドブックに記載された項目通りに撮影したかのような場面である。なお、岡田正子によれば、このシークエンスで奈良の大仏として映し出される大仏は、奈良ではなく、岐阜の大仏であるという。

J 〈神奈川〉　00：34：38

字幕：水の神様・弁天の祭り
元町の弁天祭り、山車の上で歌舞伎や日本舞踊などを演じる子供たち

字幕：横浜の淺野造船所
造船所の概観、船の進水式、見物人、淺野造船所の内部、お祝いの酒と餅

字幕：日本の大実業家のひとり、アメリカと東洋を結ぶ最も豪華な客船を運航する東洋汽船会社（T.K.K.）の社長
淺野總一郎、大きなクスダマ、進水式、蝋をはぐ労働者

第5章　ベンジャミン・ブロツキーの製作した2つの紀行映画

【解説 J】

　美しい巨大な船が、海へと滑り出していく光景は圧巻である。新品の大きなスクリュー、巨大な歯車、見事な曲線を描く大きな船、うごめく小さな人間たち。大きな船と小さな人間の対比が、船に威厳あるイメージを付与する。

　特筆すべきは、淺野總一郎の姿が記録されている点である。サンフランシスコ航路を独占した東洋汽船が、東洋フィルム会社を設立し、官民一体となって、この外客誘致映画『ビューティフル・ジャパン』を製作して、アメリカに配給しようと意気込んでいた頃の淺野である。

K〈京都〉　00：42：36　＊開始字幕なし

京都の眺望俯瞰

字幕：疎水からみた風景
京都の眺望俯瞰、疎水をわたる船、
118フィートの落差を降りる船
荷台を引く人、荷台を引く家畜、
荷台を引く犬と人、賑やかな通り、
京都の陶磁器職人、清水寺、東本願寺、お参りする着物姿のアメリカ娘、平安神宮、お参りする着物姿のアメリカ娘

【解説 K】

　『経過中国』を想起させるシークエンスである。香港の丘を登るトラム

第2部　東洋汽船の映画事業——映画産業と近代アジア

や、広東の荷車を引く家畜、北京の泥人形を作る職人を撮影した場面と類似する。ただし、この映画は、和装したアメリカ娘がお参りをするという演出が施されている点で『経過中国』とは異なる。

L 〈長崎〉　00：49：39

字幕：雲仙、保養地として人気の雲仙温泉へ向かう美しい谷と見事に曲がりくねった道
山間の風景、湯煙の温泉町、棚田、大村湾の真珠、海に潜る潜水夫、牡蠣から真珠を取り出す作業

字幕：本当に美しいものは100ドルケースに入った真珠

394

第5章　ベンジャミン・ブロッキーの製作した2つの紀行映画

M〈奈良〉　00:54:54

字幕：白馬、神聖なる白い馬
奈良の白馬、青銅の燈籠、祭りの
長い行列

N〈京都〉　00:57:07　＊字幕のみ、映像なし

字幕：京都、791年から1859年ま
で11世紀にわたり日本の都だっ
た。現在は人口50万人の美しい都

【解説L-N】
　観光名所の長崎雲仙では、温泉
町の風景やお土産用の真珠が宣伝
される。長崎に続いては奈良の祭

り、京都と続く。ただし京都は字幕のみで映像はない。おそらく、この
字幕のあとにシークエンスK、もしくはAAの京都の映像が続いていた
と考えられる。

O〈函館〉　00:57:18

字幕：函館、人口88,000人、北方の島・北海道の主要港
函館の港、魚を運ぶ女、タラの天日干し製造販売、干魚を束ねて運ぶ男

395

第 2 部　東洋汽船の映画事業——映画産業と近代アジア

たち、登別温泉の駅、馬のひく路面車からアメリカ人夫婦が下りてくる、地獄谷の入り口、温泉地帯、噴火口にできた湖、溶岩を湖の底からすくいあげる、温泉を運ぶ送水管、公共温泉場、白老で乗り合い馬車に乗るアメリカ人夫婦、白老のアイヌ村、3人の長老、アイヌの熊祭りの風景

【解説 O】
　宮城の塩釜で登場したアメリカ人夫婦がふたたびあらわれる。アイヌの祭りが観光イベントとして呈示されている。アイヌは独自の文化をもっていたが、明治政府によって強制的に日本に取り込まれ、その文化が観光商品のひとつにされてしまう。

P〈東京〉　01：12：51

字幕：東京大相撲大会
九段の奉納相撲、升席、土俵、髪結い、栃木山と三代目西ノ海の土俵入り、幕内の土俵入り、取組み

第5章　ベンジャミン・ブロツキーの製作した2つの紀行映画

【解説P】
　1918年のお正月に開催された靖国神社の奉納相撲を撮影したものである。

Q〈神奈川〉　01：20：36

字幕：生徒たちで埋め尽くされた学校
学校の運動会、見物する子供たち、来賓、和装女子のリレー、洋装男子の障害物競走、和装女子の平均台渡り、男子洋装の棒とび、中国服の子供たち、和装女子の借り物競争、洋装男子の走り競争、洋装女子の走り競争、洋装男子の行進、和装女子のダンス、表彰式

【解説Q】
　1917年の秋に横浜の小学校で撮影された。女生徒は和装がほとんどであるのに対し、男生徒は洋装がほとんどである。借り物競争や

リレーなどに興じる日本人の子供たちを映す数々のショットの中に、中国服を着た子供たちのショットが1つだけ挿入される。『経過中国』の場

397

第 2 部　東洋汽船の映画事業——映画産業と近代アジア

合、中国にいる日本人は、少数派とはいえ、西洋的な空間でくつろぐ上流階級の大人であるがゆえに弱者という雰囲気はないが、この映画の中国人は、圧倒的多数の日本人の子供たちのなかに、中国人の子供たちが、まるで隔離されているかのように 1 ショットだけ挿入されるがゆえに、弱者のイメージが漂う。

R〈北九州〉　01：27：19

字幕：門司にある最新設備の淺野セメント工場
淺野のセメント工場外観、滑車で石灰の塊を運ぶ女性たち、樽のリングを作る少年たち、石灰の塊を粉砕機に入れる男性たち、粉砕された石灰を運ぶ女性たち、粉砕された石灰が運ばれるパイプ、大きな歯車、工場の外観

【解説 R】
　石灰を運ぶ滑車、巨大な粉砕機、粉砕した石灰を運ぶ鉄のパイプ、流れ作業をする労働者は、近代化された日本の産業を強調している。『経過中国』に工場の紹介はないが、やはり労働する女性たちや子供たちの姿が好んで撮影されており、その点は類似している。

第 5 章　ベンジャミン・ブロツキーの製作した 2 つの紀行映画

S〈静岡〉　01：29：48

字幕：興津の五百羅漢像
興津の五百羅漢像

T〈兵庫〉　01：30：36

字幕：明石海岸、漁師たちが網を修理している
明石海岸の漁師

字幕：神戸、日本で 2 番目に大きな2,800エーカーの港、人口14万人
神戸の港と船、オリエンタル・ホテルの屋上からの眺望、亀の甲羅を磨く亀鏡職人、象やライオンなどサーカスの宣伝行列

【解説 S-T】
　興津の五百羅漢像や明石海岸のあと、神戸の波止場やオリエンタル・ホテルからの俯瞰ショット、

第2部　東洋汽船の映画事業──映画産業と近代アジア

亀鏡職人、サーカスの行列と続く。このシークエンスの撮影は、『経過中国』の上海（波止場）や香港（眺望俯瞰）、北京（泥人形）、満洲（花嫁行列）の場面と、題材も撮影方法も類似している。波止場や高い場所からの眺望俯瞰など特定の風景をブロッキーが好んで撮影していたことがわかる。

U〈静岡〉　01：35：46

字幕：静岡特急
静岡の駅に到着する蒸気機関車、静岡の眺望、茶畑、茶摘み、境内で鳩にエサをやる婦人、洪水被害、安来節を踊る娘と見物人たち、お花見する人々、舟遊び、お座敷に入ってくる芸者たち、アメリカ人観光客、鶴亀を踊る芸者たち、芸者と踊り出すアメリカ人観光客

【解説U】
　静岡特急の到着する場面のあと、茶摘み、洪水と続く。さらに、そのあと安来節と舟遊び、芸者の鶴亀の場面が続く。ただし、安来節からあとのショットは、静岡で

はなく、京都で撮影された可能性が高い。鶴亀を踊る場面は、男性1人と女性4人の計5人のアメリカ人の観光客が登場し、"外国人観光客が日本観光を堪能する"という簡単な筋が用意されている。ここでもアメリカ人の演技は誇張されすぎており、同時代の映画と比べて古めかしい印

第5章　ベンジャミン・ブロツキーの製作した2つの紀行映画

象を受ける。

Ⅴ〈長崎〉　01：43：43

字幕：長崎、ペリー提督来航後、1859年に初めて開港した港、現在人口18万人
長崎の眺望俯瞰

字幕：アメリカ船のシェリダン号に石炭を積む
石炭を入れたザルを手渡ししながら船に石炭を積む人々

401

第2部　東洋汽船の映画事業——映画産業と近代アジア

字幕：日本政府は労働者の雇用を確保するため、給炭に機械の使用を禁じている
石炭の入った籠を手渡ししながら、石炭を船に積む日本人の労働者

字幕：T.K.K.の定期船さいべりあ丸は4時間1,000トンのペースで給炭
東洋汽船会社のさいべりあ丸に石炭を船に積む大勢の人々

【解説V】
　ベルトコンベアではなく、人力で給炭する様子が映し出され、その言い訳をするかのように、日本では労働者の雇用を確保するためにベルトコンベア式の給炭は政府が禁じているとの字幕が表示される。日本の労働者が人力で石炭を船に運び入れる様子が、工業化の遅れたイメージを創り出す危険性を察知した東洋フィルム会社の関係者が、旧時代的な燃料積載方法の言い訳として、政府の雇用政策のせいであると説明した字幕をあえて挿入したと考えられる。

W〈大分〉　01：45：30

字幕：別府の温泉、王子様にふさわしい寝具
別府温泉の旅館、中庭から見た客室

第5章　ベンジャミン・ブロツキーの製作した2つの紀行映画

X〈北海道〉　01：46：16

字幕：上磯の淺野セメント工場
上磯の淺野セメント工場の眺望俯瞰、コークス炉、鉱石格納庫、坑内を走る滑車、煙突、工場内部、石炭焼却炉、みどりかわ支配人、坑内で働く労働者、滑車で樽を運ぶ女性たち、精米、大掃除の畳干し

【解説W-X】
　大分別府の老舗旅館が紹介される。室内では靴を脱ぐ生活、畳、障子、布団、中庭など伝統的な日本の文化が紹介されている。一方、淺野のセメント工場の場面は、近代化された日本の産業が紹介されている。しかし、旅館はともかく、北海道のセメント工場が、日本観光に興味をもつ外国人にとって魅力的な場所であるかどうかは疑わしい。

Y〈栃木〉　01：50：15

字幕：宇都宮駅で朝礼指導を受ける駅員たち
宇都宮駅の朝礼、遠足に行く高校生たち、日光に向かう巡礼者たち、ホームに入ってくる日本とアメリカの国旗で飾られた蒸気機関車、日光の滝、神橋、参道、陽明門、神輿行列、見物客

第2部　東洋汽船の映画事業――映画産業と近代アジア

Z〈長野〉　01：56：11

字幕：木曽福島、日本アルプスを旅する
木曽福島の日本アルプス、トンネルを抜ける列車、木曽の森林風景、木曽の眺望俯瞰

第5章　ベンジャミン・ブロツキーの製作した2つの紀行映画

AA〈京都〉　01：57：34

字幕：京都の円山公園にある最も古い桜の木、樹齢300年以上
円山公園、桜の中を歩く女性たち、孔雀、公園のブランコ、花見客、嵐山公園に向かう船

AB〈静岡〉　01：59：21

字幕：最近日本を襲った台風の影響
台風の洪水被害、駅で足止めをくらう人々、駅員が列車の遅延を説明、洪水の後始末をする人々、水の底に沈んだ田んぼ、洪水の後始末をする人々、富士山

【解説 Y-AB】
　鉄道院と東洋フィルム会社との関係を示すシークエンスのひとつ。蒸気機関車が牽引する「活動列車」が日光の駅に到着する。列車の側面には「BRODSKY MOVIES TOUR THRU JAPAN/TRAIN BY SPECIAL COOURTESY OF

405

第2部　東洋汽船の映画事業——映画産業と近代アジア

JAPAN IMPERIAL GOVERNMENT／ブロッキー活動列車」と記した幕が張られている。

AC〈東京〉　02：02：18

字幕：楽しい旅のあと、ふたたび東京に戻る
東京に到着するブロッキーの「活動列車」、隅田川、吾妻橋、日本橋、ビルの建ちならぶ金融街、銀座、高島屋、高島屋の前に停車する西洋式馬車、着物を着たショーウィンドウのマネキン人形、草履を脱ぐ婦人たち、外壁をカバーで覆われたビル、救世軍慈善活動、亀戸天神の太鼓橋、東京の消防隊、火災訓練、梯子乗り

【解説AC】
　字幕には「西洋のブロートウェイ」、「近代的高層ビル」などの文字が並び、日本の西洋化が強調される。だが、映像は、欧米諸国はもちろんのこと、西洋と見まごうが如き西洋建築の建ちならぶ香港のヴィクトリア広場などと比べても、雑然とした貧弱ささえ感じられる。字幕と映像に齟齬が生じて

第5章　ベンジャミン・ブロツキーの製作した2つの紀行映画

いる点も『経過中国』とは大きく異なる。

（協力：Smithsonian National Museum of Natural History、株式会社東京シネマ新社）

付表　大正活映直営・浅草千代田館の上映記録

　表1は、大正活映が浅草千代田館を直営していた1920年（大正9）6月12日から1922年（大正11）7月18日までの上映記録を『東京朝日新聞』の広告に依拠し、『讀賣新聞』の広告で確認し、作成したものである。ただし、1920年11月1日の『明治神宮鎮座祭』と1921年7月6日の『保津川下り』は『讀賣新聞』のみに掲載されていた情報である。

　表1の表記は、左から順に、広告が掲載された『東京朝日新聞』の発行年月日、映画の邦題名および製作会社名と巻数、続いて映画の公開予定日を記載した。大正活映が製作し上映した映画、および東洋フィルム会社が製作し大正活映が上映した映画には、下線を施した。映画の題名は、広告に掲載されたまま写している。そのため映画雑誌などで流通している題名と微妙に違うものもある。たとえば『煙草屋の娘』が『たばこ屋の娘』、あるいは『狂へる悪魔』が『狂える悪魔』と記してあるのは、そのためである。

　広告に掲載された外国の製作会社名のうち頻出する会社にかんしては略字を使用した。フ社はファースト・ナショナル社（First National Pictures Inc.、1917年設立）、ゴ社はゴールドウィン社（Goldwyn Pictures Corporation、1916年設立）、メ社はメトロ社（Metro Pictures Corporation、1915年設立）、ヴ社はヴァイタグラフ社（Vitagraph Company of America、1898年設立）を指す。これらはすべてアメリカの映画会社である。

　大正活映の映画は通常、浅草千代田館で封切公開するが、ときどき有楽座を借りて先行ロードショー興行をすることがある。たとえば、大正活映の初興行となるオペラ歌手ジェラルディン・ファーラー主演の『沙漠の情火』*Flame of the Desert*は、1920年5月15日より有楽座で公開してから、1920年6月17日に浅草千代田館で公開した。大正活映が有楽座でロードショー興行をするのは、アラ・ナジモヴァ主演の『紅燈祭』*The Red Lantern*や『死よりも強し』*Stronger Than Death*、ルドルフ・ヴァレンチノ主演の『黙示録の四騎

第2部　東洋汽船の映画事業──映画産業と近代アジア

士』*The Four Horsemen of the Apocalypse*、D・W・グリフィス監督の『散り行く花』*Broken Blossoms* などアメリカから直輸入した大作映画、あるいは大正活映画製作した長編映画──谷崎潤一郎のかかわった『アマチュア倶楽部』『葛飾砂子』『蛇性の婬』など──である（巻末「写真　大正活映関係写真及び封切映画写真」に写真掲載）。つまり、大正活映の上映する映画の中でも、高い集客率の期待できる映画を選んで、有楽座でロードショー興行をしていたのである。

一方、浅草千代田館では、大正活映がアメリカから直輸入した映画、および大正活映とその前身の東洋フィルム会社の製作した映画の"ほぼすべて"が公開されている。"ほぼすべて"としたのは、栗原トーマスが病に倒れたあと、地方に急増した映画館との契約を獲得するため志茂成保が製作を宣言した大正活映の新派劇映画──『薄命の女』（神田で封切）や『若僧の恋』（水戸で封切）など──は、地方で封切られ、浅草千代田館では公開されていないと考えられるからである（当時は神田も"地方"）。

大正活映が浅草千代田館の広告に掲載した映画の本数は、1920年から1922年までの約3年間で約500本である（再映も含む、詳細不明の短編特集は1、連続映画は上映毎に1と数えた）。そのうち大正活映が製作した映画の公開本数は26本、東洋フィルム会社が製作した映画は3本であり、輸入映画の公開本数が圧倒的に多かったことがわかる。

輸入された映画はおもに、ゴールドウィン社、メトロ社、ファースト・ナショナル社である。要するに、1910年代中ごろ、新たに誕生した映画の都ハリウッドの草創期に、これまでにない豪華な映画を作ってハリウッド映画の名声を築いていった新進気鋭の映画会社（パラマウント社は除く）の作品を興行の目玉にしていたことがわかる。ゴールドウィン社は、1916年にサミュエル・ゴールドフィッシュ（のちのゴールドウィン）がハリウッドに設立した会社である。有名俳優による有名舞台をそのまま、あるいは翻案して映画化した。当時大変な人気のあった会社である。また、メトロ社は1915年にハリウッドに創立された映画会社で、大予算の上質な映画の製作を目標として、

著名な小説の映画化などを積極的に行っていた。1919年にはマーカス・ロウに買収され、1924年にはゴールドウィン社も合併され、豪華作品を売りにするメトロ・ゴールドウィン・メイヤー（Metro-Goldwyn-Mayer）、すなわちMGMとなる。他方、ファースト・ナショナル社は、アメリカの映画興行者が集まって、自分たちの映画館に配給する映画を自分たちで製作する目的で、1917年に設立した映画会社である。チャップリンと契約して『犬の生活』*A Dog's Life*（1918）や『キッド』*The Kid*（1921）などを製作配給し、当時最大のパラマウント社と肩を並べるほどの大会社であった。

　ところが、1921年夏、大正活映はアロー映画社（Arrow Film Corporation）と契約し、秋頃からアロー映画社の供給による映画の上映が増えていく。それこそまさに、この頃にはすでに大正活映が弱体化していたことの証左といえよう。アロー映画社は、タンハウザー社の副社長エドガー・シャレンバーガーが1916年1月に設立した映画製作会社であり、映画交換業も行っていた。アロー映画社から供給される映画が、メトロ社やファースト・ナショナル社とは比べ物にならない小品であったことはいうまでもない。じっさい、1920年から1921年の初秋ごろまで、広告にはファースト・ナショナル社やメトロ社などアメリカの製作会社の名前が宣伝の材料として積極的に使用されているのに対し、1921年末ごろから1922年にかけての広告には、ほとんど会社名があらわれなくなる。

　また、検閲で差し止めを食らった『煙草屋の娘』を1921年11月2日に浅草千代田館で公開してからは、自社映画の公開もほとんどなくなる。そして1922年春にはなんと、映画ではなく舞台を有楽座で興行している。1922年4月7日の『朝日新聞』には、有楽座で大正活映の舞台を見た記者の感想が掲載されているが、栗原トーマスが水谷八重子に演技指導を施し、カメラマンがそれを撮影するという筋の舞台であった。栗原の役は、本人が演じた。演じられた舞台は客席から撮影され、その撮影フッテージ（編集を施したかどうかは不明）を浅草千代田館で4月8日から公開すると予告されている。〈ゲキ×シネ〉とまではいかないが、舞台記録映画のようなものであろう。ただし、

第 2 部　東洋汽船の映画事業——映画産業と近代アジア

その映画が実際に公開されたかどうかは不明である。もちろん、広告に記述がなくとも公開された可能性は考えられる。いずれにせよ、舞台を撮影したフッテージを上映するとは、新しい試みといえなくもないが、大正活映もよほど公開する映画に困窮していたといえよう。

表 1：大正活映直営・浅草千代田館の上映記録

発行日	上映作品（製作会社、巻数）	上映日予告
1920年6月17日	開館記念号として　砂漠の情火（7巻）　極内証（5巻）　新婚旅行（1巻）	
1920年6月19日	霹靂（フ社、5巻）　アルデー卿夫妻（ゴ社、6巻）	20日封切
1920年6月27日	愛の絆（ゴ社、5巻）　ピントー（ゴ社、5巻）　二弗頂戴	27日上映
1920年7月3日	懐しのケンタッキー（7巻）　犬の子ハム君（4巻）　ほっと一息（2巻）	3日上映
1920年7月10日	ジュビロー（6巻）	10日より
1920年7月15日	笑みの酬（5巻）　彼女は勝てり（7巻）　ビルの宙返り（1巻）　写真北米行脚（1巻）	15日より
1920年7月17日	笑の酬（5巻）　彼女は勝てり（7巻）　ビルの宙返り（1巻）	
1920年7月24日	愛の為めに（ゴ社、7巻）　新星発見（1巻）　男らしき男（5巻）	24日封切
1920年8月1日	柳の精（メ社、6巻）　河畔の古塔（6巻）　世話好のビル君	31日より
1920年8月7日	氷原の彼方へ（フ社）　牧師と女（5巻）　飛んだ間違	
1920年8月14日	コルシカの兄弟（6巻）　虐げられて（5巻）	14日封切
1920年8月21日	THE LITTLE SHEPHERD OF KINGDOM COME（ゴ社、6巻）　男と狼　一大難局	21日封切
1920年8月27日	白銀の群（ゴ社、7巻）　十三号室（ゴ社、5巻）	27日封切
1920年9月3日	ダグラス大会　ビル君	3日より
1920年9月10日	懐しのケンタッキー（7巻）　ピントー（5巻）　霹靂（5巻）　ジュビロー（5巻）	10日より
1920年9月17日	海底の驚異　新カルメン	17日より
1920年9月23日	猛虎の脅威（31巻のうち7巻）　ニコニコ大会（チャプリンほか）	24日封切
1920年9月24日	猛虎の脅威（31巻のうち7巻）　ニコニコ大会　放浪の一夜（2巻）　人魚の群（2巻）　脱兎の如く（5巻）　百万弗（2巻）　デカとチビ（1巻）	24日より

付表　大正活映直営・浅草千代田館の上映記録

日付	作品	備考
1920年10月1日	弗と心（ゴ社、5巻）　猛虎の脅威（6巻）　野生の叫（5巻）	1日より
1920年10月7日	死よりも強し（メ社）　猛虎の脅威（6巻）　新家庭（2巻）	7日より
1920年10月10日	死よりも強し（メ社）　猛虎の脅威（6巻）　新家庭（2巻）	
1920年10月14日	夢みし国（フ社、7巻）　子煩悩（2巻）　猛虎の脅威（6巻）	14日より
1920年10月17日	夢みし国（フ社、7巻）　猛虎の脅威（6巻）	
1920年10月21日	嵐は過ぎぬ（フ社、6巻）　猛虎の脅威（6巻）　平和と戦争（2巻）	21日封切
1920年10月28日	名篇大会　明暗の女（フ社、6巻）　二週の後（6巻）　マンハッタン（5巻）	28日より
1920年11月1日	明治神宮鎮座祭（『讀賣新聞』より）	1日より
1920年11月4日	美の悲哀（フ社、6巻）　空中美人（2巻）　神の悪戯（メ社、7巻）　水中美人（2巻）	4日より
1920年11月11日	結婚する勿れ（フ社、6巻）　迷路の秘密（30巻のうち6巻）　名門の血（フ社、6巻）	11日より
1920年11月18日	餓鬼娘（メ社、7巻）　ヴァレンタイン（メ社、6巻）　迷路の秘密第二回（4巻）	18日より
1920年11月25日	渇仰の舞姫（フ社、7巻）　荒野の花（フ社、7巻）　迷路の秘密　米国大野球団来朝写真第一報	25日より
1920年11月27日	渇仰の舞姫（フ社、7巻）　荒野の花（フ社、7巻）　迷路の秘密　米国大野球団来朝写真第二報	
1920年12月2日	古今サロメ（メ社、6巻）　アマチユア倶楽部（5巻）　迷路の秘密	2日より
1920年12月9日	其夜の懺悔（メ社、6巻）　新夫婦　明日は晴れ（メ社、6巻）　迷路の秘密	9日より
1920年12月16日	紅燈祭（メ社、7巻）　お転婆さん（メ社、6巻）　迷路の秘密	16日より
1920年12月18日	紅燈祭（メ社、7巻）　お転婆さん（メ社、6巻）　迷路の秘密	
1920年12月23日	渇仰の舞姫（7巻）　笑の酬（5巻）　死よりも強し（7巻）　氷原の彼方へ（6巻）　白銀の群（7巻）　美しき日本	23日より
1920年12月30日	チャプリン・デブ大会　拳闘家（2巻）　給仕のチャーリー（2巻）　茶目のチャーリー（2巻）　芝居のチャーリー（2巻）　デレデレデブ君（1巻）　デブ君の行水（1巻）　デブ君のシャレ者（1巻）　多忙のデブ君（1巻）	30日より3日まで
1921年1月6日	鳥人獣人（フ社）　幼児の心（メ社、6巻）　ハムレット	6日より

413

第 2 部　東洋汽船の映画事業——映画産業と近代アジア

1921年1月13日	喜劇大会　ホテル騒動（2巻）　下宿のチャーリー　デブのペテン（2巻）　デブの妻君　誕生日（2巻）　黒ン坊ボーイ（2巻）　学校友達（2巻）　一睡の夢（2巻）　大茶目小茶目（2巻）	13日より
1921年1月20日	審きの日（7巻）　生の願（フ社、5巻）　葛飾砂子（3巻）　元旦の撮影（2巻）	20日より
1921年1月27日	明滅の灯台（メ社、6巻）　夜半ロマンス（フ社、6巻）　暗号の四美人　泥の災難（3巻）	27日封切
1921年2月3日	赤熱の十字架（メ社、7巻）　愛国者（5巻）　暗号の四美人（6巻）　五万円	3日より
1921年2月10日	太陽児（メ社、6巻）　暗号の四美人（4巻）　アントニーとクレオパトラ　お菓子の御使（ゴ社、2巻）	10日より
1921年2月17日	羊飼う乙女（フ社、6巻）　嵐を衝いて（ゴ社、6巻）　暗号の四美人（4巻）　日曜学校	17日より
1921年2月24日	女性の賜（フ社、6巻）　神の犠牲（5巻）　ヒポコン（ゴ社、2巻）　暗号の四美人（4巻）	24日より
1921年3月2日	黎明の女性（フ社、6巻）　魔の囚（メ社、6巻）　暗号の四美人（8巻）	2日より
1921年3月9日	再生の曙光（メ社）　ジンクス（ゴ社、5巻）　一転機（フ社、6巻）	9日封切
1921年3月16日	神の摂理（2巻）　コルシカの兄弟（6巻）　餓鬼娘（メ社、7巻）　結婚する勿れ（フ社、6巻）　愛の為めに（ゴ社、7巻）	16日より
1921年3月23日	イソベル（7巻）　清濁（フ社、6巻）　愛の霊光（ゴ社、5巻）	23日より
1921年3月30日	雛祭の夜（4巻）　母の留守（ゴ社、2巻）　黄台風（フ社、6巻）　夢のソロモン（メ社、7巻）	30日より3日まで
1921年4月6日	ニコニコ喜劇大会（チャプリンほか）　米国曲芸飛行	6日より
1921年4月7日	夢の旅路（3巻）	
1921年4月13日	天空より海底へ（メ社、6巻）　誉の選手（ゴ社、6巻）　怪指紋（4巻）　曲芸飛行第三報	13日より
1921年4月20日	疑わるる女（ゴ社、5巻）　鉄拳舞踏（フ社、6巻）　蹄の響き（5巻）	20日封切
1921年4月27日	マンクスマン（10巻）　名投手　痛快市長（ゴ社、6巻）	27日より
1921年5月4日	海の雄叫（メ社）　嘘（ゴ社、5巻）　幽霊泥棒　木霊（5巻）	4日封切
1921年5月11日	大北の生（フ社、6巻）　牡丹刷毛（メ社、6巻）　暗影（ゴ社、6巻）　探検家（2巻）　喜撰法師（2巻）	11日より

付表　大正活映直営・浅草千代田館の上映記録

1921年5月15日	牡丹刷毛（メ社、6巻）　大北の生（フ社、6巻）　暗影（ゴ社、6巻）	
1921年5月18日	喘ぐ霊魂（メ社、6巻）　俺あヂムさ（ゴ社、6巻）　赤熱の十字架（メ社、7巻）	18日より
1921年5月25日	迷信（メ社、6巻）　恋と宝玉（ゴ社、5巻）　懐しのケンタッキー（フ社、7巻）	25日より
1921年5月29日	加州大学野球団来襲実況第一報第二報	本日より
1921年6月1日	天罰（ゴ社、7巻）　其家の女（フ社、7巻）　運命の記録（メ社、6巻）　成金エドガー（2巻）　加州大学野球団来朝実況	1日より
1921年6月8日	鳥人獣人（7巻）　古今サロメ（6巻）　明日は晴（6巻）　名門の血（6巻）　沙漠の情火（7巻）	8日より
1921年6月15日	唸る鉄腕（ヴ社、10巻）　ローザ（ゴ社、5巻）　曲芸エドガー（2巻）　弱者の夢（2巻）	15日より
1921年6月22日	喇叭島（ヴ社）　唸る鉄腕	22日より
1921年6月29日	平和の谷（フ社、6巻）　脅かす女（メ社、6巻）　唸る鉄腕（6巻）	29日封切
1921年7月6日	ディンテー（フ社、7巻）　唸る鉄腕　故郷を出でて（5巻）　保津川下り（『讀賣新聞』より）	6日封切
1921年7月13日	ニコニコ大会　やせ姫（ゴ社、6巻）　海水浴美人	13日封切
1921年7月20日	暗雲時代（ゴ社、7巻）　狂える悪魔（3巻）　気儘妻（フ社、6巻）	20日封切
1921年7月27日	湖上の一夜（フ社、6巻）　其家の怪人（メ社、6巻）　白い馬　ナイヤガラ大瀑布	27日封切
1921年8月3日	情熱の薔薇（フ社、7巻）　彼女の真価（メ社、6巻）	3日より
1921年8月10日	懐しの泉（フ社、6巻）　成金（5巻）　エドガー傑作集（封切「また食べたい」ほか三篇、8巻）	10日より
1921年8月12日	懐しの泉（6巻）　成金（5巻）　エドガー少年喜劇　キッド（フ社、6巻）	本日より
1921年8月17日	ニコニコ大会（オーブレーほか）　アマチュア倶楽部（5巻）　喜劇名人新人揃（8篇、14巻）	17日より
1921年8月24日	南海のほとり（メ社、6巻）　二週の後（フ社、6巻）　餌食（ヴ社、6巻）　ジンクス（ゴ社、5巻）　三つの恋（ゴ社、5巻）	24日より
1921年8月31日	死人に口なし（ヴ社、7巻）　海の雄叫（6巻）　明滅の燈台（6巻）　運動の解剖	31日より
1921年9月7日	自然児（6巻）　ディンティー（7巻）　キッド（6巻）	7日より

第2部　東洋汽船の映画事業──映画産業と近代アジア

1921年9月14日	神秘の幻影（6巻）　愛の虜（6巻）　岩窟の奇縁（6巻）　ラリーのパン屋（2巻）	14日封切
1921年9月21日	誓の白薔薇（フ社、6巻）　学窓を出でて（ゴ社、5巻）　神秘の幻影（6巻）　店頭騒ぎ（2巻）	21日封切
1921年9月28日	青春と乙女（フ社、6巻）　運命の街（ゴ社、6巻）　第三神秘の幻影（6巻）　エドガー名探偵（2巻）	28日封切
1921年10月5日	神国と其女（ヴ社、5巻）　水郷の歌（ゴ社、5巻）　神秘の幻影（6巻）　地上一千呎（アロー社、2巻）	5日より
1921年10月12日	ニコニコ大会　大当り（2巻）　お化自動車（2巻）　屋上の花婿（2巻）　雪は止んでも（2巻）　バディの功名（2巻）　欲しい銀杯（2巻）　最終神秘の幻影（6巻）	12日より
1921年10月19日	復讐のアルプス（メ社、6巻）　蛇性の姪（10巻）　暗示の時計（アロー社、6巻）	19日より
1921年10月21日	ナット（6巻）	
1921年10月26日	歓楽の沐浴（ヴ社、5巻）　太平洋の娘（ゴ社、6巻）　氷雪を踏んで（6巻）　九校端艇競漕実況　大日本帝国（13巻のうち2巻）	26日より
1921年11月2日	刻印の乳房（7巻）　鏡中の影（6巻）　情熱の渦巻（6巻）　たばこ屋の娘（2巻）	2日より
1921年11月9日	恋の名人（フ社、5巻）　南方の碧血（ヴ社、7巻）　太洋の鬼（ゴ社、7巻）　ヒック（2巻）	9日より
1921年11月16日	懐しの泉（6巻）　紅燈祭（7巻）　再生の曙光（7巻）　牡丹刷毛（6巻）	4日間
1921年11月20日	其家の女（7巻）　俺アヂムさ（6巻）　情熱の薔薇（7巻）　鉄拳舞踏（6巻）	20日より22日まで
1921年11月23日	涙の船唄（フ社、6巻）　若人よ純なれ（メ社、6巻）　哀愁の調（ゴ社、6巻）	23日より
1921年11月30日	後のジュデックス（ゴーモン社、36巻のうち前半18巻）　巌頭の懺悔（アドラー社、8巻）	30日より
1921年12月7日	後のジュデックス（36巻のうち後半18巻）　讃美歌と鼻唄（ゴ社、5巻）	7日より
1921年12月12日	摂政殿下実演御台覧の光景　カウボーイカウガールのサーカス　正邪の騎士（5巻）　飛んだり跳ねたり（2巻）　雪国の掟（パインツリー社、6巻）　家庭生活　飛鳥の如く（アロー社、5巻）	12日より
1921年12月19日	紅涙の宝刀（ヴ社、7巻）　青春の夢（フ社、6巻）　醒めよ若者（ゴ社、6巻）　チャプリン銀行	19日より

付表　大正活映直営・浅草千代田館の上映記録

1921年12月24日	平和の谷（6巻）　極内証（5巻）　お転婆さん（6巻）　生の願（6巻）　ローザ（6巻）	24日より
1921年12月29日	ニコニコ　結婚生活（5巻）　ラリーと舞姫　美人満載　第二運動の解剖　馬上の雄姿（5巻）	30日封切
1922年1月6日	世界と其女（7巻）　水原の獅子吼（フ社、6巻）　天下の男（ゴ社、5巻）	6日封切
1922年1月13日	のんき者（5巻）　穴居美人（2巻）　化物（2巻）　処嫌わず（2巻）　素的な一幕（2巻）　地獄廻り（2巻）　第三運動の解剖	13日より
1922年1月20日	光明の氷原（ゴ社、6巻）　黒馬物語（ヴ社、7巻）　幕になる迄（フ社、5巻）　国民葬　陸奥	20日より
1922年1月27日	無条件（フ社、6巻）　煉獄（フ社、7巻）　駒鳥の舞（ヴ社、6巻）　写真加奈陀横断（14巻のうち一篇）	27日上映
1922年2月2日	秘密の扉（フ社、7巻）　紅の唇（5巻）　雪の日の思出（ヴ社、6巻）	2日より
1922年2月9日	弱き者女よ（アロー社、6巻）　老人議会（6巻）　X夫人（ゴ社、7巻）	9日より
1922年2月16日	青狐（30巻のうち8巻）　ニコニコ　安全第一（フ社、5巻）　鍛冶屋さん（2巻）　好きな水泳（2巻）　俺の領分（2巻）	16日封切
1922年2月23日	正義の力（ヴ社、5巻）　旋風児（5巻）　第二青狐（8巻）	23日封切
1922年3月2日	奇跡（フ社、7巻）　歓楽の美酒（アロー社、6巻）　第三青狐（8巻）	2日封切
1922年3月9日	大ターザン（31巻のうち7巻）　青狐（6巻）　運命の人形（フ社、7巻）	9日より
1922年3月16日	ニコニコ風船玉珍優ラリー大会　楽屋騒ぎ（2巻）　ラリーと舞姫（2巻）　急転直下（2巻）　ヒック（2巻）　ラリーのパン屋（2巻）　店頭騒ぎ（2巻）　大ターザン	16日より
1922年3月23日	灼熱の刻印（ゴ社、7巻）　闇の囁き（5巻）　大ターザン	23日より
1922年3月30日	海底の黄金（6巻）　紫の暗号（ヴ社、5巻）　大ターザン	30日より
1922年4月6日	学生時代（6巻）　六六六（6巻）　第5大ターザン	6日封切
1922年4月13日	天下泰平（フ社、5巻）　終篇大ターザン　エルモ・リンカーン劇（5種10巻）	13日より
1922年4月20日	帝劇女優総出演純日本舞踊劇　娘道成寺（2巻）　獅子奮迅（ヴ社、30巻）　母呼ぶ声（6巻）　緑の花祭（6巻）	20日より
1922年4月27日	極光の娘（6巻）　鉄拳一撃（5巻）　獅子奮迅（8巻）	27日より

第 2 部　東洋汽船の映画事業——映画産業と近代アジア

1922年5月4日	雪の其夜（6巻）　女作家の恋（5巻）　エドガー傑作集（8巻）　獅子奮迅	4日より
1922年5月11日	口笛吹いて（5巻）　死後の霊魂（7巻）　名優生活　獅子奮迅（6巻）	11日全部封切
1922年5月12日	黙示録の四騎士（メ社、11巻）	12日より
1922年5月13日	黙示録の四騎士（メ社、11巻）	
1922年5月19日	死後の霊魂（7巻）　口笛吹いて（5巻）　名優生活（1巻）　獅子奮迅（6巻）	19日より6日間
1922年5月25日	大活説明班競演大会　白夜の国（5巻）　扉閉せる（5巻）　囁の市（5巻）　名優生活	25日封切
1922年6月1日	猛獣と女神（全15篇　31巻）　海から来た男（5巻）　現代の女（5巻）	1日より
1922年6月8日	二代成金（ヴ社、7巻）　秘密結婚（5巻）　第二猛獣と女神	8日封切
1922年6月15日	北を指して（5巻）　猛獣と女神　鳥人ラリー（2巻）　腰抜山賊（2巻）　あわて者（2巻）　名優生活（2巻）	15日より
1922年6月23日	靴と恋（6巻）　北海の秘密（6巻）　猛獣と女神	23日封切
1922年6月30日	海に咲く花（6巻）　猛獣と女神（後半12巻一挙公開）　滑稽消防夫（2巻）	30日より
1922年7月7日	赤誠の審（6巻）　涙の船唄（6巻）　大北の生（6巻）　学窓を出でて（5巻）　神の悪戯（7巻）	7日より
1922年7月14日	腕白少年（ウ社、7巻）　馬鹿息子（メ社、7巻）　男子怒れば（5巻）	14日より5日間

（作表：西村　航）

写真　大正活映関係写真及び封切映画写真

大正活映株式会社幹部役員　後列右から重役志茂成保、撮影部長栗原トーマス、重役中谷義一郎、前列左から重役小松隆、顧問大島菊松、重役新井精司、顧問宇治元吉（『活動倶楽部』1921年5月号）

東洋フィルム会社で働く5年程前、アメリカの映画業界誌に掲載されたブロツキーのインタビュー記事の写真。キャプションには「東洋映画界の大実業家B・ブロツキー氏」とある（Hugh Hoffman, "A Visitor from the Orient," Moving Picture World, 1912 May 12, p. 620.）

第 2 部　東洋汽船の映画事業——映画産業と近代アジア

中国製造影片有限公司（China Cinema Co. Ltd.）の幹部役員　中央に座っているのがブロツキー（Hugh Hoffman, "The Photoplay in China," *Moving Picture World*, 1915 Apr 10, p. 224.）

香港の現像所で字幕を製作する撮影技師 R・F・ヴァン・ヴェルツァー（手前）。奥にはフィルムを乾かすドラムが見える（Hugh Hoffman, "Film Conditions in China," *Moving Picture World*, 1914 Jul 25, p. 577.）

写真　大正活映関係写真及び封切映画写真

アメリカの雑誌に掲載された記事には、ブロツキーは中国全土に80の劇場をもち、上海と香港に撮影スタジオを経営し、300人の俳優を雇って、毎週1本映画を製作するとある。ブロツキー流の誇大宣伝だが、まるっきり嘘でもない。この写真はブロツキーが中国で製作した劇映画の役者たち（George S. Kaufman, "Bret Harte Said it: the Heathen Chinese is Peculiar," *New York Tribune*, 1916 Aug 27, p. D3.）

大正活映が有楽座で初めて輸入映画を興行したときの広告。上映されたのは、当時人気だったオペラ歌手ジェラルディン・ファーラー主演の『沙漠の情火』*Flame of the Desert*（1919）などゴールドウィン社の作品（『読売新聞』1920年5月13日1面）

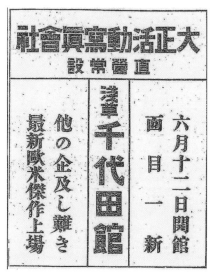

1920年6月12日、大正活映は浅草における日活の外国映画封切館であった千代田館を直営館として開館する。直営興行は1922年7月18日までであった（『東京朝日新聞』1920年6月9日7面）

第2部　東洋汽船の映画事業——映画産業と近代アジア

千代田館のプログラム。"Sanji Goto"（後藤三次）は、大正活映の前身である東洋フィルム会社が1918年に製作した中島岩五郎（洋好）主演の短編である。邦題は『成金』（「千代田週報」表紙　第62号、1921年8月10日発行、松田集『帝都封切館』フィルムアート社、1994年、12頁所収）

千代田館プログラム。チャップリンと『キッド』The Kid（1921）で共演したジャッキー・クーガンが表紙を飾る。この頃の大正活映は、のちに名作と称される映画を次々公開していた（「千代田週報」表紙　第66号、1921年9月7日発行、松田集『帝都封切館』フィルムアート社、1994年、11頁所収）

写真　大正活映関係写真及び封切映画写真

『アマチュア倶楽部』1920年11月19日有楽座封切公開、原作・谷崎潤一郎、脚色・谷崎潤一郎、監督・栗原トーマス喜三郎（写真協力　公益財団法人川喜多記念映画文化財団）

『アマチュア倶楽部』（写真協力　公益財団法人川喜多記念映画文化財団）

第2部　東洋汽船の映画事業——映画産業と近代アジア

『葛飾砂子』1920年12月28日有楽座封切公開、原作・泉鏡花、脚色・谷崎潤一郎、監督・栗原トーマス喜三郎（写真協力　公益財団法人川喜多記念映画文化財団）

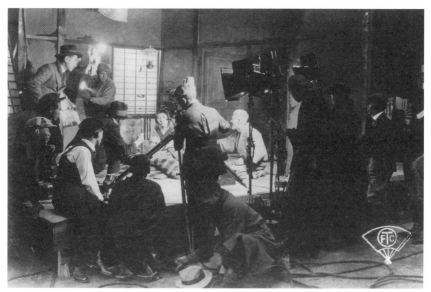

『葛飾砂子』（写真協力　公益財団法人川喜多記念映画文化財団）

写真　大正活映関係写真及び封切映画写真

『蛇性の婬』1921年9月6日有楽座封切公開、原作・上田秋成、脚色・谷崎潤一郎、監督・栗原トーマス喜三郎（写真協力　公益財団法人川喜多記念映画文化財団）

『蛇性の婬』（写真協力　公益財団法人川喜多記念映画文化財団）

第２部　東洋汽船の映画事業——映画産業と近代アジア

『紅燈祭』*The Red Lantern* 1919年メトロ社製作、1920年12月16日浅草千代田館封切公開、アラ・ナジモヴァ主演
（写真協力　公益財団法人川喜多記念映画文化財団）

写真　大正活映関係写真及び封切映画写真

『死よりも強し』Stronger than Death 1920年メトロ社（ナジモヴァ・プロダクション）製作、1920年9月27日有楽座封切公開、アラ・ナジモヴァ主演（写真協力　公益財団法人川喜多記念映画文化財団）

『黙示録の四騎士』The Four Horsemen of the Apocalypse 1921年メトロ社製作、1922年5月12日浅草千代田館封切公開、ルドルフ・ヴァレンティノ主演（写真協力　公益財団法人川喜多記念映画文化財団）

第2部　東洋汽船の映画事業——映画産業と近代アジア

『紅燈祭』*The Red Lantern* 1919年メトロ社製作、1920年12月16日浅草千代田館封切公開、アラ・ナジモヴァ主演
（写真協力　公益財団法人川喜多記念映画文化財団）

『散り行く花』*Broken Blossoms* 1919年ユナイテッド・アーティスツ社製作、1922年4月2日有楽座封切公開、リリアン・ギッシュと共演したリチャード・バーセルメス（写真協力　公益財団法人川喜多記念映画文化財団）

結　語

　映画がどのように海を越えて運ばれたのかと言う問題提起から汽船航運を研究する松浦と映画ビジネスを専門とする笹川慶子女史との共同作業で、試みた書が出来た次第である。

　大正3年（1914）9月20日付の『国民新聞』に「三十年の努力が豊饒丁抹を生む　世界第一の耕作地も昔はひどい荒蕪地だった　フォート博士近く来朝」の記事に「農村問題解決の使命を帯びて近く来朝すべきフォート博士の乗った汽船天洋丸は、愈愈本月二十九日朝横浜入港の予定で直に入京東京府商工奨励館に於て十月一日より三日間丁抹の農村発達に関する最近の状況及び其他一般農村問題に就き初講演をなす筈で、其の説明の為め活動写真の映画や幻燈の写真等を沢山持参する由」[1]と見られるように、アメリカから日本を訪れたフォート博士は、農村問題に関する「活動写真の映画や幻燈の写真等」とともに東洋汽船会社の天洋丸に搭乗して来日することになっていたように、講演者と映像資料が東洋汽船会社の汽船によって運ばれた具体的事例である。

　アメリカ映画製作のメッカであるハリウッドが西海岸に興起し始める1910年代初頭は、ハリウッドに近いサンフランシスコへ東洋汽船会社が日本からの定期航路をすでに運航していた。そのため、やがてハリウッドが映画を直接アメリカからアジアへ輸出するようになると、多くの映画がサンフランシスコからアジアへ向かう太平洋航路を使って運ばれることになる。このことからサンフランシスコを拠点に太平洋航路を運航していた東洋汽船会社とアメリカ映画の日本への輸入とは密接な関係があったと想定できるのである。

1）神戸大学新聞文庫データベースに依拠した。

したがって本書は、大局的に言えば、汽船による映画という文化の伝播に貢献したとも換言できる課題を取り上げたとも言えるであろう。

　本書の出版に際して、東西学術研究所の中谷伸生所長、内田慶市図書館長の御推薦を頂き、関西大学当局の御配慮を頂戴したこと末筆ながら謝意を表する次第である。

　さらに本書作成に関して出版部出版課の朝井正貴氏及び下記の諸氏の御尽力をいただいた。感謝する次第である。

作表	西村　　航	舞鶴市立赤れんが博物館・学芸員
中国文化	二ノ宮　聡	関西大学非常勤講師
作画	杉原　一光	関西大学文学部３年

索　引

【英文索引】

Abyssinia 号　64
America Maru　40, 41
America（PMSS 汽船名）　62
Amoy　114
A Trip Through China　→『経過中国』
Beautiful Japan　→『ビューティフル・ジャパン』
Butterfield & Swire　133
Canadian Pacific Railway Steamship Services　59, 152
Canadian Pacific Railway 会社　153
Canadina Pacific Mail Steamship Co.　64
China Navigation Co. Ltd.　133
China（PMSS 汽船名）　62
China, Imperial Maritime Customs　113
Dollar Steamship Line　48
Empress of India　153
Great Republic（PMSS 汽船名）　62
Hong Kong Maru　40, 41
Indo-China Steam Navigation Co,.　133
Japan（PMSS 汽船名）　62
Jardine, Matheson & Co.　133
Korea 号　45
Messageries Msritimes Compagnie　133
Nippon Maru　40, 41
Nippon Yusen Kaisha　67, 68
Norther Pacific Steamship Company　68
Ocidental & Oriental Steamship Co.　36, 39, 59, 61-63, 65, 92
P. & . S. N. Co.　133
Pacific Mail Steamship Co.　36, 39, 45, 58, 61-63, 65, 90, 92
Robert Dollar Co.　133
Russian Volunteer Fleet　133
San Francisco Chrionicle　67
Siberia 号　45
Tamsui（淡水）　113
Tea merchant　114
The China Mail　66
The Hawaian Gasette　36, 65, 66
The North-China Herald and Supreme consular gazettte　152
Toyo Kisen Kaisha　67

【和文索引】

【あ】

浅草　147
アーバン社（イギリス）　219, 236, 305
浅草千代田館　219, 233, 237-240, 247, 251, 255, 261, 409-411, 412-418, 426-428
浅草電気館　235, 240, 251-253
淺草回漕店　11, 65
浅野学園　6, 9
淺野家　87, 177
淺野財閥　21, 215, 223, 329
淺野セメント　6, 13, 16, 20, 255, 266-267, 380, 398, 403
淺野總一郎　5-21, 6, 10, 59, 64, 70, 72, 87, 92, 93, 116, 169, 177, 179, 215, 220, 233, 259-260, 264, 266-267, 270, 272, 276, 288, 327, 334, 392-393
淺野造船所　7, 8, 267, 380, 392-393
淺野泰治郎　221, 255

淺野良三　13, 178, 221, 250, 254-255, 258, 260, 338, 348
アジア映画市場　241, 278-279, 298-326
アジア太平洋航路　325-326
アジア欧州航路　295, 297, 319, 321, 323, 326
アジア號　119
アジア航路　86
尼崎築港　11
『アマチュア倶楽部』174, 175, 177, 181-184, 186, 216-217, 223-229, 230, 232, 237, 259, 288, 410, 423
アメリカ合衆国　35, 49, 60, 78, 82, 83, 92, 114, 115, 120-122, 125, 131, 135, 136, 145, 148, 162, 163
アメリカ映画　86, 171, 178
アメリカ映画の海外市場進出　223, 235, 278-279, 291-327, 336, 344-345, 348-351
アメリカ合衆国商務労働省および商務省　291-328, 329, 337, 344, 362
亜米利加丸　12, 35-37, 39, 42, 46, 47, 65, 71, 73, 74-76, 93, 95, 104, 116, 117
厦門　114, 115
厦門港　131
新井精司（浅草電気館）　251-253, 419
アルゼンチン　91
アロー映画社（アメリカ）248-249, 251, 411
阿波丸　123, 124
安洋丸　52, 57, 96, 104, 105

【い】
イースタンマーチャント（貨物船）　54
イキケ（チリ）　50, 112
イキツク　96
イギリス　72, 73
イギリス海運　292-298, 325-326, 349-350

生駒雷遊（生駒雷遊興行部）　255
石川勢以子　170
石浜（宮城県）　65
泉鏡花　183, 184, 187, 424
イタリア映画　86, 167
因幡丸　123, 124
稲見興美　224, 226, 383
井上金太郎　226
移民　91
移民法　49
インプレス・オブインデヤ號（Empress of India）　151, 152

【う】
ヴァイタグラフ社（アメリカ）　236, 245, 249, 409
ヴァラエティ映画交換社（アメリカ）　319, 332-339
ヴァレンチノ Valentino, Rudolph　240, 409, 427
烏龍茶　111, 113, 114, 118, 119-121, 126-128, 130, 131
上田秋成　184, 187, 425
ヴェルツァー Velzer, R. F. Van　340, 342, 356, 367, 420
『雨月物語』　184, 187
内田叶夢　173, 174, 176, 177, 188, 226
『美しき日本』→『ビューティフル・ジャパン』

【え】
『映画監督五十年』（内田叶夢著）　174
映画交換業者　235, 240, 242, 251, 300-302, 311-322, 330, 332-336, 350
映画の競争的興行　239-248
映画の興行権　219, 239-253, 258

【索引・和文あ～か】

映画の船内上映　263, 336-339
映画の著作権　239-248
映画の配給－興行システム　217, 239-248, 251-258, 311-315, 321-322, 326
営業記録　43, 44
営業報告　44, 46, 50, 75
営業報告書　75, 77
英国　114
江川宇礼雄　173
エクレー会社　172
エジソン　149
エジソン社　147
S・Pチェーン（松竹パ社興行社）　257
エム、エム汽船（Messageries Msritimes Compagnie）　157
袁世凱　261, 342, 344, 354-355, 360
エンプレス・オブ・インヂヤ号　111
エンプレス・オブ・ヂヤパン号　111
エンプレス・オブ・チャイナ号　111
エンプレス・オブ・ロシア号　58

【お】

欧洲航路　24, 61
「欧米へは」　82, 145
欧州映画　158
オー・オー汽船会社　61
大隈候の『国民葬』　233, 288
大隈重信とハリウッド　272-279
大隈重信内閣と外客誘致政策　268-270
大隈重信の「支那に対する我が国民」　274-275
大隈重信の「日米親交論」　272-273
大阪　27, 147
大阪商船　23, 33
小笠原プロダクション　226
岡田一男　191

岡田時彦　165, 173, 174, 177, 226
岡田正子　165, 191-193
岡田茉莉子　174, 177
小山内薫　170, 226
小樽　27, 65
オデヲン座　86, 87, 218, 247, 315
オリエンタル・ホテル　270, 399

【か】

外客斡旋　265, 267, 380
外客誘致　268-272, 329
外客誘致政策　268-272
回漕業　16
『海底王キートン』The Navigator　256
カイヤオ（ペルー）　50, 101, 103, 112
帰山教正　220-221, 226
化学肥料　109
『餓鬼娘』The Brat　239
笠戸丸　98, 100
『葛飾砂子』　183, 184, 187, 230-231, 237, 288, 410, 424
活動写真　84, 147, 149, 150, 151, 159, 163, 167
カツプフィニスレル号　81
金指英一　258, 338
金澤丸　25, 30, 32, 64
カナダ　59, 112
カナダ汽船会社 CPMSS)　119
カナダ太平洋鉄道会社　97
加奈陀太平洋汽船会社　57, 120-122, 152
カナダ太平洋汽船　58
カナダ丸　122
カナディアン・パシフィック会社　59
鎌中家　14
上山草人　224
カリアオ　95

433

カリフォルニア　61
神田錦町　147
關東丸（貨物船）　55

【き】
基隆　119, 123, 127-129
鶏籠港　115
基隆港　131
企業合同　249-253
喜久丸（貨物船）　56
『喜撰法師』　231
『キッド』The Kid　236, 245, 247, 411, 422
キネマ　161
キネマスコープ　147
貴賓会　265-267, 272, 383
舊金山（サンフランシスコ）　137, 138, 140, 143, 144
キューバ　148, 149
ギュスターヴ・ドレ Gustave Doré, Paul　334-335
京劇　340
協同運輸　11
紀洋丸　52, 54-57, 96, 104
錦輝館　147, 150, 151
銀洋丸　97, 105

【く】
熊本　75
栗原トーマス　88, 165, 168, 170, 173, 175, 176, 178, 179, 182, 183, 185, 187, 216-217, 223-239, 261, 288, 346, 410, 419, 423-425
『紅草紙』　231
グレンファーグ号　96-98

【け】
『経過中国』A Trip Through China　261, 267, 330-331, 342-345, 348-349, 353-379, 380-383
『経過中国』のアメリカ興行　342-345, 348-349

【こ】
航海奨励法　36, 37
豪州航路　61
『紅燈祭』The Red Lantern　240, 409, 426, 428
神戸　27, 31, 53, 61, 63, 95, 96, 111, 112, 118, 129, 134, 145, 147, 157, 163
神戸税関　154
『神戸又新日報』　157
興洋丸　137, 144
高麗丸　137, 139, 140-144
航路補助問題　51, 80
ゴーモン社（フランス）　219, 236
コールタール　16, 19
ゴールドウィン社（アメリカ）　155, 160, 161, 219, 235-237, 249, 409-411, 421
ゴールド・ラッシュ　61
国際活映株式会社　→国活
コクレン Cochrane, Tom D.　235, 257, 320
小谷ヘンリー　171, 179, 183
国活　216, 226, 239-240, 247, 250, 253-254
小松隆　218, 221, 419
コリヤ號　119, 124
ゴールドキン　89
これや丸　54, 55, 57
コロネル　50
コロン　101-103
コロンビア　85, 155
今東光　165, 171, 178, 184, 185

434

【さ】

さいべりあ丸　402
サイベリヤ號　123
サイベリヤ丸　56, 57, 129, 130
佐相正三郎　258
佐渡丸　124
『沙漠の情火』Flame of the Desert　237, 409, 421
Sanji Goto（『後藤三次』）→『成金』
サンフランシスコ（桑港）　44, 45, 47, 53-57, 62, 69, 71, 74, 79, 83, 90, 92-96, 102, 113-116, 112, 117, 118, 129, 131, 134-137, 144, 145, 219, 245, 259-261, 270-271, 279-281, 293, 319, 321, 329, 332-334, 337-338, 343, 345, 347, 350
桑港航路　45
サンフランシスコ航路（桑港航路）　12, 15, 35, 37, 44, 53, 58, 59, 61, 81, 92, 105, 116, 129, 178
サンフランシスコ震災　51
サンフランシスコ線　58
サンフランシスコ万国博覧会　279, 281
サンライズ映画社 Sunrise Film Manufacturing Company（アメリカ）　270, 347

【し】

シアトル線　24
シアトル　63
シアトル丸　122, 123
『シー・ホーク』The Sea Hawk　256
ファーラー Farrar, Geraldine　237, 403, 421
シカゴ　129
シカゴ丸　122, 123
事業報告書　73
ジゴマ　172
静岡丸　123, 124
『舌切雀』　182
品川　27, 29
芝園館　255-257
渋澤榮一　11, 12, 19, 35
渋澤榮一とハリウッド　279-287
シベリア號　119
シバリヤ丸　135
西比利亜丸　135, 137-144
志茂成保　169, 218, 221, 224, 231-232, 246, 255-256, 410, 419
下関　61, 63
社外船　33
『邪教』　230
『若僧の恋』　230-231, 410
『蛇性の姪』　184, 186, 187, 230-232, 410, 425
ジャパン・ツーリスト・ビューロー（JTB）　264-271, 380-383
上海　53-57, 78, 111, 112, 130, 133, 137, 139, 140, 143-145, 242, 244, 267, 271, 296, 304, 307, 322, 332, 340, 343, 350
春洋丸　38, 52, 55, 56, 58, 78, 80, 81, 83, 84, 86, 124, 125, 139, 140-144, 262, 338
『十二階崩壊』　165, 171, 178, 184
純映画劇運動　220, 226, 254
巡回興行　300, 305
硝石　109
松竹　88, 89, 165, 170, 179, 189, 226, 229, 238-240, 245-248, 249-257, 315
松竹蒲田映画　→松竹
松竹キネマ　→松竹
松竹キネマ研究所　→松竹
松竹と大活の提携　249-254
『死よりも強し』Stronger than Death　238,

409, 427
『白樺』（雑誌名）　178
辛亥革命　274, 292, 306-311, 323, 344, 355
シンガポール　235, 271, 293-298, 301, 304-306, 312-313, 320, 322, 325-326, 335, 350
『新小説』　168
『新潮』　169
神通丸（貨物船）　57
『申報』　134-136, 139, 144
神洋丸（貨物船）　56

【す】

スペイン　148

【せ】

政府補助金　77
静洋丸　96
セカンドラン興行　253-258
セメント　16, 19, 25
セメント事業　14

【そ】

総持寺　5

【た】

大活　→大正活映
対華二十一ヶ条要求　275, 349, 355, 360
大正活映　88, 89, 165, 167, 171-174, 176, 180, 183, 187-189, 215-258, 259-260, 288, 409-411, 412-418, 419-428
大正活映撮影所　215-216, 219, 225, 230-232, 261, 346
大正活映の映画製作　223-233
大正活映の映画輸入興行　234-248
大正活映の時事映画　232-233

大正活映の新派映画　230-232, 410
大正活映の舞台（水谷八重子）　411
大正活動写真株式会社　→大正活映
台南　114
第二興行（中国）　340-341
第二次大正活映　255-258
第二東洋汽船会社　58, 90, 105, 106, 131
大日本映画協会（藤浪無鳴）　240
太平洋郵船会社　133
『大菩薩峠』（東映映画）　174
大洋丸　55, 56, 58, 82, 128, 130
台湾　121
『臺灣日日新報』　111, 112, 118, 119, 121-123, 125-130
高橋英一（岡田時彦の本名）　173, 226
フェアバンクス Fairbanks, Douglas　247
タコマ　69
タコマ線　24, 112
タコマ丸　122
田代慶一郎　216, 254
田中純一郎　180, 215-216, 241, 254, 312, 318
谷崎潤一郎　165, 166, 168, 169, 172, 174, 175, 178, 179, 181, 189, 216, 223-229, 230, 259, 288, 326, 410, 423-425
『煙草屋の娘』　230, 409, 411
ダラー汽船　48, 90
台湾　115
丹後丸　59
淡水　114
丹波丸　123

【ち】

茶園　340
チャップリン Chaplin, Charlie　171, 185, 226-227, 236, 245, 247, 261, 422

茶葉　77-79, 83, 115
中古映画　215, 237, 240-248, 301, 305, 307, 316, 321, 350
中国映画市場　302-311, 323, 329-341
中国人移民　60, 97, 104
中国製造影片有限公司 China Cinema Co., Ltd.（中国）　261, 329, 342, 361, 378, 420
地洋丸　38, 52, 53, 55, 58, 81, 86, 119, 120-125, 264, 334, 343
千代田館　→浅草千代田館
「千代田館週報」　416
チリ（智利）　96, 108, 109
チリ硝石（智利硝石）　97, 107
『散り行く花』Broken Blossoms　240, 410, 428

【つ】

鶴丸　28, 29, 31, 32, 64

【て】

デイヴィッド・P・ハウエルズ社 David P. Howells, Inc.（アメリカ）　235-236, 246
帝キネ　239, 248, 250, 253, 255
帝劇　183
『帝劇女優総出演純日本舞踊劇 娘道成寺』　233
帝国キネマ演芸株式会社　→帝キネ
鉄道院　221, 233, 264, 267, 270, 382, 384, 387-388, 405
鉄道院50周年記念映画　233
『鉄路の白薔薇』La Roue　256
天活　216, 231, 248, 250, 261, 287, 314
天活大阪　250
天洋丸　38, 52, 54, 56, 57, 79, 81, 84, 86, 118-125, 128, 136-144, 162, 262, 264

【と】

ド・フォレー博士　162
ドイツ　25, 64, 81, 153
ドイツ映画　86
東映　174
東京　27, 147, 148, 169
東京館　255-257
東洋フィルム会社 Oriental Film Company（日本）　87, 259-289, 329-330, 345-351, 380-383, 385, 410, 419, 422
トーキー　161, 162
トーマス・栗原喜三郎　→栗原トーマス
徳川夢声　255
トライアングル社（アメリカ）　228
屯田兵　32

【な】

中尾鉄郎　231
長崎　53-57, 95, 111, 112, 118, 145
中島岩五郎（洋好）　261, 422
中谷映画興行部（のちの中谷事務所）　257
中谷義一郎　218, 221, 255, 257, 388, 419
中村光夫　183
永山武四郎　31-32
ナジモヴァ Nazimova, Alla　167, 238-240, 409, 426-428
『ナット』The Nut　247
『成金』（英題 Sanji Goto）　261, 347, 422
南部爾太郎　215-216, 253-254
南米大陸　12, 50, 53, 79, 91, 97, 99, 100, 105, 106
南明座　255-257
南洋郵船　23

437

【に】

ニーロップ商会　→平尾商会
日洋丸（貨物船）　56
日露戦争　37, 38, 50
日活　171, 221, 238-240, 247-248, 252-253, 255, 261, 287, 314-315, 319
ニッケルオデオン　251, 300-301
日清汽船　23
日本映画市場　251-253, 308-324
日本映画の海外市場進出　220-223, 228-229, 259, 272-289
日本海運業同盟会　34
日本活動写真株式会社　→日活
日本セメント　14, 15
日本の海運業　325-327, 350
日本丸　12, 35, 36, 37, 39, 42, 46, 47, 52, 54-56, 65, 71, 73, 74, 76, 80, 93, 94, 99, 116, 117, 125
日本郵船株式会社　12, 24, 33, 58, 63, 81, 90, 105, 124, 125, 133, 215, 264, 271
ニュース撮影　187, 188
ニューヨーク　61, 69, 83, 86, 102, 103, 129, 135

【は】

『薄命の女』　231, 410
函館　65
パシフィック・メール（PMSS）　119, 120-124, 128
パテ社（フランス）　167, 256, 297, 301-308, 312-313, 322, 350
パテ社日本代理店（パテ・コンソーシアム）　256
パテ社のアジア進出　301-306, 312-313, 322
パナマ　101-103

パナマ丸　122
早川雪洲　179
葉山三千子　165, 170, 173, 175, 176, 181-183, 186, 187, 226, 230
パラマウント社（アメリカ）　84, 154-156, 160, 249, 257-258, 315, 320
ハリウッド　86, 90, 161, 223-224, 228, 236, 259, 261, 272-289, 293, 320, 323, 329, 346, 350
播磨勝太郎　235, 320
ハワイ（布哇）　36, 60, 74, 75, 93, 94, 112, 116, 144, 293, 297, 326, 335
バンクーバー　64, 112
萬國丸　25, 64

【ひ】

ビクトリア　58
ビクトリア號　57, 58
日の出丸　25-29, 64
氷見郡　24
『ビューティフル・ジャパン』Beautiful Japan　87, 260-272, 330, 346-349, 353, 356, 380-407
兵庫　30, 31
平尾商会　218, 242, 247
平野回漕店　27-29
肥料　109
ヒロ　57
広島　75
『ピントー』Pinto　236-237

【ふ】

ファースト・ナショナル社（アメリカ）　84, 154-156, 160, 219, 236, 409-411
フォート博士　84
フォックス社（アメリカ）　84, 154-156,

438

160, 161
複写映画　244-246
伏木　30
藤浪無鳴　240
不正映画　244-246
二川文太郎　226
武洋丸　52, 104
ブラジル　91
フランス　147, 157, 167
フランス映画　148
フリーブッキング方式　251, 257
ブロツキー　Brodsky, Benjamin　87, 179, 191-193, 259, 261, 329-349, 353-356, 380-383, 419-421

【へ】

『米国曲芸飛行』　233, 288
米西戦争　148-150
秘露（ペルー）　91, 95, 101, 103
波斯丸　55
ペルシヤ丸　55, 128
ベロナ號（ペロナ號）　25, 26, 64
弁士　225, 238, 240, 255-257, 312-314
弁士の翻訳サービス　312-314

【ほ】

北米航路　24
北洋軍閥　344, 354, 360
墨洋丸　97, 105
北海道　27, 29, 31, 65
『保津川下り』　233, 409
ホノルル　53, 55-58, 96, 129, 145
香港　38, 44, 45, 47, 50, 53-58, 74, 82, 92-95, 111, 112, 116-118, 120, 134, 242, 244, 261, 267, 270-271, 296, 310-311, 319, 322, 329, 331-335, 338, 340, 342-345, 350
香港丸　12, 35-37, 39, 42, 46, 47, 52, 53, 65, 71, 73, 74, 76, 80, 93, 94, 99, 104, 116, 117

【ま】

松方乙彦　221
マニラ　54-57, 118, 137, 149, 271, 293-298, 332, 335
満洲丸　104
マンチュリア號　119, 123, 124

【み】

水谷八重子　411
三菱長崎造船所　59, 78, 79, 82, 125
三菱郵便汽船会社　133
三菱洋行　133
密輸入　153
南アメリカ　101, 106, 113
『宮本武蔵』（東映映画）　174

【む】

武蔵野館　251, 255, 257

【め】

『名金』The Broken Coin　235
『明治神宮鎮座祭』　233, 288, 409
メキシコ丸　122, 123
メトロ・ゴールドウキン　85
メトロ社（アメリカ）　89, 155, 160, 161, 219, 236, 409-411, 426-428

【も】

モーション・ピクチャー・パテンツ・カンパニー（MPPC）　313, 320
『黙示録の四騎士』The Four Horsemen of

the Apocalypse　240, 409-411, 427
森岩雄　258
モンゴリヤ號　123, 124
モンヲーグル号　111

【や】

安田善次郎　11, 12, 35
山川吉太郎　250
山口恒太郎（九州水電）　250
山下汽船　130

【ゆ】

郵船　→日本郵船
有楽座　183, 189, 218, 236-238, 240, 409-411, 421, 423-425, 427-428
『雪解けの夜』　230-231
ユナイテッド・アーティスツ社（アメリカ）　84, 155, 156, 160, 246-247, 320, 422
ユニヴァーサル社（アメリカ）156, 159, 160, 235, 238-239, 278, 281-282, 285-286, 320-322, 324

【よ】

ヨーロッパ　35, 82, 158, 163
横濱　6, 28, 29, 44, 45, 47, 53-57, 61, 63, 65, 75, 86, 92, 95, 96, 103, 111, 117, 118, 125, 129, 134, 137, 157, 163, 168, 215-219, 224, 247, 251, 260-262, 264-265, 270, 293, 296, 303-305, 309, 316-322, 329, 332-335, 338, 345-348, 350, 380, 392, 397
『横浜貿易新報』　218
横濱丸　124
吉山旭光　225

【ら】

樂洋丸　97, 105

【り】

劉銘傳　115

【る】

ルシア号　58

【ろ】

ロサンゼルス　96, 159, 261, 281-284, 331
ロンドン　61, 83, 145
ロンドン映画市場　237, 241-242, 244, 296-298, 301, 319-320, 322-323, 325, 350

【わ】

YMCA　329, 341, 344, 361-362, 364-365, 375
『YWCAと行く日本旅行』A Trip Through Japan with the YWCA　347
ワーナー・ブラザーズ　85
ワシントン　129

Summary of *Toyo Kisen and Movies*

This book reviews the movie business of Toyo Kisen Kaysha (T.K.K., 1896-1926), a steamship company prominently operating trans-pacific lines between San Francisco-Hawaii-Yokohama-Hong Kong. Its aim is to clarify the activities not only of Taisho Katsuei (Taisho Katsuei Film Company, 1920-1927), but also of its predecessor Toyo Film Kaisha (Oriental Film Company, 1917-1920), as well as the shipping business of its parent company, Toyo Kisen Kaisha, at the beginning of the 20th century.

Toyo Kisen Kaisha, one of the representative steamship companies in Asia, was founded by Soichiro Asano (1848-1930). In 1896, Asano emulated two major American steamship companies, Pacific Mail Steamship Co. and Occidental & Oriental Steamship Co., and distinguished his company, particularly by entering maritime service along the route from San Francisco to Hong Kong via Yokohama, Japan.

In 1917, Toyo Kisen Kaisha established Toyo Film Kaisha in Yokohama to produce a travelogue, *Beautiful Japan* (shot between 1917 and 1918), in order to show it abroad mainly in the U.S. It was ordered by the half-private-half-governmental Japan Tourist Bureau, and supported by the Imperial Japanese Railway. This activity was also Asano's response to the Okuma Cabinet's policy of attracting inbound tourists. Asano invited Benjamin Brodsky from Hong Kong, where he run the China Cinema Co. Ltd. (1914-1918), which produced a travelogue *A Trip Through China* (shot between 1912 and 1915), and succeeded by showing it across the U.S., from Los Angeles to New York in 1916 and 1917.

In 1920, Asano also established Taisho Katsuei, a succeeding company of Toyo Film Kaisha, at the same place. Its major executives were also almost the same as those of the predecessor. The aim of this new company was to launch various initiatives to modernize the movie industry of Japan, by capitalizing on the influence of Shibusawa Eiichi, who had visited the Universal City in California.

While Tanizaki Junichiro and Kurihara Thomas were involved to create exportable Americanized Japanese movies, Shimo Nariyasu and Nakatani Giichiro, the ex-managers of Toyo Kisen Kaisha and the Imperial Japanese Railway respectively, attempted to connect the Japanese film market to the newly emerged American-centered movie distribution network by importing movies directly from Hollywood. Though their attempt was super sensitive to the global change, it caused some friction and cracks in the local distribution and exhibition system in Japan, but they did open a new horizon for the movie industry of the country.

〔執筆者紹介〕

松　浦　　　章（まつうら　あきら）

　関西大学文学部教授（中国近現代史、東アジア文化交渉学）、文学博士（関西大学）、博士（文化交渉学、関西大学）、関西大学アジア文化交流研究センター長（2005-2010 年）、関西大学東西学術研究所長（2009-2013 年）、関西大学アジア研究センター長（2011-2016 年）。

　著書に『清代海外貿易史の研究』（朋友書店、2002 年）、『江戸時代唐船による日中文化交流』（思文閣出版、2007 年）、『汽船の時代　近代東アジア海域』（清文堂出版、2013 年）、『北太平洋航路案内のアーカイヴズ—船舶データベースの一端—』（関西大学アジア文化研究センター、2015 年）、『「海上の道」の汽船航路—沖縄航路案内を読む—』（榕樹書林、2016 年）。中国語版：『清代海外貿易史研究』上・下（李小林譯、国家清史編纂委員会・編譯叢刊、天津人民出版社、2016 年）、『温州海上交通史研究』（楊蕾等譯、《温州通史》專題史叢書、人民出版社、2016 年）など。

笹　川　慶　子（ささがわ　けいこ）

　関西大学教授（映画史）早稲田大学大学院文学研究科博士課程単位取得退学。早稲田大学文学部助手をへて関西大学赴任、現職。早大演劇博物館招聘研究員（2012 年-）、ハーバード大学ライシャワー日本研究所客員研究員（2013-2014 年）、関西大学なにわ大阪研究センター研究員（2015 年-）。

　著書に『明治・大正 大阪映画文化の誕生』（大阪都市遺産研究センター、2010 年）、編著に『公益財団法人三菱財団助成研究 日本映画雑誌所在調査報告書』上・下（2015 年）、共編著に『大阪時事新報記事目録—文芸と映画編　昭和Ⅰ』（関西大学出版部、2011 年）、共著に『日本映画とナショナリズム』（森話社、2004 年）、『従軍のポリティクス』（青弓社、2004 年）、『映画のなかの古典芸能』（森話社、2010 年）、『観客へのアプローチ』（森話社、2011 年）、韓国語版：『アジア映画の現在——アジア映画の美学と産業』（ハンウル図書出版、2012 年）、『織田作之助と大阪』（大阪都市遺産研究センター、2013 年）、『大阪に東洋１の映画撮影所があった頃』（プレーンセンター、2013 年）、*The Culture of the Sound Image in Prewar Japan*（Amsterdam University Press, 2016）、*Oxford Research Encyclopedia of Literature*（Oxford University Press, forthcoming）、共訳『フィルム・アート—映画芸術入門』（名古屋大学出版、2007 年）など。